新编21世纪思想政治教育专业系列教材

总主编　张耀灿

比较思想政治教育

第二版

Comparison of Ideological and Political Education

主　编　陈立思

副主编　高　峰　曹　骏

中国人民大学出版社

·北京·

“新编21世纪思想政治教育专业系列教材”编写委员会

作者简介

陈立思 1948年5月生，广西桂林人。中国青年政治学院（中央团校）思想政治教育研究所所长，教授，硕士研究生导师，全国团校优秀教师，中国青少年研究突出贡献奖获奖者。主要从事马克思主义哲学、思想政治教育、青少年及共青团工作等方面的教学研究。主要著作有《青年思想政治教育学原理》（普通高等教育“九五”国家级重点教材，北京市第六届哲学社会科学二等奖）、《当代世界的思想政治教育》（第五届全国共青团精神文明建设图书奖，全国团校优秀教材奖，入选“思想政治教育专业创建30周年标志性的30本著作”）、《新世纪中国共产党人的世界观人生观价值观》、《人类精神文明史（现代卷）》、《比较思想政治教育》、《社会思潮与青年教育》。在《求是》《教学与研究》《思想理论教育导刊》《红旗文稿》《中国人民大学学报》《中国青年政治学院学报》《中国青年社会科学》等刊物发表论文50多篇。

高峰 1960年生，山西人，法学博士。首都师范大学马克思主义学院教授、博士生导师。北京市伦理学会会员、理事。主要从事西方公民教育、公民道德教育、思想政治教育中外比较等领域的教学与研究。出版个人专著4部，参编著作与教材7部，发表论文70余篇，主持省（市）部级以上项目课题4项。主要著作有《美国政治社会化研究》《比较思想政治教育专题研究》《西方思想政治教育史》等。其中参与编著的《比较思想政治教育学》（教育部组编本科思想政治教育专业统编教材，担任副主编）获北京市第七届哲学社会科学优秀成果一等奖。

曹骏 1954年9月生，陕西蓝田人。中国青年政治学院马克思主义学院教授，海峡两岸青年问题研究所所长，《统一论坛》编委。主要从事马克思主义理论教育、青少年思想政治教育、台湾问题和海峡两岸青年问题研究。出版著作多部，发表学术论文40余篇，完成省部级以上科研课题3项。主要著作有《苏联剧变与体制问题》《台湾政党政治与政治生态研究》《当代世界的思想政治教育》（参编）等。

内 容 简 介

这本《比较思想政治教育》教材是在我们过去20多年研究的基础上，根据目前已经达到的对世界范围内思想政治教育基本情况的了解和理解，从理论上对其中表现出来的规律和趋势进行概括的成果。其主要的价值在于形成了一个比较思想政治教育的理论框架。这个框架包括三个板块：第一个板块是绪论，回答关于比较思想政治教育学科的基本问题；第二个板块是由第一编和第四编组成的宏观框架，回答在全球范围内，在全球、区域（地区）、国家、基层四个层面，国家和公民社会两个主体在现实与虚拟两个空间中的思想政治教育是如何进行的、表现出什么样的特征、主要的理论思潮有哪些等问题；第三个板块是由第二编（公民教育）、第三编（政党与思想政治教育）组成的重大问题研究。每个学科都有自己的重大问题或曰“主问题”，我们选择了当前本学科应该回答的这两个主问题。以上理论框架，既是学生在学习本课程时应该掌握的知识系统，也可以作为中国思想政治教育学原理的重要参照，供教师和研究人员参考。

总　序

“新编 21 世纪思想政治教育专业系列教材”出版了，它是高等教育质量工程的产物。高等教育质量工程是新世纪高等教育发展的生命工程。我国要在新世纪建设学习型社会，跻身创新型国家行列，实现全面小康，进而基本实现现代化，作为基础和支撑、作为各领域专门人才的摇篮的高等教育便一定要注重质量。高等教育注重质量，就要坚持以本科为本，如果没有本科教育的质量保障，便不可能为社会主义现代化事业提供合格的人才，也不可能为研究生教育提供优质的生源。目前，全国高校设思想政治教育本科专业的有 200 多个，由于该专业的重要性及特殊性，又由于它是文科专业中招生人数最多的专业之一，注重和提高思想政治教育专业建设质量便有着特殊的战略意义。

本系列教材的组织编写和出版发行，其背景和意义是多方面的。它除了是响应教育部提出和推动的高等教育质量工程的实际行动外，还应当从以下几个方面来认识：一是 2005 年底，国务院学位委员会、教育部发文增设了马克思主义理论一级学科，思想政治教育学科调整为它的一个二级学科，从此，思想政治教育学科定位更加明确、更加科学。在此背景下，如何进一步搞好思想政治教育学科建设？二是中等学校政治课改革力度加大，全国的初中“思想品德”课、高中“思想政治”课均在实施新的课程标准，中等职业学校也在实施新的德育课教学大纲，而为中等学校政治课培养、培训师资的高校思想政治教育专业的教改（包括教材改革）却相对显得滞后。如何改变这一状况，开展新一轮的课程改革、教材改革，以便更好地为中等学校政治课提供理论支撑、人才支撑？三是本系列教材各位主编所在的高校专业点是国家重点学科或省（市）重点学科，基本上都有马克思主义理论一级学科博士点和博士后科研流动站。有的高校思想政治教育专业是教育部、财政部批准的特色专业建设点。我们这些博士点、重点学科以及特色专业点，如何在学科专业建设上发挥带头、示范作用？教材建设无疑是重点学科以及特色专业点建设的重要方面，它是体现质量和特色的必要条件与基础。质量和特色就是生命。

本系列教材编写的指导理念是坚持以马克思列宁主义、毛泽东思想和中国特色社会主义理论体系为指导，认真学习贯彻习近平总书记系列重要讲话，以社会主义核心价值体系和核心价值观引领教材建设。在编写中，加强从整体上学习、研究、把握马克思主义理论的科学体系，并运用其研究成果来指导思想政治教育学科建设；坚持以人为本，以学生的成人成才发展为本，为中国特色社会主义事业培育高素质的思想政治教育专门人才服务；从抓好思想政治教育专业主干课程的教材建设做起，逐步拓展、深化，努力探索马克思主义理论体系、思想政治教育理论体系转化为课程体系、教材体系的规律；探索研究性学习的教材特点，关注思想政治教育实践的时代课题，吸取思想政治教育学科理论发展的新成果，在教材内容、编写体例、呈现方式上改革创新；打通思想政治教育专业师范性与非师范性的界限，增强教材的专业适应性。

为了体现上述指导思想，本系列教材纳入编写出版计划、分批逐步推出的有：从整体上学习、研究马克思主义的课程教材、思想政治教育学科课程教材、相关学科课程教材和培养应用能力的课程教材等。

本系列教材是在2009年起陆续出版的“21世纪思想政治教育专业系列教材”的基础上，吸纳学科发展的最新成果，吸收更多具有长期教学经验、丰富研究成果的专家担纲，重新修订升级换版而成的新的系列教材。教材建设是一个与时俱进的长期的过程，相信“新编21世纪思想政治教育专业系列教材”的面世，一定能够为推进这一过程做出宝贵的贡献，为今后深化改革、发展完善思想政治教育专业教材体系积累经验。在本系列教材即将陆续推出、接受教学实践检验之时，写了上面一些话共勉之，是为序。

张耀灿

2014年10月

目　录

第三编　各国政党与思想政治教育

第四编　全球化条件下跨国的、多层面的思想政治教育

绪　论

本书是“比较思想政治教育”这门课程的教材。在绪论中，我们要说明这是一门什么样的课程，它是讲什么的，它能不能成立，开这门课有什么意义，应该怎样来学习这门课程。

一、“比较思想政治教育”的可能性和必要性

本课程的研究对象是当代世界各地的思想政治教育。

在我们这门课的名称中，出现了两个词：“比较”和“思想政治教育”。把它们分开来，我们都可以理解，但是把它们联结起来，就产生了一系列需要解释的问题。第一个问题，既然本课程的研究对象是当代世界各地的思想政治教育，那么，这个对象在客观上存不存在呢？换句话说，除了社会主义国家，如我国，在其他国家和地区，到底有没有思想政治教育呢？假如没有，则本课程就根本不成立。所以，这是关系到本课程的可能性问题。第二个问题，如果本课程的对象在客观上存在，那我们为什么要研究它呢？这就是本课程的必要性问题。第三个问题，我们在本课程中要做的“比较”，有没有时空范围及对象的限定呢？下面我们就来回答这些问题。

（一）“比较思想政治教育”研究对象的客观性

本书的研究对象是当代世界各地的思想政治教育。这个对象在客观上存不存在呢？即便它是存在的，是否就具有可比性呢？

1. 当代世界思想政治教育在空间和时间上的存在

从空间存在来说，我们已经知道，在社会主义国家肯定是有思想政治教育的。而在其他国家和地区，到底有没有思想政治教育呢？这是我们必须要弄清楚

的。我们先用“名实之辨”，然后用实践考察来解决这个问题。

判断事物，必须要有一个标准。要搞清楚其他国家和地区到底有没有思想政治教育，就必须先把“思想政治教育”的概念搞清楚，然后以此为标准进行判断，才能得出正确的结论。

思想政治教育是一项实践教育活动。它是统治阶级为了夺取和巩固政权，维护社会的稳定和发展，培养合格的阶级接班人和社会成员而进行的社会教化。它的内容十分广泛，包括政治教育、法制和纪律教育、道德教育、思想（世界观、人生观、价值观）教育、宗教教育、人格教育等，涉及思想意识、文化心理和行为模式等各个层面。思想政治教育的主要任务是在统治阶级领导下进行社会主导思想意识（或称“主流文化”）的灌输和规范行为的训导。

与“思想政治教育”比较接近但是又不能等同的一个概念是“德育”。思想政治教育存在的范围很广，在党政机关、学校、企事业单位、农村、军队、社区以及社会公共领域里都有。而德育一般是指学校范围内的思想政治教育，与智、体、美、劳、群诸育相并列。思想政治教育与德育的区别主要有两点：第一，从施教主体来看，思想政治教育的主体可以是一切社会机构、组织团体和个人，而德育的主体主要是教师和学校的行政管理人员。第二，从社会功能来看，德育主要是“育人”，侧重于“教育”；而思想政治教育除此之外，还负有化解社会矛盾、引导社会发展、维护社会稳定等任务，其核心是巩固政权。近年来产生并流行的“大德育”概念，意在沟通学校德育和社会性的思想政治教育，使二者形成合力。国（境）外一般是使用“德育”概念的，在国内，“德育”与“思想政治教育”也经常被等同使用，但在本书中出现的时候，一般是做区分的，不过在引用某国、某著作的材料时，如果其使用的是“德育”这个概念，我们也不再一一做注解，请读者根据语境自己体察。

如果我们对“思想政治教育”（或者“德育”）的上述理解能达成共识，自然就可以得出结论：它并不是哪一个阶级的“专利”，而是人类阶级社会中一项普遍的实践活动。思想政治教育的实质和目的在不同的阶级那里都是相同的，都是为统治阶级服务的，但名称和形式却各式各样。许多国家不一定有“思想政治教育”之名，但绝对有“思想政治教育”之实。这些国家在公民教育、法律教育、爱国教育、共同价值观教育、民族振兴教育、传统文化教育、道德教育、宗教教育、历史地理教育等名目之下做了大量的实质性的思想政治教育工作。如果我们不为“名”所囿，就应该承认：思想政治教育在现代每个国家都有，并不是只有社会主义国家才有，更不是只有中国才有。

如果说，思想政治教育在现代社会中的普遍存在不成问题，那么，它在历史上究竟是从何时开始存在的？是不是“在无产阶级政党领导下”才开始的？这就是思想政治教育的时间存在问题。

关于这个问题有两种截然不同的观点。一种观点认为思想政治教育是产生了无产阶级政党或建立了社会主义国家之后才有的活动，另一种观点则认为思想政治教育古已有之。后者大量见诸研究中外德育思想史的论著。在这些著作中，提到思想政治教育的起源时，中国要从先秦讲起，外国则至少要上溯到亚里士多德和柏拉图。对这两种观点，究竟应该如何看待呢？

研究思想政治教育的历史起源和发展演变，是一门专门的学问，应该另外写一本书，在此我们不能越俎代庖。但有两个问题是必须提出来的。第一，思想政治教育诞生的标志是什么？是不是指它的核心内容？这个核心成熟了就标志着思想政治教育诞生了，否则就还只是处在“萌芽”或者“孕育”阶段。第二，成熟的思想政治教育必须依赖于什么样的社会历史条件？有这样的历史条件它才能诞生，否则就不能。只有沿着这两个问题的思路去思索和考察，才能得出正确的结论。

思想政治教育学的研究指出，思想政治教育的核心内容是政治教育。根据这个结论，以政治教育的成熟为标志，思想政治教育应该诞生于近代，在进入资本主义社会以后，但又不至于延迟到无产阶级政党产生以后。它赖以诞生的历史条件主要是两个，一是社会成员广泛参与政治、成为公民，二是国家及社会公众参与教育。

固然，从古代起，统治阶级就认识到社会教化的重要性，提出过不少这方面的思想。在中国的古代文献《礼记·学记》中就有这样的论述：“君子如欲化民成俗，其必由学乎！玉不琢，不成器，人不学，不知道。是故古之王者建国君民，教学为先。”治国牧民的基本方略，就是要用强制性的手段把所有社会成员的思想言行都统一起来，这是古代统治者的法宝。但是，那时的社会政治生活很不发达，除了统治阶级中的少数人，其他社会成员几乎没有参与政治生活的可能。所以，社会的教化最早是以道德教育为主的，涵盖风俗、习惯、礼仪、传统的教化，在中国就是如此。后来有些国家又将其扩展到宗教教育和法律教育。但针对大众的政治教育基本上没有。古代以道德教育和宗教教育为主要手段来达到使广大群众服从政治统治的目的，所以，人们常说那时实行的是“愚民政策”，强调的是服从而不是参与。至于针对贵族和知识分子的政治教育，则分别在“政教合一”或者“政教分离”的体制下，与宗教教育或道德教育糅合在一起，并没有独立的形态。可见，尽管早在古代一些思想家就提出过关于道德教育甚至政治教育的杰出思想（这些思想到今天仍然闪耀着光辉），但在理论和实践上，都不能说那时已经有了思想政治教育。

自从资产阶级登上历史舞台、举起反封建的大旗，才开始了真正的思想政治教育。为了夺取政权，资产阶级必须发动群众和教育群众，广泛地宣传自己的斗争纲领和革命理想，向群众描绘未来资本主义制度的蓝图。他们的政治口号、道德理想、价值观念、法律准则等，必须要让每一个社会成员接受、认同和遵循。可以说，思想政治教育是为了造就资本主义的拥护者和合格公民而产生和形成的，或者说，它和现代公民的产生、形成是同步的。资产阶级思想政治教育中的政治教育起着主导作用，占有重要的地位。它虽然也要辅以道德教育和宗教教育，但不再经过二者的中介，而是直接走到了历史的前台。

思想政治教育的形成，还离不开政党和教育事业发展的程度。资产阶级的统治，是通过政党来实行的。政党是思想政治教育最主要的领导者和实施者。随着近代教育的发展，学校出现了。学校很快取代家庭，成为进行思想政治教育最主要的途径。在美国独立和资产阶级革命的历史上，学校曾被誉为“使众多民族融合为一体的最伟大的机构”。而学校教育，最初只是民间的事情，有些国家的教育起先是由宗教来管理的，后来才设立了管理教育事务的政府机构，开办了公立学校，加强了对教育的控制。在学校里，思想政治教育作为与智、体、美、劳、群诸育并立的“德育”，被放在越来越重要的地位。随着社会生活的发展和科学的进步，社区生活和大众传媒也渐渐成为思想政治教育的重要途径。在有宗教传统的国家，宗教教育仍然被作为思想政治教育的特殊手段发挥着作用。思想政治教育日益紧密地与社会生活结合，而社会也愈来愈多地参与到思想政治教育之中。不但教师、家长，而且政党、社会机构、群众团体、大众传媒等，一切能对公民的思想政治道德发生教育影响的组织和个人，都成了思想政治教育的实施者。这种情况，也是古代所没有的。

总之，社会成员参与政治、成为公民，国家及社会公众参与思想政治教育，是真正意义上的思想政治教育得以形成的两个历史条件。显然，这样的条件是近代以后才有的。所以，说思想政治教育“古已有之”嫌太早，说它“自无产阶级政党诞生以后”甚至“建立社会主义国家之后”才有则又过晚。不过，不管我们关于思想政治教育始于近代的观点能否成立，至少在当代（20 世纪四五十年代以后）社会中是普遍存在思想政治教育的，这一点大概没有疑义。

2. 实行不同社会制度的国家之间的思想政治教育是否具有可比性

思想政治教育的阶级性非常鲜明，那么，由不同阶级进行统治、实行不同社会制度的国家之间的思想政治教育，是否具有可比性呢？

应该指出，思想政治教育作为人类阶级社会一项普遍的教育实践，有着共同的实质和规律。虽然不同国家、不同时代的思想政治教育有其特殊性，比如有不同的阶级特质以及不同的形式、内容、目标等，但是也表现出某些共同性。共同性之一即都是为统治阶级服务的，只不过各有其主而已。不同国家、不同时代的思想政治教育在本质和基本特征方面的共同性和差异性，就是它们之间存在可比性的客观基础。所以，进行思想政治教育的比较，是完全可行的。

（二）进行“比较思想政治教育”研究的意义

前面我们论证了思想政治教育在世界各个国家和地区存在的客观性和普遍性，现在我们来了解开展比较思想政治教育研究的必要性。

进行比较思想政治教育研究，是思想政治教育学科建设中一项十分紧迫的任务，对于思想政治教育的理论建设和实际工作的发展也有十分重要的意义。通过了解世界各个国家和地区思想政治教育的历史、现状、特点、问题和发展趋势，通过比较、鉴别、吸收，可以加深我们对思想政治教育普遍规律和共同本质的认识，促进我国思想政治教育的进一步加强和发展。

中国共产党有着思想政治工作（思想政治教育是其中的主要组成部分）的优良传统和丰富经验，但思想政治教育作为我国高等院校独有的学科和专业，自

1984年创办至今却不过短短三十几年。三十几年来，从无到有，从低到高，无论是学科建设还是专业建设都取得了很大的成绩。但是，对世界各个国家和地区思想政治教育的研究，在整个学科建设中仍显得较为薄弱。

“面向现代化，面向世界，面向未来”，是邓小平对我国教育事业发展方向提出的要求，也是思想政治教育专业发展的指导方针。打破封闭，走向开放，积极开展对世界各个国家和地区思想政治教育的调查和研究，是大势所趋。它对于推动思想政治教育理论和实践的进一步发展有着多方面的意义。

第一，可以推动我们对思想政治教育基础理论的研究。

开展比较思想政治教育研究，可以推动我们对思想政治教育基础理论的研究。思想政治教育并不是无产阶级的特殊行为，而是一项普遍的人类实践活动。因此，要想真正建立起一门科学的“思想政治教育学”，只研究某一类型的一国或几国的理论和实践是远远不够的。只有对全人类的思想政治教育都进行了研究，依据丰富而全面的材料进行总结概括，才能使自己的学说建立在一个坚实的基础上。研究各个国家和地区的思想政治教育，可以接触到各种教育哲学和教育思潮，了解到各地同行是如何学习和移植相关学科（如心理学、教育学、社会学、政治学、传播学等）的成果，将其运用于思想政治教育的实践中并创造出新的理论，这对我们确实有很大的启发。而了解各个国家和地区在思想政治教育实践中取得的成就以及面临的困难和问题，又可以提供正反两方面的经验教训，提醒我们及时把握住一些带根本性的趋势或苗头，以修正理论上的偏颇和失误，或者找到理论研究的新方向、新领域、新课题。

第二，有助于解决国内的某些争论。

研究世界各地的思想政治教育，可以帮助我们澄清一些模糊观念，有助于解决国内的某些争论。比如我国改革开放后曾经流行一种“政治淡化论”，意思是在思想政治教育中要“淡化”政治教育，只需要搞搞道德教育、法律教育并开展心理咨询就行了。这种观点的实质是要“淡化意识形态”，抹杀思想政治教育的阶级性，弱化甚至取消思想政治教育的核心内容。贬低甚至排斥政治教育的结果是导致思想政治教育理论研究中相当普遍的教育学化、心理学化和伦理学化倾向。然而，在对世界各国各地区的思想政治教育进行研究之后，我们发现，在任何一个实行资本主义制度的国家或地区，都不存在“政治淡化”的事实。相反，其对于资本主义和社会主义两种制度的对立、竞争甚至对抗，有着十分清醒的认识，在宣传、灌输资产阶级思想方面是旗帜鲜明、不遗余力的。只有在类似于1997年回归祖国之前的香港这样的地区，港英当局为了维护其统治，长期以来在社会政策、学校教育以及传播媒介方面，有意无意地回避政治，直接或间接地鼓励市民群众特别是大学生不问政治，在社会上造成“政治淡化”的假象和效果。在港英当局这种政策的引导下，不问政治，只管挣钱，成了当时香港市民较为普遍的心态。实际上，这是一种与香港当时的特殊政体相适应的政治教育。其后果是，一方面，香港市民对祖国陌生、隔阂，甚至“没有国家观念”；另一方面，他们对香港的现实政治一无所知，难以产生责任心或参与的积极性。与此形成鲜明对比的，是港英当局宣扬奴化思想的坚定性及明确性。由此可见“淡化政治”正是资产阶级的一种政治策略，是一种特殊的政治教育，应该引起我们的高度警惕。

第三，有助于推动思想政治教育实际工作的改善和加强。

其实，研究世界各地的思想政治教育，不仅是与专业人员有关的事，更是与政府和社会各界都有关的事。我们发现，在大多数的国家和地区，一般都有对于思想政治教育而言良好的社会大环境。这首先应归结于在意识形态领域，在拥护现行的根本制度和主导价值观这一点上，不存在混乱和模糊的状态。虽然在西方实行多党制的国家里，不同的政党轮流上台会提出不同的执政纲领，但它们从来不会提出改变国家根本制度的问题。尽管这些政党之间有种种的差别，可是在实行资本主义制度、坚持和维护资产阶级的统治、反对共产主义和社会主义这一点上则是坚定不移、绝对一致的，难以想象有人竟会对此表示怀疑、动摇或者要求对此进行什么“探讨”或“研究”。资产阶级在意识形态方面的坚定性、明确性并不因政府的换届受到什么影响，而是保持了高度的稳定性和连续性。其次应归功于执政党和国家领导人的高度重视，充分发挥其社会影响力，利用一切场合和时机宣传灌输资产阶级的政治思想和价值观念。政府通过立法、财政拨款等手段来有效地控制和调节思想政治教育的方向、实践和科研。有些国家还设立了专门的工作机构。再有就是全社会的广泛参与，学校、家庭、社会团体、传媒，都在自觉或不自觉地进行思想政治教育，使各个国家和地区的思想政治教育在方法和形式上形成了渗透性强的特点，可以说无孔不入、无时不在。总之，思想政治教育良好的社会大环境，是与政党和政府高度的自觉意识及有效的控制手段、专业人员的良好素质和全社会的共同努力等因素分不开的。

（三）本书对研究范围及对象的限定

本书所做的“比较思想政治教育”研究，有着时空范围及对象的限定。

从时间上讲，我们把重点放在“当代”，也就是1945年第二次世界大战结束至今。在讲这一段的时候，必要时会回顾历史，甚至上溯到古代，但那只是为了说清事情的来龙去脉，并非认为思想政治教育从古至今都有。从空间上讲，全世界各国家（地区）的思想政治教育都在我们的研究范围内，但是我们既然做“比较”研究，那么就必须限定一个“四跨”的角度，即“跨文化、跨民族、跨语言、跨制度”，也就是做与国（境）外的比较。像“中国的思想政治教育在改革开放之前和之后的比较”这样的问题，本书就不研究了。简言之，本书的研究对象是当代世界各国、各地的思想政治教育。

二、“比较思想政治教育”的学科意识、特点和发展前景

随着马克思主义理论在我国高等教育体系中一级学科地位的确立，思想政治

教育取得了二级学科的地位。“比较思想政治教育”也随之由一门课程变成了三级学科，与思想政治教育学原理、方法论、原著选读、历史（思想政治教育史和思想政治教育理论史）并列。因此，“比较思想政治教育”的学科建设也就提到了议事日程上。下面我们通过回顾“比较思想政治教育”的课程建设及科研发展的历程，参照比较教育学、比较文学、比较哲学和比较政治学的情况，提出对“比较思想政治教育”的学科意识、特点和发展前景的几点思考。

（一）“比较思想政治教育”的课程建设、科研发展的简要回顾

要讨论“比较思想政治教育”的学科意识和发展前景，就必须从对“比较思想政治教育”的课程建设、科研发展的简要回顾说起。

1. 已经取得的成绩和对此的评价分析

1995 年秋，原国家教委思想政治工作司在北京召开会议，讨论有关开展思想政治教育比较的教学和科研问题。会上讨论了首都师范大学苏崇德教授主编的《比较思想政治教育学》，这是国内第一本相关学科的教材。此次会议以后，“比较思想政治教育”才从零星的研究变成了一门课程，并且以课程为载体，开始了从课程体系到学科体系的建设。

其后，“比较思想政治教育”课程建设取得了很大的成绩，出版了众多的教材，形成了比较稳定的老中青结合的师资队伍，在一、二级学科的博士点、硕士点招收了比较思想政治教育培养方向的研究生，并且已经有了相当数量的毕业生。该领域的科研也比较活跃，出版了一批著作，发表了大量的论文，研究视野比较开阔，选题更是百花齐放。

除了上述成果，还有一个更重要的收获，就是“比较思想政治教育”（无论是作为一项研究还是一门课程）获得了大家的认可，具有了学术上的“合法性”。当初我们面临两个问题：国外（实际上是指资本主义国家）有没有思想政治教育？如果有，社会主义国家和资本主义国家的思想政治教育有不同的阶级性质，是否可比？这就是进行思想政治教育比较的可能性和可行性问题。在当时的背景下，它们既是理论障碍，也是思想障碍。后来，我们用“名实之辨”解决了第一个问题，用“实践论”解决了第二个问题。这两个问题一解决，开展“比较思想政治教育”的教学和科研的障碍也就扫除了。

2. 目前存在的问题

目前，在“比较思想政治教育”的教学和科研中还存在许多问题需要解决：

第一，研究视野需要进一步拓展。“比较思想政治教育”的教学和科研覆盖面本来就是比较广的，把思想政治教育学原理、方法论、原著选读、历史（思想政治教育史和思想政治教育理论史）都覆盖了，可以说这个“筐”已经够大了。但是还不够，还要在广度和深度上继续扩展，还要更密切、更敏锐地观察、跟踪思想政治教育实践的发展，及时地对它进行描述和概括。

第二，学术成果的同质化比较严重。比较思想政治教育的科研成果在数量上已经不少了，但是在质量上还有待提高。有相当一部分成果的选题、视角、研究

思路、论述方法等都很雷同，甚至出现了“新八股”的苗头。有不少的“成果”，既没有反映新情况，也没有发现和解决新问题，拼拼凑凑，剪剪贴贴，谈不上任何创新。大家都觉得遇到了发展“瓶颈”，但是如何才能突破，一时还找不到方向。

第三，“比较思想政治教育”课程的自我反思不足，定位不清晰。比如课程名称，有叫“比较思想政治教育”的，有叫“思想政治教育比较”的；有叫“比较思想政治教育学”的，有叫“思想政治教育比较学”的。前一组叫法，“比较”这两个字不知放在哪里合适，又仿佛放在哪里都没有太大的区别，不值得讲究，似乎认为这门课程就是用比较的方法去研究思想政治教育这个对象，只有方法的特定性而无研究对象的独特性。后一组叫法，似乎认为这门课程是一门“学问”，能够形成体系。按照这两种想法去建设，就产生了该课程究竟应该以“问题研究”为导向还是应该以“体系化”为导向的争议。其实，两种想法各有价值，大异其趣，也能促进学术繁荣，但是同时也暴露了各自的局限性。前者缺少系统性，不能超越“比较的方法＋国别或专题研究＋问题导向”模式的局限；后者在与其他课程（例如“思想政治教育学原理”）的关系上定位不够清晰，造成“‘比较思想政治教育’就是用国（境）外的材料去填充‘思想政治教育学原理’的框架、为它的论点提供论据”的印象，似乎它是主干课程附属的“下位”课程，只能接受“思想政治教育学原理”的框架限制，而不能丰富、发展“思想政治教育学原理”，更不能与它平列。

（二）“比较思想政治教育”的学科意识和学科特点——关于“比较研究”的研究

在“比较思想政治教育”课程建设中存在的上述问题应该得到解决，尤其是在当前要求它实现“从课程到学科”的转变的客观形势下，解决这些问题已经具有一定的紧迫性。为什么这么说呢？因为现在讨论这个问题，一是出于客观形势的逼迫。既然“比较思想政治教育”已经上升为三级学科，就不能拖整个二级学科建设发展的后腿。二是从主观上看，这是学科发展的内在要求。

如果说，过去20年我们着重思考的是“比较研究”，即“什么是比较研究”“什么是思想政治教育比较研究”“比什么？能不能比？怎么比”等问题，那么今天，除了要继续思考这些问题外，还应该深入开展“关于比较研究的研究”，即“什么是比较思想政治教育？它是学科吗？它有自己的内在逻辑吗？没有的话，它怎么能成为学科？有的话，这个逻辑是怎么样的？它为什么非得是学科呢？是和不是，有什么区别呢？如果是，它的对象是什么？学科特点是什么？它的研究范式是什么？它有没有自己的体系和范畴”等。围绕“比较研究的研究”，还应该继续提出更多的问题。没有问题，科学就不能发展。重大问题的提出，可以开辟学术进步的新方向。

1. 什么是比较研究？“比较思想政治教育”和“思想政治教育比较”有什么区别和联系？我们在讨论“学科化”的时候，是在讨论它们中的哪一个？

什么是比较研究？如果把比较研究当作一种方法，对它是不难理解的。比较研究作为研究方法，是对客观存在的两个和两个以上的对象进行比较，找出其异同并进行分析解释的方法。比较研究的前提是研究对象之间存在的差异性和相似性，它们共同决定了比较的必要性和可能性。比较研究的方法广泛应用于自然科学、人文社会科学和哲学领域，是科学研究中不可或缺的环节。我们任何一位学士、硕士、博士做学位论文的时候，在开题报告中必须回答你所研究的问题在国内外的研究现状如何，这就已经进入比较了。教授们在申请科研项目时，第一个步骤也是回答同样的问题，从比较中说明自己选题的独特性和创新性，以及它与同类的、相似的研究之间的继承发展关系。

现在，在文学、教育学、政治学、哲学等众多学科领域，都开展了比较研究。这些研究都是以客观上存在多种文化即具有“文化多样性”为前提的。由于文化与民族、国家、时代有密切的关系，所以这些研究大多采用了民族比较、国家比较、历史比较以及纵横结合的综合比较等理论形式。“思想政治教育比较”与这些比较研究情况类似，是把比较研究的方法运用到思想政治教育领域的产物。

可是我们在讨论“学科化”的时候，却不是在讨论“思想政治教育比较”，而是在讨论“比较思想政治教育”。因为“思想政治教育比较”的重心在于“比较研究”，强调的是方法特征而非研究对象的规定性，只要“比”就行了，而不在意“比什么”；“比”的结果是一大堆“问题”及其答案的堆积，所以是不可能形成体系的。它的本性就是在追逐问题，运用比较的方法去研究一个一个的专题，哪怕这个专题是综合性的，也不能形成“比较研究”自己的体系。它的任务更侧重于发现“新知”，视角更偏向实践前沿。它的基本姿态是在奔跑、追逐，如果对它进行“体系化”，无异于给一个跑步运动员戴上脚镣。而“比较思想政治教育”的重心在于建立“思想政治教育学”，它的研究对象包括两个方面。一个方面是世界上不同的民族、国家、时代的思想政治教育的事实和相互关系，相互关系是指它们之间的渊源、交流、借鉴、影响等。另一个方面是通过对跨越民族、国家、时代、语言界线的思想政治教育的事实和关系的研究，探讨在文化多样性条件下思想政治教育的共同本质、规律、特征。研究这两个方面的内容，所需要的方法首先是描述，其次是比较、考据、实证、分析、抽象、概括等。可见它是把“思想政治教育比较”包含在内的，但是又不止步于“比较”。在超越了“比较”之后，它又产生了一些新的特征，比如“居间性”；给自己增添了新的使命，比如进行跨文化的对话。有了特定的研究对象、目标、方法，形成体系、建立学科才会既有必要也有可能。

2. 什么是“学科意识”？“比较思想政治教育”是学科吗？如果是，它应该具有什么样的学科意识？

“学科意识”的提出和形成，是建立学科的必要条件之一。一般来说，建立学科的条件可以分为“硬件”和“软件”。“硬件”是指在教育体制中有了组织机构，如院（系）、专业；有了人，如师资、学生；有了课程、教材并形成了教学体系；有了研究阵地，如刊物、讲座、论坛、学术团体；等等。“软件”是指学科研究对象、目的、知识体系、研究范式、有影响的成果以及渗透于以上方面的学科意识。“学科意识”是对学科“软件”诸要素的总体反映，是该学科的自我认识、自我定位，其核心是论证自己的独立价值、自己的不可替代性。其独立价值可以表现在多方面，或者说有多种表现形式，比如对象、方法、角度等。不过，有独特的研究对象是最根本的。“学科意识”不是从天而降、凭空产生的，它伴随学科“软件”诸要素的生长而生长，与学科发展的运动同步，是在与之互动的过程中逐渐明晰、成熟的。它是学科发展状况的标志。

用以上标准来衡量，“比较思想政治教育”作为一门学科，还不够成熟，无论是“硬件”还是“软件”，都正在建设、发展中。但是通过以上对过去二十几年来以“比较思想政治教育”课程为载体的建设过程的回顾，总结已经取得的成绩和评价分析仍然存在的问题，又可以说，现在讨论把“比较思想政治教育”作为一门学科来建设，并非从零开始。过去对思想政治教育的理论、实践、历史进行的比较研究的成果，已经被包含在“比较思想政治教育”学科里，作为它的有机的细胞在活跃地继续生长、繁殖。“比较思想政治教育”作为一门学科来发展，想要在外延上扩大、内涵上提高，仍然要以此为依托。“学科意识”中的“对象和方法”在前面已经阐述过，“学科意识”中的其他部分，如知识体系、研究范式等，仍有待被论证。不过，既然“比较思想政治教育”对自己的研究对象和方法这两个核心要素有了自觉的意识，我们就可以断言，它作为一门学科已经诞生、存在了。

3.“比较思想政治教育”的学科特点

“比较思想政治教育”作为一门学科，当然应该有自己的特点。大体上可归纳为：开放性、居间性、综合性。

“比较思想政治教育”具有开放性。在研究范围上，它横跨思想政治教育学原理、方法论、原著选读、历史（思想政治教育史和思想政治教育理论史）各门课程，甚至进一步扩展到与它们相关的教育学、社会学、心理学、政治学、管理学、传播学等学科领域，吸收它们的理论、方法、成果，随着它们的进步而不断扩大自己的视野。总之，“比较思想政治教育”没有固定的边界，想研究什么就研究什么，不必用条条框框束缚自己的手脚。如果实在要给它设一个边界，那就是它不能缺少比较，不能脱离比较。

“比较思想政治教育”具有居间性。“居间性”是指某事物的边界比较模糊，处于有联系的另外两个事物之间、反映了它们之间的联系的状态。比如“非驴非马”的骡子，就有居间性特征。由于人与人的交往，产生了“主体间性”；由于文化的交流、传播、碰撞、融合，产生了“跨”文化的“综合文化”；由于学科之间的交叉、渗透，产生了交叉学科、边缘学科、横断学科；由于越来越广泛的“对话”产生大量的“翻译”行为，带来了解释学中的“视域重合”“意义叠加”；等等。在文化多元、交往频繁的时代，既有“文化间距”的存在，又有克服甚至消解“文化间距”的需要，在此情形下就会有“居间性”的出现。“居间”可以是在历史之间、文化之间、社会之间、主体之间、学科之间、理论与实践之间等。“居间”是“跨越”，也是“超越”；是交流、对话，也是互动、融合。

“比较思想政治教育”具有综合性。思想政治教育比较研究的课题是广泛的，在它的基础上可以逐步提炼出规律、范畴，由具体上升到抽象。这是该学科内在逻辑发展的必然结果。这就是“比较思想政治教育”具有的综合性。

以上三性，对于“比较思想政治教育”学科而言，既是幸事也是不幸的根源，形成了永难消除的悖谬。“比较思想政治教育”因此得到广阔的发展空间，也面临自我消解的威胁。

4. 关于“比较思想政治教育”学科发展中仍然需要探讨的问题

关于“比较思想政治教育”的学科发展，还有许多需要探讨的问题。比如在思想政治教育比较研究刚起步时的那些障碍问题，自己以为解决了，实际上并未完全解决。“思想政治教育”这个中国人自创的概念，应如何跨文化使用呢？在思想政治教育领域，我们有真正的国际“对话”吗？从教材和专著看，形成了一些研究的风格流派的雏形，如国别研究、专题研究、综合研究，这意味着它们是在空间中彼此孤立地并列？还是意味着它们分别是“比较思想政治教育”的几个发展阶段？

为了回答这些问题，我们需要参照、借鉴其他比较学科的经验。

（三）对其他比较学科状况的思考

哲学社会科学许多领域都开展了比较研究，形成了比较学科。就学科意识而言，各科的情况大不相同。

1. 比较教育：重视“跨文化对话”

比较教育不太强调从界定研究对象来凸显自己的学科特性，而是突出“国际视野”和比较方法。这从一些比较教育机构的设置就可见一斑。例如首都师范大学的国际与比较教育研究中心，主要的研究方向有：比较教育理论建设研究、国际主流教育思想研究、教师教育比较研究、教育管理比较研究、国际科学教育比较研究、英才教育比较研究、健康教育比较研究、法国教育比较研究、俄罗斯教育比较研究、远程教育比较研究等[①]。这基本上是“比较的方法＋国别或专题研究＋问题导向”的格局。

在“比较教育理论建设研究”这个综合性专题方向上，近年来出现了“文化转向”。1817 年法国的朱利安出版了《比较教育研究计划和初步建议》一书，标志着比较教育学科开始了自己的历程。早期的比较教育学基本上沿着西方实证主义的路线发展，朱利安试图以自然科学为楷模，建立能反映现代社会教育发展普遍规律的教育科学。朱利安这本书出版之后的 190 年，可称之为比较教育学史上的“自然科学时代”。同时，在它身上西方中心主义的烙印十分鲜明。西方传统哲学那种原子论的、碎片式的、分散的、非此即彼的思维方式，以及教育是单向灌输的陈旧观念等，也都成了它进一步发展的樊篱。如今在全球化时代，文化问

① 宁虹. 国际视野：教育的重新理解. 北京：首都师范大学出版社，2003：1.

题在全世界都备受关注。比较教育学也应该实现“文化转向”，即从“自然科学模式”转向“文化模式”。

对于今天进行的比较教育学的理论建设而言，“站在世界性立场上，引进跨文化的对话，具有重要的方法论意义”[①]。首都师范大学的学者率先进行了中国王阳明“知行合一”方法论与西方接受美学的对话，意图使比较教育学的研究主体走到接受者中间，并通过“建设教育服务发展区”这一项目，寻求二者的双向互动、合作发展、共同建构[②]。

2. 比较文学：“学科焦虑”和发展转向

在比较文学、比较哲学这些历史比较长，而且在世人眼中比较成熟的学科中，近几年弥漫着一种身份“焦虑症”，“困惑”“危机”之说不绝于耳，学科意识经历了从“建立”到“迷失”的变化。

中国学者刘象愚分析了比较文学“危机论”。比较文学发轫于19世纪后半期的法国，至20世纪的50—80年代，学术中心移到了美国，比较文学的学科建设从起步到壮大、成熟，先后形成了以法国模式为范式的“影响研究”和以美国范式为代表的“平行研究”。前者研究不同民族文学之间的渊源、交流、借鉴、影响等。后者通过对不同民族文学之间特别是其主题、观念、文类、历史分期、思潮运动等方面异同的研究，探讨文学性，即文学艺术的本质规律等。这两种范式的理论和方法一时成了比较文学的旗帜，标志着比较文学获得了清醒而自觉的学科意识。世界各地的著名学者和研究人员纷纷会聚到这面大旗之下。在美国的大学里，比较文学成为“显学”，领袖群伦，是一个不争的事实[③]。

然而在比较文学研究最兴旺发达的顶峰时刻，从未停息过的自我质疑也发出了历史的最强音。在20世纪80年代，时代大潮从外部对比较文学进行了猛烈的冲击，造成了比较文学的三个转向：理论转向、文化研究转向和解构主义转向。

理论转向是指，一些搞比较文学的专家、学者，“不务正业”，纷纷去搞后现代主义、后结构主义、女权主义、后殖民主义、新历史主义、西方马克思主义等理论，甚至这些新奇的理论就出自一些著名大学的比较文学系科特别聘请来的教授、主任，例如耶鲁大学的美国解构主义四大代表保罗·德曼、杰弗里·哈特曼、希利斯·米勒、哈罗德·布鲁姆，西方马克思主义批评家詹姆逊，后殖民主义理论家赛义德，加州大学的解构主义代表德里达，哥伦比亚大学的哲学家罗蒂等。这些大牌教授把比较文学系变成了理论生产的基地，源源不断地把他们的理论产品输送到各个学科和世界各地。这虽然极大地提高了他们所在学校和系科的声誉和影响，但也销蚀了比较文学的本性，使其迷失了方向。

文化研究转向是指，从20世纪90年代起，有人主张比较文学研究应该把研究对象扩展到文化研究的层面上。1993年，伯恩海默在为美国比较文学学会起草第三个十年报告时提出，比较文学不再将文学现象、文学文本作为唯一研究对

---

① 宁虹．国际视野：教育的重新理解．北京：首都师范大学出版社，2003：4．

② 同①12．

③ 刘象愚．比较文学“危机说”辨．新华文摘，2008（16）．

象；在全球化条件下，比较文学应该走出西方中心主义和欧美中心主义的樊笼，真正进入东西方文化、全球多元文化的比较。

解构主义转向是指，在解构主义消解一切的浪潮中，比较文学应该和所有的人文社会科学乃至自然科学一样，消解自己的身份，走向“死亡”“终结”。这并非真正的“死亡”，而是要发生根本的、质的改变，死去的是以“影响研究”“平行研究”为代表的传统的比较文学，即将诞生的是以“翻译研究”为范式的新的比较文化研究①。

另外一位学者谢天振认为比较文学的“翻译研究”转向不是什么消解自身的坏事，它不但是由比较文学自身跨语言、跨民族、跨文化的学科性质决定的，而且还恰好借此机会为比较文学打开了一个新的研究层面②。

翻译研究本身在20世纪经历了两次转向。两千多年来，人们关注的问题一直没有跳出“怎么译”三个字。到20世纪50年代，西方翻译学中发生了第一次转向。新崛起的语言学派超越了经验的研究，使用了语言学的理论和方法，给人一种耳目一新的感觉。但是从他们的目标和定位来看，却没有实质性的改变，仍然在追求译文最大程度地忠实于原文，与原文保持“对等”“等值”。研究目光也停留在文本和语言文字的转换上。到70年代，文化学派登上了舞台，西方翻译学又发生了文化转向。文化学派关注的重点已经从语言翻译的文字转换技术转移到翻译行为所处的译入语语境及制约翻译的相关文化因素上了。此时，从文化层面对翻译的动因、行为、结果、传播、接受、影响以及其他与翻译有关的问题进行研究成为时尚。

实现了文化转向的翻译研究与比较文学关系最密切。通过翻译研究使传统的比较文学课题得到了比以前更为深刻、具体的阐释。比如，国际文学关系史是比较文学的传统课题，过去一直停留在“关系事实的描述”和寻找异同上面。而翻译研究就会提出这样一些问题：为什么有些国家更重视翻译，翻译的东西多，而有些国家却正相反？哪些类型的作品会被翻译？翻译进来的作品，在译语系统中处于何种地位，与它在源语系统中的地位相比有何差异？翻译文学在译语文学中的地位与哪些因素有关？比如，苏俄文学与中国文学在五四时期、20世纪30—40年代、“文化大革命”刚结束这三个时期的关系是和什么因素有关的？又如，通过译作与原著的比较，说明翻译意味着对原文的“重构”，它们之间是延续和创生的关系；等等。总之，借助翻译研究，比较文学的领域得到了拓展，获得了发展的生机。

孟华则坚持认为比较文学不应该被“文化研究”和“翻译研究”取代③。比较文学是研究文化交流的学问。文化交流是“源”，比较文学是“流”，是研究文学方面的文化交流。在全球化的条件下，交流、对话是大潮流，比较文学怎么会有危机呢？国际文学关系研究在比较文学学科中占有核心的地位，如果在这一点

---

① 刘象愚．比较文学“危机说”辨．新华文摘，2008（16）．

② 谢天振．论比较文学的翻译转向．新华文摘，2008（16）．

③ 孟华．“皮之不存，毛将焉附”——试论国际文学关系研究的地位与作用．新华文摘，2008（16）．

上模糊了、动摇了，比较文学就会失却自我。不过，国际文学关系研究也要有所创新，应该从原先单向度研究发送国文学的影响，发展到对发送者和接受者进行双向互动关系的研究，并且要把对接受者的研究置于中心地位；从过去单纯考据式的研究，发展到充分利用各种新理论、新方法的综合研究。比如，对“异国形象”的研究一直是比较文学的课题，因为“异国形象”在一定程度上折射了异国文化在输入国的介绍、传播、影响、诠释的情况。而今天它之所以那么“火”，是因为它借助符号学、结构主义、接受美学等理论和方法对传统研究进行了改革。国际文学关系史研究首先要确定的是被比较的双方是否发生过“交流”的“事实”；其次，要搞清自己使用的概念是如何引进的，在译介的过程中经历了哪些语种的转换，在此过程中语义发生了哪些改变；再次，文学思潮、形式在交流中会产生流变，文学现象的类似不一定意味着成因一致，生成语境的差异性往往导致目的、意义的不同。比较文学在某种意义上说就是研究“影响—接受”关系，所以它要联合历史、哲学、宗教、社会学、心理学、美学，进行跨学科的、综合的研究。

3. 比较哲学：如何可能

比较哲学领域也发生了类似的自我质疑。张志伟认为，“哲学比较”和“比较哲学”不是一回事，前者是用比较的方法研究哲学，后者是哲学的一种①。现在许多论著实际上是在进行“哲学比较”而非讨论“比较哲学”。我们需要提出并回答“比较哲学何以可能”这样的问题。任何哲学都具有“跨文化”的性质，是不同的文化以及不同的哲学形态融合而成的。西方哲学至少是“希腊—拉丁—日耳曼”文化融合的产物。英美哲学与大陆哲学之间也存在互相理解的难题。中国先秦哲学与东汉佛教传入后的哲学之间也可以做比较。所以“比较哲学何以可能”这个问题就转化为“跨文化的哲学对话如何可能”。

张志伟认为，比较哲学的存在是以“文化多样性”为前提的：世界上存在一种以上的哲学形态，不同的哲学之间发生了有意义的相互的交往，它影响甚至改变了某种哲学的发展，而且这种影响不是偶然的而是具有普遍意义的。但是“文化多样性”只是一个方面，另一方面是，我们拥有的是“同一个世界”。哲学源于“生活世界”，而“生活世界”是多义的。表面上看起来，西方世界、东方世界各有自己的意义，但实际上，它们各自都是不统一的。在全球化时代，多元的意义是共存和重叠的。所以，比较哲学是从多个视角“之间”，对所有不同的哲学做全景概观式的比较研究，并且它看到了不同哲学由于“视域融合”而形成的新的东西，所以，它高于各种形态的哲学，可称为“元哲学”。

跨文化的哲学对话也涉及翻译问题。翻译可分为“语内翻译”和“语际翻译”。“语内翻译”实际上是“解释”，涉及“文本流传”（传统的传承）；而“语际翻译”也有“解释”问题，涉及“文本流通”（不同文化的交流）。在现代，由于中国文化传统发生了断裂，西方文化对中国文化产生了决定性的影响，甚至可

① 张志伟．跨文化的哲学对话如何可能——关于比较哲学的几个理论问题．新华文摘，2008（16）．

以说，离开了“翻译”，中国学术将所剩无几。在“文本流通”中，我们总是说要“与国际接轨”，实际上还是单向地接受。中国人要为比较哲学做贡献，就应该把自己的“解读”加入西方经典的意义构成中。我们的时代是“混合文化”的时代。比较哲学所要做的，正是不同哲学之间的“视阈融合”。

4. 比较政治学：体系化

比较思想政治教育的学科建设中另外一个有争议的问题就是它究竟应该以“问题研究”为导向还是应该追求体系化？它能不能体系化？我们可以先了解一下比较政治学的历史情况。

政治学从建立之日起，就离不开比较。亚里士多德的《政治学》是政治学的开山之作，他比较了古希腊150多个城邦的异同，对政体进行了分类。18世纪法国的孟德斯鸠写出了《论法的精神》，从政治、经济、文化、宗教、气候、传统等不同角度比较分析了东西方及欧洲国家之间的异同。这本书成了政治学乃至比较政治学的传世之作①。

19世纪后，西方学术界达成一种共识，认为西方民主政体是最好的，是各国政治生活的唯一样板，由此形成了“西方中心主义”。结果是学术界对了解西方以外地方政治现象的兴趣明显淡薄，比较政治学落入低谷。

第二次世界大战结束后，随着政治研究“科学化”思潮的兴起，比较政治学以描述性的、实证研究的方法为自己迎来了发展的机会，从主要说明“是什么”进入到解释“为什么”和“怎么样”，现代意义的比较政治学开始形成。

1966年，美国的阿尔蒙德和小鲍威尔的《比较政治学：发展研究途径》出版，标志着比较政治学的成熟。这本书在1978年再版时做了重大修改，更名为《比较政治学：体系、过程和政策》。中国于1987年也出版了由著名政治学家曹沛霖教授翻译的该书中文版（上海译文出版社出版）。这一时期绝大多数比较政治学家都走上了行为主义的研究道路。行为主义的特征是注重对政治“行为”的研究，与传统政治学注重“法律、机构、制度”等静态因素的研究有所不同。行为主义理论以现代化理论和结构功能主义为两大支柱，同时还运用了实地考察、数量统计、案例分析等技术手段和研究程序。

《比较政治学：体系、过程和政策》这本书集中反映了阿尔蒙德和小鲍威尔两位作者所倡导的结构功能分析方法，并在全书的论述中充分运用了这种分析方法。贯穿全书的三个名词是体系、过程和政策。两位作者在各个章节中分别从这三个角度对有关问题展开论述。书中涉及很多政治概念，包括政治文化、政治结构、政治社会化、政治结构-功能、利益、政治体系等。作者以政治文化为论述的逻辑起点，按照体系、过程和政策的顺序展开论述。这三个方面相互融合，互相联系，但并不一定是前后相继的。

作者首先在“导论”中对政治文化和政治结构概念做了一番分析。在该书的第一部分“体系功能”中，作者论述了政治社会化、政治录用和政治交流。政治

① 赵虎吉. 比较政治学——后发展国家视角. 广州：中山大学出版社，2002：31.

体系是由相互作用的结构组成，政治体系的运行过程即适应和维持。政治社会化是政治文化传播的过程，也是政治体系形成的必要条件。作者还专门论述了精英人物的社会化，这主要发生在政治机构内和政治过程中，更具体地说是发生在政治高层。政治录用涉及政治参与者和行为者对政治体系的进入，在这个过程中还产生了“角色”概念。这些都是从社会学借用的概念。政治交流是政治体系的一部分。作者用三个小节分别从体系结果、过程结果和政策结果论述了政治交流。第二部分讲的是“过程功能”，分为利益表达、利益综合和政策执行，前二者的行为主体可归结为同一种，都包括政党、利益集团、政治机构等，这些方面构成了政策产生的整个过程，通过分析这三个方面可以明确政策产生及其后果的各个方面内容。最后一部分说的是“公共政策”层面，包括输出、结果和反馈。输出是为了得到结果，但能不能得到想要的结果，还要看与环境的关系，环境变量的论述也是整本书一直强调的内容。政治输出又分为提取、分配、管制和国际输出，这些反映了政治体系的实际作为，又涉及了政治体系的问题。

作者不但运用了社会学、心理学的理论方法，还运用了经济学的理论方法。他们用一个章节的篇幅论述了政治生产力和政治产品的问题，这个概念与政治输出和结果有关，也是从体系、过程和政策三个方面论述政治产品，包括福利、安全、自由和国际产品。最后还提到权衡交换和机会的代价问题，作者论述了发展中国家要获得发展所要付出自由、民主、稳定等方面的代价，值得注意。

既然这是一本比较政治学的著作，那么必然涉及大量其他国家的政治情况。作者选取了24个国家，其中包括中国，对这些国家的政治状况的介绍穿插在整本书的分析里。

从20世纪60年代末起，比较政治学开始摆脱西方中心主义和“科学化”的束缚，注意研究后发展国家独特的政治发展逻辑，涌现出后行为主义、政治发展与政治稳定理论、依附理论、社团主义理论、国家与社会理论等一大批成果和学派。

可见，在西方，政治学和比较政治学是不分家的。所谓的“比较政治学”，就是在不同类型的国家的政治现象中找到具有共同意义的、可资比较的概念和标准，进而再运用这些概念和标准去分析评价一个国家政治体系的实际运动过程。它运用的方法也不是只有比较，而是多种方法的综合运用。虽然政治学和比较政治学不分家，但是理论的丰富、发展和成熟，总是要遵循从具体到抽象再到具体的路径，这是没有例外的。

5. 简短的结论

通过以上对几门比较学科的扫描，我们可以形成如下几点看法：

第一，在全球化、现代化条件下，各学科的比较研究都发生了“文化转向”，这一转向应该包含几层意思：对教育、文学、哲学、政治以及经济、社会、法律等都可从“文化”的角度去观察、解释；从注重类似于自然规律的普遍规律的研究转向对具有更多不确定性的文化现象的研究，注意不同文化语境的特殊性、差异性；打破西方中心主义和碎片式思维，注重文化交流的事实，解决好文化的整体性、全球性与本土化的关系；在各科的比较研究中引进后现代主义、现象学、接受美学等新理论、新方法，其中比较重要的概念有“文化多样性”“主体间性”“社会交往”“生活世界”“跨文化”“对话”等。

第二，比较学科有四个发展阶段、四种研究范式。比较学科的发展是有阶段性的，大体上是从“事实研究”阶段到“影响研究”阶段再到“平行研究”阶段最后到“翻译研究”阶段。在刚开始的时候，是做“事实研究”，要了解、记录、描述别的国家、民族的情况，这是基础。既然它是基础，又是必经的第一个阶段，所以，绝不能轻视甚至贬低它的价值。然后可以进行“影响研究”，即研究不同民族文化之间的渊源、交流、借鉴、影响等。接下来的“平行研究”也可以叫作“实质和规律”的研究，即通过对不同民族之间各种文化要素特别是其主题、观念、文类、历史分期、思潮运动等方面异同的研究，探讨像“文学性”“文学艺术的本质规律”这一类问题。最后是“翻译研究”，这在“交流”“对话”的情境下是必不可少的，进入了意义的“解释”和“重构”的层面。不到这一步，比较研究就不能算完成。比较研究的这四个阶段，也可以说是四种范式。在时间上依次展开的这四个阶段，在空间中它们作为范式又是并列的，在实际的研究中这些理论和方法往往交叉地或者综合地使用。

我国的“比较思想政治教育”研究目前大多数停留在“事实研究”阶段，“影响研究”和“平行研究”做了一些，但是比较零散，“翻译研究”基本未展开。

第三，比较研究、“比较××学”、“××学”三者的关系是：比较研究在后二者中都可以运用，但是在“比较××学”中，可以但不能局限于本民族、本国内部的比较（比如中国的现代与古代相比、中国汉族与某少数民族相比），而要注目于与国（境）外的情况相比。“××学”是在大量的具体研究中提炼、概括而来的，里面包括了“比较××学”的贡献。但是“比较××学”并非只是为了做这种贡献才存在。了解异质文化的事实、关系、实质、转换，就是它的学科目的，也是它的独立价值之所在。“比较××学”是为比较而存在。“××学”对进行“比较××学”的研究有指导作用，因为“理论先于观察”。但是观察来的事实材料，又有可能突破理论，揭示出理论中原先没有的新内容。例如，“思想政治教育学”是在马克思主义理论指导下、主要立足于中国共产党领导下的思想政治工作的实践经验总结建立起来的，“比较思想政治教育”是在“思想政治教育学”之后（尤其是提出了“思想政治教育”这个概念之后），在它的指导下才开始建设的。但是有了“比较思想政治教育”之后，它也给“思想政治教育学”输送了大量的新鲜养料，促进了它的创新。

三、如何进行“比较思想政治教育”的研究

“比较思想政治教育”研究，是一块新开垦的学术园地。如何进行研究，值

得我们认真思考。

（一）必须以马克思主义为指导

以马克思主义为指导，决定着“比较思想政治教育”研究的性质和方向。

以马克思主义为指导，不是一句空洞的套话。在“比较思想政治教育”研究中，它具体化为三句话，即：实事求是地了解，唯物辩证地评价，超越地批判、借鉴。这是我们应持的基本态度。

1. 实事求是地了解

实事求是地了解，是“比较思想政治教育”研究的起点，也是基础。前面我们说了，“事实研究”是“比较思想政治教育”研究的第一个阶段。毛泽东说过，没有调查就没有发言权。可是有些同志却贬低描述性研究的价值，这是不对的。

实事求是从表面上看是个占有资料的问题，其实并没有那么简单。我们说，从事任何一项研究都要从搜集资料开始，“比较思想政治教育”研究当然也不能例外。我们应该克服一切困难，尽量多地搜集关于别国（地区）思想政治教育的资料。但有了资料不等于就知道了真相。比如，近十几年我们国家流行为年满 18 岁的青年举行“成人仪式”，许多同志认为这是对青年进行教育的好形式，并以为这是从国外学来的。然而，笔者曾问过英国、法国、捷克、挪威等国的学者，他们一致否认在自己的国家有这类仪式。有的人说，过去在宗教里有，现在已经不搞了。因为什么是“成人”，是不可能以哪一天为标志的，成人的标志往往是人生中的某些事件，如毕业、就业或者首次性体验。不过，这些学者的意见也许是限于个人见闻。那么，仅就“成人仪式”这样一件小事，就有两种矛盾的说法，究竟哪个更真实呢？搞比较研究困难很多，如出国考察的机会少、参加国际学术交流少、资料来源少或者是外语水平低、不能直接阅读外文资料等。不过，这些困难倒还在其次，最大的困难来自两方面。一方面的困难是我们自己观念和理论水平的问题，观念问题在前面已经提及。由于对“思想政治教育”这个概念的理解停留在形式上、表面上，就会因为别的国家不使用这个概念而否认了它们有这个工作的事实。如果这种思想方法不能得以改变，即使事实碰到鼻尖了也不会承认，更不用说千辛万苦、沙里淘金般地在浩瀚的资料海洋中去发掘了。理论水平也会影响资料搜集。如果我们对思想政治教育的本质、规律（思想政治教育的原理部分）认识得越深刻，我们在进行思想政治教育的比较研究时感觉就会越敏锐、越细致。当然，反过来，“比较”的研究也会大大地推动“原理”的研究，使之更丰富、深刻。两项研究互为条件，互相促进。另一方面的困难是文化的、话语体系等方面的差异、隔阂甚至误解。1997 年夏季在一次中国学者与国际社会学协会第 34 研究委员会（青年社会学研究委员会）访华学者的座谈会上，一位英国女士以“开展公民教育”为题做了长篇发言。言毕，笔者请她谈谈在英国进行思想教育的情况。她断然回答：“我们不搞什么思想教育，我们要对全体公民，首先是青少年，进行自由、平等、博爱的教育，让他们接受这些价值观……”笔者和她的这段对话相当典型地反映出我们之间的沟通还存在问题。所以，我们要多做跨文化的交流，增进相互了解。只有彼此尊重，克服偏见、成见，又能透过现象看实质，才可以做到实事求是。

2. 唯物辩证地评价

唯物辩证地评价，是在实事求是地了解情况的基础上，运用辩证唯物主义和历史唯物主义的观点、立场、方法，对各国思想政治教育的历史、现状、问题、经验、理论等进行分析、总结。其中最主要也最有现实意义的是如下三个观点：阶级分析、社会存在与社会意识的相互关系、共性与个性的关系。

第一，运用阶级分析的观点。如前所述，思想政治教育的阶级性是非常强烈的。不同社会制度的国家，进行思想政治教育的政治目的都是为了维护本阶级的统治，维护自己的国家利益。在它们的思想政治教育中，充斥着大量宣扬本国社会制度的合理性、优越性却抨击另外一种社会制度的内容。这也是许多同志对于开展思想政治教育比较研究心存疑虑的原因。其实，理论探讨无禁区。我们作为社会主义中国的思想政治教育工作者，应该以马克思主义为指导，以开放的胸襟去正视这一现实。既不要盲目崇拜，也不要盲目排斥。我们要清醒地认识不同国家思想政治教育之间在阶级属性方面的根本对立，以免替人家做义务宣传。有的国家，特别是资本主义国家，总是喜欢掩盖自己进行思想政治教育的事实，而鼓吹自己进行的是超阶级的、具有“全人类性”的教育。坚持阶级观点，可以使我们在比较研究的过程中增强识别能力和批判能力。总之，坚持阶级分析，指出各国思想政治教育有不同的阶级属性是思想政治教育比较研究的一个根本前提。

第二，运用社会存在与社会意识相互关系的观点，尤其是社会存在决定社会意识的观点。思想政治教育是由社会历史条件和阶级统治决定的，它的内容和方式的变革都有着客观的原因。在进行评价时，一定要指出思想政治教育的发展与社会环境的关系，否则就会出现盲目崇拜或照抄照搬的情形。比如，有人产生过这样的想法，认为外国（主要是资本主义国家，如新加坡、美国等）连思想政治教育也搞得比我们好，是不是我们的那一套不灵了？我们也照它们那样搞行不行？其实对这样的问题应该根据具体情况具体回答，主要是结合自己的和别人的国情来判断。

第三，运用共性与个性关系的观点。我们应该通过个性了解共性，从个别上升到一般，也应该看到共性之中有个性。思想政治教育作为一种人类实践活动，是有普遍规律的。它所要解决的，也有很多是全人类面临的共同性问题。正因为如此，才有必要研究它，也才有可能相互学习和借鉴。但是如果只看到共性，而忽略了各个国家的个性、特殊性，尤其是阶级性方面的差别，则是错误的。有些人习惯于停留在已有的共性认识上，不愿意下功夫去观察现象，轻视实证的研究方法，所以他们只能不断地重复“宏大”的结论，并且把这些结论变得越来越空洞、抽象、僵化，切断了它们与生活的联系。其实，当我们对共性、规律、本质有了一定认识的时候，更应该注意对丰富多彩的现象进行研究，在多元化时代尤其如此。

当代各国的思想政治教育在适应时代和社会发展的过程中，一方面表现出越来越多的共同性，另一方面也越来越凸显出各自鲜明的民族特色，并自觉地坚持和捍卫民族特色。中国有中国的特色，美国有美国的特色，日本有日本的特色。第二次世界大战刚结束的一段时期内，美国曾经在日本大力推行美式德育。但是，日本德育也并没有实现“全盘美国化”。在全球化条件下，美国凭借自己的经济优势和科技优势，大力推销美国文化，试图把“全球化”变成“美国化”。作为对此的回应，法国则积极展开传统文化教育活动，尤其是捍卫法语的纯洁性。欧洲有 48 个国家加入了《欧洲文化公约》，该公约的主要内容是人权、文化权利等。所以，在进行思想政治教育比较研究的时候，了解各国的历史和现实的国情是一项基本功，也是必不可少的一个步骤。如果跳过这一步，直接把各国思想政治教育的各个要素（如目标、内容、途径、评价等）一一加以对照，那只能发现一些表面的异同，结果必定是知其然而不知其所以然。

3. 超越地批判、借鉴

超越地批判、借鉴，是比较思想政治教育研究的最终成果，也是其最终目的。进行比较研究，不是把异同之处简单罗列、对比，而是着眼于揭示规律。理论的价值在于能够指导实践。所以，花在比较研究上的全部力量，都要引导到这样一个问题上来：它对我们的工作（包括理论工作和实际工作）将产生什么影响、起什么作用？我们了解其他国家的情况，包括历史、现状、问题、经验、教训、理论，都要经过消化、改造，结合中国的具体情况，最终去解决中国的问题，因此要创造出最适合我们需要的理论和实际工作，这也就是超越地批判、借鉴。没有超越他人的意识，就不可能搞好比较研究。

（二）“比较思想政治教育”研究的具体方法

解决指导思想、明确基本态度，只是第一步，还应讨论的是应该运用什么样的方法、形式来进行研究。

在前面谈到的四种研究范式中已经包含了具体的研究方法，如观察、实地考察、文本研究、描述、考据、归纳、概括、思辨等。但是，既然是搞比较研究，当然离不开“比”的方法。“比”可以分为纵比、横比、异比、同比、同异交比等。从研究类型来讲，有区域研究、专题研究、历史研究、类型研究、制度研究、人物研究等。其实，这些类型的划分也不是绝对的。本书在框架上采用了区域研究和专题研究相结合的形式。在每一个国家（地区）的研究中，又都包含了历史研究和问题研究。

四、本书的内容框架和特点

（一）本书的内容框架

本书在时间跨度上，截取了第二次世界大战结束后至今的这半个多世纪。全书具体结构分为绪论和四编。

第一编是当代世界思想政治教育概述，从总体上阐述了当代思想政治教育的历史发展、特征和趋势、组织管理以及理论和思潮。第二编是各国公民教育。思想政治教育的实践是各国都有的，但是“思想政治教育”作为一个整合性的概念是我国独有的，其他国家则是在公民教育、道德教育、价值观教育、法制教育等名义下进行了实质性的思想政治教育。其中，“公民教育”是在内涵、外延上与“思想政治教育”最为接近的一个概念。既然我们做的是跨文化研究，就应该尊重事实，在描述事实时使用其原本的概念即“公民教育”的概念。第三编是各国政党与思想政治教育。政党，尤其是执政党，是各国思想政治教育的领导者、组织者和主要实施者。过去在比较思想政治教育领域，关于这二者关系的研究基本是空白。我们应该在社会转型、政治变革的背景下观察政党政治发生的变化，进而研究它对思想政治教育发生的影响。二者的关系不是一个无足轻重的小问题，而是关系到思想政治教育方向、任务的重大问题。第四编是在全球化条件下跨国的、多层面的思想政治教育。该编在联合国及其下属机构的青年事务、欧洲委员会和欧洲联盟的青年工作、公共领域的思想政治教育等方面，对全球、地区、国家、地方等层面，在现实与虚拟两种环境下开展的思想政治教育进行了分析。在全球化条件下，国家已经不再是国际舞台上唯一的行为主体，当然也不再是思想政治教育的唯一主体，而是出现了像联合国、欧洲委员会、欧洲联盟这样的新主体，此外还有社会中的非营利组织、非政府组织以及大众传播媒介，等等。思想政治教育主体的多元化带来了思想政治教育的许多新变化、新发展。应当说明的是，青年事务（工作）不等同于思想政治教育，但是在具体实践中二者有多方面的交叉，甚至可以说在特定环境条件下，脱离了青年事务就无法开展针对青年的思想政治教育。这一编揭示了全球、地区、国家、地方四个层面，在现实与虚拟两个空间进行的思想政治教育新格局。

（二） 本书的特点

1. 稳定性与前沿性的统一

作为教材，其体系、内容、观点应该是比较成熟的，有相对的稳定性。但是，作为新学科而且是应用型学科，教材又应该具有前沿性、创新性。本书的编写者都是长期从事“比较思想政治教育”教学和科研的教师，了解学科特点、已有教材体系和前沿成果，并力求在本书的编写中体现出稳定性与前沿性相统一的要求。

2. 重点突出政治教育

在书中涉及思想政治教育的内容时，我们将重点放在政治教育方面。这不仅是因为政治教育是思想政治教育的核心内容，最能体现思想政治教育的阶级实质和社会功能，还因为目前国内对它研究得比较少，比起对道德教育、法律教育、宗教教育和青年文化问题等的研究来显得较为薄弱。我们观察到，当代青年的政治热情是高涨的。但是，为什么有不少人又觉得当代青年普遍患有“政治冷漠症”呢？那是因为他们头脑里的“政治”概念还是传统的以阶级、阶级斗争、国家政权为中心的政治，年青一代对此的确是比较冷漠的。他们更关心的是所谓的"生活政治"，即围绕与他们的生活息息相关的就业、贫困、教育、环保、人权、和平、两性平等、信息、民族等问题发生的"政治"。对于这样的政治，他们是热情的，不仅表现出高度的关注，而且正在以各种各样的方式积极参与，投身其中。如果我们头脑里的"政治"概念在传统理解的基础上增加以上新的理解，那么就会看到，在各种社会运动、政治浪潮中，都活跃着青年的身影，都能听到他们激昂的呼声。

在研究的视角上，我们力图在广阔的历史背景、社会背景和理论背景下来把握各个国家和地区思想政治教育"之所以如此"的深层原因，既要反映出学校教育又要反映出社会"大教育"的情况。儿童、少年、青年、成年人，都是思想政治教育的对象，在资料条件允许的情况下，我们将研究的重点放在与青年有关的问题上。青年的状况，尤其是他们的意识形态状况，是一个具有重大战略意义的研究课题。

3. 力求生动丰富

思想政治教育不但有鲜明的阶级性（政治性），而且有很强的社会适应性。这是因为它离经济基础最近，又是政治上层建筑的组成部分。经济基础的变化反映到政治领域，引起政治领域的变化，很快就会导致思想政治教育领域的调整。不同国家的思想政治教育在适应本国的社会历史条件和特殊国情的过程中，逐步形成了各自的民族特色。即使是社会制度相同的国家，在阶级属性相同这一共性之外，也还带有民族个性，呈现出丰富多彩的面貌①。我们力求在反映各国思想政治教育民族特色的基础上，提炼概括出思想政治教育的共同本质和一般规律，而在反映此种共同本质和一般规律时，又避免将各个国家彼此等同。要抓住特点，异中求同，同中有异，这是我们应该注意的。我们尽量争取做到这一点，使读者在阅读这本书的时候，不至于感到罗列堆砌、枯燥无味。

---

① 当然，思想政治教育的特点，除了阶级性、社会适应性和民族特性以外，还有整合性，即它能整合德、智、体、美、劳、群诸育的教育功能，以及主体际性，即从思想政治教育的作用机制和方式途径上看它是通过人际交往来实现的。但因为这些并非本书研究的对象，故在此不赘述。

第一编

当代世界思想政治教育概述

第一章　当代世界思想政治教育概述

要点提示

● 本章对当代世界思想政治教育的总体情况进行了概述：它的发展可以划分为四个阶段，各有不同的背景、指导思想、主要内容和特点；它在总体上表现出五大特征和趋势；各国对思想政治教育管理的主体、机构、手段、机制；各学科与思想政治教育有关的主要理论思潮和流派。

关键词　发展阶段　特征趋势　管理　理论

这一章我们将对当代世界思想政治教育的总体情况进行论述，包括它的历史发展、特征和趋势、组织管理和理论思潮。

第一节　当代世界思想政治教育的历史发展

第二次世界大战结束后 70 多年来世界各地的思想政治教育，大致上可以划分为四个发展阶段。第一个阶段：从第二次世界大战结束到 20 世纪 50 年代末期；第二个阶段：从 20 世纪 60 年代初期到 70 年代末期；第三个阶段：从 20 世纪 80 年代初期到 90 年代中期；第四个阶段：从 20 世纪 90 年代中期到进入 21 世纪再到现在。每个阶段一般为 15～20 年，各有不同的发展背景、主要内容和理论指导，总的来说是处在不断的变革之中。

一、当代世界思想政治教育的背景

国（境）外思想政治教育的演变，受到政治、经济、文化诸多因素制约，具体说来，主要受三个方面的影响：一是战后国际政治经济秩序变化的影响，二是各国经济现代化进程的影响，三是当代科技革命的影响。这三方面的影响，有些涉及国内矛盾的产生、发展和变化，有些作为国际环境背景，都对思想政治教育发生作用。其中有些作用是直接的，有些则比较间接，要经过文化思潮的中介。

（一）战后国际政治经济秩序变化的影响

第二次世界大战后国际政治经济秩序的变化，经历了一个由两极对峙到多极并立、由秩序的确立到秩序的演变再到为建立新的国际秩序而斗争的过程。战后初期，由于苏联的恢复和发展，以及东欧、亚洲人民民主国家的建立和初期发展，形成了社会主义阵营与以美国为首的资本主义阵营相对峙的局面。两大阵营和美苏两极冷战是这一时期国际格局和国际秩序的特征，它是以霸权主义和强权政治为基础的。美国在国际上的霸主地位自 20 世纪 60 年代后期起出现了相对的衰落，到 70 年代初，资本主义世界内部逐渐形成了美国、西欧、日本三个中心。苏联和东欧国家自五六十年代以来曾几次掀起过改革浪潮，但都未能唤起经济发展的活力和生机。到 80 年代中期，苏联国力进一步下降，内外政策根本转向。戈尔巴乔夫积极推行的“西化”政策与西方的“和平演变”战略相合拍，导致了 1989 年东欧各国的剧变和 1991 年底苏联的解体。由于苏联的解体，战后存在了 40 多年的两极格局和旧的国际秩序最终崩溃。在两极格局改变的过程中，包括中国在内的第三世界发展中国家逐渐崛起，形成了一支不可忽视的独立的政治力量。自 80 年代末以来，围绕着建立什么样的国际新秩序，是旧的强权型秩序还是新的以普遍和平、共同发展为目标，以和平共处五项原则为基础的民主型新秩序，不同的国家、地区以及不同的利益集团各自提出了不同的主张，进行着复杂的斗争。

（二）各国经济现代化进程的影响

国际秩序的变化是以各国综合国力的消长及相互关系的变化为基础的，而经济实力又是综合国力中最重要的因素。战后世界各国都经历了一个以经济现代化为基础的现代化发展过程。现代化进程以改革调整和科技革命为两个轮子，而其发展的成就和趋势如何，则受到社会制度、发展道路和政府政策的影响。

从第二次世界大战结束至今半个多世纪，无论是发达资本主义国家、社会主义国家还是民族主义国家，都纷纷进行了经济、政治领域的改革。例如，从战后初期到 60 年代末，美国从杜鲁门的“公平施政”起，经艾森豪威尔、肯尼迪直到约翰逊，每一任总统都提出过改革的计划。英国的改革在 70 年代以前主要是实行国家干预政策，以国有化和福利国家政策为手段。日本在 1945—1955 年的政治、经济民主化改革之后，1956—1973 年经济高速增长时期实行市场经济为主、政府干预为辅的混合经济体制的政策。50—60 年代，苏联和东欧国家也先后开始对计划经济体制进行改革的探索。在苏联，从赫鲁晓夫到勃列日涅夫，形成了有限利用市场机制的新计划经济体制。60—70 年代，“亚洲四小龙”和海湾地区石油国家以及拉美的巴西、墨西哥、委内瑞拉等国，都创造了经济飞速发展的奇迹，这和它们推行改革开放的政策也是分不开的。

但与前一时期经济发展取得巨大成就相比，60 年代末到 70 年代是资本主义受到经济滞胀困扰的时期。高度发展同时也是畸形发展的物质文明带来的一系列负面作用和严重后果开始暴露出来。这是西方社会生活发生巨大变化的一个时期。在我们接触到的历史学、社会学、经济学、政治学、教育学、宗教学等不同学科的文献书籍中，都不约而同地指出在这一时期发生了一个大转折。

由于 70 年代以来的经济滞胀和 1979—1982 年、1990—1993 年两次大的经济危机的困扰，西方国家又进行了新的一轮改革和大幅度的政策调整。这一轮改革着力解决的是通货膨胀和失业率高的难题，其特点是对国家垄断、私人垄断和自由竞争三者的相互关系进行调整。这反映在政治领域内是保守主义思潮抬头，在经济理论方面是主张自由市场、减少政府干预的货币学派和供应学派红极一时，在分配关系方面也发生了一些变化。而与此同时期，社会主义国家的改革却出现了复杂的局面：苏东剧变意味着改革大失败和国际共产主义运动的大挫折，而以中国为代表的其他社会主义国家的改革却稳步、健康地发展。

战后半个多世纪全球性改革浪潮有如下几个特点：一是由单一的经济改革逐步走向经济改革、政治改革和社会改革三者协调发展。二是改革呈现出多元化、民族化和开放性趋势。各国都根据本国国情探索适合本国的发展道路，不再盲目照搬某种模式，同时东、西方国家也都注意互相学习和借鉴对方成功的经验。三是改革在深度上已由单纯应付危机发展到主动进行结构调整。四是注意解决好一些基本的矛盾关系，如国家干预和市场调节、效率和公平、贫富两极分化等。

（三）当代科技革命的影响

影响当代社会生活的另一个强有力的因素是科学技术革命。自 20 世纪 40 年代以来，开始了以电子计算机、原子能和航天技术为代表的人类历史上第三次技术革命。70 年代以来，它又进一步在生物工程、新型材料工业和海洋工业等方面获得了巨大进展。90 年代以计算机技术为龙头的通信技术更是把人类带入了信息化时代。国际互联网、移动通信、新媒体、数字化生存、人工智能、全球化等，这些词汇的普及，表明人类的生活方式已经发生了天翻地覆的变化。科技革命产生了极其深刻的世界性影响。首先，它极大地提高了社会生产力，推动了现代化的发展，并酝酿着一场又一场新的产业革命。其次，它促进了社会经济结构和社会生活结构的革命性变化，加速了社会生活现代化和全球化的进程。再次，它推动了国际格局的调整。最后，它还导致了文化、艺术、教育事业的急剧变化，引起了这些领域的变革。

二、当代世界思想政治教育发展的四个阶段

在政治、经济、科技革命等因素的共同作用下，当代世界思想政治教育经历了四个阶段的发展。我们可以用“高调”“转型”“回归”“探索”等几个关键词分别来概括这四个阶段。

第一阶段，第二次世界大战后初期到50年代末。与战后经济恢复和冷战的要求相适应，这时候的思想政治教育首先是意识形态壁垒分明，“反共”和“反美”的声音都十分强硬。同时，也是充满了爱国主义、理想主义和英雄主义的时代。美、英、法、苏等国的经济得到恢复和发展，德、日则在战败国的废墟上准备重新崛起。

第二阶段，20世纪60年代初到70年代末。这一阶段的前期，各主要资本主义国家的经济有了较大的发展，堪称历史上的黄金时期。但是资本主义社会固有的矛盾并没有得到解决。从60年代初期起，民权运动、妇女运动风起云涌；到60年代末，更是掀起了席卷全球的“新左派”学生运动，如1967年6月联邦德国激进的“社会主义学生联盟”领导的学潮，1968年4月由美国哥伦比亚大学发源的“造反”风潮，1968年5月法国的“五月风暴”等。一时间，大学生、知识分子乃至工人纷纷举行示威，游行、罢课、罢工成了西方社会的普遍景观。“新左派”运动暴露了发达资本主义社会中经济和政治上的不平等、种族歧视、人的异化、文化危机等深刻的矛盾。它以存在主义、法兰克福学派等社会批判思潮为其思想支柱。作为一种对现实反叛的表示，这一时期个性解放、性自由等思想以及颓废文化在社会上也十分流行。政治风潮引起了各国政府对思想政治教育的高度重视，也推动了思想政治教育“科学化”运动的兴起。社会学、心理学、政治学等领域的专家学者纷纷从各自的角度出发对思想政治教育进行研究，取得了价值澄清论、道德发展阶段论、政治社会化理论等一大批成果，建立了像青年学这样的跨学科研究的综合性学科。许多学科的研究手段和方法也都被移植到思想政治教育中来。这一时期思想政治教育与学校教育的改革相配合，重点放在协调个人与社会的关系上，更加注意发挥其社会功能。

第三阶段，20世纪80年代初到90年代中期。经历了70年代中后期的经济不景气后，80年代初西方发达国家的经济形势开始有了转机，但社会危机仍然没有得到根本解决。各国政府一方面采取各种经济、政治对策，另一方面也调整了文化教育政策。总的说来，是“向传统回归”，社会风向不断向右转。在社会流行的哲学文化思潮方面，理性主义、人文主义不断上升，政治思潮中新保守主义抬头，教育哲学中社会改造主义取代了进步主义占据主流，宗教界中保守派得到极大的发展，而自由派和中间派正在“从中心走向边缘”。各国所提倡的“向传统复归”，不是简单的复归，而是为了保证完成经济政治上的“振兴”目标（如美国从里根到克林顿，历届总统都提出了“振兴美国”的口号，与此同时，

德国和日本力求改变“经济巨人、政治矮子”的形象），面向21世纪，迎接新的挑战。因此，重新提倡个人与社会并重的价值观念，倡导适应于资本主义需要的美德就成为这一时期思想政治教育的主要内容，爱国主义、理想主义和英雄主义（甚至民族沙文主义）再次成为主旋律。而苏联和东欧社会主义国家，自1989—1991年间陆续发生剧变后，变成了资本主义国家，在这段时期，政局动荡，经济衰退，人心涣散，思想混乱。有的甚至战乱频仍，国家分裂，民族仇杀，人民颠沛流离。在此背景下，对人民进行爱国、独立、民族存亡的教育，增强民族凝聚力和维护社会稳定，重建信心，成为压倒一切的任务。而一部分“先富起来”的第三世界国家（地区），则在经济起飞、物质生活水平得到很大提高后，着力克服“经济进步、道德沦丧”的“现代病”，大力抓好精神文明建设。

第四阶段，从20世纪90年代中期到进入21世纪再到现在。在全球化、信息化、多极化条件下，虽然“和平与发展”已经在世界范围内成为时代主题，但是局部的、地区性的冲突、纷争乃至战争并没有绝迹。原来的“东西”矛盾虽然缓和了，但是单边霸权主义与多极化趋势还在较量。而“南北”矛盾即世界经济发展不平等、不平衡、贫富两极分化的矛盾仍然很尖锐。在全球化和反全球化两股势力的较量中，除了涉及“人权”与“主权”关系的争论，还有各种边缘族群发出的抗议之声。频发的自然灾害、金融危机、经济衰退等也敲响了警钟，促使人们反思工具理性，从崇拜现代化转变为后现代主义流行。这一时期，思想政治教育面临诸多新挑战，特点是热点分散、视角多变、主题多样、互相矛盾。上个阶段的“向传统复归”的趋势延续到本阶段，风行一时的“新”理论出现了“失灵”，“旧”的思潮经过改造、包装又走向中心舞台，但是思想政治教育的创新并没有停下脚步，探索仍在继续。

第二节 当代世界思想政治教育的特征和趋势

从各个国家和地区不同时期思想政治教育的理论与实践中，我们发现了一些共同的特点。它们大大超出了我们的想象，甚至与我们头脑中原有的印象相反。例如，作为阶级统治的手段，在思想政治教育的诸多方面中，最突出、抓得最紧的是政治教育而不是道德教育，政治教育的成效也是最突出的。又如，这些国家（地区）的思想政治教育都十分注意联系社会现实，能够充分发挥其社会功能。在主导价值观方面，也不像我们想象的那么“多元化”“支离破碎”“自相矛盾”。相反，它们是通过价值观的一致来实现政治上的一致。全社会之所以能形成教育的合力，也正源于此。在思想政治教育的内容上，是把解决为国家民族“服务”的问题摆在首位，其次才是帮助个体适应社会的“生存”问题。这些发现，使我们清醒，也使我们深思。

自20世纪80年代以来，从世界范围来看，思想政治教育在社会上越来越受重视。而从思想政治教育自身来看，它在总体上表现出哪些特征，又将向什么方向发展呢？我们把它概括为以下五个方面：(1) 毫不减弱的“意识形态化”；(2) 回归“生活世界”；(3) 社会与个人并重的价值取向；(4) 工具性与人文性的统一；(5) 百花齐放的社会适应性。

一、毫不减弱的“意识形态化”

随着东西方“冷战”的结束，有人认为再谈“意识形态”问题已经过时了。然而我们在研究中发现，“意识形态”在各地的思想政治教育中丝毫没有被遗忘和淡化。毫不减弱的“意识形态化”是当代思想政治教育的一个基本特征，在将来的发展中这一特征仍将保持下去。

(一) 什么是“意识形态”

“意识形态”是一个含义丰富而复杂的范畴。我国学者宋惠昌在《当代意识形态研究》一书中对这一范畴进行了详尽的考察。他指出，“意识形态”是一个社会哲学或政治哲学的基本范畴，是“社会的思想上层建筑，是一定社会或一定社会阶级、集团基于自身根本利益对现存社会关系自觉反映而形成的理论体系；这种理论体系包括一定的政治、法律、哲学、道德、艺术、宗教等社会学说、观点；意识形态是该阶级、该社会集团政治纲领、行为准则、价值取向、社会理想的思想理论依据”①。意识形态的本质决定了它具有强烈的社会政治倾向性。一个社会或一个阶级、集团的意识形态水平，反映了它对自身根本利益的认识水平，是它把自己的根本利益与其他社会集团根本利益区别开来的那种理论能力的反映。

一方面，意识形态所依赖的利益，是一定社会或集团的根本性、全局性的利益，而这样的利益必定是与社会政治经济关系相联系，并体现在特定的政治、经济制度之中的。因此，在现代社会中，任何一种重要的意识形态都要以巩固现存的社会制度或者推翻现存的社会制度为宗旨。这表明了意识形态强烈的阶级性。因此，我们说，任何意识形态总是阶级的意识形态。另一方面，任何意识形态都要反映该社会的现实社会关系，并在不同程度上反映社会发展的客观要求。这就是说，在阶级的意识形态中，也包含有不同程度的全社会、全人类的因素，阶级的因素与全社会、全人类的因素以特定的关系并存于同一种意识形态中。例如，人道主义是资产阶级在反封建时代提出的阶级要求，同时又在一定程度上反映了当时全社会中各阶级、各阶层的共同愿望，从长远来看也反映了人类发展的共同要求，所以直到今天它还能产生广泛的影响。马克思主义是工人阶级的自觉意识，它指导了工人阶级的解放斗争，同时也指出了人类彻底解放的道路，因为无

---

① 宋惠昌. 当代意识形态研究. 北京：中共中央党校出版社，1993：9-10.

产阶级只有彻底解放全人类，才能最后解放自己。马克思主义中的阶级性和全人类性也是并存的。所以，在阶级社会里，意识形态总是具有两重性：它既有阶级性又有全社会性、全人类性；它既不是超阶级的，也不是超社会、超人类的。但在这两重性中，阶级性是最根本的。理解意识形态的这种两重性，对于克服教条主义、思想僵化，识别、抵制“趋同论”都有着重要的意义。

（二）思想政治教育的“意识形态化”丝毫没有减弱

应该指出，对“意识形态”的以上理解，在现实生活中还没有为所有的人所接受和认同。相反，西方国家许多理论家把“意识形态”当作一个贬义词，这种影响却很广泛。20 世纪 50—60 年代，西方出现了“意识形态终结论”。例如德国社会学家 K. 曼海姆认为，意识形态作为思想体系是虚假的“乌托邦”，本身没有认识论的价值，只是由一定社会集团、阶级支持的具有社会意义的思想体系。法国哲学家米歇尔·西蒙则认为意识形态只是那些为实现、巩固、维持自己的统治而奋斗的阶级的思想家们雕琢的幻想。它没有现实性，只有主观性。此外还有人把它看作一种感情表达或认为它像宗教一样属于“信仰领域”。新托马斯主义者亨利·福尔克则认为它是一种“政治偏见”。不过，出于某种原因，我国某些学者在注意到西方学者对“意识形态”的贬斥态度之时，却有意无意地忽略或掩盖了这样一个事实，即这些西方学者批判的锋芒都是指向西方资本主义的意识形态，他们理论的核心都在于指出西方资本主义的意识形态已走上了穷途末路。西方马克思主义者马尔库塞和阿尔都塞的批判是最激烈的，他们认为西方现代资本主义社会的病态，集中地表现在它的意识形态上：自由思想的沦丧，创造性的消灭，人的主体性的丧失，等等。他们认为，这样的意识形态是应该终结的。我国的某些学者却将这些批判抽象地移植过来，把它们当作对社会主义意识形态的批判，并得出应该停止谈论意识形态的错误结论。

然而意识形态及其所反映的社会的、阶级的、集团的利益对抗却不以人的意志为转移，而是客观地存在着的。不过在当代，特别是在苏、美两极对峙被打破之后，它的存在形式和内容确实发生了一定的变化。在这些变化背后，意识形态的对立更加广泛和深刻了。

冷战结束后，社会主义和资本主义似乎已经不再那么壁垒森严了。世界上还出现了一些不能非此即彼地归类的特殊的社会制度。拿“社会主义”来说，就有缅甸纲领党的社会主义、印度国大党的社会主义、阿拉伯社会主义（又有纳塞尔和卡扎菲两种不同的主张）、斯里兰卡的社会主义、巴基斯坦的社会主义等多种类型。[①] 不仅如此，在社会主义和资本主义之间，对抗往往变得和渗透交织在一起了。不同制度的国家之间，广泛地开展了经济、科技、文化方面的交流。在这些交流中，有相互的渗透甚至某种融合。但其中的对抗不但没有停止过，而且范围还扩大了。从过去双方比较单纯的政治、军事对抗，发展到今天的综合国力的

① 宋惠昌. 当代意识形态研究. 北京：中共中央党校出版社，1993：102.

竞争和对抗，甚至科学技术也成了政治恐吓手段，如军备竞赛、核威慑等。至于资本主义针对社会主义以及一切敢于反抗它们的国家的“和平演变”战略，更是从来没有被放弃过。

意识形态的差异、分歧甚至对抗，必然造成思想政治教育的“意识形态化”。从公开资料来看，各国都在旗帜鲜明地宣扬本国占统治地位的意识形态。美、英、法、德、日都在宣传资本主义如何优越，新加坡、韩国则一方面毫不含糊地宣传自己的资产阶级民主建国理念，一方面抵制西方思想的侵袭。在 20 世纪 50 年代韩国还把“反共”与“防日”联系在一起，作为对本国国民五大道德要求之一。中国坚定不移地坚持四项基本原则。在俄罗斯，叶利钦则毫不隐讳地宣称要实行资本主义制度。普京提出了“强国思想”，要重振俄罗斯雄风。这种状况从根本上决定了各国实行思想政治教育的指导思想、方针、政策以及对从事思想政治教育人员（如教师、新闻机构从业人员、教育行政人员）的严格的政治筛选。可以说，只要有思想政治教育存在，它的任务就是以不同的方式传播灌输本阶级、本集团的意识形态，削弱乃至肃清敌对意识形态的影响，换句话说，“意识形态化”必定存在，而且要一直“化”下去。

（三）意识形态的政治功能正在加强

意识形态的首要功能便是政治功能。在政治功能中，占第一位的是论证政治“合法性”。所谓“合法性”，是以对某种政治共同体、某种权力结构或某种政治秩序的认同意识为基础，使它得到社会上大多数人的承认、支持、尊重，因而具有的一种合法权威性。它是保持社会政治统治稳定发展的不可缺少的思想基础。意识形态的另外两个政治功能，就是“社会水泥”和“思想旗帜”。所谓“社会水泥”，就是起一种“黏合剂”的作用，促进社会共同体的统一、团结。因为意识形态是阶级或社会集团对自身根本利益的一种自我意识，集中反映了其成员的意志和愿望，所以，意识形态对于这个共同体成员就可以起到团结、凝聚的作用。同时，它还可以扩大成为社会的控制系统或管理系统的组成部分，发挥排除干扰、稳定人心、统一行动的作用。所谓“思想旗帜”，是指意识形态可以引导人、鼓舞人为实现某种社会理想或行动纲领而奋斗。它为人们指出了明确的发展目标，从而成为人们前进的思想先导。

思想政治教育意识形态的政治功能在当代世界各国的思想政治教育中正被有意识地加以发挥。其表现集中在：各国都加强了爱国主义教育。

爱国主义首先令人想到“民族感情”，似乎它只是一个与“民族”有关的概念。其实，在本质上它与“国家意识”“国家认同”有着更深刻的联系。爱国主义，顾名思义，首先必须爱国家。无论你是哪个民族的人，你都得爱自己的国家，才能称得上是个爱国主义者，否则你就只是一个民族主义者。这里的区别，在多民族国家里看得最清楚。

爱国主义作为一种意识形态，它明确了现存国家政权的政治合法性，它是一面旗帜，是人民团结凝聚、共同奋斗的精神支柱。国家作为一个最大的社会共同体，对内超越了不同阶级、阶层、民族、种族等社会集团的局部利益，在对外关系中，当与别的国家、别的民族交往时则代表和维护本国的主权和利益。在现代错综复杂的社会条件下，唯有爱国主义才能最大限度地团结一切可以团结的社会力量，找到在种种利益冲突中大家都可以接受的某种共同点、结合点。所以，加强爱国主义教育，就不约而同地成为当代世界各国思想政治教育的主旋律。我们看到，作为移民国家的美国通过爱国主义教育形成了强烈的“美利坚民族”意识。新加坡通过“共同价值观”大讨论，使华人、印度人、马来人凝聚成了“新加坡人”。苏东剧变发生之后，处于转型时期的原社会主义国家，在艰难地选择新的发展方向和道路的过程中，面对人民群众的困惑和迷茫，唯一没有争议而能够高举起来的旗帜就是爱国主义。而在德国、日本，新法西斯主义的不和谐音总是想去干扰爱国主义教育，引起世界爱好和平的人们的担忧。在爱国主义的旗帜下，联邦德国与民主德国实现了统一，朝鲜与韩国开始了对话，中国也提出并实施了“一国两制”的构想。在爱国主义教育中，民族情感是纽带，国家意识才是核心。

二、回归“生活世界”

回归“生活世界”是当前思想政治教育改革的重要趋势。

（一）什么是“生活世界”

“生活世界”这一概念自 20 世纪 90 年代以来已成为当代中国哲学界最为关注且出现频率最多的词语之一，不仅广泛应用于社会科学各个领域的研究，也深刻影响了当前教育，特别是思想政治教育的改革实践与发展。

但是人们对“生活世界”这一概念还存在着诸多认识分歧。这种分歧的产生，主要源于人们所秉持的话语体系对“生活世界”的界定不一样。大致来说，主要体现为两种话语体系的冲突：哲学话语的“生活世界”与人们日常生活经验的“生活世界”，它们的具体所指是不一样的。

1. 哲学话语的“生活世界”

“生活世界”作为一个哲学概念，肇始于胡塞尔的著作《欧洲科学的危机和超验现象学》。在该书中，胡塞尔认为生活世界“作为一个实在，通过知觉实际地被给予的、被经验到的世界，即我们的日常生活世界”[①]。因而，在胡塞尔那里，“生活世界”具有经验性的一面，但这却不是“生活世界”的本质特征。“生活世界”本质上要求必须是在超验的意义上使用，超验的“生活世界”在他本人看来才是一个作为现象学术语所能够被操作的概念，较之“日常生活世界”概念更为“原始”，也更为重要。而人们对“生活世界”之所以感到神秘，主要就是源于将“生活世界”直接看成了“日常生活世界”，从而对经验性的

① 胡塞尔．欧洲科学的危机和超验现象学．上海：上海译文出版社，1988：58．

“日常生活世界”与现象学方法的超验本性之间的冲突产生了深深的困惑。在胡塞尔逝世后才整理出版的《欧洲科学的危机和超验现象学》第三卷名称就是“从生活世界向超验现象学的还原”。在这里，“生活世界”只是通向其超验还原的一个通道。就是说，“生活世界”本身仍然只是一个课题性的概念，甚至可以被看成是一个过渡性的概念①。“在胡塞尔那里，与人有关的‘生活世界’只是作为先验分析的出发点才成为先验哲学的课题，一旦进入到先验哲学的领域中，作为具体生物的人及其生活世界立即被排斥。”② 而且，胡塞尔本身在关于“生活世界”话语的论述中，存在着一种将日常生活乌托邦化的倾向。在《欧洲科学的危机和超验现象学》一书中，胡塞尔将现代社会危机的根源归于“生活世界”的被破坏，并将现象学对直接性的关注作为解决危机、恢复“生活世界”的根本途径。

这种将日常生活视为与人类建立直接性的社会关系的“生活世界乌托邦”的观念以另一种形式出现在哈贝马斯的思想中，他用胡塞尔的“生活世界”与卢曼的“系统”概念构成了一对新的对立。哈贝马斯将现代社会区分为社会系统和生活世界两大部分。社会系统主要指政治系统和经济系统，其运作遵循着系统自身所固有的逻辑和规律。政治系统的操控媒介是权力，经济系统的操控媒介是金钱。他认为现代社会的“病症”在于“生活世界”的“沟通理性”被系统中政治与经济的运作逻辑“宰制”，使得“生活世界”臣服于系统，导致了“生活世界”的萎缩和人的异化。因此，在围绕“生活世界”的理论中，日常生活方面总是被看作一种摆脱了异化形态的自然美好的存在方式。而社会矛盾与冲突、各种显而易见的社会问题，则被看成是工具理性对“生活世界”的殖民化所造成的，是系统的科学结构对日常生活美好状态的否定③。

由此可见，“生活世界”在哲学家那里，具有明显的先验性和乌托邦色彩。它更多指向的是“前科学”时代的生活形态，对于精神和制度化领域具有逻辑上的“优先性”。因而，对于哲学视域中的“生活世界”的回归，需要经过一种先验的还原才能达致对这一理想世界的把握和认识。这是从哲学（主要指现象学）层面来理解“生活世界”所必须坚持的一种立场。因此，“生活世界”在哲学的话语中，具有一种本体论的意义，它是相对于科学（系统）世界的话语而生发出来的一种价值预设。“生活世界”本身并不具有自明性，它只是思维对科学世界（现实世界）的一种历史还原的产物。哲学视阈中的“生活世界”更多地指向一种超现实的应然存在，它的呈现，需要人们在实现对科学（系统）世界的扬弃的基础上自觉地建构。

2. 日常生活经验的“生活世界”

我们日常所指的“生活世界”，更多地指向于现实存在的、具体的、可感的、善恶混合的世界。它实际上包括了 A. 赫勒所区分的“自在的类本质对象化”

① 邹诗鹏. 生活世界话语的困限与生存论的自觉. 教学与研究，2000（5）.

② 倪梁康. 现象学及其效应. 北京：生活·读书·新知三联书店，1994：38.

③ 李猛. 日常生活中的权力技术. 北京：北京大学，1996.

(species-essential objectivations in itself) —日常生活、“自为的类本质对象化”(species-essential objectivations for itself) —精神领域与“自在和自为的类本质对象化”(species-essential objectivations in-and-for itself) —制度化领域的统一。在人们的日常表达中，完整的“生活世界”既包括我们直观社会所获得的切身体验，也包括我们对这些经验的形而上加工而抽象、概括出来的诸如哲学、艺术、文学等精神领域，以及使社会得以有效运行的经济、政治等制度化领域。而哲学话语中的“生活世界”主要指向的是“自在的类本质对象化”，即一种由语言、风俗和习惯等规范系统所维系的，以重复性思维和实践为基本特征的自在的对象化领域①。它实际上是将精神与制度化领域排除在了日常生活的视野之外。而我们日常所指称的生活以及我们实际所经验的生活，显然是涵盖了精神和制度化领域的范畴。因而，现象学中的“生活世界”与我们日常所经验的现实生活是不同的。前者更多的是诉诸一种形而上的应然存在，素朴性、理想性、非现实性是它的主要特征；而后者则更多的是指向于一种实然的客观存在，复杂性、具体性、现实性则是它的题中应有之义。

由此可见，“生活世界”在人们的一般经验常识中，主要指的就是生活的全部。而哲学话语中的“生活世界”，显然并不包括人们所经验的所有生活事实，在很大程度上是远离人们的具体生活经验的。这种认识的分歧实际上就导致了实践中对“思想政治教育回归生活世界”的不同认识。这就需要回到问题的最初状态，即思想政治教育为什么要回归“生活世界”?“生活世界”这一概念对思想政治教育而言到底意味着什么？理解这一问题，将有助于我们更为清晰地了解思想政治教育所回归的“生活世界”具体指向的是何种话语系统中的“生活世界”。

（二）为什么要回归“生活世界”

不管胡塞尔、卢曼还是哈贝马斯等人在“生活世界”概念的具体界定上存在何种程度的差异，他们关于“生活世界”思想的一个基本价值取向就是，“生活世界”是整个世界存在的根本。正如胡塞尔所言，对我们每个人来说，“生活世界是一个始终在先被给予的、始终在先存在着的有效世界”②。因此，就其原初形态而言，“生活世界”一直是人们所面对的、直接经验到的全部生活形态。“生活世界”的运作逻辑在于规则的自明性、互动的直接性、情感的丰富性。在这样一种生活状态中，人们的生活遵循着各种自然或者风俗化的传统。这就决定了人们在“生活世界”中主要是一种非反思性的存在，人们的经验在其中扮演着十分重要的作用。但是，随着工业文明的到来，科技理性逐渐成为主导社会生活的重要的，甚至是唯一的、具有真理性的原则或世界观。这样，在人的“生活世界”中就衍生出来了一个新的世界形态——科学世界。

科学世界的诞生，一方面表明了社会的进步以及人类抽象思维、理性思维能力的发展；另一方面也预示着人类生活格局及其世界观的根本性变革。“生活世

---

① 衣俊卿．文化哲学．昆明：云南人民出版社，2005：235．

② 倪梁康．现象学及其效应．北京：生活·读书·新知三联书店，1994：131．

界”中的经验性、自明性和偶然性在科学世界中被不断地超越和过滤，变成了一种理性的、规律性的以及课题化的存在形态。然而，科学世界这种看似超主观的客观性并不是无主观的纯粹客观性，在很大程度上，科学世界之根依然奠基于“生活世界”之中。“尽管客观科学的逻辑亚建筑超越了直观的主观生活世界，但它却只能在回溯到生活世界的明证性时，才具有它的真理性。”① 这是因为“生活世界”总是充满着诸多的偶然性，其本身也是丰富多彩的，充盈着人与人之间的情感互动与交流，而不是科学世界中既定的、单调的和生硬的逻辑与规律所能完全解释和描述的。这就决定了“生活世界”与科学世界之间不是一种非此即彼的对立关系，而是一种相互补充的共生关系。然而，现代社会的发展却过多地倚仗科学世界的世界观。科学世界的规则、规律、命题被不恰当地运用于“生活世界”当中，造成了“生活世界”的异化和萎缩。这使得本应作为科学世界母体的“生活世界”反过来被科学世界俘获，“生活世界”由此被“殖民化”了。这一现象的重要后果就是人们失去了其关于意义的精神家园，由此造成了现代人的无根感和漂泊感。因此，回归“生活世界”，就是要重新建构人们的精神家园，重新肯定人们的经验、情感乃至各种具有偶然性的生活事件所具有的意义。这就是哲学家为什么不遗余力地提倡回归“生活世界”的真正原因。

当前，包括思想政治教育在内的整个教育在很大程度上也存在着类似科学世界“宰制”“生活世界”的现象。作为“生活世界”的教育，其重要特征就在于，这种教育是一种自然状态下发生的、直观的，并且对人的发展具有奠基性作用的教育形态。在这种教育中，人们生活的文化环境及其个体的生活经验得以全面、直接地参与到自我的成长之中。因此，“生活世界”的教育是以一种鲜活的形式与个体展开一种生命的对话，在很大程度上，它是排斥过于理性的说教的。而科学世界中的教育则是一种制度化、技术化和课题化的教育形态。它强调的是学校正规教育的重要性。在组织结构上表现为系统化的教育体制，在运作逻辑上遵循着各种教育规律，在评价体系上强调的是指标的可操作性。这样一种教育形态明显有别于“生活世界”中的教育诉求。而这两种教育形态都是完整的教育所不可或缺的。但是，就像前面所说的，在当前这样一个“生活世界”被科学世界“殖民化”的时代，科学世界的教育也由于其标榜的科学性而取得了其在教育世界中的独大地位。“生活世界”中的教育被认为是缺少价值甚至是没有意义的。由此带来的一系列教育弊端在于：教育忽视了学生的主体性；教育内容的选择理性有余感性不足；教育过程中的技术化特征日益明显，而人文关怀、艺术化教育的魅力则逐渐消失；教育离生活越来越远，日益封闭成一个自说自话的领域。因此，包括思想政治教育在内的所有教育对“生活世界”的回归，其意义主要就体现在这样几个方面：

第一，有利于发挥学生在思想政治教育过程中的主体性，强调学生的经验在其世界观、人生观、价值观发展中所具有的重要作用。

---

① 倪梁康．现象学及其效应．北京：生活·读书·新知三联书店，1994：135.

第二，有利于克服思想政治教育过于知识化的倾向，增强情感等非理性因素在教育过程中的比例，避免教育过程的教条化灌输和技术化、标准化的评价方式。

第三，有利于扩大思想政治教育的渠道，挖掘生活本身所具有的思想政治教育功能，增强思想政治教育与生活的内在关联。

这三个方面恰恰是当前思想政治教育所欠缺的。

由此可见，思想政治教育对“生活世界”的回归，不是传统意义上的教育要贴近生活，在很大程度上，回归“生活世界”的思想政治教育意味着思想政治教育从理念、过程到环境的全方位变革。关键是要处理好思想政治教育中科学世界的教育与“生活世界”的教育之间的关系。思想政治教育回归“生活世界”的核心在于对人的生存状态的关注，尤其重视学生所遭遇的各种现实问题及其真实体验。在此基础上，培养学生的道德智慧，提升其精神境界，成就个体幸福人生。

因此，思想政治教育对“生活世界”的回归，首先是一种立场的回归，即从人的需要和生活出发，而不是从各种外在于人的要求、规范去厘定教育的内容、目的和方法。在此基础上，才是教育内容、方法等具体问题的生活化。

（三） 回归“生活世界”的表现

遵循以上分析来考量，我们不难发现，回归“生活世界”是当前国内外思想政治教育中十分明显的趋势。在此，我们主要是从基础教育领域中思想政治教育的现状来分析其回归“生活世界”的趋势。

1. 国内思想政治教育回归“生活世界”的表现

在国内，思想政治教育回归“生活世界”有如下几个方面的表现：

第一，思想政治教育由分科教学向综合课程的转变。长期以来，学校思想政治教育在课程设置和安排上采取的是一种界限分明的分科教学的形式。虽然 1992 年之后中学思想政治教育课统称为“思想政治”，但是，教材的编写逻辑基本上还是依据各门学科的内容和结构来进行“拼盘”式编排。这种分科式的思想政治教育教学固然有利于学生较为全面、系统地掌握各门学科的知识，但是，思想政治教育不仅仅是一种单向的知识传递，在本质上，它更是一种道德情感、道德意志、道德信念和道德行为的养成。另外，一个人道德品质的形成并不是单个力量影响的结果，在很大程度上，它是多种因素共同作用造就的。因此，采取分科课程的形式并不能很好地促进学生品德的全面发展。而 2001 年进行的基础教育课程改革的一个重要变化就是实现了思想政治教育由分科课程向综合课程的转变。小学《品德与生活课程标准》明确指出：“品德与生活课程是以儿童生活为基础，以培养品德良好、乐于探究、热爱生活的儿童为目标的活动型综合课程。”“品德与社会”则是一门“在小学高年级开设的以儿童社会生活为基础，促进学生良好品德形成和社会性发展的综合课程”。“思想品德”是“为初中学生思想品德健康发展奠定基础的一门综合性的必修课”，这门课程围绕“成长中的我”“我与他人”“我与集体”“国家和社会”等关系，整合了道德、心理健康、法律和国情教育等内容。由此可见，当前，我国中小学思想政治教育课程已经较好地实现了由分科课程向综合课程的转变。这种转变有利于整合不同学科的知识内容，打破学科壁垒，为促进学生思想道德素质的全面发展创造了有利条件。

第二，思想政治教育由学科逻辑向生活逻辑的转变。如前所述，学校思想政治教育课程过去在表现形式上是一种分科教学，而其内在的结构安排则是遵循着一种学科逻辑的教材编写架构。如果说这种以学科知识体系为教材主要编写依据的课程结构对于知识性较强的学科具有合理性的话，那么，这对于以学生价值观、态度、情感方面的变化和相应道德行为的养成为目的的思想政治教育而言，则显得十分不合理。另外，这种学科化的思想政治教育由于过于专注学科体系的完整以及相关道德知识的辨析和识记，在很大程度上忽视了这些知识与学生日常生活的有机联系，忽视了学生的道德经验对其道德成长的重要作用。2001 年进行的基础教育课程改革中，思想政治教育课改的一个基本理念就是思想政治教育要回归生活世界，要以学生生活的逻辑来重新设计和组织课程的内容、结构及其呈现方式。如小学的“品德与社会”课强调以儿童的社会生活为基础，从家庭、学校、家乡（社区）和祖国四个方面由近及远地介绍与儿童生活密切相关的各种关系、活动和社会环境。这对于克服学校思想政治教育长期以来与生活相脱节，忽视对学生道德经验的教育具有十分重要的作用。

第三，思想政治教育评价主体的多元化和评价方式的质性化。当前，中小学特别是小学和初中对学生思想政治教育课程学习结果的评价主要突出的是质性评价的方式，美德袋、成长记录袋等正成为中小学思想政治教育评价的重要方式。这样的评价方式改变了以往单纯量化考核的机械性，使评价更加具有人文性、科学性和教育性。评价的重点也由终结性评价转变为过程性评价，更加突出评价的教育性功能而弱化评价的筛选、选拔功能。另外，在中小学中，评价的主体不再局限于教师，同学互评、家长评价等日益成为基础教育阶段思想政治教育评价主体的重要构成部分。

第四，思想政治教育生活化的理论与实践研究日益丰富。当前，我国开展的诸多思想政治教育理论与实践方面的研究，都带有很强的回归生活世界的价值取向。这些研究与实践或注重思想政治教育过程中的情感体验，如朱小蔓教授的情感教育论纲；或注重德育中的审美化改造与审美体验，如檀传宝教授的欣赏型德育模式；或注重学生的道德经验，如戚万学教授的生活德育论；或注重德育中交往关系的建立，如交往德育论；等等。这些德育理论不仅仅包括较为系统化的理论体系，也包含着丰富的具体实验。如欣赏型德育模式的基本理论基础是德育美学观，而这一理论在实验学校的具体应用性研究，则构成了德育美学观的操作化应用。

第五，社会大课堂的蓬勃发展。除了学校思想政治教育课程体系及其内容的变革外，当前学校思想政治教育回归生活世界的另一个重要表现是校外教育的蓬勃发展。这一点在北京表现得尤为突出。2008 年 9 月，在北京市委、市政府的直接领导和大力支持下，北京市委教育工委、市教委与市委宣传部、市委社会工委等12家部门协作，启动了北京市中小学生社会大课堂。该活动启动以来，北京市区县和学校创造、总结出了多种社会大课堂应用模式，与学生的学习和社会生活结合，呈现出蓬勃的生机和活力，初步形成了爱国主义教育、志愿服务、社区实践、公益活动、研究性学习等课程系列，吸引了数百万人次的中小学生走进社会大课堂。

2. 国（境）外思想政治教育回归“生活世界”的表现

在国（境）外，思想政治教育回归“生活世界”有如下几个方面的表现：

第一，创造青少年道德成长的支持环境，加强教师、家长、媒体、法院、企业以及民间团体之间的合作，多渠道开展积极的正面教育。国际社会在青少年的品德发展上不仅仅专注于个体美德和公民素养的发展，还把这种发展与相应的制度环境和组织建设紧密联系起来，努力创设平等、关爱、民主、人道的思想政治教育体系。美国社会各界人士一直呼吁加强对年青一代的道德与公民教育，1993年全国性非党派组织“品格教育伙伴”（Character Education Partnership）成立，其中心工作就是发展青年的公民美德和道德品质，建设一个更富怜悯与责任心的社会。学校、家庭和社会三者的道德责任整合是美国学校思想政治教育发展的必然。在20世纪90年代美国中小学品格教育实践中，合作形成了一种社区品格教育情境的建构。较典型的是宾夕法尼亚州匹兹堡市哈里森中学的学校、家庭和社区的各种合作活动。该校与社区（包括家庭）的合作主要有以下六种：(1) 学生主导的家长会议计划。(2) 为家长解答青少年教育问题的周六早晨家长教育计划。(3) 少年中心。其目的在于为学生建立一个安全的、无毒品的放学和放假后的活动环境。中心的成立和运行得到了诸如警察部门、娱乐部门、商店、公司、研究机构等社区各界的积极参与、赞助和保护。(4) 医疗卫生部门参与的医疗工作报告会。(5) 公司与学校协作的南泰福计划。美国钢铁公司要求学校领养它们存贮炼钢副产品的一块湿地，对其加以照看和维护，并在这块湿地上建立了野外教室（建立过程中学校又得到公司和社区的财物援助），把科学课程教学与环境教育、品格教育融入课程。(6) 抵制毒品意识计划。

第二，强调情感、体验、对话、理解、行动在思想政治教育中的重要作用，突出学生道德学习的主体性和主动性，反对强制灌输，把培养学生的基本行为规范、批判思考和决策能力作为思想政治教育的重要目标。当代西方思想政治教育几大主流模式普遍反对强制灌输，强调学生道德学习的主体性和选择性。体谅关怀模式十分重视道德情感和道德体验在个体道德成长中的重要作用；道德认知发展模式则倾向于培养学生的道德思维能力；价值澄清模式强调思想政治教育中学生的主体性，突出对话、平等交流的思想政治教育意义；社会行动模式则强调公民行动能力的养成。

第三，不断扩大思想政治教育的内容，公民教育、国际理解教育、环境教育、消费教育、媒介素养教育等正成为当前国际思想政治教育的重要维度。2000年9月，新的中小学国家课程在英国确立，“公民”课作为基础学科之一被正式纳入国家课程体系之中。从1992年开始，新加坡小学各年级就开始使用新编的

《好公民》教材教学，中学也开始依据1990年公布的《新公民道德课程的草拟大纲》推行“道德与公民教育”。在第二次世界大战后，国际社会一直非常重视国际理解教育，联合国教科文组织国际教育局于1948年6月28日召开国际教育大会第11届会议，提出要注重国际理解精神的培养。在以后召开的几次国际教育大会上，国际理解教育也都受到了会议的高度重视。20世纪70年代以来，随着全球自然问题的日益尖锐，美国、苏联、英国、法国、日本等国相继兴起了环境教育热潮，并结合各自的特点推出了一系列环境教育课程。消费教育在20世纪80年代中期也逐渐兴起，主要是针对儿童乱花钱和不知金钱来之不易开设的。目前，针对大众传媒在当代社会生活中的重要影响，美国、英国、加拿大等国家以及我国台湾和香港地区正在大力开展青少年媒介素养教育。许多国家和地区已经开始尝试制定网络道德规范，如美国华盛顿有一个名为“计算机伦理研究所”的组织就推出了“电脑伦理十诫”。

第四，注重学校思想政治教育情境的建设，对教师和校方提出更明确的角色期待。美国、英国等国都非常重视道德与公民教育情境的建构。美国许多中小学通常以一套核心价值和美德为核心来营造一个促进学生品格发展的道德与公民教育情境，从而形成强劲的品格塑造力量。印度教育部价值观教育规划委员会核心组提出，教育部门要加大对正规和非正规的教育中思想政治教育方面的投入；加强在学校和非正规教育系统中的价值观教育，把价值观教育的成分结合进教科书（教材）、非文本教材（如视听材料、布告、图表、故事、画册等）及课外活动。

（四）回归“生活世界”需要防止矫枉过正

思想政治教育与现实相脱离是思想政治教育实效性不高、针对性不强的重要原因之一。因此，从现实层面的“生活世界”来关照思想政治教育，对于解决当前我国的思想政治教育理论与实践中由于忽视思想政治教育对象的主体性而在方法选择上的强制性灌输，内容安排上的知识化取向以及具体实践中科学主义的量化管理与评定的弊端，具有十分重要的实践意义和现实针对性。

但是，由于我们对过去思想政治教育脱离现实的弊端深恶痛绝，现在又出现了矫枉过正，不自觉地对回归“生活世界”产生了崇拜，忽视了现实生活与思想政治教育之间必需的实践边界，导致用生活取代教育的趋向不断蔓延。回归“生活世界”仿佛成了学校思想政治教育所有弊端得以根除的理想药方。例如，有的学者认为：“要从根本上消除传统道德教育的积弊，构建有魅力的道德教育，就要回归生活世界。”① 然而，现实生活的逻辑与教育的逻辑并不具有天然的同一性。教育从社会生活中分离出来，自有其历史的进步性和优越性。教育对“生活世界”的回归，并不表明教育重新与生活简单地融为一体。

第一，现实生活的主体是芸芸众生，而学校思想政治教育实践的主体只能是教师与学生。前者具有人之为人的一般价值属性，而后者则是某一场域中具有特

① 钱同舟. 回归生活世界 重建德育模式. 郑州工业高等专科学校学报，2004（1）.

定身份指向和角色要求的个体，具有特殊的权利与义务。忽视二者之间的内在差别，用前者取代后者，用普通人之间的人际关系代替师生关系，必然会消解教育世界的特殊性，取消学校教育育人的天然职责。

第二，现实生活是一个善恶共生的实体，而教育世界则是一个追求善美的场域。我们不排除“恶”在一定的程度上可以成为有益的思想政治教育资源，但这种资源的挖掘和利用需要高度的教育智慧。不能正视“恶”是我国思想政治教育的弊病之一，但对于“恶”不加选择和改造的利用，同样会给思想政治教育带来灾难性后果。毕竟对处于学龄阶段的青少年学生来说，其人生阅历、心智等各方面都未成熟，过多地浸淫于“恶”的事件当中难免会影响其世界观、人生观和价值观的健康发展。因此，期待思想政治教育回归现实生活，进而企图用现实生活取代教育世界的冲动显然不符合教育发展的内在规律。

第三，现实生活具有自在性的特征，而教育世界则是一种自为的存在。人生活于现实之中，人的所有实践活动均指向于对现实生活的改造和完善。因此，生活之于人更多的是一种归宿性的存在。从广义的角度上讲，教育或思想政治教育无疑是现实生活的一部分。但教育本身却不具备归宿性和目的性的特征，人们接受教育不是为了教育，而是为了生活。在此意义上，教育之于生活是一种工具性的存在。人需要通过教育提升与完善自身，进而通过“我”作用于现实的生活，使生活变得更适合“我”的生存。

因此，生活与教育之间有着各自不同的意义所指和边界。教育或者思想政治教育不能离开社会与生活的支撑，否则教育将变为无本之木、无源之水，难以获得指导生活、提升生活的内在动力与现实保障。但是，一味地迷信生活，看不到生活与教育的区别，进而企图用生活本身代替教育，则是一种历史的倒退。这不仅无益于教育的发展，也无益于生活的完善。之所以会发生用生活取代教育的危险，就在于人们从实然层面强调思想政治教育回归生活世界的现实意义，在贴近生活的同时，想当然地赋予了现实生活以应然层面的理想化特征。实际上，实然层面上的回归，更多指向的是一种工具性的回归，其目的是解决学校与现实相脱离的弊端。这也是其合理性的根本原因所在。一旦这种具有工具色彩的实然回归僭越了其合理性边界，企图取代应然回归的目的性意义，那么，便会带来生活取代教育的危险。因此，回归现实生活的教育必须保持其独立性的品格，警惕生活对教育的僭越而使学校教育消解于生活之中。唯其如此，才能更好地发挥学校教育的社会价值。

三、社会与个人并重的价值取向

在当代世界思想政治教育中，价值取向发生了有趣的变化。盛行个人主义的西方文化传统国家开始强调社会价值，而向来以集体主义为本位的东方文化传统国家则开始关注个人价值，使得社会与个人并重成为一种新的价值取向。

在资本主义发展最早、最成熟的西方国家，个人主义既是一种价值观，又是一种道德原则。作为封建专制主义、禁欲主义的对立物，个人主义有过进步的历史作用。个人主义的内涵虽然随着历史的发展有所变化，但其基本内容一直是：肯定个人的利益和价值，强调个人的地位和尊严，维护个性的发展，尊重个人自由，等等。如果说，个人主义是指“人们有决定自己的生活和前途的自由和权利”，“我的一切由我负责”，这样的内容就有一定的积极意义，不宜全盘否定。但是，个人主义是反映资本主义私有关系的，因此，它也有局限性，其恶性发展就是走向利己主义，形成反社会性。因为个人主义“是一种只顾自己而又心安理得的情感”，它“首先会使公德的源泉干涸”，“久而久之……也会打击和破坏其他一切美德”，“最后完全陷入内心的孤寂”①。

尽管早在19世纪像托克维尔这样的资产阶级学者就对个人主义进行了批评，但真正形成一股批评浪潮却是迟至20世纪80年代以后的事。经过20世纪六七十年代学生造反运动，过分张扬的自我和个性自由已经走向了反面，利己主义已经破坏了工业社会经济生活的规则。80年代以来一系列的经济、政治丑闻震撼了世界许多国家。在这种情况下，西方国家出现了普遍的怀旧情绪，强烈呼吁恢复西方传统的价值观和道德观。不过，这种怀旧，实际上是纠偏，纠正过分强调个人和个性的方面。各国80年代以来的教育改革都加强了德育教育。美国众多的教育改革文件都呼吁强化学生个人价值目标和学校价值目标上的社会共性取向。关于个人价值目标，一般涉及三个层面：一是美国学生历来有个人需要与社会需要兼顾的传统；二是美国教育历来并存“个性传统”和“共性传统”；三是美国教育历来存在个人主义传统与利他主义传统。而当时，在三个层面上都是前者压倒了后者，所以应该向后者倾斜，更多地帮助学生超越个人利益，强化公民的社会责任意识。关于学校价值目标，以高校为例，在以多样化来满足每个学生个人的需要、利益、兴趣等方面是做得成功的，但以共性化来满足作为“民族整体”的美国社会的需要、利益、期望与战略方面却令人失望，所以高校的价值目标应向共性方面倾斜。共性是指小至学校社区共识、地域精神，大至全美社会责任感，远至全球视野，学生个人价值目标和学校价值目标的取向是吻合的②。

深受美国教育影响的日本，也在教改报告中反思，由于受欧美以个人主义为前提的自由、平等思想的影响，滋生了利己主义。现在应强调社会共性价值取向，即强调日本的民族文化特长、民族的传统价值观和道德规范、民族的共同信念和向心力，以及个性与共性、个人与集体、个人自由与社会责任的结合关系。1989年，联合国教科文组织在我国北京召开的“面向21世纪教育国际研讨会”的中心议题，就是“学会关心”，要求对青少年进行超出自我，关心他人、群体、全人类和周围世界的教育。对比1972年该组织推出的《学会生存——教育世界的今天和明天》一书（内容是讲个人如何应付全球危机，并指出主要途径是依靠

① 托克维尔．论美国的民主．北京：商务印书馆，1988：624-627.

② 王义高．当代四大宏观教育思潮之考察．比较教育研究，1996（3）.

职业教育和终身教育)，其主题从“生存”到“关心”，虽然是互相补充，但已发生了很大转变。美国卡内基基金会主席博耶指出教育思想应当实现的五个转变中，就有这么几条：“从重点培养竞争到重点培养合作”“从强调民族的狭隘观点和忠诚转变为强调全球的观点和忠诚”“从强调为个人私利而学习转变为强调为公众利益而学习”①，等等。从思想政治教育的实践看，西方各国广泛开展了志愿者活动，例如美国耶鲁大学学生自愿组织起来为无家可归者盖房子。许多政党及其领袖都极力提倡“集体精神”。1994 年，托尼·布莱尔把“集体”概念放到了英国工党的纲领中（托尼·布莱尔 1997 年当选英国首相）；德国的基民盟和基社盟两党在自己的施政纲领中都要求“强化集体精神”。当然，其倡导的“集体精神”到底是什么，还有待研究。但是可以肯定，这是原来西方传统价值观中强调得不够的东西，因此像博耶这样的学者才提出要从“非西方认识论”中汲取营养。这也是近些年来西方文化界对东方文化（特别是儒家文化）产生强烈兴趣的原因之一。当然，集体主义终归是不可能取代个人主义占据西方文化的核心地位的。但比较清楚的是，在社会导向上，西方文化已不再单纯鼓吹个人主义，而是把个人与社会两种价值取向并列并重了。

具有东方文化传统的国家则正好相反。这些国家大多数封建统治时间长，资本主义发展较晚。原来在这些国家占统治地位的思想一直都是以家（宗）族或集团的利益为重的，形成所谓的“家（宗）族本位”或“集团（体）本位”的社会结构模式。随着资本主义制度的建立，特别是在第二次世界大战后，这种情况缓慢地发生了变化。如日本在美军占领期间开始了“个性教育”。1946 年的《日本国宪法》中，三大原则之一“主权在民”原则强调：“国民享有的一切基本人权不得受到妨碍。”《教育基本法》第一条规定：“教育必须以完成陶冶人格为目标……培养尊重个人的价值，培养独立自主、身心健康的国民。”据此开展的“个性教育”正是针对日本军国主义而进行的民主主义教育的基础和核心。当然这种“个性教育”只是一种手段，与西方作为终极价值目标的个人主义不可同日而语，但在日本历史上这已经算是一个十分重大的转变了②。“亚洲四小龙”在经济起飞期间，无一例外推行的都是类似新加坡的“国家至上，社会为先；家庭为根，社会为本”的价值观教育。但是在叩响了现代化的大门、经济实现了腾飞之后，这些国家和地区的情况却发生了变化。20 世纪 80 年代成长起来的年青一代，已经越来越多地要求社会尊重他们作为个人的存在价值。儒家传统文化中包含的集体本位价值观是否还足以应付现实生活的挑战，已经成了一个需要重新研究的问题。所以，在所谓“儒家文化圈”内，各国（地区）的政府也开始积极地寻求

① 王一兵. 八十年代发达国家教育改革的动向和趋势述评. 北京：人民教育出版社，1994：14.

② 2006 年 12 月 15 日，日本《教育基本法》修正案在参议院获得通过并生效。修正案中表述的教育基本理念与原《教育基本法》相比有了较大的变化，由尊重个人价值转向尊重公共精神、重视传统文化教育；删除了“尊重个人价值”等字样，强调“完善人格”，“培育作为和平民主的国家及社会的建设者所必备的素质、身心健康的国民”。这表明日本像其他资本主义发达国家一样，思想政治教育的发展进入了第四个阶段，社会导向开始向传统回归，不再强调个性的解放和自由。

社会价值和个人价值之间的平衡。我国向来坚持集体主义的道德原则，但在现阶段，也提出了“国家、集体、个人利益相统一”的原则与之相补充。当然在三者发生矛盾冲突时，我们还是提倡个人服从集体、集体服从国家。

在公民教育领域，存在自由主义、共和主义、社群主义和多元主义四种主要的思潮。其中自由主义和社群主义，一个强调个人为本，一个强调社群对于自我和个人的优先地位，形成双峰对峙的局面，它们共同影响着西方国家现实的民主政治和社会生活。本书的第二编第二章将详细介绍有关的内容。

在世界观、人生观、政治观、道德观等众多的方面，都渗透着价值观。价值观教育在思想政治教育中占有十分重要的地位。其中，正确处理个人与社会的关系是核心。以价值观教育促进广大群众对人生、社会、政治、道德等问题的思考，是其他国家一条成功的经验。可以预见，在 21 世纪，社会价值与个人价值并重仍然是一个基本导向。

四、工具性与人文性的统一

从社会控制的角度看，思想政治教育是一种工具，阶级性、政治性非常鲜明。但是，为了维护整个社会的正常运行和发展，统治阶级也有责任培育、提高全体国民的科学文化基本素质，其中就包含人文素质。同时，在当今的政党改革中，执政党为了赢得选民的支持，也有意识地强调关注民生、顺从民意、争取民心，所以要浓墨重彩地涂抹执政的人文色彩。这种情况，就推动了思想政治教育人文性的发展。进入 21 世纪以来，思想政治教育的工具性与人文性的统一，正在成为一个新的趋势。它表现在思想政治教育的理念、内容、科研方法等许多方面。

在思想政治教育的理念方面，体现人文性的一些理论和基本观点、基本态度越来越广泛地被人们理解和接受，其中一些价值观甚至演变为评价标准。比如，人权观念、文化多样性观念、人与自然和谐的观念、重视精神家园建设的观念、保护非物质文化遗产的观念，等等。前面介绍的“回归‘生活世界’”的理念，也属于人文性的体现。

在思想政治教育的内容方面，本来政治教育的工具性是最浓厚的。但现在，政治教育与人文教育之间形成了互相渗透、互相促进的关系。在许多国家的公民教育中，“社会科”（也叫“社会研究”）向来被视为政治教育课程，但现在这门课程就包含了许多人文内容。例如美国学校普遍开设的“社会研究”课程，其宗旨是培养学生按其所思所想来行动的意识和责任感。这一目的通过两个途径来实现：一个途径是公民学的教学，内容包括政府及其职能、政治体制的基础、民主问题、公民权利等，是直接的政治教育；另一个途径是通过历史、地理等学科丰富的文化内容进行教育，尤其是非常重视历史教学的功能。因为美国学术界认识到，连接美国人的纽带并不是宗教信仰或者种族关系，而是一份共同的遗产，那就是关于自由、平等和公正的民主观念。“假如美国人希望保持这些民主观念并将它付诸日常生活的实践，那么所有的公民都必须理解这些观念在以往的历史时期是如何形成的，哪些事件和何种力量在促成或者阻碍这些观念的形成，并且在当代的社会环境和政治言论中这些观念又是如何得以延续的。”[①]

在思想政治教育的科研方法上，也出现了科学与人文的结合。20 世纪 60 年代末 70 年代初，在西方德育领域掀起过一股“科学化”的浪潮。“科学化”是指以量化研究为追求的一种科研工作中的价值取向。它一方面受到从 19 世纪中叶诞生的实证主义演变而来的分析哲学、逻辑实证主义等思潮的哲学影响，另一方面也受到物理学等先进学科中出现的数学化特征示范作用的影响。当时学术界流行的观点是：一门学科，只有当它达到可以用数学来描述的精确度，才能够称得上是“科学”。按照这种判断标准，社会科学学科大多数都不能算“科学”，哲学就更不必说了。第二次世界大战结束后，经济学、心理学、社会学等学科纷纷展开了量化研究并且取得了丰硕的成果。受其鼓舞并以这些成果为支撑，教育界运用量化方法进行研究成为时尚，甚至成为评价标准。在青少年研究、公民教育、道德教育等领域，普遍开展量化研究，形成了“科学化”热潮。实证主义、量化研究成为主导。

进入 21 世纪以来，人们逐渐发现，在人文社会科学领域，完全照搬自然科学研究的理论和方法存在极大的片面性，是滥用科技理性的表现。随着人们对科学主义思潮的反思逐渐深入、后现代主义的兴起，质性研究方法逐渐流行起来，并越来越多地被应用于人文社会科学领域，包括思想政治教育研究领域。

五、百花齐放的社会适应性

思想政治教育的本质特性——阶级性、政治性，决定了它必须积极地适应社会的变化，及时地对自身进行调整。各国在适应本国国情和时代变化的过程中，形成了思想政治教育的不同传统，呈现出既有民族特色又打上时代烙印的丰富多彩的面貌，表现出极强的社会适应性。

就拿宗教教育与政治教育、道德教育三者的关系来说，在各个国家亦有不同的表现。

在德国，说到宗教教育与学校德育的关系，可以用“母子关系”形容它们的历史，用“伙伴关系”形容它们的现在。德国宗教教育与学校德育的合作关系，表现在德育目标、内容、形式等方面的互相渗透和紧密配合上。道德教育的目的是以宗教为根本，陶冶精神与人格。除了培养学生的宗教信仰外，还注重培养人的尊严、克己、责任感、对真善美的感受性、民主精神、爱国主义以及德意志精神。而德国之所以重视宗教教育，首先是因为在德国文化中，道德形而上学、哲

① 李稚勇，方明生. 社会科教育展望. 上海：华东师范大学出版社，2001：115.

学本体和宗教里的“上帝”三者含义非常接近，其次也是因为德国宗教教育在第二次世界大战后进行了世俗化、生活化和现代化的改革，使自己能够承担起道德教育的重任。我国学者赵鑫珊对当代德国中学（包括中专）的宗教课程教科书的述评就反映了这一点①。

这套教科书完全没有宗教“教义问答”或“教义汇编”式的教条主义学究气，而是十分贴近生活，富有启发性。它提出了很多表面浅显通俗实际上有深刻含义的问题，饶有趣味又发人深省。“宗教课是一门不受欢迎的课吗?”教科书一开始就主动提出这个问题来讨论，并呈现了四位同学的不同意见。通过提问，教科书启发学生思考的不仅是这门课的意义，还引向了宗教的意义。编者认为，只有宗教伦理道德课程才追问世界的意义和人生的目的，而其他课程对此是不去过问的。这门课不仅要传授知识，也要把行为准则和道德规范教给学生。编者引用了古今世界哲人的格言大训，比如当代法国存在主义哲学家加缪的名言：“追问人生的意义是一切问题中最紧迫的问题。”编者不回避现代条件下“信仰与怀疑”的关系问题，表明自己的观点是：“宗教伦理课不可能对所有的问题给出最后的回答，信仰永远面临怀疑的挑战。”教科书还引用了德国《明镜周刊》1967 年和 1979 年做的关于德国人心目中的上帝的调查报告（该报告表明德国信仰宗教的人数在下降，宗教信仰危机不仅存在而且越来越严重），向学生提出了两个问题：“(1) 比较 1967 年和 1979 年的统计数字，你认为变化的原因是什么？(2) 你能说说什么是我们时代的上帝吗？我们需要新的上帝吗?”教科书有一个小节的标题：“我是谁?”书上画着一个人头像，只有头发和脸形轮廓，没有五官，说明人并不认识自己的本来面目。头像下有一首诗：“我来了——不知从何而来；我去了——不知向何处去；我纳闷，我居然会这般快活；是的，我快活，但又悲伤；苦和乐，光与暗，永远搅在一起……”教科书还讨论了战争的起因、恋爱（包括同性恋）、家庭、死亡、恐惧、自杀、人生各个阶段上的担心、苦恼，等等。这套多卷本的教科书反映了当代德国年青一代微妙的内心世界，丝毫没有让人觉得这是一本“远离尘世”的宗教读本。

宗教在一个国家享受什么“待遇”，并非完全取决于宗教自身的教义、组织和势力等状况，而是与这个国家的政治经济社会需要紧密联系在一起的。各国宗教政策不同，宗教教育就会有很大差别。例如，新加坡、俄罗斯和乌兹别克斯坦的宗教政策不同（我们可以分别用“和谐”“倚重”“限制”几个词来概括它们），这是由它们的国情决定的，所以它们的宗教教育也大不相同。

新加坡是个移民组成的国家，1965 年新加坡刚独立时，宗教冲突、种族骚乱、工潮学潮此起彼伏。新加坡政府认为，在这样一个人种、信仰、道德价值观念等都是多样化的历史文化背景下，首先应该在全体国民中培养国家认同感、归属感、社会责任感和种族和谐观念，使不同文化背景下的公民都能和平共处，团结合作，形成凝聚力。和谐宽容的宗教政策就是这样被提出来的。

---

① 赵鑫珊．莱茵河的涛声．上海：复旦大学出版社，1996.

新加坡没有国教，但鼓励每个族群保存、表现自己的文化和宗教，大力支持和引导宗教团体与宗教人士积极从事慈善、教育、社会服务工作，发扬宗教道德精神。早在1959年3月，当时新加坡尚未独立，还是英国的一个自治邦，政府就成立了一个由各派宗教领袖联合组成的宗教联合会。新加坡独立后，为了使各派宗教信徒聚会时不因各自有不同的崇拜对象和宗教仪式而影响沟通，宗教联合会于1974年制定了一份供各宗教团体联合祈祷时共同使用的“联合祈祷文”。这篇祈祷文表达了各种宗教一些相近的价值观、美德标准和基本原则，如仁爱、宽恕、谦卑、光明、正义、社会良知等。这正是它们和谐共处的基础。1989年政府又发表了《维护宗教和谐》白皮书，鼓励各种宗教加强接触和相互了解。但是新加坡对宗教的管理也是非常严格的，严禁宗教介入和干涉政治，实行宗教与政治严格分离。所有的政党和教派都必须把政治和精神信仰分开，以免妨碍人民和谐共处，宗教活动要分散进行，这一方面是为了方便居民，另一方面又使宗教不易变为一种政治势力。

起初，新加坡政府试图通过宗教知识的教育来进行道德品质教育。1982年，新加坡政府宣布在高中开设广泛的“宗教知识”课程，教授包括基督教、佛教、伊斯兰教等世界宗教的相关知识。后来，应李光耀总理的要求开设“儒家伦理”课程，应锡克教团体的要求开设“锡克教知识”课程。以上课程由学生任选一门。宗教课程开设七八年后，弊端渐显。一方面，学校难以按“价值中立”的态度进行宗教知识的传播；另一方面，一些宗教团体试图通过宗教教育去改变人们的信仰，由此引发了宗教争端，造成学生之间的对立。此后，虽然新加坡继续在原有宗教政策的基础上保留宗教课程，但是，政府领导人转而以更大的精力和声势宣传儒家伦理的教育，并把它从学校推向社会。

自20世纪80年代末到90年代初以来，以东正教为主的宗教势力在俄罗斯迅速复兴，成为俄罗斯一支不可忽视的政治力量。这与苏联总统、苏联共产党最后一任总书记戈尔巴乔夫和苏联解体后俄罗斯的第一位总统叶利钦调整了宗教政策是分不开的，也得到全世界15个独立的东正教会的支持。叶利钦表示，希望教会在俄罗斯社会转型时期，动员全体人民共同努力，使俄罗斯走向新生。俄罗斯共产党虽然在许多方面与叶利钦有分歧，但是在宗教问题上却与叶利钦取得了共识，主张同教会在政治、军事、意识形态、教育等方面进行广泛的合作，甚至认为，把东正教当作“新俄罗斯”的国教也是可能的。在当局的支持下，俄罗斯国家电台和电视台成了宣传宗教的有力工具。俄罗斯广播电台每周有5种、共95分钟的关于基督教的节目；莫斯科奥斯坦基诺广播电台的基督教节目每周有12种、共355分钟。东正教的牧首、神父频频在传媒上露面，成为风云人物。牧首阿列克赛二世不仅当选为议会议员，而且被许多教徒视为俄罗斯的象征。而东正教也对当局十分配合。在1991年的总统选举中，阿列克赛二世就公开号召教徒投叶利钦的票。在1991年“8·19”事件中他也是全力支持叶利钦的。1994年9月，俄罗斯东正教最高神职会议在总统和议会发生矛盾时，曾表示为了避免流血冲突，愿意从中斡旋，并派人参加了总统和议会双方代表的谈判。2000年5月，新当选的总统普京在总统就职仪式上也接受了阿列克赛二世的祝福。更重要的是东正教对军队的影响。1994 年俄罗斯国防部长格拉乔夫宣布："俄罗斯军队将与东正教携手合作，共同致力于对军人的精神道德教育和爱国主义教育以及对军人的社会保护工作。"因此，东正教在军队中的活动取得了合法地位。军人工作委员会中设立了宗教事务处，军事院校也筹建宗教研究室，开设宗教历史课。教会在军队中的影响越来越大。

东正教积极参与政治只是一个方面，俄罗斯政府在对青少年的教育方面也十分倚重宗教力量。1994 年由俄罗斯国防部、东正教会和青少年事务委员会共同签发了一份"爱国主义教育纲要"。起因是俄罗斯许多适龄青年拒服兵役，致使兵源严重不足。教会还经常在各种公众场合布道，针对社会上的酗酒、吸毒、卖淫、离婚等现象宣传宗教道德。除东正教外，基督教教派之一的浸礼会也经常到 120 所医院、145 所儿童保育院和寄宿学校、95 个残疾人之家、130 多所劳动教养机关做辅导。这些都给教会带来了很好的声誉。

地处中亚的乌兹别克斯坦，对于国内伊斯兰教势力的发展则采取了限制的政策。这是根据乌兹别克斯坦的基本国情、历史传统和从苏联独立出来以后改革的经验做出的选择。乌兹别克斯坦总统卡里莫夫认为，独立后初期取得的最主要的成绩是保持了社会政治稳定、国内和平和民族和解。乌兹别克斯坦独立以来的政治特点在于稳定，国内各种政治潮流之间能够形成建设性的相互作用，不存在按照阶级、社会和宗教标志划分的对立的政治派别。

当初，乌兹别克斯坦刚一宣告独立，就受到"南下北上"的两股思潮即俄罗斯民主浪潮和宗教激进主义的夹击。1992 年初，首都塔什干曾经发生过抗议物价上涨的大规模学潮，酿成流血冲突。卡里莫夫总统对此事件及苏联一些共和国内乱不已的经验教训进行了总结。在"稳定高于一切"的原则下，采取强硬措施，把以民主为借口挑起的民族宗教纠纷的幕后势力压下去。为了消除不安定因素，加强对社会的控制和管理，乌兹别克斯坦政府运用了多种手段。其中，对伊斯兰教的政策包括两个方面，一方面利用它的某些积极作用，默许和容忍它的发展。另一方面反对宗教激进主义的渗透，明确宣布要走世俗的、政教分离的道路。政教分离的原则是写入了乌兹别克斯坦宪法的。严格禁止任何宗教组织政党。对已出现的"伊斯兰复兴党"毫不犹豫地予以取缔。对一些非法的宗教组织不予登记。就这样，乌兹别克斯坦有效地控制了宗教激进主义的活动和影响，使之不能成为左右国内局势的力量，从而避免了在其他国家出现的，因宗教、民族和地区问题造成的政治动乱。

再拿对传统文化的继承发扬来说，也是各有各的做法。在东亚和东南亚的"儒家文化圈"中，各国在思想政治教育中对儒家思想做了不同的剪裁取舍。中国把"仁义礼智信"作为最重要的美德，其中"仁"是核心。而日本最重视的五德却是"忠礼勇信俭"，其中没有"仁"。就"忠"而言，中国将"忠"理解为对君主的忠诚，在新加坡提倡的"八德"，是指"忠孝仁爱礼义廉耻"，"忠"仍是居首位，不过它的含义不是忠于君主，而是忠于国家。新加坡对其他七德也都重新加以解释，赋予了新的含义。以上这些差别，都是由各国的历史和现实不同造成的。

综观当代世界各国的思想政治教育改革潮流，无一不是为了适应社会的变化。从教育的表层——形式和途径，到教育的深层——教育思想，都发生了巨大的变化。思想政治教育的传统形式是以说理、灌输为主。而在战后，教育的形式变得多样化了，除了说理，还有大量的实践活动和环境熏陶的教育。而这种变化又主要来源于教育思想的变化。一是对受教育者在教育过程中地位的认识发生了变化。过去他们是被动的接受者，现在他们是积极的主体，应该鼓励他们发挥其主动性。二是更多地运用间接的方式，使受教育者在不知不觉之间接受教育的影响。这就是所谓"渗透式""隐蔽式"的教育。它选择了受教育者的"无意识"作为教育过程的开端，使之转化为"有意识"。这种教育思想非常注意营造好的教育环境。三是注重以活动为教育载体，注重思想政治教育方案的可操作性。通过让受教育者亲身参加丰富多彩的活动来受到教育，达到提高认识、培养感情和养成良好的行为习惯的目的。旅游、参观、组织社团活动、参加社会义务劳动等，已成为世界各国普遍的做法。在教育途径上，家庭和学校仍居重要地位，宗教、政党、社区、大众传媒也逐渐成为重要的途径，后四者主要是成人活动的场所。这表明，"社会化"已经不再只是青少年成长过程中的一个特定阶段，成人也需要继续接受教育，不断去适应变化的社会向他提出的新要求，即出现了"终身教育"和"终身社会化"的观念。

思想政治教育对社会生活的适应，使它能最大限度地满足社会的需要，也使其获得了蓬勃发展的活力。当代思想政治教育之所以能得到各国政府和社会的大力支持，除了客观上存在需求之外，它能很好地发挥其功能、起到为社会服务的作用也是一个重要的原因。

第三节　当代世界思想政治教育的组织管理

综上所述，当代世界各地都很重视思想政治教育，那么，这方面的工作由什么机构来管理？怎样管理的呢？这也是我们感兴趣的问题。我们以青少年事务（工作）为例来说明这些问题。青少年事务（工作）不等于思想政治教育，但包含了思想政治教育的内容，二者有相当多的交叉、渗透。

一、从事思想政治教育的组织和社会机构

在大多数的国家，除了家庭，从事思想政治教育的组织和社会机构一般都是：学校（教育界）、科研单位、社区、教会和某些特定的社会组织。

学校是思想政治教育的主要实施者。不论是幼儿园还是大学里的研究生院，

都负有对学生进行思想政治教育的责任。在学校里，又分学生管理和教学（主要是课程设置）两条线，从不同角度实施思想政治教育。这一点，国外与我国的情况相似。不过，对学校德育做不做统一的要求，要依该国的教育体制为转移。同我国一样实行教育中央集权制的国家，如法国、韩国等，全国各级各类学校分别按照教育部统一编制的德育大纲实施教育。而实行地方分权制的国家如美国、德国，或实行中央与地方既集权又分权的教育体制的国家如英国和日本，则没有统一的要求。

科研单位也是思想政治教育的重要机构。科研单位的性质是多样化的，有的是民间基金会资助的，如美国的卡内基基金会；有的是大学附设的，如保加利亚索非亚大学青年研究所；有的是政府资助的，或者直属于政府部门的，如韩国的青少年开发院直属韩国文化体育观光部，青少年相谈院（“相谈”的意思接近中文的“咨询”，但更强调对等交流）直属韩国教育科学技术部，这两院不但是研究机构，还兼有行政职能。

社区机构在发达国家的社会生活中占有重要地位，它也是思想政治教育的重要机构。如志愿者活动的组织领导大多数是由社区和学校以及教会共同承担的。现在兴起了一个新的职业，这个职业叫作“社会工作”。社会工作的主要内容是开展福利性的救助、自救和社会服务。后一项内容包括对青少年进行校外活动辅导、咨询等。由于社区的发展，社会工作已经被正式列入许多发达国家大学的专业。像英国、美国以及我国香港的大学都有这个专业，一般设在社会学系。20世纪90年代中国内地的一些大学如北京大学、中国青年政治学院等，也开设了这个专业。

特定的社会组织（这一类社会团体从性质上看可称其为“中介组织”）是介于政府与个体之间的起桥梁作用的组织。当今世界各国基本上都采取政府、青年组织和青年个体三者间相互双向联结的三角形模式，来实现政府和社会对青年的管理。这些青年中介组织，基本上都是非营利、非政府组织（NPO/NGO）。它们在宪法和法律的基础上，受政府的资助和政策的指导，履行政府和社会授予的各项职能，履行一定的义务，同时充当青年的代言人，对青年政策的制定施加影响。我们可以以日本和奥地利的青年中介组织为例来说明它们的情况。

日本中央青少年团体联络协议会（简称中青联）是当今日本最大的民间青少年团体的协调组织与联络窗口，囊括了日本半数以上的全国性民间青少年组织。它是在战后日本青少年团体多元化、青少年问题多样化、青少年活动分散化的大背景下，在日本政府的撮合下组建而成的。其主要职能有：(1) 协调各会员团体的行动步骤，推进会员团体之间的经验交流，调解各会员团体之间的政见差异与矛盾纠纷。(2) 以民间青少年团体代言人的身份向政府有关部门反映情况、提出建议或请求具体帮助，将政府部门关于青少年事务的意见、方针反馈给各青少年团体。(3) 参与政府对青少年法规的拟订，组织各会员团体实施政府的有关计划与项目，并根据实践效果及时向政府提出修正案。中青联的财政来源主要依靠政府的补助金，文部省是中青联的主要后援单位。每当开展重大国内活动和国际交流时，中青联还向文部省等政府官厅另行申请预算。

奥地利联邦青年联合会（简称奥青联）作为各青年组织的领导机构，其宗旨是：以奥地利青年的利益为重，联合完成一个组织所不能完成的青年工作任务；在国内政治方面，参与青年问题的讨论，代表青年提出各种要求，并对所有有关青年的法律提案发表见解；在国际方面，尤其在欧洲合作问题上，开展活动，扩大影响。

奥青联在国内政治生活中较为活跃。它可在联邦总理官邸派出代表，定期与联邦总理或内阁成员讨论现实政治问题。它还派代表参加以下机构：（1）联邦教育、艺术与文化部（包括联邦中学生顾问委员会、职业学校改革委员会、青年书法委员会、正字法改革委员会和学校改革委员会）；（2）联邦内政部公民服务委员会；（3）联邦国防与体育部军训委员会；（4）联合国教科文组织青年专业委员会。这个组织曾推动议会通过联邦青年计划，从国家预算中拨专款用于资助奥青联所属团体开展文化、体育、社会教育和国际交往活动，建立青少年活动场所，防止青少年犯罪等项开支。

从以上两例可以看出，这些青年中介组织的确发挥了桥梁纽带的作用，弥补了政府职能的某些不足。我们中国共青团和全国青联在许多方面的功能与之类似，但共青团，作为执政党中国共产党的助手、后备军、突击队，具有国外青年中介组织不可比拟的政治优势、组织优势和社会优势。

在特定的社会组织中，还有一种更特殊的跨国或国际的但又是地区性的组织，这就是欧洲委员会和欧洲联盟下属的青年组织①。它们有的是政府间组织，有的是非政府组织。这些青年组织的活动，目的在于为欧洲一体化进程服务，帮助青年解决他们在冷战结束、政变、战乱、经济衰退等社会环境中面临的生存发展问题，发动青年参与欧洲建设过程，关注青年的需求，开发青年的潜能，发挥青年的作用。在它们看来，青年是一种“资源”而不是一个“问题”，青年政策的基点是“青年参与社会”。在 20 世纪最后 20 年，欧洲青年事务部长会议连续四届（斯特拉斯堡，1985；奥斯陆，1988；里斯本，1990；维也纳，1993）的议题都是围绕这个中心展开，并因此确定了欧洲议会青年部门的六个主要工作领域和政策：

（1）积极支持青年组织，真正形成青年参与公民生活的社会领域。

（2）政府与非政府青年组织的积极合作。

（3）推进国家、地区，特别是地方多层次的青年工作，以促进社会整合和吸引所有青年参与，特别是那些处于劣势和边缘位置的青年。

（4）加强东西欧联系（推进青年组织的平衡增长），发展南北欧联系。

（5）发展全欧青年工作咨询和信息网络。

（6）推进高质量的组织体制，开创一个更团结、没有边界、对世界开放并允许自由活动的欧洲。

---

① 详见本书第四编第十三章。

在思想政治教育方面，这些组织提出的目标是要"使青年了解欧洲社会的价值观，诸如文化多样化、民主以及在团结和容忍的背景下，作为欧洲公民的责任"，"在欧洲青年中，提倡团结的精神"，"采取各种适当措施与各种形式的种族主义、恐怖主义和排外主义作斗争，促进青年的容忍精神"①，等等。

二、思想政治教育的管理手段

世界各地对思想政治教育的管理，主要是通过法律、经费、行政三大手段，或分别或综合地运用来进行的。

各国各地都非常重视运用法律手段，行政管理也必须依法行事。教育是普遍有立法的，所以学校里的德育有充分的法律依据。此外，志愿者活动也有法律依据。美国在 20 世纪 80 年代通过了《国家社区信托服务法》。欧洲青年事务部长会议 1993 年维也纳会议也做出决定，在促进青年的志愿服务时，"要明确青年志愿服务工作的相应法律地位"。韩国青少年咨询服务工作主要依据两部法律：《青少年基本法》和《青少年保护法》。在这些法律中规定了全国各级相谈院的机构设置（如中央一级设相谈院，市、道设相谈室，县设相谈所）、人员配备、经费、咨询活动内容、作用、地位等。

对经费的管理也是各国各地调控思想政治教育的一个有力手段。尤其是财政拨款，有非常明确的意图，向什么方向倾斜完全看政府的需要。在香港回归前，香港的青少年社会团体，凡接受港英当局资助的，就必须接受港英当局的监管、评估、限制，比如工资、服务模式都是千篇一律的。不受资助的团体就不受港英当局控制，完全依据法律行事。

港英当局在审批拨款时，把申请项目分成甲、乙类。甲类即"保证性项目"，与维护现存社会制度和社会秩序有关；乙类是"发展性项目"，内容是认识祖国、培养崇高理想等人文素质的。港英当局的政策是对甲类百分之百支持，对乙类百分之百不支持。

对思想政治教育的行政管理，主要有人员的资格认证和日常事务管理两大部分。详见下文的论述。

三、有关人员的培训

各国各地对从事有关思想政治教育的人员都要进行严格的挑选，许多地方还实行培训上岗制度。教育口的培训是结合教师资格认定工作进行的，另外学校学生口的工作人员都逐步实现了专家化、学者化。如大学里的学生咨询中心，咨询

---

① 张帆. 世纪之交的欧洲青年和青年政策. 当代青年研究，1995 (1).

员都必须是心理学家、法律专家或社会学家。韩国《青少年基本法》《青少年保护法》规定，小学和中学的咨询员必须有五年以上教龄，并经过 180 小时的专门培训方可上岗；大学的咨询员则必须具备大学学历，并经过 500 小时的培训。1996 年又提出要实行咨询工作的"资格证制度"，由相谈院负责，成立专门的"咨询研究生院"，以解决硕士学位以上咨询人员的资格问题。香港社区服务中心的工作人员，必须有社会工作专业的本科文凭才能上岗，否则就谋不到这个职位。由于有严格的资格认定程序，所以，从事思想政治教育工作人员的素质有了可靠的保证。

对于非专业的从事青少年工作的人员，如各青年团体的领袖和青年项目的组织者也展开了培训。如欧洲青年事务部长会议 1993 年维也纳会议决定中就有一项是专门关于"培训青年领导人、支持青年组织"的。其具体做法是：(1) 资助培训在欧洲青年中心（EYC）和欧洲青年基金会（EYF）中的青年组织者和领导人，特别强调培训来自中、东、南欧的青年；(2) 支持由欧洲青年中心/欧洲青年基金会或由适当的国家、地区机构执行的培训课程和培训项目（如青年流动）的组织者；(3) 在中欧设立第二个欧洲青年中心，执行培训政策；(4) 欧洲青年中心和欧洲青年基金会合作开发"南—北"中心、"欧洲—拉美"中心，努力开展对非洲、拉美青年组织的合作；(5) 加强对培训者的支持，加强对培训工作的研究。

四、政府管理青少年事务的机构

前面说过，青少年事务不等于思想政治教育，但包含了思想政治教育的内容。通过介绍部分国家政府管理青少年事务的机构的情况，我们可以从一个侧面了解它们对思想政治教育的管理情况。

中国共青团中央联络部江广平部长于 1995 年发表的调查报告显示，被调查的 111 个国家（其中发达国家 22 个，发展中国家 89 个）中，在政府中设有青少年事务管理机构的有 87 个（其中发达国家 20 个，发展中国家 67 个），占被统计国家总数的 78.4%。下面以泰国、芬兰、俄罗斯为例，介绍这些青年事务管理机构的组织、职能、政策、运行方式等。

泰国政府的青年事务机构是泰国青年委员会，其主要职能是制定青年政策，研究青年问题，协调政府各部门的青年工作。一般由总理本人任主席，由副总理和有关国务部长主持日常工作。该委员会的委员主要是由社会名流、青年问题专家和顾问以及政府有关部门的负责人组成，定期召开会议，就有关青年的问题进行磋商。泰国青年局是该委员会的常设机构，任务是促进儿童与青年的发展，负责政策制定，对青年工作进行领导和评价，协调政府与非政府机构的关系。同时它还是儿童与青年发展信息中心。青年局内设若干个委员会，负责各种研究项目，如儿童与青年法改善委员会、青年志愿者工作委员会、儿童与青年发展指导者委员会、生活方式及家庭结构对儿童与青年发展的影响委员会、青年参与经济和社会发展委员会等。组成这些委员会的代表来自官方和非官方的机构，也有各界关心青年的人士。委员会还邀请一些优秀青年代表参加。

泰国政府其他部门按照分工负责制定本部门青年工作计划，落实人员、经费。如工业部工业促进厅负责青年的职业培训任务，每年要拨 600 万～700 万泰铢（当时折合 24 万～28 万美元），利用广播电视，开设培训中心。1995 年，该厅已在全国开设 8 所职业培训中心。农村青年的培训除农业部有关部门负责外，军队也应政府要求参与，为偏远地区培训青年领导人，建立青年中心，开展农村技术培训，对泰国农业经济的发展起了一定作用。

在芬兰，依照芬兰法律，青年工作的管理和监督以及青年政策的协调归属教育部管辖。芬兰教育部实际兼有文化部和青年部的职能，教育部的职责之一是为青年自发组织的各种文化、政治和社会活动提供必要的经费和设施条件，它所奉行的指导原则是为社会经济地位低的青年提供平等的参与机会。

芬兰青年工作的管理已形成一套完整的机制，教育部设青体司，青体司下设体育处和青年处，其中青年处又兼管全国青年理事会和省、市级的青年工作部门。教育部通过这种金字塔状结构的分支机构及其下属机构来管理青年工作。青年处负责青年工作的总体规划和发展；协调各青年组织之间及青年组织和政府的关系并向其提供部分经费；指导和监督省、市级青年工作机构的工作；进行青年和青年工作的研究；规划和改善青年人的住房；组织青年旅游；开展青年国际交往；组织青年工人的职业培训。

青年处主管的全国青年理事会是由青年管理专家组成的智囊团。他们向青年处提出建议和设想。这个机构的主要职能是每年就教育部向与青年工作有关的组织拨款提出建议，并就青年工作提出建议，借此促进和协调青年立法、青年管理和青年工作的开展。

青年处下设省级青年工作部门。各省青年工作部门配合省级政府促进青年工作和青年活动、协调青年政策。这一级青年部门受教育部和地方省政府的双重领导，经费由教育部下拨。芬兰的每个市政府也都设有青年工作部门。

在俄罗斯，教育和科学部作为政府机构，更多的是从宏观的角度从事青年事务的管理、规划和调研工作，而有关青年活动和项目的具体实施，则主要由社会性的青年组织来承担。这些组织既是政府的合作伙伴，又是联系政府与广大青少年的桥梁。政府对它们的支持主要是通过财政拨款。按照《俄罗斯社会联合（团体）组织法》和《国家支持青少年社会组织法》，社会性青年组织可以向政府部门申请项目经费。这样的规定，也使得俄罗斯社会性青年组织形成了“项目化”的运作机制。当前，由苏联列宁共青团演变、发展而来的俄罗斯青年联盟是其国内最大、最有影响力的青年组织，它与俄罗斯教育和科学部、国家杜马青年事务委员会等机构都形成了良好的合作伙伴关系。

第四节　当代世界思想政治教育领域的理论和思潮

20 世纪 70 年代以后，当代世界的思想政治教育日益“专业化”“科学化”。对于什么是“科学化”，前面已经做了说明，在此不赘述。“专业化”是指，从事相关研究工作的各学科专家日益增多，专业素质不断提高。与思想政治教育有关的学科，主要是教育学、社会学、心理学、伦理学、政治学、法学以及医学、逻辑学等。进入 21 世纪后又增加了传播学等新学科。一方面，出现了不同学科的交叉、渗透，另一方面在同一学科内部却出现了细分化倾向。比如专门研究青少年政治观点如何形成的“政治社会化”理论，就是政治学与社会学、心理学交叉的结果。美国劳伦斯・柯尔伯格创立的风靡世界的“道德发展阶段论”，是学生发展理论中的一个分支，它表面上是教育学中的一个德育课题（通过测定学生道德发展水平来确定针对性的教育目标），实际的基础却是心理学中的认知理论和心理测试理论及技术。这些学科对思想政治教育活动的对象、内容、手段、环境、效果等进行了或分科或综合、或微观或宏观的研究，给予实践活动以有力的指导，大大提高了思想政治教育的有效性。现在，专业化仍然在继续推进。在我国，从 1984 年起，高等学校开设了思想政治教育专业，培养从事思想政治教育的高级专门人才。经过 30 多年的努力，现在已经有了本科、硕士研究生、博士研究生等培养层次，学科专业建设有了很大发展。从 2004 年起，我国高校开始把实现学生辅导员专业化确立为思想政治教育队伍建设的目标之一。在继续发扬我国群众性思想政治教育传统的同时，专职人员的专家化是必然的发展趋势。

当代世界各国的思想政治教育理论研究，从总体上来看还不够系统。虽然有众多的学科参与，但基本上还是停留在分门别类研究的阶段。而且西方的学术，虽擅长做实证的研究，但过分强调操作性、数量化，在思想政治教育这样的领域，未免有过于琐碎、流于表面、不能深入本质之弊。由于国（境）外没有“思想政治教育”这个学科，所以我们在此只能介绍与之相关的一些学科的理论和思潮，主要是教育哲学、德育理论、社会学、政治学、传播学等方面的内容。

一、教育哲学：人文主义、理性主义与功利主义

思想政治教育深受教育哲学的影响，而教育哲学又受社会哲学思潮的影响。第二次世界大战后广泛流行的人道主义思潮和主体论哲学，特别是 80 年代掀起的文化热，有力地推动和强化了教育中的人文主义倾向。80 年代以来的全球性

教育改革，对衰微不振的人文教育极为关注，从加强人文学科（包括哲学、宗教、文学、艺术、伦理学等）入手，对教育的目的、培养目标、师生关系、课程、教学方法乃至教育科学研究等进行了全面的反省和变革。这种变化为当代思想政治教育的革新创造了良好的氛围，提供了难得的机遇。进入 21 世纪后，主要的德育思潮出现了从相对主义到绝对主义、回归传统的发展趋势。

在教育理论中，教育价值观占据重要地位。在此我们以它为例进行阐述。

从近代到现代再到当代，教育思想经历了曲折的发展，其间充满了冲突和选择。它是社会从工业化到现代化再到后现代化发展历程的一种反映。在这个漫长的过程中，教育价值观方面理性主义和功利主义的关系演变始终是一条主线，对于教育活动中其他方面的矛盾起着支配的作用。

理性主义认为教育应该以人及其个性的自由全面发展为最高原则，人的理性发展是衡量教育的唯一标准。因此在教育过程中应该实现人的自我完善，抛弃教育中的实用性与职业性，保持教育与经济生活之间的距离。功利主义则认为教育是为职业选择做准备的，社会的需要就是人的需要，也就是教育的需要，教育要以社会的发展为最高目标，衡量教育的标准是实现价值和创造价值。

在 13—19 世纪的西方教育界，理性主义占主导地位。最早的理性主义固守着古典人文教育的宗旨，培养的基本上是绅士型人才。在 19 世纪初，德国的高等教育堪称世界典范。著名的教育家、哲学家洪堡认为，大学的目的完全在于使学生献身于个人道德和思想上的完善。英国牛津大学的红衣主教纽曼也认为，大学是训练人和培养人的智慧的机构，大学讲授的知识不应该是对具体事实的认识或实际操作能力的发展，而是一种状态或理性（心灵）的训练。然而，资本主义生产的迅速发展使功利主义向理性主义发出了挑战。功利主义教育思想首先在美国崛起，以康奈尔大学和威斯康星大学为代表。威斯康星教育思想的创始人范海斯认为，“服务应该成为大学的唯一理想”，他要求大学的教学和科研都应当考虑社会的需要。在这种思想指导下，选修制度在大学得到广泛的推广，各种实用性课程都在大学取得了专业地位，并被承认与古典人文学科具有同等重要的哲学价值。大学生培养目标也从社会精英转向大众化的各种专业人才。

理性主义作为西方高等教育的传统，并没有在功利主义的挑战面前让步。第一次世界大战到第二次世界大战期间，这两种教育思想之间的全面论战终于爆发了。美国芝加哥大学校长赫钦斯对功利主义的批判最为尖锐，他发表的言论成了发人深省的警句。比如他说：教育的目的“是人性而不是人力”；对于大学为适应社会需要而开展百科全书式的教育，他称之为“教育的大拼盘与大杂烩”，认为这不但使知识支离破碎，而且使社会四分五裂。他质问道：“大学是一面镜子，还是一座灯塔？”

第二次世界大战结束后，理性主义与功利主义开始走向融合。哈佛大学校长艾略特比较早地指出，它们之间不存在根本的对立。他的口号是“二者全都要，而且都要最好的”。1957 年英国学者 C. P. 斯诺在剑桥大学做了《两种文化与科学革命》的演讲，引起了强烈的反响，直接推动了理性主义与功利主义的融合。他所说的“两种文化”是指在理性主义和功利主义两种不同教育模式下培养出来的人所各自形成的文化。他认为正是两种文化之间日益深刻的对立和隔绝，引发了现代社会和高等教育的危机。社会的发展需要各级各类各种专业人才，教育应当与社会的这种需要相适应。但是，现代社会不仅是一个技术与工业的社会，更重要的还是一个使人能够获得完善发展的社会。当社会不利于甚至阻碍人的完善发展时，教育应当批评和引导社会，而不是片面地去迎合社会。教育不仅应当与社会相适应，还应当与人的身心发展规律相适应。

理性主义与功利主义的融合对教育特别是高等教育的发展产生了深刻的影响。这有多方面表现，比如：(1) 教育的目的，不再是智力训练，甚至也不是个人的自我实现，而是从全球、全人类的科技、经济发展与文化、价值发展相统一的角度，培养意识到自己的使命、具有责任感和创造力的社会人。(2) 在学校观上，不再把学校当作单纯的“人力工厂”和知识生产产业。学校不但负有传递和继承人类文明成果的责任，而且负有进一步创造新文明，尤其是探索人类发展方向的责任。(3) 在教育目标上，从优先重视获得知识，以学会学习、学会生存为目标，转变为突出行为养成，把学会做人、学会关心放在中心位置。(4) 在教育内容上，从 20 世纪 60 年代科技教育占压倒优势，到 80 年代以后加强了人文教育，使人文课程的比重上升（当然，人文教育不等于人文学科的教育，后者只是人文教育的一部分内容及一种途径）。不过，80 年代的人文教育与传统的不同，它是以人文教育与科技专业教育相融合的形式为特征的，要求给学生一个平衡而完整的训练，促进人文精神与科学精神的结合。这样，既可以增强学生毕业后适应人才市场需求的能力，又可以消除单纯的科技教育造成的大学生人格危机和文化分裂。(5) 在师生关系上，倡导“教育是合作的艺术”的观点，强调教学过程是师生共同完成的，师生之间是平等、对话、交流的关系。(6) 在教育方法上，反对强制、灌输，提倡陶冶和启发。当代教育非常推崇“隐蔽课程”（hidden curriculum）的陶冶价值。大力抓好校园的软、硬环境建设，以各种活动为教育的载体已成为各国的普遍做法。(7) 在教育研究的方法上，从追求自然科学化，开始转向人文化。即教育研究要注意人性、教育性，多采用体验、认同、领会、访谈等方法和途径。

进入 21 世纪后，教育领域又出现了许多新的话题，其中教育公平是一个热门。一方面，人们对教育公平的讨论，引发了对教育的本质和社会功能等问题的进一步反思。有人认为，教育是社会平等的入口，教育改变命运。有人认为，教育是社会分层、社会选拔的代理人，已经成为社会底层向上流动的阻隔，扩大了社会阶层的差距，造成了更大的不平等。有人提出“文化市场论”，认为教育是一种产业，提供的是教育产品和教育服务，一个人能够得到什么样的教育，取决于他有多大的“消费”能力。还有人提出“社会资源分配论”，认为教育不平等源于社会资源占有的不公平、不平等，拥有社会资源多的人在教育中也占有优势，反过来，拥有教育优势的人将来也会在社会资源占有方面具有优势，如此循环。另一方面，由教育的公平、平等，引发教学中的公平、平等的讨论，涉及师生的权利以及校园民主等。这些新话题有着丰富深刻的社会内容和社会意义，同时，也对大学生的生活环境和他们的世界观、人生观、价值观产生了巨大的影响。

学校在各国的思想政治教育中都是主要阵地。教育思想中发生的变革，给思想政治教育打上了深深的时代烙印，并且通过学校德育，辐射到全社会的思想政治教育。

二、德育理论：从相对主义到绝对主义

“德育”一词，在国内外都有广义的和狭义的解释。我们这里说的是广义的德育思潮和理论，因为它们探讨的是与价值观、道德、品德、理性、行为、情感等诸多方面有关的教育问题，而不是狭义的道德教育。

（一）德育思潮：从相对主义到绝对主义

美国的德育理论在世界上影响大，传播范围广，甚至形成了思潮和运动，所以它有一定的典型性、代表性。我们以美国德育在 20 世纪的三个发展阶段为例，来说明德育思潮演变的轨迹。这一轨迹大体上是从绝对主义到相对主义和过程主义再到绝对主义。从时间上看，大体是 20 世纪初、20 年代末到 80 年代末、90 年代初至今。

20 世纪初期，美国的德育延续着传统的品德教育，即强调正面的、直接的道德教育，强调纪律和良好行为的养成，强调直接德育课程的重要性以及学校环境的作用等。这是美国德育的第一个阶段，被称为古典品德教育阶段。

从 20 世纪 20 年代末起，古典品德教育受到了来自哈桑（Hugh Hartshorne）和梅伊（Mark May）以及杜威（John Dewey）的挑战。哈桑和梅伊于 1928—1930 年做了一个关于品德和品德教育的调查，结论是直接的道德灌输未必有显著的效果，道德教育应当更多地通过间接的方式去实现。杜威是实用主义哲学家，他认为道德不过是人们为了适应不同的环境而做出的反应。因此，儿童在学校生活的经验中学习道德远比在课堂上学习来得重要。他主张的是道德上的相对主义和德育中的过程主义。在他们思想的影响下，到了 50 年代，直接的道德教育基本上从美国的校园里消失了。从 60 年代起，陆续兴起了价值澄清论和道德认知发展理论等，延续了杜威的相对主义和过程主义，形成了美国德育的第二个阶段。

价值澄清论和道德认知发展论等相对主义和过程主义，是在美国社会多元化、民主化的背景下产生的。持这些观点的学者认为，没有什么价值观是永恒不变的、绝对正确的甚至是可以让所有的人都认同的。在一个多元化的社会里，应该由每一个人自由、自主地做出选择。因此，教师的任务不再是传授自己认可的价值观，而是帮助和引导学生学会自己进行道德判断、推理，做出选择。道德教

育的重点应该从“内容”转移到“形式”和“过程”上来。这一思潮在60—70年代产生了巨大的影响。一本介绍价值澄清教学策略的手册竟然卖出去60万册[①]。但是，它也招致了强烈的反对和批评。尤其是80年代出现的大量的青少年社会问题，促使美国教育界开始对相对主义和过程主义进行反思。当时在美国的青少年中，暴力倾向、破坏财物、不诚实、蔑视权威、性混乱、自我中心、公民义务观念淡漠、自暴自弃、粗话连篇等现象愈演愈烈，引起了社会人士普遍的忧虑不安。

到90年代，要求回归传统道德教育，呼吁加强直接的、正面的道德教育的品德教育复兴运动顺势而起。美国德育进入了第三个阶段。

品德教育复兴运动的指导思想与相对主义和过程主义是针锋相对的。它的主要代表人物之一托马斯·里考纳说得很清楚：即使在文明冲突、价值多元的社会中，仍然存在普遍认同的价值，除非我们承认正义、诚实、文明、民主、追求真理等价值观，否则价值多元是不能成立的；民主社会尤其需要品德教育，因为公民需要承担作为民主公民的责任；没有无标准的道德教育；传授正确的价值观过去是、现在仍然是文明之举。也就是说，品德教育就是要把社会的主流价值观态度鲜明地教给青少年，明确地告诉他们什么是对的、应该做的，什么是错的、不应该也不能够做的，反对教师的所谓“价值中立”的暧昧态度[②]。

1988年美国课程发展监督协会（ASCD）邀请11位德育专家，起草了一份题为《学校生活中的道德教育》的文件。这标志着品德教育复兴运动拉开了帷幕。此后，由普林斯顿55计划、约翰逊基金会等机构发起召开品德教育的研讨会。品德关注联盟（Character Counts Coalition）于1992年成立，品德教育伙伴组织（Character Education Partnership）于1993年成立，它们以推广品德教育的各种模式和鼓励品德教育并提供资源上的支持为特色。这两个组织是影响最大的，其他的组织还有儿童发展项目、公正社区学校、完美解决冲突计划、责任心教室等。从1994年起，民间的努力得到了官方的肯定和支持。1994年，美国参、众两院一致通过决议设立“全美品德关注周”。此后又通过了《中小学教育法案》(ESEA)，追加了对品德教育进行经费资助的两个条款。白宫于1994年、1995年、1996年、1997年四次组织社会各界领袖研讨加强品德教育的对策，与会的议员和政治家一致强调应当把品德教育置于国家发展的优先地位[③]。

进入21世纪后，品德教育复兴运动势头不减，并且得到了小布什总统的支持。2002年6月19日，小布什在白宫召开了题为“品德与社区”的研讨会。他在发言中强调，学校是美国的希望所在，加强品德教育是家长和学校的重要责任。教育者不能羞于进行品德教育，应当教给孩子们什么是对的什么是错的，应当向孩子们传授普遍价值，应当通过社区服务等形式使孩子们成为一个个不仅能够谋生而且知道如何生活的、负责任有爱心的公民[④]。

---

① 檀传宝. 学校道德教育原理. 北京：教育科学出版社，2000：256.

② 同①260.

③④ 同①259.

（二）德育模式：以实证为特色

前面我们介绍了德育思潮。这些理论思潮落实到教育实践的层面，就表现为各种教育模式。在当代，国外的道德教育探索是相当活跃的，局面是比较繁荣的，所以，形成了多种理论和模式。究竟哪些最有代表性呢？我国学者因为看问题的角度不同，出发点不一样，意见也就不统一。在本书中列举的是我们关注的7种。其中，第1～4种可以称为认知模式（认知模式就是我们前面论及的相对主义和过程主义思潮的体现），与第6种强调情感的模式形成了明显区别的两大流派。从20世纪末到进入21世纪后，在美国蓬勃发展的品德教育复兴运动则是在回归传统的形式下对二者的超越。这些道德教育流派大多数都与心理学有交叉，运用了实证的研究方法，而且突出理论联系实际，提供具体的操作策略，结束了道德教育长期在哲学边缘徘徊的局面，形成了鲜明的特色。

1. 理性构筑模式

这一模式是美国犹他州立大学的詹姆斯·谢弗教授于20世纪70年代提出来的，着眼于帮助教师加深对道德教育基础的理解。谢弗认为应该在一个民主与多元化的社会背景下来理解道德问题。道德教育受价值观理论的指导，而价值观又具有相对性，所以，教师的活动目的在于帮助学生发展一个识别、澄清和分析价值观冲突的民主框架。教师应该多掌握一些价值观分类的理论，这样在实践中就可以区分学生行为的性质是什么：是道德问题还是非道德问题？是个人爱好还是基本价值倾向？是内在观念还是外在操作？等等。总之，这一模式只是着重为教师构筑理性基础，而非提供具体策略，因为谢弗认为教育情境千差万别，能把握的只是教育的共同基础。

2. 价值澄清模式

价值澄清在美国是一个规模和影响都比较大的流派，代表人物众多。在此以美国俄亥俄州立大学和纽约大学的教授路易斯·拉思斯及其弟子梅里尔·哈明和西德尼·西蒙等人为例进行简介，主要的依据是他们的代表作《价值观与教学》①。

拉思斯等人认为，传统的道德教育方法主要有：提供榜样、说服、规劝、激励、规则、文化的或者宗教的信条、诉诸良心等。这些方法在过去起到了控制行为、形成信念和态度的作用。但是，从人作为有理智的个体，在与复杂多变的环境相互作用的过程中必须做出自由和深思熟虑的选择这个意义上说，这些方法没有也不可能有助于价值观的形成。

因为儿童在一个多元化的社会中受到各种各样的成年人的影响，容易产生价值观的混乱，那么学校和教师就应该对其给予帮助，在道德教育的实践中着重阐述“教授价值观的方法”，即价值澄清法，而不是把教师自己的价值观硬塞给学生。拉思斯等人认为，学生可以通过学习一个价值观的办法来获得自己的价

---

① 袁桂林. 当代西方道德教育理论. 福州：福建教育出版社，1995：86.

值观。这个学习过程由三阶段七步骤组成。第一阶段，选择：(1) 自由选择；(2) 从多种选择项中选择；(3) 在考虑后果后选择。第二阶段，赞赏：(4) 赞赏自己做出的选择；(5) 乐于向公众公布自己的选择。第三阶段，行为：(6) 按做出的选择行事；(7) 把它作为一种生活方式加以重复。另外他们还设计了很多活动，如课堂讨论、投票、游戏等，一方面是吸引学生，创造一种轻松、开放、无拘无束的气氛，另一方面也使教师掌握具体的策略，而无须在高深的哲学和心理学理论中寻求指导。

价值澄清模式的核心是强调个人选择的自由，另外它主张在轻松、愉快、尊重和信任的气氛中进行教学。这相对于 20 世纪 50 年代美国教育过分追求科学知识给儿童造成的巨大压力来说，是一次拨乱反正，所以很受欢迎，在 60—70 年代的美国一度流行，在国际上也产生了广泛的影响。90 年代传入中国后引起了较大的关注，出现了不少的研究论著，在实践中至今仍被应用。当然它引来的批评也不少，主要是指它忽略价值标准存在的必要性，把肤浅的道德相对主义四处扩散，在一个本来就充满价值观矛盾冲突的社会里将会导致更大的价值观混乱。所以到了 80—90 年代，美国人认为他们在品德教育复兴运动中遇到的最大难题便是对价值澄清模式的澄清。

3. 价值分析模式

价值分析模式又叫逻辑推理模式。这个模式首见于 1971 年美国国家社会研究委员会的第 41 号年报，题目是《价值观教育：理论基础、策略与程序》。它的观点后来被许多人发展，最主要的代表人物有加拿大的特罗尔德·库姆斯和美国的米尔顿·缪克斯、詹姆斯·查德威克等。

库姆斯认为，把价值分析应用于道德价值判断是一种有效的途径，尤其适用于解决那些有大量事实而结论又可能非常不同的公共问题。他要求先以确定公认的道德准则为大前提，以事实为小前提，再进行三段式推理。他认为这样做不仅可以帮助学生判断道德现象，而且对于他们形成良好的判断能力也很有意义。

价值分析模式的优点是它提供了一个循序渐进的分析模式。缺点是，第一，学生完全可以把它当作一种课堂上的学术练习，而在课外仍然随心所欲。当学生在实际生活中面临价值选择上的疑难问题时，根本没有时间去构筑事实图表和证据卡。第二，缺少情感成分。库姆斯的理论也涉及情感，但被局限在观念和认识方面，而忽略了怜悯、真诚、自我实现等情感的作用。

4. 道德认知发展模式

这一模式的代表人物早期的有瑞士的发展心理学家皮亚杰。对皮亚杰有继承、发展，社会影响又最大的是美国的劳伦斯·柯尔伯格。柯尔伯格先后在芝加哥大学和哈佛大学任教。他的理论的关键词有两个："认知"和"公正团体"。

柯尔伯格认为，道德的发展是建立在认知基础之上的，表现为道德判断能力的发展，而道德判断又必须在冲突的道德情境中做出。教师应该创造机会来帮助学生思考，促进其道德判断能力从低级提升到高级的水平。所以他的理论由三个部分组成：(1) 道德冲突情境的设计。他设计了许多两难问题。例如，一个学生看见他的好朋友考试作弊，他可否告诉老师？他是应该对老师诚实还是对朋友忠实？（2）道德发展的阶段的测定。根据学生对两难问题的选择和推理，可以断定学生的道德水平处于哪个发展阶段。他把儿童的道德认知发展划分为三种水平六个阶段，即前习俗水平：个体是从兴趣或具体利益出发来思考道德问题的，包括以惩罚和服从为定向和以工具性的相对主义为定向两个阶段；习俗水平：个体把自己看作一名社会成员并按照社会的道德规范来调整自己的行为，包括以人际和谐为定向和以社会系统与良心为定向两个阶段；后习俗的、自主的或原则的水平：个体以优于社会的观点看待道德问题，包括以法定的社会契约为定向和以普遍的伦理原则为定向两个阶段。（3）问答的策略。其中，初始的策略注重师生之间的道德讨论并发展学生的道德意识，深层的策略注重使学生的道德推理结构发生变化。

我们可以将柯尔伯格的上述这部分思想称为“苏格拉底模式”。苏格拉底是古希腊的一位智者，别人叫他“诡辩家”，他却自诩为“思想的助产士”。柯尔伯格与苏格拉底相似，注重的是个体道德发展和道德对话。柯尔伯格学说的另外一部分即“公正团体”理论则可称为“柏拉图模式”。柏拉图也是古希腊时期的哲学家，他的名著《理想国》描绘了一个美好的共和国。柯尔伯格认为，学校应该重新组建，校内实行民主管理，学生群体具有公正的气氛。他指出教室和学校的气氛是道德教育中最关键的问题。儿童在伙伴群体中扮演的角色以及他的伙伴关系对于其道德发展有重要的作用。1969 年柯尔伯格到以色列莱麦特·耶第迪集体农庄的中学进行访问，这所学校的道德教育实践给予他极大的启发。他认识到必须使学生在集体中生活，参加集体讨论，才能获得对道德规范的认识和遵从。他把这一民主教育的观念发展为一套“公正团体”道德教育策略。它比前述道德认知发展阶段的理论更适合在道德教育实践中运用。

由于柯尔伯格的理论是建构在他扎实的哲学、心理学、教育学及教育实践基础上的，达到了对道德发展及道德教育的综合理解，所以他的理论能较长期地占据主流地位。批评的意见主要来自两个方面。在理论方面，他把道德发展仅限于道德判断的发展是片面的。虽然他进行了跨文化的研究，但其哲学基础却代表了西方文化的偏见，据此便宣布其划分的道德发展阶段有普遍适用性，这令人十分怀疑。在实践方面，对学生的道德认知发展阶段进行评估困难重重。柯氏设计过各种量表，但测定的结果却不可信，因而人们很少使用。另外，要求所有的学生都产生认知冲突也是做不到的。

5. 道德符号理论模式

这是英国牛津大学法明顿教育研究所的威尔逊教授等人于 20 世纪 60—70 年代提出的。他们从厘清道德教育的基础理论入手，把西方道德理论和实践中存在的混乱归咎于人们概念上的混乱。所以，他们从古希腊文字中选出一些单词的缩写形式作为符号，分别代表一定的道德含义，然后把各种符号排列成一个公式，表示一个道德上受过教育的人应该具备的道德品质。在教学中他们就把这些符号直接呈现给学生，并鼓励学生用符号概念处理道德问题。威尔逊等人的主张很明显地来源于现代西方语言哲学中的人工语言学派。他们的“符号”大致相当于我国德育中的“三好”“五爱”等缩略语，但没有这么通俗易懂。

虽然威尔逊等人的理论也受到了批评，但是其中包含了许多有创见的思想，这些思想对当时流行的道德教育理论产生了一定的冲击。第一，他们坚持认为，应该在学校的课程设置和活动计划中给予道德教育独立的地位和充分的时间空间，而不应该把它置于外围的、附加的、“掺和”进其他课程的位置。第二，他们对道德中个体与社会的关系的解释与以往的理论不同。威尔逊等人认为应该培养个人在面对道德问题时独立解决问题的能力，所以应当关注个体自主的中心地位。但是个体不能脱离社会，社会是作为前提条件和相关背景成为道德的一部分的。个体都具有与他人共同存在的“手足情本能”和“与人们交往的需要”，因而与社会相联系，个人的道德思考过程应该受制于对别人的关心。所以他们把关心他人、平等待人作为道德的第一个构件。第三，他们反对“教师中立论”。价值澄清论等学派认为教师只是给学生提供思考的机会，而不应该表露或者“掺入”自己的倾向。威尔逊等人认为，教师有责任帮助学生区分那些道德实例的好与坏，指导儿童如何从实例中得出结论并且上升为一般的道德命题。教师必须观点鲜明，任何中立、被动、含混、消极都是误教，是剥夺学生接触完整的道德审思和做出道德决定的权利。第四，他们认为道德不一定是特定社会的道德习俗或规范，而是面向道德问题的“过程”。道德过程的方法论是一般的、普遍的，可适用于广泛的情境中。所以，道德过程远比具体的社会背景下的道德内容重要。过程和内容二者是可以分离的。由此，道德教育的重点应该从特定的社会价值观、道德规范转移到发展个人道德素质方面。这些素质也就是他们提出的一整套道德符号体系。

6. 体谅关心道德教育模式

这是由英国学校道德教育课程设计委员会的皮特·麦克菲尔和美国斯坦福大学的尼尔·诺丁斯等人创立的。麦克菲尔对中小学的道德教育进行过深入的实地调查，深感对儿童和青少年体谅关心不够是造成道德水准下降的主要原因。麦克菲尔在调查中发现，青少年与成年人的关系对教育是否成功有致命的影响。而青少年对成年人和同伴行为的反应分情感型和动机型。这提示我们，要把情感和行为动机作为道德教育理论的中心来研究，学校教育者应以关心者而不是老师的身份对学生进行道德教育。学生只有体验到自己是被关心而不是被帮助、被教育的才会产生教育共鸣。麦克菲尔的代表性成果是《起跑线》和《生命线》系列道德教育丛书，于 20 世纪 70 年代中期陆续出版，至今仍然有着广泛的影响。比如中国一些电视台的青少年栏目就是以“起跑线”或“生命线”命名的。

诺丁斯从女性主义立场出发提出了“母爱式关心”道德教育理论。她认为，以逻辑判断推理能力的培养为中心的道德教育流派明显是出于男性的经验，而女性在面对道德教育问题时总是把自身置于具体的情境中，她们常用“关心”一词说明她们的行为，并且从关心者的角度处理道德问题。诺丁斯极力主张把道德教育具体化，她认为，如果我们按照数学方式处理道德教育的话，那就大错特错了。我们不应该空谈理论，而应该在需要关心的人面前对他真心实意地关心，才能达到教育的目的。另外，她也指出要对儿童进行关心别人的教育，其方法就是为儿童创造实践的机会，比如饲养宠物、做家务、帮助打扫教室、到社区参加服务活动等。这一流派的影响非常大，经联合国教科文组织的推介，“学会关心”已经在全世界范围内成为一个响亮的口号。

体谅关心道德教育模式具有以情感人的特色，与强调认知理性为主的派别有显著的区别。这种区别也可以视为人本主义与科学主义两种哲学理念的区别。它的缺点是对儿童放纵得多、要求得少，忽略了儿童成长中也要求有“他律”的一方面。

7. 完善人格道德教育模式

这是以美国托马斯·里考纳为代表的一派。里考纳是品德教育复兴运动的代表人物之一。作为一个实践经验丰富的道德教育理论家，他对美国的社会道德问题和学校工作有比较深入的了解和独到的见解。他曾经花费了很多时间来调查美国青少年的道德状况，结论是存在的问题颇多，因此他有一种拯救儿童道德的使命感和紧迫感，开始大声疾呼和积极推动开展品德教育复兴运动。几年之后他欣慰地说，当初他们一提出学校应该进行价值观教育，发展完善人格，立即就会有人站出来质问：美国有各种各样的价值观，你们想要给学生进行什么价值观教育？而现在这种质问少了，美国人已经基本达成了共识，认识到了进行完善人格教育的必要性。他的代表作有《道德发展与行为》《培养好孩子》《完善人格教育》等[①]。

里考纳认为完善的人格包括道德认识、道德情感和道德行为三个方面，缺一不可。尊重和责任是学校公共道德的核心，诚实、公平、忍让、谨慎、自律、助人、同情、合作、勇敢、民主也是学校应该传授的价值观。他的理论并不高深，其特点是“从实践中来，到实践中去”，紧密联系美国青少年道德状况的实际，分析并总结了学校道德教育的实践经验，提出了12条切实可行的道德教育途径，深受实践工作者欢迎。这正是其理论独特的价值。

通过以上简略的介绍，我们可以看出，当代西方学者没有陷入康德的“自律与他律”或者涂尔干的“个人与社会”关系的争论的旋涡，而是积极从相关学科中汲取营养，在道德教育的实证化方面下了很多功夫。他们吸收了其他学科不少成果，大胆创新，使道德教育的理论性大大增强了。但是他们中一些人过分追求量化，违背道德教育实践性、应用性的学科特点，使之一度变成了学院式的研究，成了纸上谈兵。这种倾向后来在诺丁斯、里考纳等人那里得到了扭转。

三、社会学：青少年研究的主阵地

思想政治教育的对象是全体社会成员，其中最主要的是青少年。所以，青少

① 袁桂林. 当代西方道德教育理论. 福州：福建教育出版社，1995：233.

年的思想观念和行为方式是思想政治教育的重要课题，而社会学是研究这一课题的主阵地。与青少年问题研究关系比较密切的社会学理论有：世代理论，社会群体与社会组织，社会分层与流动，社会空间聚落与运行，社会化，越轨与社会控制，社会接纳与排斥，增权理论，社会运动，公共政策，社会工作，志愿服务等。

从世界范围来看，社会学的理论和应用是在第二次世界大战以后才获得迅速发展的，而青少年研究又是从家庭社会学开始起步的。60 年代后半期，西方国家出现了主要是由战后出生的年青一代发动的学生运动、反战运动、民权运动、妇女运动等，促进了学术界对青少年问题的研究。社会学界也正是从这一时期起才高度重视青少年研究的。

在 1970 年 9 月国际社会学协会（该会于 1949 年在联合国教科文组织指导下成立）召开的第七届大会上，由德国著名社会学家 R. 科尼格倡议，成立了一个“青年与变革”讨论小组。该小组就 60 年代青年运动，分析了如何评价青年在当代社会发展中的地位和作用，以及研究青年问题的必要性等问题。1974 年 8 月，国际社会学协会第八届大会专设了“青年问题”小组，重点讨论了 3 个问题：（1）青年的社会和政治状况；（2）矛盾、冲突与青年的社会地位和政治地位；（3）青年的抱负与需求间的关系，科技革命影响下的社会结构类型。1975 年 5 月，经国际社会学协会执委会批准，青年社会学研究委员会正式成立，列为第 34 委员会（简称 ISA—RC34）。此后，国际学术界关心青年问题的人愈来愈多，有关青年研究的学术讨论也很活跃。

90 年代影响比较大的国际学术会议有 1995 年 7 月 17—22 日在英国克利夫兰郡的米德尔斯伯勒市举行的“2000 年青年问题国际研讨会”。这次会议由英国的约克大学、阿伯丁大学、达勒姆大学，美国的波士顿大学、特拉华大学，丹麦的哥本哈根大学，瑞典的哥德堡大学，日本的东京大学，巴西的圣保罗大学，比利时的勒芬大学以及德国青年研究中心等十多个单位发起，由英国的蒂赛德大学人类研究学院承办。会议研讨的议题有 50 多个，主要包括青少年监护，青少年自我形象，传媒、流行音乐、电影、计算机等与青少年，青少年性教育，代沟问题，少年父母，失业与就业，青少年犯罪等。总之，大到青年的国家观、政治观、世界观，小到青年的衣食住行，都有人在悉心研究。以上课题直到今天，仍然令人关注，热度不减。

在青年社会学领域，美国学者的成就比较大，但最著名的研究机构却在欧洲。一个是设在慕尼黑的联邦德国青年研究所，该所对西方，尤其是西欧的青年研究起了积极的推动作用。另一个是设在保加利亚首都索非亚的青年研究所。在苏东剧变以前，它是苏东地区青年研究的中心，从 1979 年起，连续 10 年，每年都在保加利亚的普里莫索召开国际青年问题讨论会，并经常出版《青年问题简报》（俄文版）。它曾经是沟通东西欧青年研究的重要桥梁。随着欧洲统一步伐的前进和欧盟的扩张，欧洲委员会于 1972 年在法国的斯特拉斯堡、1995 年在匈牙利的布达佩斯建立了两个“欧洲青年中心”。现在它们已经成为在欧洲和世界上具有重要地位的青年研究和培训的基地。

综观国际社会学界对青少年的看法，不外乎乐观与悲观两大类。乐观派认为青少年是人类的希望，一代胜过一代。悲观派则往往将青少年与暴力、恐怖、犯罪、吸毒、道德败坏等现象相联系，认为一代不如一代。围绕如何评价青少年形成了青年社会学研究的若干热点。“欧洲公共舆论”于1982年、日本于1983年分别进行了一次多国青少年状况调查，其结论对世界范围的青少年研究产生了较大的影响。“欧洲公共舆论”的调查涉及10个国家：法国、荷兰、丹麦、英国、希腊、比利时、意大利、卢森堡、爱尔兰、联邦德国。对象是15～24岁的青少年。调查内容包括三个方面：个人生活、兴趣与观点，社会与政治观，对自然保护、生态平衡、反战运动、反核武器运动、反对建核电站等政治运动的态度。日本的调查涉及11个国家：美国、英国、日本、法国、瑞士、瑞典、巴西、菲律宾、韩国、联邦德国、南斯拉夫，对象是18～24岁的青年。调查内容为：个人生活、生活目标及其观点，对国家和社会的态度，对工作的看法。以上两项调查共涉及18个国家，研究结果表明，各国青年在社会观、政治观、个人生活等方面的相同之处要多于不同之处。他们认为80年代青年有如下三个共同的主要特点：大多数青年在向成年期过渡时处于平稳状态，青年人在生活中都寻求更多的独立性，青年对围绕当代政治问题而发起的政治运动表现出了令人惊讶的赞同。研究表明各国青年仍然是相对稳定和忠实的公民，多数青年对于自己的生活感到满足。同时，他们反对在全球不负责任地扩散核武器和破坏自然环境，并希望团结起来，共同反对这类全球性的公害。以上这些观点一直到21世纪仍然深刻地影响着各国对青少年的总体评价，对青少年的研究和各国青少年政策的制定也有巨大的影响。

关于青少年问题，已经有越来越多的学者和组织把它置于全球化的背景下，从青少年与社会变革的关系中进行研究和寻找解决的方案。青少年是社会变革的参与者、推动者、受益者，同时也是受害者。青少年问题的解决，应该而且已经进入公共政策领域。政策的取向，应该从注重“教化与控制”转向“福利和照顾”。在推动这些观念的进步方面，联合国起到了重要的作用。联合国大会发布的《到2000年及其后世界青年行动纲领》和《关于青年政策和方案的里斯本宣言》产生了巨大的影响，也代表了当前青少年研究的最高水平①。

四、政治学：政治社会化、政治心理学、政治社会学

政治学也是与思想政治教育密切相关的学科。

“政治教育”或者“政治社会化”本来是政治学中的一个研究方向。因为它有着重要的现实意义，也因为它本身的综合性特点，所以它成为许多学科交叉的

① 详见本书第四编。

地带，显示出广阔的发展前景和活跃的创造力。十多年前，西方的政治教育和政治社会化理论对于我国大多数思想政治教育工作者来说还是十分陌生的。现在我们对它已经有了比较多的了解，而且国内这一领域的研究也相当活跃。从学科上讲，它属于政治学，是政治学与教育学、社会学、心理学、文化学等交叉的产物。

西方政治学的起源可以上溯到古希腊时期，政治教育的理论史却不算久远。20 世纪 30 年代由美国历史协会发起了对公民教育的考察，出版了一套由梅里亚姆主编的丛书——《公民的形成》。据此，荷兰学者兰格维尔德在《国际教育百科全书》中提出："在一定意义上，具有最悠久政治教育历史的国家是美国。"他认为，其次是联邦德国，再其次是法国、英国和其他国家①。

第二次世界大战期间和战后十年中，政治与个性及民族性格之间的关系曾引起西方学者的极大兴趣。50 年代末到 60 年代初，他们开始了对儿童和青少年政治行为发展的直接研究。1958 年美国的伊斯顿首次发表了有关政治社会化的研究论文。1959 年海曼所著的《政治社会化：政治行为心理之研究》一书出版，首次系统阐述了政治社会化理论。此后，政治社会化研究成为美国政治学中最热门的研究课题之一。1977 年美国的伦肖恩主编的《政治社会化大全：理论与研究》一书出版，标志着政治社会化研究形成一门科学。70—80 年代，美、英、意、印等国陆续出版了一大批有影响力的著作。政治社会化的研究开始走向国际化。

20 世纪 80 年代举行了一系列的国际学术会议来讨论政治教育和政治社会化问题。如国际政治科学协会 1980 年的政治教育圆桌会议，议题有：荷兰的政治社会化研究、联邦德国的文化变革和政治教育、比较政治教育的方法论、加拿大青年与冷战、大学的政治教育和政治科学领域的研究等。1981 年欧洲政治研究会和国际政治科学协会联合召开了"性别与政治社会化"国际讨论会。国际政治心理学会自 1978 年成立以来，每次年会都有政治社会化的内容。国际政治科学协会下成立了一个政治教育委员会（1994 年 8 月更名为政治社会化与教育研究委员会），该委员会积极开展跨国研究，组织信息交流、合作研究和出版研究成果。其活动特点是特别贴近现实，这可以从 20 世纪最后 20 年中该委员会举行的圆桌会议主题看出来："欧洲的政治社会化"（1988 年）、"东西方的欧洲观念"（1989 年）、"民族认同感和政治社会化"（1990 年）、"人权与政治教育"（1991 年）、"面向 21 世纪的政治教育和政治社会化反思"（1992 年）、"制度转换中的政治意识和公民教育"（1992 年）、"东欧政治社会化和政治教育的抉择和道路"（1993 年）、"变迁的世界：民主能繁荣吗?"（1994 年）、"政治结构和变迁中的政治教育"（1995 年）、"东欧政治教育的变化：评论性分析"（1996 年）、"民主与青年时代"（1997 年）。该委员会在荷兰和德国创办了专门研究政治社会化的杂志，其顾问编辑遍及世界各地，有俄罗斯、荷兰、匈牙利、波兰、丹麦、加拿大、印

---

① 宋迎法．西方政治教育和政治社会化研究概述．国外社会科学，1995（7）．

度、英国、南非、德国、美国、以色列、芬兰、瑞典、西班牙、法国、秘鲁、比利时、奥地利等国的学者，发表的著作和论文不计其数。

如上所述，国际上关于政治教育和政治社会化的研究十分丰富。那么国际上对这两个概念是如何理解的？又为什么对其如此重视呢？

关于政治教育的定义，以兰格维尔德的意见为代表。他认为："政治教育是有意识地传输参与政治过程所需要的知识、价值、态度和技能。"他认为所有的教育都具有政治功能。政治教育的主要目标在于告诉人们以什么样的方式参与政治生活。政治教育的内容各国不尽相同，但主要都包括国家法律、政治制度、社会问题、世界问题和一些道德观念等。

关于政治社会化的概念是伊斯顿于1958年提出来的。他认为政治社会化是人们获得其政治倾向和行为模式的发展过程。它是社会将关于政治的知识、态度、规范、价值取向等从一代传到下一代的方式。其他学者的意见受他的影响，有的将政治社会化看作个人习得对于政治世界的认识的过程，有的将其看成是政治文化的形成、维持、改变和传递的过程。

自20世纪80年代以来，政治教育和政治社会化这两个概念逐渐被不加区分地交替使用，或者说它们的含义越来越接近了。这一点在北美学者那里尤为明显。如格林斯坦认为，就狭义而言，政治社会化是负责政治教育的机构对政治知识、价值和实践的反复灌输；就广义而言，政治社会化这一概念囊括了个体在一生中所有阶段的各种政治学习——正式的和非正式的、有意的和无意的、直接的和间接的。

对于进行政治教育或者说实现政治社会化的重要意义，西方学者也有深刻的论述。美国的博伊特认为，如果我们想鼓励青少年承担公民的全部责任，也就是在公共事务中发挥重要作用，那么采取不同的方法教授政治是必不可少的。法国的拉扎尔认为，政治教育绝不是中性的，它总是包括宣传占统治地位的思想观点，每个社会成员都应该学会在所处的政治制度中生活，要认识这一制度的规则和基本价值准则。

西方学者关注的其他问题还有：政治文化与政治稳定的关系、政治社会化与政治文化的关系、个体政治社会化与民主政治的关系、个体政治观念体系的形成过程及其影响因素、政治社会化过程的规律和特点、个体在童年期和青春期的政治信仰及政治行为模式的持久性、重大政治事件对个体政治观点和看法的影响等。

如果我们围绕政治社会化理论的实质来观察，可以发现已经形成了两大流派，一派是文化传递说，一派是自我建构说。同时还形成了三门交叉学科：政治心理学、政治社会学和政治文化学。

政治心理学从人的个性角度来研究政治社会化。美国缅因州大学的斯通教授把政治社会化看成是对人的个性的塑造。他也分析了人的个性特征（主要是认知、认同和情感）对政治行为的影响，把优化认知结构、提高自我认同、情感外倾化作为实现政治社会化的有效方法。

政治社会学中与政治社会化有关的内容主要有：政治角色扮演、权力、政治参与。政治角色扮演理论回答如下问题：角色（即人们在政治生活中的特定行为模式）是如何形成的，人们应该怎样去确立自己的政治角色，又应该如何扮演好自己的角色。为了扮演好角色，前提是必须了解权力，包括权力的理论框架和结构。关于权力理论，有三种理论框架：场力论认为权力是一种影响力，互动论认为权力是参与者的相互关系，精英论认为权力产生和维护政治名流。政治社会化最终要表现为政治参与。公民政治参与的程度与政治体系、各方政治利益及政治领袖的影响力等因素都有关，同时也不能忽略公民在政治实践中产生的政治效能感。

西方学者特别重视对青少年政治社会化进行研究，因为他们认为，在人生的早期学习过程中获得并形成的政治认识、政治态度和政治倾向对其一生影响很大并且难以改变，往往成为其政治自我的一部分。他们运用社会学和心理学中的问卷法、访谈法、实验法等实证的方法进行了大量的研究，特别是对儿童的政治社会化问题的研究取得了很多成果。如格林斯坦根据在纽黑文地区的调查写成的《儿童与政治》一书，论述了9～13岁儿童的政治发展。该书到1979年已出至第9版。道森和普鲁伊特的《政治社会化》（1969年出版）分析了5岁儿童长到18岁的政治成熟过程。他们认为，5～8岁的儿童开始意识到政治生活的某些要素，对国家有一定的感情，7～13岁时政治知识明显增长，13～18岁时，确立了一定的政治信念和态度，最终形成某些政治素质。伊斯顿同心理学家赫斯及丹尼斯合作，提出了一个儿童政治社会化过程的理论模式，包括政治化、人格化、理想化、制度化四个阶段。

在西方议会制、多党制、选举制的政治环境下，政治社会化理论还探讨了儿童的政党依恋现象。政党依恋是个体对某一特定政党的长久持续的情感联结。它起源于童年时期，在到达选举年龄之前基本定型。这种依恋（认同）具有代际传递性，也就是受家庭，特别是父母的影响较大。儿童对政治体系的认同不同于成年人，不是首先诉诸理性，而是建立在情感认同基础上的。儿童对政治权威（如国家元首）的评价具有理想化倾向，他们会赋予政治人物很多的道德和情感方面的诉求。群体社会化理论则指出儿童的政治社会化受同伴群体影响很大。

西方学者在研究中十分重视方法论问题，调查目的往往是隐蔽的，问题设计得非常巧妙。例如美国学者想了解青年对民主问题的倾向，并不是直截了当地问“你赞成民主吗”，而是通过探询青年对美国社会问题的态度来了解他们的倾向。他们设计了几个问题，例如：（1）你是否赞成允许共产党人上大学？（2）你对禁止不同种族通婚的法律是否反对？（3）你是否赞成白人和黑人进同一所学校读书？回答表明，18～29岁的青年对问题（1）、（3）“赞成”的比例和对问题（2）反对的比例都比65岁以上的老人高。这足以表明，美国青年的民主意识比老年人更强。

五、传播学：拟态环境、议程设置、知沟

传播学是研究人类一切传播行为和传播过程发生、发展的规律以及传播与人和社会的关系的学问，是研究社会信息系统及其运行规律的科学。在信息时代，传播行为广泛存在，传播学也日渐显赫，被运用到很多领域，形成了众多的交叉学科，如传播心理学、传播社会学、传播政治学等。在传播学下面，又产生了一些分支，例如网络传播学、网络心理学、网络伦理学、网络政治学以及电子商务学、电子政务学等。传播学的兴旺发达，反映了信息社会的现实，也是信息社会的产物。

网络在刚刚诞生的时候，人们对它的认识只限于技术层面，认为它不过是一种载体，但是不久这种认识就被打破了：网络成为一种生活方式，它改变了整个世界。人们越来越离不开网络，网络无处不在，人们网上和网下的生活日益融为一体。网络与思想政治教育的关系，也就成了各国思想政治教育的热门话题。

不过，传播学毕竟是一门源头学科，要想研究网络与思想政治教育的关系，必须从最基本的传播理论开始。传播学中可以运用到思想政治教育中去的内容很多。在此我们只讨论三个关键术语：拟态环境、议程设置、知沟。

（一）拟态环境

“拟态环境”的概念是由美国著名学者李普曼（Walter Lippman）根据当时欧洲社会的实际情况提出的。“拟态”本来是一个生物学名词，指的是一个物种在进化过程中，获得与另一种成功物种相似的外表，以欺瞒捕猎者远离拟态物种，或者是引诱猎物靠近拟态物种。某些动物的形态、色泽或斑纹等极似他物，借以蒙蔽敌害，保护自身，如“尺蠖之极似树枝，凤蝶幼虫之极似鸟粪”。“拟态”亦指人在外表上所模拟的形态。20 世纪 20 年代，李普曼在其所著的《公众舆论》一书中，首次将我们生活于其中的、由大众传播媒介所塑造的媒介环境，称为“拟态环境”。

拟态环境有什么特点呢？一方面，拟态环境不是现实环境“镜子式”的摹写，不是“真”的客观环境，它或多或少与现实环境存在偏离。另一方面，拟态环境并非与现实环境完全割裂，而是以现实环境为原始蓝本。

李普曼认为，在大众传播极为发达的现代社会，人们的行为与三种意义上的“现实”有着密切的联系：一是实际存在着的不以人的意志为转移的“客观现实”；二是传播媒介经过有选择地加工后提示的“象征性现实”（即拟态环境）；三是存在于人们意识中的“关于外部世界的图像”，即“主观现实”。人们的“主观现实”是在他们对客观现实的认识的基础上形成的，而这种认识在很大程度上需要经过媒体搭建的“象征性现实”的中介。经过这种中介后形成的“主观现实”，已经不可能是对客观现实“镜子式”的反映，而是产生了一定的偏移，成

为了一种“拟态”的现实。

拟态环境的作用像一把双刃剑，既是向导又是误导。

时至今日，媒体构造出来的拟态环境对人们的现实生活产生着越来越大的影响。大众传媒的信息左右着公众的注意力，甚至可以说，不被媒体关注的内容，就很难进入社会公众的视野。美国著名新闻学研究者巴格迪坎曾说过，美国人像大多数人一样，从报纸、杂志、广播、电视、书籍以及电影里获得对世界的印象，大众媒介在任何时刻都成了判断真与假、现实与虚构、重要与琐细的权威。在形成公众观念，并影响人们的行为上，没有比大众媒介更强大的力量了。作为现实生活的反映形式，媒介构造出来的这种拟态环境对人类社会时时都在产生巨大的反作用。它可以是社会前进的助跑器，不断促进社会的有序发展，从而推动社会的进步；也可能掀起滔天巨浪，猛烈地冲击正常的社会生活。社会的健康持续发展是个历久弥新的问题，受到许许多多要素的制约，各种影响条件之间又相互纠缠。传播媒介的影响在信息时代是其中的一个方面，而拟态环境在此过程中也是重要的影响因素。现代社会拟态环境的主要构建者是大众媒体，而媒体又掌握在媒体管理者的手中，并由媒体人来执行具体操作，也就是说，由于有人的主观因素的加入，拟态环境本身不可能是纯客观、公正的，而必须要经过完善、建设，这样才可能发挥其有益的作用。因此，如何调控媒体，提高媒体人的素质，从而使拟态环境的建构能有利于推动社会健康发展，显得尤为重要。

（二）议程设置

议程设置理论是传播学体系中关于传播效果研究的一种理论，20 世纪 60 年代兴起于美国。议程设置论的中心思想是：公众通过媒介知晓事件或问题，依从媒介提示的角度思考，按照媒介对各种问题的重视程度来调整自己对这些问题重要性的看法，媒介对某一事物的强调程度同公众对同一事物的重视程度构成正比关系。议程设置理论的主要观点是：

第一，大众媒介往往不能决定人们对某一事件或意见的具体看法，但是可以通过提供信息和安排相关的议题来有效地左右人们关注某些事实和意见，以及他们对议题关注的先后顺序，新闻媒介提供给公众的是它们的议程。

第二，大众传媒对事物和意见的强调程度与受众的重视程度成正比，该理论强调：受众会因媒介提供议题而改变对事物重要性的认识，对媒介认为重要的事件首先采取行动。

第三，媒介议程与公众议程对问题重要性的认识不是简单的吻合，这与其接触传媒的多少有关，常接触大众传媒的人的个人议程和大众媒介的议程具有更多的一致性。

第四，不仅关注媒介强调哪些议题，而且关注这些议题是如何表达的，对受众的影响因素除了媒介所强调的议题外，还包括其他因素，这些影响包括对态度和行为的两种影响。

议程设置理论有广泛的应用：

第一，建立共识，实现对话。通过议程设置，媒介可以使意见相左的团体就某些议题达成某种一致，从而实现不同团体的对话。

第二，提高责任感，引导舆论。记者对新闻事件的评判在很大的程度上影响着公众对与该事件相关的议题的关注，故记者的责任心很重要。

第三，构造事件，吸引眼球。公关人员要想捕捉公众的注意力，就应该以恰当的方式来构造相应的媒介事件。

第四，在互联网上，网民不再只是信息的接受者，他们也可以成为信息的发布者和传播者。因此，过去议程的演变路线是由媒介议程到大众议程，现在这条路线可以变成由大众议程到媒介议程再到政府议程。网络成为公众参与社会生活的重要渠道。

（三）知沟

“Gap in knowledge”，可译作知识差距，现在更多地被译作知沟或知识沟。知沟这个提法最早出现在1970年，是由蒂奇纳（Tichenor）、多诺霍（Donohue）和奥里恩（Olien）在一篇名为《大众传播流动和知识差别的增长》（Mass Media Flow and Differential Growth in Knowledge）的论文中率先提出的。该文的作者是这样阐述知沟的：随着大众传播的信息日益增多，社会经济状况较好的人将比社会经济状况较差的人以更快的速度获取这类信息，因此，这两类人之间的知沟将呈扩大而非缩小之势。在互联网时代，知沟又出现了新的形式——数字鸿沟。

数字鸿沟又称为信息鸿沟，即“信息富有者和信息贫困者之间的鸿沟”。数字鸿沟的衡量指标，除了互联网以外，还应包括其他许多信息传播技术，如电话、有线电视、电脑、传真机、手机等。数字鸿沟的表现有二：一方面，发展中国家信息化程度远远落后于发达国家；另一方面，发达国家内部的贫富阶层之间也存在数字鸿沟。

知沟是社会发展进程中的普遍现象。如果这一现象得不到国家乃至整个社会的关注，那么，知沟将愈拉愈大，人们的文化素质将呈现递减趋势，造成一部分处于不利地位的社会弱势群体（如贫困人口、外来移民、文盲）在就业、流动等方面处于更加不利的地位，有可能导致社会的不公平、不平等加剧，甚至引发社会动乱。可以预见，知沟扩大化最终将会阻碍国家发展与社会进步。随着以计算机和网络技术为核心的现代信息技术的广泛应用，数字鸿沟所带来的信息落差、知识分隔，又将成为互联网时代必须应对的难题。

思想政治教育在一定意义上是一种传播活动。传播学中揭示的传播过程、主客体关系、传播的元素和模式、传播的效果和社会后果、传播所依赖的环境、传播的控制和监督等，对搞好思想政治教育都极富启发意义。国外学者还对青少年的媒介接触和使用做了大量的研究，其中对一些突出现象，如网络成瘾、政党在竞选中对网络的利用、网络政治参与等的研究成果，在我国已经引起关注，有的还被大量引用。

阅读书目

檀传宝. 学校道德教育原理. 修订版. 北京：教育科学出版社，2000

袁桂林. 当代西方道德教育理论. 福州：福建教育出版社，1995

郭本禹. 道德认知发展与道德教育——柯尔伯格的理论与实践. 福州：福建教育出版社，1999

张敦福. 现代社会学教程. 2版. 北京：高等教育出版社，2007

匡文波. 网络传播学概论. 2版. 北京：高等教育出版社，2004

斯蒂芬·李特约翰，凯伦·福斯. 人类传播理论：第九版. 北京：清华大学出版社，2009

毕耕. 网络传播学新论. 武汉：武汉大学出版社，2007

陈立思. 当代世俗世界中的宗教教育. 中国青年政治学院学报，2001（1）

陈立思，陈辉. 西方网络议程设置理论与网络思想政治教育. 北京教育（德育版），2010（1）

思考题

1. 当代世界思想政治教育的发展经历了几个阶段？它们是如何划分的？
2. 当代世界思想政治教育有哪些基本特征和趋势？
3. 当代世界思想政治教育组织管理的状况如何？
4. 当代世界思想政治教育的主要相关学科有哪些？你比较熟悉的是什么？

第二编

各国公民教育

第二章 公民教育概述

要点提示

● 公民与公民教育的含义经历了从古希腊到现代的演变过程。公民教育是一个政治学的概念，它的广义解释也是民主政治原则在其他社会生活领域的延伸。公民教育的核心就是通过政治社会化形成公民意识。当代公民教育是在经济全球化、政治民主化、教育国家化的社会政治背景下展开和实施的。近代以来公民教育的代表性思想与流派有自由主义、共和主义、社群主义和多元主义，这些思潮对当代公民教育理论与实践的发展产生了深远的影响。

关键词　公民身份　公民教育　公民意识　国际背景　思想流派

国外的思想政治教育有着不同的表述方式与不同的表现形态。公民教育是其中最为常见的术语，它与我国思想政治教育的内涵最为接近。对国外公民教育的演进与内涵做一梳理，对公民教育在当代兴起的背景做一分析，对当代公民教育的思想与流派做一阐述，有助于深入理解国外思想政治教育的本质与特点。

第一节　公民教育的演进与内涵

公民教育是源自西方的一个概念，它经历了一个从古希腊到近现代的演进过程。公民教育在不同的历史时期有着不同的时代内涵。在西方历史的演进过程中，公民教育概念的内涵逐渐发生了变化。

一、公民教育的演进

古希腊是西方文明的发源地，也是公民教育的发源地。希腊的公民教育与希腊的城邦建制密不可分。最典型的是斯巴达和雅典，斯巴达是征服者的城邦、军营式的国家，公民教育和军事训练是融为一体的，属极权主义的公民教育类型。雅典是原生型的城邦、公民自治的团体，公民教育和城邦繁荣的民主生活为后人留下了丰富的遗产，其所创造的公民教育思想和文化代表了西方公民教育思想和文化的主流。古罗马在继承希腊传统并使其适应西方国家的新情况方面，也对世界做出了巨大的贡献。它们都是现代公民教育思想和实践的根源。

"公民"一词最早出现于古希腊，并为古罗马所沿用。在雅典城邦制国家所建立的奴隶主民主制下，奴隶主和自由平民在法律上享有特权，这一小部分自由民被称为"公民"，奴隶只是"会说话的工具"。公民不能离开自己的城邦，否则就可能沦为奴隶。"公民"直接与"城邦"（国家）相连，公民的生活取决于城邦的生活。这样，古希腊以城邦制度为背景形成了"公民"的观念。古罗马则突破狭隘的整体城邦观念，从共和国的公民权利和义务出发解释国家的本质。古罗马人在其政治实践中，培育了以公民自由（其基本含义是平等的公民实行自治）为核心的共和精神，以共和精神为动力源泉创造了复杂精妙的共和制度。可见，公民是希腊和罗马城邦结构所特有的一种身份，它不见诸古代其他地区。马克斯・韦伯认为："国家的公民这一概念是伊斯兰世界、印度和中国所不知道的。"①

罗马帝国灭亡后，公民身份在西方国家销声匿迹。在漫长而黑暗的中世纪，在教权和政权的双重压迫下，公民不复存在，人权遭到践踏。中世纪只有神权、君权与等级特权，根本不存在凡人的什么权利。无所不在的是政治强制、等级关系和人身依附。从 11 世纪末起，随着城市的复兴，公民身份才又重现于政治舞台，并逐渐形成了近代民主理论的萌芽。公民被真正赋予含义是在资产阶级革命以后，资本主义有了前所未有的发展，"公民"一词被广泛推广，才开始具有了"自由""平等"等本质内涵。

随着资本主义的兴起、民族国家的发轫以及社会的演进，市民的阶级基础、权力地位、生活的规则及秩序等，均发生了相应的变化，也孕育了现代公民的诞生。

---

① Derek Heater. Citizenship：The Civic Ideal in the World History，Politics and Education. New York：Longman，1990：2.

现代公民的诞生，既需要制度的条件，又需要非制度的条件。制度条件是指民主的体制，非制度条件则主要包括有益于现代公民成长的精神文化和教育传统等。因此，并非举凡一国之民就是公民，公民称谓首先意味着，作为构成国民之一员的个人与国家之间存在着一种宪法性关系。公民享有不容政治染指的权利，这些权利通过对国家权力行使范围以及该范围内如何行使权力的双重法律限制和由制度安排来实现的结构性约束而得到保障。在没有这种宪法性关系的地方，即在政府不受限制或者政府便宜行事、国民因无权而对制度没有支持义务的地方，只有臣民、草民、暴民、顺民，而不可能有公民。也就是说，公民是与民主体制共生的。

现代公民的诞生还需要一定的非制度性条件，即与民主体制相匹配的特殊的政治文化。“它由对民主的信念、人民在面对当权者时的主人自居心理、对自由和尊严的珍视等构成。”这种非制度性条件凝聚了公民的精神，体现为“公民对权力的理性态度，对自身权利的深刻体认以及对民主的深刻认同，还有对超出自身之事的事务的关注和必要的积极介入的行动”等。

资本主义的兴起，市场经济的勃兴，培育了一批具有自主性的市场主体，为现代公民的诞生提供了现实的经济基础，而近代民族国家的民主体制则为现代公民的诞生提供了相应的政治制度和法律法规上的保障。近代社会的演进，也为现代公民的诞生提供了良好的政治生活土壤和民主的政治生活环境，使得国家与国民的关系向着良性的方向发展。

随着公民教育在西方国家的重新崛起，关于公民教育的各种思潮也纷纷涌现。其中比较有代表性的有：自由主义、共和主义、社群主义和多元主义的公民教育思想。这些公民教育的思想与流派，对当代公民教育理论与实践的发展均产生了巨大而深远的影响。

在全球化潮流的影响下，信息时代世界各国的公民教育呈现出一些共同的特点，公民教育的国际合作交流也呈现出一些新的发展趋势，并在此基础上形成了全球性公民教育的政策指导与测量指标。首先，公民教育在各国一直受到普遍重视。特别是20世纪70年代以来，公民教育得到了国际社会的高度关注。联合国教科文组织编写了一系列著作，如《学会生存——教育世界的今天和明天》(1972)、《从现在到2000年教育内容发展的全球展望》(1987)、《教育——财富蕴藏其中》(1996)等。这些著作都把培养人的道德品质和公民素质作为重要目标。历届国际教育大会也都把公民与道德教育放在了重要的地位加以强调。许多迹象表明，重视公民教育已经成为世界教育发展中的一个重要特点。其次，随着人的自身发展和社会的发展，国际公民教育的内容也在不断增加。不仅传统上的道德教育、宗教教育、精神教育、国家方针政策教育、民主教育、法制教育等内容得到了充实，而且公民教育的内涵也得到了扩展。和平、自由、平等、人权、人的尊严等人道主义教育成为公民教育的重要组成部分；反色情、反吸毒、反暴力、反艾滋病教育，以及国际理解教育、生态环境教育、消费教育等，也成为其中的重要项目。最后，从世界各国学校公民教育的发展情况来看，无论在公民教育的理论发展方面，还是在公民教育的实际操作方面，都明显地表现出专门课程与间接途径紧密结合的综合化发展的特点。综合性的公民教育可望成为各国均可接受的方式。

二、公民教育的内涵

就目前公民教育而言，西方学者一般对“公民”含义进行了狭义的和广义的两种解释。对“公民”进行狭义解释的学者认为，“公民”完全是一个政治的概念，它落归到一套特定的政治制度和价值上，公民身份是与政治自由息息相关的，无论在历史上还是在当今，它都是政治民主的一个关键因素①。对“公民”进行广义解释的学者则把“公民”划分为三个不同的层次。第一个层次的解释与狭义的理解相同，即公民身份是一套存在于个人与国家之间的关系，这些关系既包括权利也包括责任。在另外两个层次上，公民概念的外延被扩大了。一方面，公民身份几乎被延伸到社会生活的各个领域；另一方面，公民身份超出了国家事务的范围。西方学者认定，假如民主的行为不能在国家的各个生活领域中广泛地得以保护，民主政府能否存活便是很值得怀疑的了②。

可见，公民和公民教育首先是一个政治的概念，它的广义解释，不过是民主政治原则在其他社会生活领域的延伸。

根据1991年颁布的《公民教育大纲》和1994年颁布的《“公民学与政府”国家标准》，美国公民教育的内容主要包括：政府及其职能，包括政府设立的意图、法律的作用、有限和无限政府的特征、宪法的本质等；政治体制的基础，包括美国的立宪思想、美国社会的独特性、美国的政治和公民文化、美国宪制民主的基本价值和原则等；民主在政府中的体现，包括宪法赋予政府的权力和责任、政府的运行、法律在政治体制中的作用、政治体制为公民提供的选择和参与机会、公共政策的形成和施行等；美国与世界事务的关系，包括世界的政治构成、美国对世界政治的影响以及世界政治对美国政治和社会的反作用；公民在政治体制中的地位，包括公民及其权利、责任和公民对公共事务的参与③。美国公民教育内容的丰富和厚实，从以上列举中可见一斑。

将公民教育与国家政治统治密切挂钩的思考方式一直是西方社会的一个传统。西方公民教育的核心，就是通过政治社会化形成公民意识。在美国人的眼里，一个具有公民意识的人，不仅是一个传统意义上的“好公民”，具有爱国、

---

① Morris Janowitz. The Reconstruction of Patriotism：Education for Civic Consciousness. Chicago：Univ. of Chicago Pr.，1983：1-12.

② Shirley H. Engle，Anna S. Ochoa. Education for Democratic Citizenship：Decision making in the Social Studies. New York，N. Y.：Teachers College Press，1988：3-27.

③ 朱明光. 思想政治学科教育学. 北京：首都师范大学出版社，2000：280-281.

忠诚及服从国家的品质，而且还要对国家评头论足，有能力并愿意参与对其的改进[①]。因为，“正是在公民这一层次上，而不是在精英层次上，决定着民主自治政府的最终潜能是否存在”[②]。故此，美国的有识之士大声疾呼，公民教育关系到美国政治制度和民主自由的未来，最关键和最紧要的问题是如何把美国文化中核心的、公认的价值观传递给青少年。

由上可见，现代公民教育应当包括三个方面的内容：一是培养公民对国家制度、法律制度的合理性认同，意识到作为一个公民必须对国家和社会具有不可剥夺的权利和不可推卸的责任，核心是一种社会主体意识的培养；二是培养权利与义务相统一的观念，使公民懂得不尽义务的权利是一种特权，而不享有权利的义务必然会导致盲从和被奴役，二者都是与现代民主法治精神相悖的；三是培养民主、平等的现代精神，这种现代精神是现代社会公共生活的基本准则，是现代公民的基本素质。

第二节　公民教育在当代兴起的背景

第二次世界大战以来，受政治、经济、文化、科技等诸多因素的影响，公民教育处于不断的变革之中。首先是战争与革命，而后是和平与发展，公民教育在不同的时代主题和国际背景下展开。具体来讲，公民教育是在经济不断走向全球化、政治不断走向民主化、教育不断走向国家化的社会政治背景下展开和实施的。

一、经济全球化

当今世界，全球化（globalization）已成为不可阻挡的历史洪流。全球化的过程始于经济的全球化发展，资本一旦出现，就必然会按照其内在逻辑——为了赚取利润而无限扩张地发展，马克思对此早就有过预言。而计算机及相关信息技术的飞速发展，又把人类推进到网络和信息的时代，这反过来又进一步加速了全球化的进程，或者说“全球化在通信技术和科技发展中所遇到的障碍是最小的。因为通信技术在当今已几乎不可能被置于某一个人的控制之下”[③]。18 世纪中期开始的工业革命，使人类告别了传统的农业社会而进入工业社会，从 1946 年第一台计算机的诞生到现在，人类又正在进入一个新的社会——信息社会。无疑，

① Shirley H. Engle，Anna S. Ochoa. Education for Democratic Citizenship：Decision making in the Social Studies. New York，N. Y.：Teachers College Press，1988：3.

② James F. Lea. Political Consciousness and American Democracy. University Press of Mississippi，1982：9.

③ 霍布斯鲍姆. 国家与全球化. 现代外国哲学社会科学文摘，1998 (8).

这一转变将开启人类文明的新时代。

全球化冲破了各种社会之间的樊篱，强化了人类进步中“同”的一面。但另一方面，当我们涉及全球化的政治意义和文化冲突时，人类进步中“异”的方面就会凸显，而且，这二者常常成为一种悖论：在逐渐形成全球意识和普遍的人类文明观念的同时，民族文明、民族寻根意识也超乎寻常地增长起来。

当前，全球化已成为世界发展的趋势，从经济全球化到科技全球化，乃至信息全球化，人们真正感到“地球变得越来越小了”。全球化对各国社会生活产生了深刻的影响。同样，社会主义也面临着如何适应全球化、如何发展的问题。传统的社会主义必然面临全球化的冲击，只有改革，只有应变，社会主义才有出路，才能展现生机，才能获得新生。

首先，必须正视全球化趋势是不可避免的。一是国际贸易的高速发展，世界贸易组织的建立，标志着全球统一的大市场正在形成。二是跨国公司的发展进入了新的阶段，成为当今世界经济的行为主体。不到4万个跨国公司率领着它们海外的子公司，控制着近一半的全球生产、50%以上的国际贸易、60%以上的技术贸易，垄断着90%以上的国际投资。跨国公司的许多产品设计、筹资、样品制造和主要部件生产、组装、销售，分别在不同的国家进行，成为名副其实的“世界产品”。三是信息技术迅速发展和全球信息网络的建立，标志着一场新的信息革命的兴起，它将带动高新技术的全面发展，促使社会经济由工业化向信息化转变，由此带来的深远影响现在尚难预料。四是随着经济全球化速度的大大加快，国与国之间的经济关系正逐步走向互相渗透、互相依赖，成了你中有我、我中有你的一个整体。五是全球化的影响不仅限于经济领域，还必然影响到政治、法律领域以及人们的价值观念、思维方式和生活方式。

经济全球化的大趋势不可逆转，这几乎是用不着论证的问题。只要回顾一下近现代历史和近现代国际关系发展的历程便可明白，作为现代国际社会发展的最强大的推动力——现代科学技术正在迅猛发展，正在改变着我们这个星球的一切。这是全球化趋势不可能逆转的根本原因。当然，全球化并不是一个短暂的过程，而是一个漫长的历史过程。一切国家、民族在物质和精神的生产与消费方面越来越成为世界性的。这一方向是无法改变的。如果说，在东西方严重对立、对峙、对抗的冷战时代，社会主义国家的封闭半封闭状态尚可理解、尚可维持的话，那么，在和平与发展已成为时代主题的今天，在现代高科技正在冲击和扫除各民族、各国家之间樊篱的今天，想恢复和维持封闭半封闭状态，简直是不可能的。

人类正在经历的全球化进程具有两面性，它一面是天使，一面是魔鬼，它既可以为人类造福，也可以致祸。作为响应这一挑战的重头角色，教育正是促进“意识进化”或“精神革命”的工具，也是避免全球性的社会与自然灾难的安全阀。恰如雅克·德洛尔（Jacques Delors）所言：“教育并不是能打开实现所有理想之门的‘万能钥匙’，也不是‘芝麻，开门吧’之类的秘诀，但它的确是促进更和谐、更可靠的人类发展的主要手段”，“面对未来的种种挑战，教育看来是使人类朝着和平、自由和社会正义迈进的一张必不可少的王牌”①。面对挑战，教育一方面要实现由“国家公民”向“世界公民”的提升，另一方面还要强化民族认同，保证人类文化生态的多样性。

我荣幸地以中华民族一员的资格，而成为世界公民。我是中国人民的儿子。我深情地爱着我的祖国和人民。

资料来源：邓小平1981年为英国培格曼公司出版《邓小平文集》所写序言。

二、政治民主化

随着经济市场化与全球化的不断发展，当今世界发展的另外一个特点，就是民主化浪潮对于人类政治生活的有力冲击，这是全球化发展的必然结果。

人类的政治生活已经进入了一个新的时代，世界的政治版图已经大为改观。环顾今日之世界，亚洲、欧洲、北美洲、南美洲、大洋洲都已经建立了不同类型的民主政体。1974年，葡萄牙、西班牙和希腊这三个资本主义的欧洲最后的权威主义政权相继垮台。70年代末，民主化浪潮蔓延到葡萄牙和西班牙的前殖民地拉丁美洲，一个接一个的军人政权还政于民；到80年代末，这片大陆已基本实现了民主化。80年代中期，民主化浪潮涌入东亚，菲律宾、韩国等权威主义国家实现了向民主的过渡。80年代末到90年代初，它又迅速席卷了苏联和东欧地区，使这些国家相继走上了西方式的议会民主道路。也是从70年代中后期开始，强烈敌视西方文化的中东伊斯兰教世界也受到了民主化浪潮的强劲冲击，一批国家建立了半民主的政治制度。进入90年代，多党民主风潮登陆撒哈拉沙漠以南的非洲，一党制政权或军人政权兵败如山倒，仅在数年之间，绝大多数撒哈拉沙漠以南的非洲国家转向了多党民主，权威主义政权成了民主化浪潮的孤岛。在亚洲，权威主义政权的国家也为数不多。

人民民主是我们党始终高扬的光辉旗帜。改革开放以来，我们总结发展社会主义民主正反两方面经验，强调人民民主是社会主义的生命，坚持国家一切权力属于人民，不断推进政治体制改革，社会主义民主政治建设取得重大进展，成功开辟和坚持了中国特色社会主义政治发展道路，为实现最广泛的人民民主确立了正确方向。

资料来源：胡锦涛：《坚定不移沿着中国特色社会主义道路前进 为全面建成小康社会而奋斗—— 在中国共产党第十八次全国代表大会上的报告》，北京，人民出版社，2012。

---

① 联合国教科文组织总部. 教育——财富蕴藏其中. 北京：教育科学出版社，1996：1.

在中国，1978 年年底的中共十一届三中全会开始了经济体制的改革，并启动了政治体制改革。在将近 40 年的时间里，我国以由计划经济向市场经济的转变为驱动力，以对外开放为催化剂，带来了政治结构与政治文化的重构和变迁。1998 年春的九届全国人大又迈出了新的一步，开始改革与计划经济相耦合的政府体制，开始建立与初步形成的市场经济相适应的政府模式。2012 年，中国共产党成功召开了第十八次代表大会，新一代领导人以崭新的姿态出现在世人面前。以习近平同志为核心的党中央，以实现党的十八大提出的全面推进依法治国、建设社会主义法治国家为己任，统筹谋划、积极推进，于 2014 年 10 月在党的十八届四中全会上，做出了《中共中央关于全面推进依法治国若干重大问题的决定》。这表明，中国将继续推进政治体制改革，扩大民主，健全法制，依法治国，建设法治国家，巩固和发展民主团结、生动活泼、安定和谐的政治局面。中国的改革开放，适应了当代世界发展的潮流，其取得的伟大成就，也是对人类政治发展的重大贡献。

历史发展的趋向已经非常清楚，随着人类经济和技术尤其是信息技术不可阻遏的进步，随着社会交往的扩大和教育水平的提高，社会变得越来越平等，人们的独立自主精神越来越强，自治能力不断提升，公民的政治参与意识日益增强。这一切都推动着民主的进程。民主化浪潮昭示的一个真理就是：当代社会以民主的方式分配政治资源，组织政治权力。如果拒不承认这个真理，就会为此付出难以承受的代价，并终将失败。所以，现代政治必然是某种形式的民主政治。

在许多发展中国家，快速发展的经济和随之而来的社会政治体制的转型，要求公民有知识、技能以及与民主社会相适应的价值观，而教育通常被看作达到这一目标的万全信道。公民教育与普及教育是不可分割的。民主社会需要全体成年公民有最高程度的普及教育，没有读、写、算、观察、倾听、思想和批评的能力，社会上的多数人就不得不仰赖于执政的一些所谓专家和精英的见解，听凭他们做决定，这样，公民对自己的命运就缺乏有效的控制。如果一个国家的教育系统只偏重技能知识的教育，而忽略民主的公民教育，那么，一个公民即使学历很高，其民主素质也可能相当差。没有一套行之有效的公民教育，对转型中的社会来说是相当危险的。缺乏有效的公民教育，将使整整一代甚至几代人缺乏在自由民主的社会中生存的能力，以及积极参与和投入经济、社会、政治和文化生活的能力，而且还会造成经济政治制度转型的迟滞。

政治民主化的浪潮对各国的教育特别是公民教育提出了迫切的要求。公民教育是民主政治的本质规定，是民主建设必不可少的组成部分，而且这需要相当长的时间。

三、教育国家化

第二次世界大战以后，世界各国的经济、科技、教育竞争日益激烈，加上冷战等因素，各国为增强竞争实力，需要制定国家教育发展战略，调控全国教育发展方向和规模，实现国家教育目标，提高教育质量，并从全局出发合理分配有限的教育资源，消除教育不平衡状况，提高教育行政效率，协调教育与社会的关系，因而出现了教育行政集权高位的状况。

法国的教育由国家直接干预。中央设立教育部，统管全国教育事业，制定教育的统一标准。在法国，学校教师为国家公职人员。法国的这种模式源于拿破仑时代制定的“帝国大学制度”，是国家政权与教会争夺教育领导权的产物。

美国和德国的教育则实行地方分权管理。美国的地方分权制根源于殖民时代所形成的历史传统。教育最初由社区居民管理，后由地方政府参与，又加强了联邦政府的协调作用，通过对 1791 年的联邦宪法修正案的解释，教育的管理权限保留给州政府，州政府又下放到学区。国家对学校教育教学没有统一标准。但是，美国实行“联邦分权，州的责任，地方的工作”的教育领导体制，其下重上轻的局面正在逐步改观：教育署升格为教育部，联邦法院对宪法的教育条款解释权力扩大，议会加强了对教育的控制和影响，联邦政府对地方教育经费的资助由过去的无条件改为有条件。各种教育咨询会和教育基金会等组织积极为全国教育发展出谋划策。政府领导人也频频出面直接插手干预教育。

德国是联邦制国家，各州有其宪法和政府，教育基本权为州所有。德国没有社区居民办学的传统，但有州办学的历史，战后又受美国影响，因此，它实行的领导体制具有双重意义，即“联邦分权，州级集权”。其中央与地方之间对教育的管理是指导和协商关系。但是，德国实施的“联邦分权，州级集权”制度也在变化。一方面是扩大中央教育机构的职权，制定全国课程基本标准和发展规划，加强国家对教育的领导与管理；另一方面，也扩大地方教育行政的自主权。中央政府与地方政府相互协调，加强对教育的领导，加大国家对教育的管理力度。

英国和日本采取中央与地方的合作制形式，即中央和地方教育机构分享管理教育的权力，形成伙伴关系。英国的中央教育机构职权较美国、德国中央教育机构广泛，而地方当局及其教育机构拥有比法国等国较多的自治权力，学校拥有较大的自主权。

日本中央和地方合作制是战前天皇帝制与战后美国影响的混合产物。战前中央文部省拥有绝对的权力，统管全国教育事宜。战后在美国指导下，削减文部省的行政权力，使之成为指导建议的机关，建立地方教育委员会，实施地方教育行政独立原则。后来，文部省的权力又得到加强。因此，日本实行一定程度上的中央集权制和一定程度上的地方分权制。文部省拥有比美、德中央教育机构更广泛的权力，但对地方教育行政没有直接指挥和命令的权限，也不管理学校日常教育教学活动，在这一点上，文部省的职权范围又小于法国、中国等的相应机构。日本地方教育行政机构的权限大于法国、中国等，小于美国、德国等。日本教育行政对一般行政具有依附性。1956 年的改革削减了教育委员会在教育财政上的特别权限，动摇了教育的相对独立性，强化了教育行政对一般行政的从属性。

综观当今世界公民教育，我们看到，各国都将公民教育看作决定国家和民族命运的大事，公民教育获得了前所未有的战略地位。这表现为公民教育改革受到了全国上下的普遍重视和支持，获得了立法的有力保证。无论是在发达国家还是在发展中国家，公民教育都受到了高度的重视。而培养出在道德、情操、创造力等方面都足以承担 21 世纪发展重任的高素质的公民，无疑是公民教育的重要目标。能否培养出合格的公民，将决定未来国家和民族的命运。

加强公民意识教育，树立社会主义民主法治、自由平等、公平正义理念。

资料来源：胡锦涛：《高举中国特色社会主义伟大旗帜 为夺取全面建设小康社会新胜利而奋斗——在中国共产党第十七次全国代表大会上的报告》，北京，人民出版社，2007。

第三节　公民教育的思想与流派

近代以来，由于公民教育在西方国家的重新崛起，关于公民教育的各种思潮也纷纷涌现。其中比较有代表性的有：自由主义、共和主义、社群主义和多元主义的公民教育思想。这些公民教育的思想与流派，对当代公民教育理论与实践的发展均产生了巨大而深远的影响。

一、自由主义的公民教育思想

自由主义在西方政治生活中长期居于主导地位，是一种传播最广、影响最大的政治思潮。

“自由”最初的含义主要是指自由和自立，意味着人身依附关系的解除和人格的独立。后来，随着历史的发展而逐渐发生了变化，主要含义不再是指奴隶的解放，而是人的解放、个性的解放。经过两千多年的历史变革，自由演变为所有人的一种权利，演变为自由主义。

现代自由主义的发轫可以追溯到 14—16 世纪的文艺复兴时期，“自由”作为反映新兴市民阶级反对封建束缚要求的一个口号，深刻地冲击了人们传统的人性观和世界观。它以个人主义为核心，将人视为一种独立个体的存在，促使人类第一次认识到自我作为一个个体生命的重要性，促成了人类对自我认知的一次历史性进步。作为一种思想体系和政治纲领的自由主义，则是形成于17—18世纪的资产阶级革命时期。英国思想家洛克是近代古典自由主义的奠基人，他在《政府论》（下篇）中，第一次系统地论证了自由主义，被马克思、恩格斯称为“自由思想的始祖”[①]。这种自由主义的思想理论，18世纪在法国的《人权宣言》和美国的《独立宣言》《权利法案》中得到继承和发展，并作为国家的宪法原则被肯定了下来。

在19世纪的工业资本主义时期，自由主义继承了17—18世纪反封建革命时期的传统，有了很大的发展。这个时期的自由主义既保存了作为它的革命果实的政治创造，又抹去了它的革命锋芒。由以争取政治自由为重点转向了以争取经济自由为重点，认为经济自由是其他一切自由的基础，财产占有的权利是神圣不可侵犯的，它作为人类的基本权利和人类文明的基石具有超法律的性质。这个时期，理性的自由主义转变为功利的自由主义。

在19世纪和20世纪之交的自由资本主义向垄断资本主义过渡时期，自由主义向两个方向分化：一个是以斯宾塞为代表，鼓吹社会达尔文主义，反映垄断资产阶级的要求，主张无限制的生存竞争，弱肉强食；另一个以格林及其信徒霍布豪斯为代表，主张国家干预经济，限制垄断资本主义的发展，缓和阶级矛盾，给劳动者、中小资产阶级的自由以一定的保障。格林认为，为了赢得自由需要强有力的国家干预。国家是一种道德的力量，是道德的化身，个人服从国家权力是一种道德责任，他承认国家可以干预劳动、保健和教育，但不能干预私有财产。霍布豪斯也主张通过国家的有限干预来振兴自由主义。他们的主张反映了劳工组织的强大和人道主义原则的要求。

20世纪上半期实现了传统自由主义向新自由主义的转变，标志着新自由主义形成的代表人物有杜威、罗斯福和凯恩斯等。杜威主张以“积极的自由”代替“消极的自由”，认为“自由是教人自己去想，而不是教人只想自己”。积极的自由是一种叫人以公益为目的的，“志向远大、度量宽宏”的自由，自私自利、不顾公益的自由不是真正的自由，充其量不过是一种消极的自由。他主张把经济上的“机会平等”和“社会福利”放在第一位，而把个人自由放在第二位。罗斯福认为，在垄断企业的统治下没有真正的自由，垄断企业建立了新的专制统治，限制了各种机会，压抑了个人的主动精神。他认为，当自由受到威胁的时候，政府就要为大众执掌正义的天平。1941年他在国情咨文中提出了著名的“四大自由”（言论自由、崇奉上帝的自由、不虞匮乏的自由、不虞恐惧的自由）口号；1944年，他又提出了第二个权利法案，肯定所有的人都享有工作权、报酬权、充足的衣食权、娱乐权、充分的医疗与养老保险权、教育权、体面的家宅权、自由贸易权。凯恩斯认为，社会有效需求不足是发生经济危机和失业的重要原因，而危机和失业有导致革命和毁灭资本主义的危险，他认为对于亚当·斯密提出的“看不

① 马克思，恩格斯．马克思恩格斯全集：第7卷．北京：人民出版社，1959：249.

见的手”的负面作用要进行“明智的管理”，实施必要的国家干预。第二次世界大战后，凯恩斯主义成为西方国家的普遍国策，从而结束了自由放任主义的统治地位。罗斯福和凯恩斯丰富了自由主义的内容，使自由主义发展到了新自由主义阶段。

第二次世界大战后至冷战期间出现了当代的新自由主义，其主要代表人物为美国哈佛大学教授罗尔斯。他被称为“20 世纪的洛克”，其代表作是《正义论》和《政治自由主义》。罗尔斯主张平等的自由，构建了一个政治自由主义的理论体系，反映了自由主义在当代发展的新趋势。

应该说，在西方各种政治思潮中，自由主义的理论体系最为完备。从某种意义上说，它是当代各种主流思潮共同的理论基础，它的核心理念流传甚广。

第一是自由至上。自由主义与其他政治学说的不同之处在于，它赋予了自由（freedom 或 liberty）以至上的重要性。古典自由主义的观点认为自由高于一切，自由就是一切，强调自由的优先性。如阿克顿认为，自由的理念是最宝贵的价值理想——它是人类社会生活中至高无上的法律。自由与生命共存，对自由的追求是人的天性，丧失了自由就失去了做人的资格。自由也是人生存的条件，没有一种最低限度的自由，人就无法生存。自由还是人生的目的，古典自由主义者把生存、工作、平等、自由等看作人的“天赋权利”，而自由在其中最为珍贵。自由是权利的基础，没有自由就无权利可言，自由一旦被剥夺，财产和生命的丧失就很难幸免。因此，自由主义认为，自由是高于一切的基础，是最高的政治理想。自由不是实现更高政治目的的手段，其本身就是最高的政治目的。自由是人类社会的终极价值，是契约精神的灵魂，没有自由就不会产生社会契约，就不会有良好的政府。自由主义的核心是个人的自由、个体的自由，即个人主义。

第二是有限政府。自由主义者认为政府不可少，但政府的权力不可过大，任何权力都会对自由构成威胁。政府管得越多，个人的自由就越少；政府管得越少，个人的自由就越多。因此，政府的权力应该是有限的，不能赋予它绝对的、专断的权力。自由主义者还认为，那种不仅道德高尚而且可以洞察一切、具有超人的精神活力的君主是不存在的，如果真有，那人民就必然是消极被动的，一切听从于政府，其才智和感情便让位于物质利益，这样，民族衰落的时代也就到来了。对于政府的职能，古典自由主义认为，政府的作用跟人自身一样是十分有限的，不能指望它达到至善境界。政府的功能是保障公民的自由权利，调和、平衡、节制矛盾和冲突，维护自由的、正义的、和谐的秩序。因此，个人第一，政府第二。政府是保护个人自由和利益的工具。在民主政治下，政府权力的大小，决定权在人民。政府一旦获得无限的权力，就会导致社会的灾难。新自由主义补充了古典的自由主义，认为政府既是有限的，又是有效的、积极的，主张积极政府。社会的进步、发展与和谐都需要国家的指导、控制与管理。为了协调一致，并且不违背社会成员的意愿，国家可以适度地干预经济。总之，自由主义者的理想是：政府既有限又有效。权力有限，可予以制约，又积极而有效。他们既反对极权主义，又反对政府的无效能，认为政府的积极运作是公开而透明的，这样的政府本质上仍然是有限政府。

第三是宽容。自由主义者认为，就国家、社会和个人而言，宽容是一种责任，即允许和不干涉其他人的信仰和行为，尽管这些信仰和行为可能不招人喜欢，或者受到反对，但如果它们本身并没有对别人按照自身选择进行行动和信仰的平等权利构成威胁，那就应该允许其存在。自由主义者对待宽容的立场，在现代多元社会观兴起之后，也发生了根本性的变化，这其中经历了从对个人多样性到对团体多样性强调的转变。他们认为社会不是同质性的，而是由大大小小具有特殊利益的团体拼凑而成的，当这些团体的利益相互冲突的时候，适当的结果就是妥协而不是一方的胜利，因此各方都需要互相接受，使所有这些团体和利益都具有起码的合法性。宽容的原则就是对这种合法性的承认。当然，宽容并不是冷漠，而是尊重异见。一些自由主义人士对此的解释是：当我们对发生的事情置之不理的时候说我们是宽容的，这没有任何意义。宽容蕴涵着一种努力。当我们不喜欢或不赞成时谈论宽容才有意义。“我不赞成你所说的话，但我将始终捍卫你说话的权利。”实际上，宽容需要的是努力和自律。

第四是平等。古典自由主义中不乏平等的理念。18 世纪，激进的自由主义者卢梭就曾经表达过平等的思想，认为自由在于平等，平等内含于自由之中。在暴君政治中，人民沦为奴隶，这是不平等的顶点，同时也是新的平等——在君主面前人人都平等地等于零。从 20 世纪初开始，新自由主义强调的自由是平等的自由。霍布豪斯不仅主张在法律面前人人平等，而且主张在机会面前人人平等，认为国家应该为每个人创造与提供平等的发展机会。充分的自由意味着充分的平等，以平等为基础的自由才是真正的自由，建立在不平等之上的自由只能导致特权。这种平等的思想也体现在政治家的实践中，最突出的是罗斯福。他认为，没有经济上的平等就没有真正的自由，而现实的美国，由于经济上的不平等，一度赢得的政治上的平等已经失去了意义。第二次世界大战后的美国，平等一度成为时尚，有的学者评价道：“战后美国社会发生的一切重大的变革都或多或少地带有平等主义的色彩。”1965 年，约翰逊总统在霍华德大学演讲时称，我们要争取的“不是作为一种权利的平等和一种理论的平等，而是作为一个事实的平等和一个结果的平等”。当然，新自由主义者讲的平等，并不是平均主义，也不是绝对平等。他们注意到了公民的多样性，也注意到了现实的复杂性，因而他们主张差别权利和基本平等。他们认为，一个社会如果没有自由就失去了生存的活力，而一个社会如果没有平等就会失去友爱和协同，因此，他们既主张消灭贫困，取消特权，反对歧视，又主张对艰辛、才智、风险和责任给予不同的报酬。

第五是正义。正义也是自由主义的一个核心理念。新自由主义的代表人物罗尔斯对社会正义问题给予了系统论述。他在其名著《正义论》中，面对不平等的社会现实，鲜明地提出了社会正义的问题，认为正义是社会制度的首要价值。假如正义荡然无存，人类在这个世界上生存又有何价值？罗尔斯把问题归结为权利，而不是道德，认为个人权利不能以任何道德理由、任何集体功利的理由予以侵犯和剥夺。他由此提出了两个“正义原则”：其一，每个人在自由体系中享有政治的平等权利，平等参与立宪过程；进入公职的平等途径；选举中以相同的分量决定选举结果；得到平等的保护。其二，社会和经济的不平等应这样安排：适合于最少受惠者的最大利益；职务和地位向所有人开放，让具有同样天赋的人有平等获取政治权力和地位的机会。在此基础上，罗尔斯还提出了两个“优先原则”，即政治权利平等的原则优先于机会平等（指社会经济权利）的原则，而机会平等原则优先于差别原则。总之，是自由优先，兼顾平等。为了应对一些人对正义论的批评，罗尔斯又将正义分为制度正义与个人正义。他认为制度正义比个人正义更重要。2001 年，他的最后一部著作《作为公平的正义》出版，在这部著作中他对自己的正义理论做了更进一步的阐述及清晰完整的解读。

自由主义的公民教育思想就是自由主义政治哲学思想的体现，它弘扬自由，珍视权利。由于自由主义是一种具有古老传统的政治思潮和成熟的政治哲学，因此，体现其基本思想理念的公民教育思想，在西方教育领域中也长期处于主流地位，且目前依然是西方教育思想界的主流。

根据自由主义的基本理念，自由主义的公民教育思想注重培养个人自决的能力，认为个人生活只有在自己选择并做出决定的意义上才是有价值的。在学校实施公民教育的过程中，自由主义的公民教育主张要为每个学生创设最大限度的个人自由度；自由主义的公民教育强调多元主义，因为个体选择的多样性必然要求相互尊重、容纳多元价值；在这些原则之下，要培养学生对不同的生活方式采取中立主义的态度；自由主义的公民教育还强调善的原则，主张要公平分配资源，以使所有人都有追求自身善念的公平机会；这种公民教育还寻求对善的优先性，认为正义的原则应该优先于个人追求善的行为。

自由主义的公民教育思想突出中立性、多元性、（政府与国家）不干预与平等这四个方面的价值观，鼓励学生积极参与政治生活。这种公民教育观强调，公民教育并不是要传递美好人生的价值观，而是提倡宽容与尊重个人选择的自由，其目的在于将维系自由社会的整套公共价值、政治道德以及相关的批判能力与民主性格教导给未来公民。换句话说，公民教育教给学生的是成为自由社会的公民应该具备哪些形式的能力。因此，自由主义公民教育观强调，国家不能以强制的教育灌输某种特殊的价值观，而强调通过公民教育的培养，使公民有能力自我管理和维持社会的和平与秩序，实现自己理想的生活方式。

有意识的社会再制

自由主义论者古德曼（Gutmann）认为，自由社会中公民教育的目标就是“有意识的社会再制”（conscious social reproduction），换句话说，就是要培养社会成员有能力参与创造彼此共享的社会，也就是使公民能够参与塑造以及再造社会的过程。在这个过程中，自由主义不仅维持了对个人自由的承诺，同时也达成了社会正义的目标。

资料来源：Amy Gutmann，Democracy & Democratic Education，Studies in Philosophy and Education，1993，12（1），pp. 1-9.

这里所要表达的实际是公民自治思想，其对于公民所要求的只是培育出民主社会所需的公民性格，而非指示公民什么才是正确的意见，也不是告诉公民哪一种途径是最佳的选择。这种公民教育观的目的在于培育参与自由社会运作的有效公民。

由于自由主义的基础是个人主义，重视个人平等自由权利的合法保障，所以古典自由主义者相信，即使缺乏有德行的公民，只要建立制度和程序上的制衡，如分权、两院制、联邦主义等，也可以阻止可能的独裁者，确保民主政体，所以即使每一个人都只追求自己的利益、不顾公共福祉，一组私利也将会制衡另一组私利。但是自由社会运作的结果并不容人如此乐观，所以有些学者认为，应该扩大公民的权利，使公民在原有的公民、政治两权之外，再加上社会权，如增加受公共教育、健康照顾、失业保险、老人年金等权利，以确保每一个人充分享有社会成员的地位，使每一个社会成员都能够参与和享受共同的社会生活。

自由主义社会的公民教育需要培养哪些公民德行？盖尔斯敦（William A. Galston）将自由主义社会所需要的德行分为两大类，一类是支撑任何政治社群都需要的一般德行，另一类是自由主义之社会、经济和政治三大领域所必要之德行。一般德行包括勇敢、守法和忠诚：由于每一个社群都需要其成员冒险捍卫社群，所以勇敢的情操被普遍重视；社会追求集体目的的能力与人民守法的精神成正比，所以守法可以减少社会达成共同目标的成本；至于忠诚则是对社会核心原则的信仰，成员的忠诚度减少，社会也会相对地减弱。自由主义政体所特别需要的公民德行，盖尔斯敦认为在社会领域有二：独立和容忍。前者是基于自由主义所重视的个体性，主要是养成个人能照顾自己和对自己负责的精神，这个德行的养成可以弥补福利国家所造成的弊端；后者则和自由主义肯定价值多元密切相关，容忍差异就是尊重他人的理性能力和个体性，而且容忍异己也代表愿意用说服而不是用暴力的手段达成意见的一致。事实上，一个真正自由和多元的社会的必要条件是：社会大多数成员具有容忍的德行；多元而不宽容，社会一定充满暴力和不安。在经济领域公民所需要的德行包括工作伦理、适应力、守时、创新、想象力等。在政治领域方面，盖尔斯敦分别论述了一般公民和领导者的德行，一般公民所需的德行包括：分辨和尊重他人的权利、辨别候选人的人格和才能、适度自我节制。如公民的要求不能超过国家所能承担的程度，因为经常性的赤字预算是将社会成本转移给下一代等。而领导者的德行则包括：耐性、抵抗名利的诱惑、缩小民意和明智决策间的差距等。

莫西度（Stephen Macedo）也强调自由主义社会需要重视培养公民德行，他认为一个良善的公民必须具有某些特点：愿意尊重他人的生活，将个人的计划和承诺服从于公正的法治，说服而非强迫等。此外，广博的同情心、自我批判的反省力、愿意实验和尝试并接受新的事物、自制和积极自主的自我发展、欣赏传承的社会理想、对其他公民的情感和利他的关怀，这些德行有助于个人在自由主义社会的发展，也有助于实行自由主义的公民责任。罗尔斯也认识到了政治德行对公平的社会合作之重要性，他所强调的政治德行包括：礼貌、容忍、合理性、公平感。

从自由主义的政治理念中，可以归纳出自由社会之公民教育应该培养的公民德行：容忍（肯定多元价值就必须容忍差异），公开讨论和理性对话（任何政策或主张都允许公开讨论和理性对话，是重视个人自由具体的实践），不同价值主张者之间的相互尊敬（这是肯定人的平等性的具体表现），自我批判和反省能力（自由社会是一个透明的社会秩序，公民必须具有批判力，才能理性地思考政策，民主政治才能成熟发展）。

在一个健全的自由社会里，公民不能只重视权利而忽视应有的义务，这个想法已经成为当代政治哲学家的普遍共识。诚如盖尔斯敦所论述的，强调自由主义在某种程度上需要公民道德，并不等于自由主义政体必须要有完美的公民，因为自由主义不是要求一个“天使之国”，重视公民德行和权力制衡的制度设计并不冲突。因此自由社会不是不需要公民道德，道德可以强化制度的成效，所以自由社会的多元和差异不会成为冲突和不安之源，而是为每一个人在追求幸福人生时提供了多样的思考和选择。

二、共和主义的公民教育思想

共和主义是西方政治思想传统中历史最悠久的观念之一。当它出现在国家的名称中时，它所代表的是与君主政体或与王政相对立的政治体制；作为一种思想和理念，它表示的是一种以独立自主及政治自由为根本的政治价值和意识形态。

“共和”一词的英文来自于拉丁语“res publica”，意指公共事务，与“私人事务”相对。它指的是公民在家庭生活等私人生活领域之外的公共事务领域。在英国，古代作家几乎总是用 commonwealth（直译为共富国）来指称 republic。共和在本意上是指通过制度组织起来的公共事务领域，而不是一种组织形式。

历史上的共和国有两种类型：一种是古典城邦共和国，如雅典、斯巴达、古罗马；另一种是现代共和国，表现为在宪法约束下运作的代议政体。支撑这两种共和政体的政治理想，分别是古典共和主义和现代共和主义。古典共和主义认为：只有在小国寡民的地方才能实现共和，只有小共和国才能长久维持公民的美德和对共和国的忠诚。因此，共和国的成败取决于公民的美德。古典共和主义强调社群与国家利益至上，强调公民的义务，要求人们保持高度的警惕以捍卫国家的利益。亚里士多德的《政治学》为古典共和主义的理论渊源，他认为理性是人区别于动物的独有天赋，这使得人能够辨别利害并形成政治生活。基于“人是政治动物”的观点，亚里士多德提出了“政治统治”的思想，以区别于主奴之治与家什管理。主奴之治存在于天赋能力的强者与弱者之间，其方式为不平等的分配，家什管理乃家庭中父长的父权支配，而政治统治则是实施于城邦之中，且为平等的公民轮流执政。亚里士多德为古典共和主义提供了思想和理论的支撑，而罗马的共和制为古典共和主义奠定了制度层面的实践基础。罗马共和主义所标榜的主要价值是“liberta”：一方面是指政治共同体必须独立自主，不受外力支配；另一方面是指政府形式必须是共和体制。而西塞罗第一次用“共和国”的概念取代了“城邦”的概念，实现了国家概念的一次更新。

现代共和主义有两种理论进程：其一是由文艺复兴时代佛罗伦萨思想家马基雅弗利和法国资产阶级大革命时期思想家卢梭所开创的；其二则见诸法国启蒙思想家孟德斯鸠和美国的开国先贤们以及德国哲学家康德的论述。由于古典共和主义对公民身份在质和量两个方面严格的限制，且仅限于小国寡民，所以一般认为在古代城邦解体后，古典共和主义理论就失去了实际应用的意义。如何面对现代社会的现实情景，构建符合现代情景的共和主义理论，就成为现代共和主义思想发展的关键课题。马基雅弗利正是应对此挑战的第一人。其共和主义理论与古典共和主义理论有两点差异：第一，着重分析政治秩序（包括共和体制）的创建问题；第二，认为唯有平民积极参与政治过程，共和国才能健康发展。所以，马基雅弗利力主创建“平民共和国”，认为政治秩序及良善法律无法自然生成，必须有外在力量加以创造；共和国要维持其政治自由，还必须持续扩张并取得财富，而这就需要将一般平民整合到政治军事领域之中作为最重要的资源。这一政治主张赋予了平民更为重要的作用。

在古典共和主义向现代共和主义转变的过程中，卢梭的社会契约论尝试在规范层面确立共和以及激进民主。作为现代政治共同体不可或缺的一个原则，他主张只有民主共和政体才是唯一具有正当性的宪制体制，而公民参与主权运作的立法过程，也是保障其个人自由唯一有效的途径。他认为，应通过社会契约来建立政治共同体的普遍意志，作为正当性与法律之根源。他将他的政治原则归结为最简明的一句话：“一切正当的政府都是共和制。”为了避免和抗衡政府滥用公共权力，卢梭提出了激进民主的原则，主张各种形式的政体均须以民主过程来设置并加以控制和监督，民主制不再是如古典政治哲学所论述的，由多数平民支配的特定政体，而是任何政体在建制政府时必须经历的一个环节。卢梭的民主共和主义继承了马基雅弗利对人民的正面评价，建构了人民主权的民主原则，直接影响了法国大革命，构成了现代共和主义的第一个理论进程。

现代共和主义的第二个理论进程采取了实用主义的温和取向。他们继承了古典共和主义混合政体的精义，并将之与现代宪制体制相结合。其主要代表人物为法国启蒙思想家孟德斯鸠、美国的开国先贤麦迪逊和德国哲学家康德。孟德斯鸠《论法的精神》一书首次正确划分了国家的三种权力，提出了著名的“三权分立与制衡”的思想。在他看来，权力不被滥用是实现政治自由最重要的条件，但是，一切有权力的人都容易滥用权力，这是万古不易的一条经验。有权力的人们使用权力非到了极限，绝不休止。因此，要防止滥用权力，就必须以权力约束权力。

孟德斯鸠所开启的共和主义的理念，深刻地影响了美国大革命的进程，美国人在争取民族独立和创建新的国家政治制度的过程中，各州的新宪法都是按照孟德斯鸠三权分立与制衡的思想设计出来的。其中麦迪逊提出的“扩大的共和”（extended republic）理念，进一步扩充了现代共和主义的思想内涵。所谓扩大的共和，即为了防止专制，麦迪逊主张以参、众两院的双重代表和联邦制来解决这一问题，唯有代表的数量相当，议事才能深入，而且他们可以互相让步以达成协议，这样可以解决因广土众民带来的政治自由与国家统一性之间可能产生的矛盾。麦迪逊的主张成为落实共和精神、建立现代国家最成功的典范。

18世纪末德国著名思想家、古典哲学的奠基人康德将共和主义界定为行政权和立法权分离的政治原则。他认为，应将国家的统治形式与政府的形式区分开来，前者可根据掌握国家最高权力的人数，区分为君主、贵族以及民主三种政体，后者则根据政府依据宪法运用权力的方式，区分为共和与专制统治。他强调民主与共和不可混淆，强调以法治国的重要性，强调不在于谁掌权，而在于如何掌权以及由法律来治理国家。

从以上简要的历史回顾中，我们可以归纳出现代共和主义的两个互相对立的典范，一个开端于马基雅弗利，集大成于卢梭。卢梭试图将人民提升为政治领域中的绝对者和正当性的唯一根源。一个以孟德斯鸠、麦迪逊和康德为代表，着重于研究如何建构均衡的宪制体制以及法治架构，来确保全体国民的政治自由以及个人不受干涉的消极自由。

共和主义较为完整的表达是“公民共和主义”。究其原意，civic以及republic都是环绕着希腊罗马古代城邦共同体而形成的观念，即以公民为核心的政治共同体。共和主义的核心价值为自主性、政治自由、平等、公民权、自治、共善、政治作为所有成员参与审议的公民过程、爱国情操、公民德行以及克服腐化等。

共和思想的三条基本准绳：“公”“共”“和”

“公”乃共和的基本原则，意为天下为公。这昭示着共和政体应该是公正、公平的政治共同体，是能够高扬正义原则的政治共同体。正义是人类事务的目的，而正义的目的只有通过共和政体才可能得以实现。“公”还意味着：在共和国里极为重要的是，不仅要保护社会，防止统治者的压迫，而且要设法避免一部分社会成员对另一部分社会成员的不公平。同时，“公”的原则还需要有制度上的保证，这体现为限任制、中立国家、权力的分权制衡以及在法律面前人人平等。

“共”也是共和的基本原则，共和主义的思想家们区分公私两个领域，并将政治事务隶属于公共领域。他们认为国家的权力乃公有物，所以国家的治理应该是全体公民共同的事业。这意味着，统治权应该是全体社会成员共有的，不得有世袭的、独占的、不可让渡的权力；因此，君主和独裁者的“家天下”“私天下”都是在反对之列的。与“公”一样，“共”的原则也需要制度上的保证，体现为官的限任制、定期选举以及自由秘密投票制度等。

“和”是共和思想的第三条准绳，即主张用和平而不是暴力的方式来处理政治事务和政治纠纷，倡导治者和被治者均以理智的、非暴力的形式作为解决政治歧见和取得权力的手段，以达到整个社会的和平共处。如孟德斯鸠所言，共和的精神就是和平和宪法。“和”的精神还意味着：即使是执政的多数也不得以“公”和“共”的名义滥施暴政。

总之，共和主义强调政府建制的公共性、公平性、正义性以及中立性，即政府必须为所有人的利益服务，而不是只为少数人、当权者的利益服务。古典共和主义强调公民的美德及公民对国家的忠诚，现代共和主义一直在更强调美德还是更强调法律和制度之间存在着争议。美国的麦迪逊等人干脆把共和定义为大范围内代议制度下的民主政治，其制度设施通常包括代议制、两院制、官职轮换制、法治、司法独立、责任政治、投票选举制等。而著名政治哲学家汉娜·阿伦特所复活的新共和主义，则十分关注公民的道德问题，强调公民的爱国主义和热爱公益的精神，要求置公共利益于个人或家庭利益之上，要求有美德公民的积极参与。

共和主义的公民教育思想源于古希腊罗马的政治思想。当今公民共和主义教育思想的发展与自由主义强调个人为先而造成的社会失衡密切相关，它是力图回归传统的一种表现。

共和主义自由概念的核心（也是它同自由主义的关键分歧）在于，它认为自由不是自然事实，也不是人类在自然状态中天赋的特性，而主张自由是政治制度所创造的一种法律状态。自由的首要特性并非实质上的不干涉状况，也非不受任何外在妨碍而满足自己愿望的机会，而是一种提供保障的法律状况，即保障个体能够依照权利排除任何干预，只要其从事的活动属于合法行为。因此，自由只能存在于一种特殊的社会中。

共和主义与自由主义对于自由与法律的关系有着不同的看法。按照自由主义的观点，自由是一种天赋，它必须在法律的保护下方能获得保障。因而，法律对于自由不过是一种外在的暂时手段而已。在共和主义思想中，情况则完全不同。在此，个人的解放不是通过反抗法律，而是通过法律来实现的。自由是由法律建构的。所以，对于共和主义者而言，并不存在天赋权利。在自然状态下，只有对抗和施暴。权利只存在于政治组织体中，它借助于法律，把自己归于每一个公民。在此，公民秩序比在自由主义那里具有更广泛的意义，因为它不止于单纯地保护各种天赋权利和自由。由于这个缘故，法律秩序便不再与个人敌对，而是个人发展的条件。享有个人自由，既意味着优先保护通过废除支配权而使每个人的自由成为可能的政治和法律秩序，也意味着优先使特殊利益服从于共同的善。共和主义的出发点是人的社会性和政治性，它把自由界定为一种主体间所建立的、能够在不受干预的情况下共同生存的关系状态。

所以，如果没有德行以及对共同的善的热爱，如果没有平等的实践并参与按照公益规定的个人利益的讨论，共和国将不复存在。因为个人道德以共和利益为界限，所以公民义务和公民道德要高于个人权利。公民道德不是众多价值中的一种，而是表现了政治规范优先的观念。这样一来，人们仍然是把政治参与的价值理解成一种工具性概念。例如，自由主义者也会承认，如果人们不关心共和国，就要面临独裁专制和失去消极自由的威胁。但是，对于共和主义者而言，政治参与不仅是为自由服务的工具，亦是人对自身本质负责的一种方式。在参与中，一个人获得了真正的自由，成为真正的主体和命运的主宰，在沉浮莫测的命运面前，控制着自己的荣辱悲喜。所以，德行和自制并不仅仅是自由的工具，而恰恰是自由的形式。只有在参与型的共和国家这种社会形态中，人们才能真正成为那些相互约束的纽带的主人，才能保证它们不至于变成支配和依附的锁链。

共和国家代表了一种崇高的道德理想。共和国家的目标在于创造一种没有依附和支配的，对每个人都能够一视同仁的共存形态。根据共和主义的看法，政治自由不是天赋的，而是一种道德成就，即希望在全部成员中建立自由平等并以自由平等对待每个成员的那种社会所实现的成就。只有每个人都参与其中，拥有公民精神，自由方能实现。由于这个缘故，共和国家始终处于腐化的威胁之下。甚至可以说，它无法避免腐化的命运。正是有鉴于此，对于共和国家的腐化以及其中所滋生的五花八门的支配和依附关系的批判，成为共和主义思想中反复出现的主题之一。关键的问题在于，对于共和主义而言，不能以法律的方式最终解决腐化问题。因为公民道德不能由法律来推行，它需要教之以德，化之以理，使人们在理性上理解个人自由的前提是所有人的自由。如果德行和理性不复存在，那么任何补救手段都是无济于事的。法制的好坏取决于诉诸这种法制并服务于这种法制的人。所以，共和国家的根本支柱是公民精神，人们平起平坐，一视同仁，皆为平等的公民。维系共和国家的纽带是个人之间的公民情谊这种直接关系，其中个人皆视他人为自由的伙伴，而不像在自由主义中那样，个人关系要受中间环节的协调。所以，最终起决定作用的因素不是加强法律对各种自由的规定与调和，以消除各种权利主体之间、各种物质和精神财富的拥有者之间，以及交换体制内部的竞争对手和种种因素之间的纷争。自由主义者不相信加强法制关系能够解决共和国家的所有问题。一旦缺乏公民道德，共和国家必将腐化。这意味着，共和主义政治的首要目标不是保障、调和或分配自然权利，而是通过参与共和国家的生活而实现人的政治本性。所以，政治活动的目的并不是组织经济生产和交换。经济生活只是政治生活的基础而已。之所以确保法律稳定，目的不是为了促进经济交换，而是为了杜绝任何改变非支配性状态的企图。

共和主义公民教育的基本假设是：一个好人有足够的能力成为一个好公民[①]。而使一个好人成为一个好公民的标准就是具备公民德行。公民德行即一种公共精神，是每个公民都须具备的潜在能力，这种潜力的发挥能使公民愿意服从公益（即公民在公共领域中形成并追求的共同目的），并维护社群的自由。由此，个人自由才能得以保障。共和主义者推崇的公民德行包括：爱国主义，即公民要有保卫国家的勇气，要对自己所属的社会群体有一种共同命运感；谨慎且主动参与公益活动。共和主义者强调，公民应当根据自己意愿做出决定，不可以在威胁利诱之下，或者在少数人的主导之下做出决定，因为那样只能导致个人自由的丧失。公民只有积极主动地参与公益活动，才能使社会趋向公益的目标。为了确保公民的权利，公民德行必须包括理性的思辨能力，使公民能够主动地参与公益活动，还必须包括辨析和批判的能力，使公民能够识别那些利用公益达到个人目的的野心家。

① Richard Pratte. The Civic Imperative：Examining the Need for Civic Education. New York：Teachers College Press，1988.

对于共和主义的公民教育而言，公民权利的实践比公民权利本身更具有意义，故主动积极地参与公共事务是公民资格的必要条件。若不能实践，则这个人便不能算是公民。因而，共和主义所强调的是公民的责任。一旦停止了履行作为公民应尽的责任，则公民的身份也就随之而终止。可见，共和主义的公民教育观所要培养的，是一种通过公民德行以实践社群公益的公民。

三、社群主义的公民教育思想

社群主义是当代西方政治哲学的最新发展，它是在批判新自由主义的过程中产生的，它与新自由主义构成了当代西方政治哲学两相对峙的局面，并共同促进了西方政治思想的发展。

1971 年美国哲学家约翰·罗尔斯的传世之作《正义论》（*A Theory of Justice*）出版。这一著作的出版同时在哲学、伦理学和政治学等领域产生了广泛而深远的影响，并促成了 20 世纪 70 年代新自由主义在西方政治思潮中不可动摇的主导地位。以罗尔斯为代表的新自由主义把个人权利作为分析问题的出发点，强调个人权利压倒一切的优先性。社群主义恰恰是在这一点上对新自由主义提出了尖锐的质疑和批评。在反思和批判新自由主义的过程中，社群主义在 90 年代初成为西方政治哲学中与自由主义相对垒的两大主流派别之一。1991 年，50 名学者和政治家在美国共同发表了《负责的社群主义政纲：权利和责任》。这是一份影响深远的政治宣言，它旨在弘扬与传统个人主义相对立的社群主义。纲领的末尾写道："必须用社群主义的观点处理我们这一时代所有的重大的社会的、道德的和法律的问题。"至此，社群主义作为一种政治哲学思想才真正引起广大理论工作者的重视。

《负责的社群主义政纲：权利和责任》节选

美国的男人、女人和孩子是许多个社群的成员——家庭、邻里及无数的社会性、宗教性、种族性、职业性社团的成员，美国这个政治体本身也是一个社群。离开相互依赖和交叠的各种社群，无论是人类的存在还是个人的自由都不可能维持很久。除非其成员为了共同的目标而贡献其才能、兴趣和资源，否则所有社群都不能持久。排他性地追求个人利益必然损害我们所赖以存在的社会环境，破坏我们共同的民主自治实验。因为这些原因，我们认为，没有一种社群主义的世界观，个人的权利就不能长久得以保存。社群主义既承认个人的尊严，又承认人类存在的社会性。

资料来源：《负责的社群主义政纲：权利和责任》，载《负责的社群》，1991 年冬季号；转引自俞可平：《当代西方政治哲学的流变：从新个人主义到新集体主义》，载《社会科学战线》，1998（5）。

社群主义主要产生于美国，其代表人物和代表作品主要有阿拉斯戴尔·麦金太尔（Alasdair MacIntyre）：《追寻美德》（1973 年）；迈克·沃尔策（Michael

Walter)：《圣徒的革命：对激进政治的起源的研究》（1968 年）；查理斯·泰勒（Charles Taylor)：《哲学和人文科学论文集》（1985 年）；迈克·桑德尔（Michael Sandel)：《自由主义与正义的局限》（1982 年）；杰克·克里特登（Jack Crittenden)：《超越个人主义：重建自由的自我》（1992 年）等。

首先，社群主义对新自由主义的自我观念进行了批评。社群主义者认为，新自由主义理论提出的自我概念是一种混沌物质的自我，这种脱离社会的现实生活，不受任何社会历史背景、经济政治地位、文化传统、家庭生活影响的自我是根本不存在的。其次，是对新自由主义普遍原则的批评。社群主义者认为，每个人所处的社会历史背景和社会现实都是千差万别的，任何正义的原则，包括所有道德、政治原则和观念，都是在历史中形成和发展的，自由主义者所说的永恒不变的和普遍适用的正义，事实上也是不存在的。任何个人都归属于一定的社群，如国家、阶级、民族、地区等，他总是某个社群的成员，抽象地谈论个人权利是没有意义的。最后，是对新自由主义的原子主义的批评。社群主义者认为，当代社会出现了许多令人担忧的现象，如人际间的疏离，公民责任和义务意识的下降，消极情绪的增长，奉献、牺牲精神等传统美德的丧失等，其根本原因都源于自由主义对集体价值和社群价值的忽视，是个人主义的自由主义的极端发展所造成的恶果，他们把这种极端的个人主义的自由主义称为“原子主义”。他们认为，原子主义是一种人性观，其出发点是把人本身当作完全自足的、独立于社会之外的自我。其主要特征是它的“权利优先论”，即强调个人权利对于社会的绝对优先性，把个人权利当作评判社会政治结构和政治行为的基本标准。而原子主义的出发点是错误的，任何个人都不可能离开社会，社会之外不可能存在真正的个人。至于个人的权利，也总是与一定的义务相联系的。同时，个人的自由也是有条件的，没有无限制的绝对自由，只有承认个人的义务才能真正证实个人的自由。

可见，社群主义是作为自由主义的对立面而出现的。从实质上看，社群主义与新自由主义是互补的，或者说是相辅相成的。自由主义的核心概念是个人，社群主义的核心概念是社群。在对自由主义的批评中，社群主义逐渐形成了一套较为完整的理论和观点。

其一是社群主义的哲学基础。包括社群主义的自我观、个人观、社群观、成员资格观和公民资格观。在自我观上，社群主义认为，社会关系决定着个人，个人组成社群，个人是社群的一部分。在如何看待社群以及个人权利与社群的关系问题上，即个人观与社群观，社群主义者强调社群对于自我和个人的优先性。他们认为，社群是一个拥有某种共同的价值、规范和目标的实体，每个成员都把共同的目标当作自己的目标。在社群主义者看来，社群是一种善，而且是一种最高的善，个人只有通过社群才能实现生活和生命的价值。社群还给个人以美德，如爱国、奉献、牺牲、利他、团结、互助、诚实、正直、宽容等，都是通过社群而获得的，一个没有社群生活的社会肯定不会是一个良好的理性社会。

成员资格观构成了社群主义的又一理论基点。几乎所有的社群主义者都认为，生活在现实世界中的个人都是这个或那个社群的成员。对于个人而言，最重要、最基本的身份，便是其成员资格。成员资格是人类社会的首要利益和首要资源，所谓分配的正义，首先就是成员资格的分配，成员资格的分配是其他一切分配的基础。成员资格还是个人权利与社群公共利益分配的中介，只有通过这个中介，社群才能保证个人权利的实现，如果没有成员资格，所有的个人权利都将无从谈起。

在公民资格观上，社群主义者认为，在一个人所获得的众多的成员资格中，最重要的是他的公民资格。按照戴维·米勒的论述，公民资格可以归纳为六个方面。第一，公民资格是与一个民族国家中公民的国民性相辅相成的，公民资格有助于培养公民的国民性，有助于凝聚民心，是一个民族国家实现共同的民族认同的手段。第二，公民资格不仅仅意味着服从国家的法律，它还是一个部分地而不是全部地可以用权利加以界定的社会角色。公民的权利包括保护性权利、政治权利和福利权利。第三，公民资格要求，公民具有的独立人格使其即使被强迫，也不会投他人之所好。第四，公民资格是一种信仰和行为，公民认为，自身对社会未来的命运、集体决策以及公共利益负有不可推卸的责任。第五，公民资格权必须平等地分配，公民自己必须认识到相互间的平等，认识到共同地位的重要性。第六，公民资格是个人最重要的社会政治地位，它从根本上体现了人与人之间的平等。其与国民性的结合构成了个人认同的主要来源。公民资格为个人利益的按需分配提供了道德基础，也为实现这一理想提供了现实的手段。

其二是社群主义政治学的主要内容。社群主义政治学的主要命题有二：从“社群优先于自我和个人”这一立场出发而得出的“善优先于正义、优先于权利”的结论；由“善优先于权利”这一命题引申出的“公共利益优先于个人权利”的观点。鉴于此，许多政治哲学家将社群主义政治学称为“公益政治学”。其主要内容包含其明显区别于新自由主义的权利观、美德观、公益观和国家观。

权利是近代政治哲学的核心范畴之一，以罗尔斯为代表的新自由主义者把个人权利作为其整个政治学说的唯一基础。社群主义则根本否认新自由主义所说的那种普遍的、先验的和与生俱来的个人权利，而主张法律权利，认为权利是一种由法律规定的人与人之间的社会关系，是一种保护个人正当利益的制度安排。在此基础上，社群主义还把个人权利分为消极权利和积极权利两大类。所谓消极权利，是指个人由于政府的无所作为而获得的权利；所谓积极权利，是指个人要求国家加以积极行为的权利。社群主义的权利观在承认个人权利的同时，还倡导集体权利，也就是社群的权利。社群主义者认为，社群是一个有机的整体，有对其成员分配各种利益和资源，满足成员物质和精神需要的功能，如果没有相应的权利，这一功能就无法实现。

社群主义的美德观认为，新自由主义将作为公平原则的正义视为人类首要的善，而忽视了道德品格和美德对于人类社会的意义。对于个人而言，不应当是权利优先，而应该是美德优先。社群主义尤其批评新自由主义忽视了作为一种美德的爱国主义，并认为自由主义应该对爱国主义在西方国家的衰落负有直接的责任。社群主义在爱国主义问题上提出的另一个重要观点是，要把爱国与爱政府区别开来，爱国主义不等于对现行政府的盲目服从，认为当政府不再代表人民的利益并与人民为敌时，爱国主义情感恰恰要求公民取消对政府当局的忠诚与服从。

社群主义的公益观提倡个人利益与社群公共利益的有机结合，每个人都应当在努力追求美德的过程中过一种善良的生活。个人生活在社群之中，社群给予个人以共同的目的和价值，形成个人的认同。因此，个人的善是必然与社群的善结合在一起的。真正的善是一种公共的善，是个人之善与社群之善的有机结合。如果达到了公共的善，个人利益之中就包含公共利益，反之，公共利益也会包含个人利益，即个人在实现其自身的私人利益时，同时也实现了社群的公共利益。

社群主义的国家观是其整个理论体系的重要组成部分。在国家问题上，社群主义者首先反对新自由主义的两种倾向：一是国家中立，二是公民对国家事务的冷淡。国家中立是新自由主义的基本原则之一，它要求国家不能干涉公民的所作所为，只要公民不侵犯他人的权利，即使公民的作为为社会上绝大多数人所反对，政府也不该做出评判，而应保持中立。社群主义对此的批评是，此原则使公民看不到国家的作用，它会损害社群的公共利益，也会损害民主政治的合法性。在公民对待国家事务的态度上，新自由主义也主张中立，既不鼓励公民积极参与国家的政治生活，也不鼓励国家去积极争取公民参与政治生活。社群主义认为，公民对国家事务的关心，对政治生活的积极参与，既是公民应尽的职责，也是公民的美德。国家有权要求公民服从其政治目的，公民也有义务去实现国家的政治目的。如果离开了公民的广泛参与，就为专制独裁创造了条件，也就没有了真正的民主政治。

在国家观上，社群主义和自由主义争论最激烈的问题之一是：国家有没有权力强迫公民从事他自己不愿意从事但对他自己和国家都有好处的事情。例如服兵役，新自由主义认为国家无权做，而社群主义则认为国家不仅有权做，而且必须这样做。自由主义与社群主义在国家观上的争论，归结到一点就是：国家不应当做什么和应当做什么。前者把重点放在国家不应当做什么上，后者则强调国家应当做什么。

关于自由主义与社群主义的一种评价

自由主义的命题在下述意义上是正确的：国家做了不应该做的事，如侵犯个人的思想、学术、言论、信仰和生活等自由，擅自干涉私人的生产、经营、研究、结社、婚姻等，那就是践踏人权。……而社群主义的价值则在于：国家没有做应该做的事情，如没有使其人民享受最低的教育、没有救济垂危中的个人，也是对人权的践踏。

自由主义的“弱国家”和社群主义的“强国家”二者都可以增进个人利益，但同样也都可能损害公民的个人利益。在这方面，自由主义最大的危险是：过分强调国家的消极无为，可能导致公共秩序的混乱、贫富差别的悬殊、生态环境的恶化、社会安全的缺乏和国家防卫能力的减弱等。社群主义强调公益政治所潜藏的危险，主要来自它关于善优先于权利的命题。根据这一命题的逻辑，国家和其他政治社群有强迫个人从善的权力和强迫个人不从恶的权力，国家等政治社群为了普遍的善可以牺牲个人利益。社群主义这一命题，在现实生活中常常成为专制独裁的理论依据。

资料来源：俞可平：《社群主义》，114～115页，北京，中国社会科学出版社，1998。

总之，社群主义在与新自由主义的论争中，形成了具有鲜明社群特色的理论体系，弥补了新自由主义理论的不足，二者共同影响着西方国家现实的民主政治和社会生活。

基于社群主义的基本理念，社群主义的公民教育观强调社群的关系及社群成员的认同感、归属感对于个人存在的重要意义，强调公民的主动参与和实践能力，重视维护社会公益的公民德性，并以培养具有完整德性人格的公民为目标。

社群主义的公民教育观最为重要的教育目的，在于培养对其所属政治社群能产生认同感的公民，通过公民主动的参与和实践，培育社群意识，并促进或达成政治社群的公益。也就是说，社群主义公民教育的意义即在于重建一种重视社群公益的公民德性。社群主义者认为，当代自由主义社会的个人就是因为缺乏这种社群所需的德性，才使得公民的社群意识渐渐消失，且让社群的公共利益沦为个人私利的附庸。所以，社群主义的公民教育除了要让公民对其所属的社群产生认同感和归属感外，最重要的任务便是培养社群生活所需的公民德性，以期恢复日渐衰弱的社群意识及公民对责任和义务的重视。

另外，社群主义者提出，公民积极的政治参与是实现自我价值的重要途径，追逐公共利益是公民的一种美德，政治参与作为积极的政治实践是实现这一美德的重要方式。在社群主义者看来，国家的政治关系到最大多数人的利益，是最重要的公共活动。国家有权要求公民服从其政治目的，公民则有义务去实现国家的政治目的。同时，只有通过积极的政治参与，个人的权利才能得到最充分的实现。

社群主义面对的是西方文明高度发展而道德却日趋衰落的自由主义社会，功利与权利为基础的道德理论取代以往的德行观念，社群本身的价值在逐步消失。麦金太尔认为，自由主义的症结在于道德的混乱与失衡，个人价值标准的绝对自主，这就导致个人在道德文化困境中，自我不再与他生长的社群有关联，也缺乏社会认同感，社群中的共同价值、规范和公益都被摧垮了。所以，社群主义重申社群与个人的重要关系，重申以社群为基础的道德生活的重要性，强调公益的政治理想，并特别指出公益的建立不只是在正式的政治生活中，还应当扩展到整个人类生活的各个层面。

社群主义的公民教育观由此强调两个重要的方面：一是以社群成员共同生活的环境背景为基础，以整个政治社群的公益为目标的公民教育；二是强调以实践为主的公民教育理念，以培养主动参与公共生活，进而形成对社群具有公共认同感的公民。

四、多元主义的公民教育思想

多元主义（pluralism）是 19 世纪末出现的一种新的西方政治思想。从一元民主思想演变为多元民主思想，从某种意义上说，是当代西方政治思想演变的重要趋势之一。

西方传统的政治思想实际上是一元主义民主论，即主张由人民通过掌握国家权力来当家作主。而多元主义的民主思想则主张，民主不只是通过国家这个唯一的权力中心来实现，更是由社会中的许多团体来共同实现的，是众多团体共同参与政治决策的过程。由于多元主义民主理论可以使美国等西方国家摆脱由于代议制民主造成的全民难以直接参与民主的窘境，因而对当代西方政治思想和实践均产生了持久的影响和作用。其主要代表人物是美国政治学家罗伯特·达尔（Robert Dhal）。

多元主义民主思想的早期形态，可以追溯到19世纪后期英国法学家W. 梅特兰、神学家J. N. 菲吉斯以及德国历史法学家冯·吉尔克等人的团体真实人格理论。这种理论认为，在近代民族国家诞生之前，各种联络感情的、宗教的和职业的团体如行会、教会、城市等，都是有权利和义务的“人”。作为“一个人”，它们都是平等的权力主体，随后发展起来的民族国家仅仅是整个社会的众多团体之一，并不具有权力的独占性，因而形成权力的多中心现象。这种团体真实人格理论到了20世纪初，被英国政治学家哈罗瓦·约瑟夫·拉斯基（Harold Joseph laski）加以发挥后演变成为政治多元主义理论，拉斯基也因此被誉为政治多元主义的鼻祖之一。拉斯基从团体人格理论出发，认为国家和其他团体并无本质区别。他坚决反对“国家主权”的概念，认为每个国家都不可能存在一种至高无上的和独一无二的所谓主权者，“国家主权”是一种“想象的极限”，不可能付诸现实，而且，“国家主权”概念所要求的个人自我良知对国家命令的无条件屈服会阻碍公民个性的发展。这种以主张国家权力多元化为基本特征的政治多元主义理论，在20世纪初成为一股强有力的政治思潮，拉斯基成为这一时期多元主义的主要代表。

第二次世界大战以后，在科技革命的推动下，西方各国经济得到迅速发展，社会分化日益显著，各种集团、组织如雨后春笋般涌现出来，形成了政治舞台上一股股新兴而强劲的势力。这些集团和组织参与、介入政治过程，改变了传统的政治结构和权力关系。而日益普及的教育和信息化的传媒，又唤醒了民众的自主意识和主体精神，也直接促进了政治体系的开放性和多元化。正是为了回应这些变化，达尔接受并发展了拉斯基等人提出的政治多元主义理论，对社会和民主进行了多元主义的分析，提出了多元社会和多头政治的思想，系统地建构起了完整、系统的多元民主理论，集中反映了政治多元主义思潮的最新发展，遂成为当代多元主义的主要代表。

达尔的多元民主理论，曾经在政治学家、经济学家和社会学家中产生了广泛的影响，并得到了大量的支持，因此长久以来一直在美国甚至整个西方民主理论中居于支配地位。1982年达尔的著作《多元主义民主的困境》出版，1986年他又推出新著《民主、自由、平等》，对多元民主理论存在的问题进行了系统的分析和探讨，使多元民主理论更加完善而深刻。

相比之下，以克劳斯·奥夫和查尔斯·林德布鲁姆等为代表的新多元主义，对当代西方的多元民主理论进行了更为激烈的批评和修正。他们认为，随着第三次科技革命的兴起，西方一些大公司已经开始在社会和政治生活中起着决策性的作用，政府甚至成为公司利益的依附者。现代所有制和公司的控制创造了各种形式的不平等，使公民在财产、收入、地位以及教育等方面产生了巨大的差异，这种不平等还造成了公民参与政治和国家生活的能力与机会的不平等，威胁了政治自由和民主的发展。新多元主义认为，为了维护多元民主结构，保护各集团和公民个人的利益，必须把民主的原则发展到工商业自身去，实现公司自治。

新多元主义的这些主张也在一定程度上被达尔吸收。他在 1989 年出版的《民主及其评论家》一书中强调，经济民主和政治民主具有同等的重要性。为此，他提出多元民主的发展也需要经济秩序的民主化。所谓经济秩序的民主化，是指公司或企业的自治和改革。他认为，企业的自治和改革可以缓解人们的利益冲突，培植公民之间的共识，为社会的政治平等和国家的民主制度打下坚实的基础。

虽然达尔的多元民主理论受到了新多元主义的批评，但这一理论至今在西方仍有广泛的影响并为人们所普遍接受，是西方自由意识形态的核心。究其根本原因，在于它大体适应了当代西方政治、经济和社会的发展，“不仅为理解纷繁杂乱的社会政治生活提供了一种理论指导，而且为政治民主化提供了资本主义条件下较为现实的道路”[①]。

多元主义属于西方政治哲学的范畴，它影响到西方社会政治、经济、文化、教育等多个领域，也催生了多元主义公民教育思想的诞生。

多元主义公民教育思想的基本理念是：不同的社会群体都有维持其独特的价值认同、享有其文化特质的权利。民主主义的多元文化的公民教育，能够用两种不同的方式进一步促进公民权利的平等。一方面，通过传递容忍文化差异的民主价值观，使人们能够包容、尊重文化差异和价值多元；另一方面，通过承认文化和价值观的差异，来培养青少年在其生活的社会中的跨文化适应能力。对文化和价值观差异的宽容和承认，都是多元主义公民教育的重要部分。

因此，多元主义的公民教育思想强调，合格的公民不仅能够良好地适应主流价值观和意识形态，而且也应该适应和宽容少数民族及其他非主流的亚文化团体的价值观和意识形态。教育是各民族国家传承文明、延续文化的基本载体，也是了解各民族多元文化的主要途径。学校在学生社会化的过程中具有重要的作用，它不仅要传递社会共同的文化和价值，也要呈现多元的文化和价值。把各种不同文化和价值观的差异呈现出来，其目的在于把学生培养成为能够尊重差异、善于处理矛盾、妥善化解冲突的未来公民。

基于这样的公民教育理念，多元主义的公民教育思想具有如下一些特点：在教育目标上，学校要培养未来公民的健全人格特质，包括开放的自我，对待他人的宽容态度，与他人共享价值的能力，多元而非一元的价值取向，信任人类环境

---

① 应克复．西方民主史．北京：中国社会科学出版社，1997：503.

并对自己具有信心。只有这样的人才能适应全球化的历史转型。在教育内容上，公民教育既要强调普世伦理（即一种以人类公共理性和共享的价值秩序为基础，以人类基本道德生活，特别是有关人类基本生存和发展的道德问题为基本主题而整合的伦理理念），也要呈现多元的文化和价值理念，使得学生在公民认同上，除了共同的国家认同之外，也能理解各个不同族群独特的文化差异。在教育权利上，要考虑到族群成员的差异性，给予族群以特殊的权利保障，使族群的不同利益、文化经验、生活态度得到公开展示的机会。在教育途径上，要着重从实践入手，培养未来公民的政治参与能力，注重增进公民对政治体系和民主程序的了解，传授公民政治知识，提高公民政治参与的技能，强调培养学生相互尊重、理解以及处理差异问题的能力。在教育手段上，既要继承传统中被实践证明行之有效的教育手段，又要充分创新、发展和运用新的技术手段，使教育形式多样化，从而更好地实现公民教育的目标。

阅读书目

吴文侃．中小学公民素质教育国际比较．北京：人民教育出版社，2002

朱晓宏．公民教育．北京：教育科学出版社，2003

蓝维等．公民教育：理论、历史与实践探索．北京：人民出版社，2007

丛日云．民主制度的公民教育功能．中共天津市委党校学报，2001（1）

李慎之．修改宪法与公民教育．改革，1997（3）

思考题

1. 公民教育经过了怎样的演进过程？其基本内涵如何？
2. 现代公民教育有哪些思想与流派？请分别做简要阐述。
3. 当代公民教育是在怎样的时代背景下兴起的？

第三章 欧美发达国家的公民教育

要点提示

● 欧美发达国家的公民教育以美国、英国、法国和德国等为代表。这些国家具有西方共同的历史渊源和文化背景，因而其公民教育具有许多共同性：强调自由、民主、人权、法治等现代政治理念。同时，其公民教育也表现出不同的特点：美国侧重自由，法国突出人权，英国推崇法治，德国倡导责任。

关键词　社会研究　公民科　人权教育　政治养成　宗教教育

现代公民教育的开展是与西方资本主义制度的确立相伴而行的，因此，西方发达国家的公民教育是我们研究的重点内容之一。本章选择西方几个主要发达国家——美国、英国、法国和德国的学校公民教育进行重点讨论，以期对我国的公民教育构建有所启示。上述几个国家各自的历史发展情况有所不同，因此，其公民教育也呈现出一些不同的特点。

第一节　美国的公民教育

美国是现代公民教育理论研究的策源地，有众多的学派及学校实践，公民教育理论的发展直接推进公民教育实践方法的创新，进而推动公民教育的发展。在关于公民教育的研究中，美国的研究成果是最多的，同时，关于美国公民教育方面的资料也是最多的。美国人对于公民教育进行了最为详尽的科学研究，形成了关于公民教育的基本理念。在美国人看来，既然他们的政体可以成为世界各国的一个“典范”，那么与维持这一政体紧密联系的公民教育，便具有了某种“普世性”，从而不断地派遣人员前往世界各地，开展有关公民教育方面的合作与交流。因此，美国的公民教育不仅对美国本土，而且对世界许多国家的公民教育均产生了广泛而深刻的影响。

一、美国学校“社会研究”教育的总体构成

美国学校所实施的公民教育，一般是通过普遍开设的一门叫作“社会研究”（social studies，又译“社会科”）的综合性课程来完成的。该门课程将诸多学科的研究成果整合起来，根据需要按照不同的教学主题对教学内容加以综合组织，注重以课程内容为素材进行各种活动，使学生在学习课程内容的同时，学习思维和决策技能。这门课程的教学是研究性的教学，课程的学习是研究性的学习，故名“社会研究”课程。

美国国家社会科协会（National Council for the Social Studies）为其下的定义为：社会研究学习是为了提升公民能力的、关于社会科学和人文科学的综合性学习。在学校的计划中，“社会研究”课程由多种地位同等而且成为体系的学科内容组成，这些内容来自于人类学、考古学、经济学、地理学、历史学、法学、哲学、政治学、心理学、宗教和社会学等领域。课程贯穿于从幼儿园到12年级的整个学校教育。其内容是多样化的和综合性的，其课程结构也是多样化的，有时就是一门“社会研究”，有时却是数门分离的课程，如“历史”“地理”等①。

“社会研究”课程旨在培养学生按其所知所想来行动的意识和责任感。课程的组织形式每州各有不同。一般而言，其教学目的是通过两个途径来实现的：一个是直接的公民学教学。其内容具有很突出的政治性，也可以说就是政治教育，它构成了“社会研究”课程的核心组成部分，内容包括政府及其职能、政治体制的基础、民主问题、公民权利等。另一个是间接的公民教育。即通过“历史”“地理”等学科的教学，通过丰富的文化内容进行间接的、隐含的政治教育，达到培养积极的富有参与性的公民的目的。二者相辅相成，前者为后者提供明确的价值导向，成为统合诸多学科的轴心；后者为前者提供丰富的价值材料，成为公民教育目的得以实现的资源。

从美国“社会研究”课程的教育目的和教学内容等方面，我们可以清楚地看出其政治教育的性质。美国的公民教育并非人们普遍认为的道德教育，而是一种政治性非常突出的政治教育。当然，“社会研究”课程也有道德教育的内容，但这些道德教育的内容是从培养美国公民的角度选择的，更准确地说，是为政治教育服务的“价值教育”。而且“社会研究”课程所涉及的道德教育与学校日常的

---

① 李稚勇，方明生. 社会科教育展望. 上海：华东师范大学出版社，2001：1.

道德教育活动是相互区别、明确分工的，前者不是后者的课程化。不难看出，美国的“社会研究”课程不是严格意义上的道德教育课程，与日常道德教育工作分工明确，具有政治教育性。换句话说，“社会研究”课程主要不是进行道德教育，而是进行政治教育，道德教育的任务留给日常道德教育活动去完成，即促使新一代形成与其所处社会政治体制一致的态度和价值，完成政治社会化。

美国的公民教育课程从小学阶段就开始设置，而公民教育的主要内容一般放在初中阶段和高中阶段进行，小学阶段与初中、高中阶段的公民教育是相互衔接的。美国公民教育的课程尽管是由学校自行管理和决定的，但美国学校的公民教育内容大体上仍然是统一的。课程的设置是循序渐进的，基本思路以心理发展和认知发展为依据。

美国把对青少年进行公民教育的主要阶段放在中小学，教学内容主要是介绍美国的政府机构和重大的历史事件，以及与民主和美国文化有关的各种问题。

美国的小学一般主要通过“社会”课或“历史”课，教授孩子们认识代表美国的各种标志，学习有关美国政府和美国历史的基本知识。不少州还规定，学生应该了解本州的政府机构、历史知识及象征标志，如州旗、州歌、州花及州的吉祥物等。

正式的公民教育一般放在初中和高中阶段。各州和地方的教育都要求学生学习指定的课程内容——关于公民的各项权利和义务、民主的基本原则、民主存在的问题、政府机构等。这些基础课程与小学阶段的“社会”课和“历史”课相衔接，教材内容通常取自美国历史、经济学、政府机构、政治学、社会问题、法学及社会学等。教学的目的在于让学生掌握课程的知识，同时对学生进行正确的情感和行为培养。

美国联邦政府受宪法的限制，不能直接干预教育管理，所以对于公民教育的管理基本上是州政府的事情。但是州政府对公民教育的课程也不做具体规定。课程设置、课程名称乃至教材的选用，主要由学校自行决定。比如，公民教育课程的名称，有的学校叫“美国历史”，有的叫“美国社会”，少数直接叫“公民课”，大多数称为“社会科”。尽管如此，美国学校的公民教育内容还是有一定规律可循的。美国存在着比较有权威性的专业协会（实际上是一种行业组织），它们得到政府的资助，但主要是从民间集资，组织进行大量研究工作，并根据研究成果，经常公布对学校课程设置、教材编写的建议或者相关样本，这些建议和样本多数都被各州学校采纳或部分采纳。

美国学校公民教育课程设置的基本思路大致如下：从幼儿园到小学 6 年级，灌输给儿童的是关于外界的感性知识，即由儿童自身至家庭，由家庭至学校，由学校至社区，不断扩大。从 7 年级到 12 年级，知识面进一步扩大，即由社区至全国乃至全世界，且理性程度不断增强。

这种课程设置是以对心理发展和认知发展的理论研究为基础的。研究认为，4～8 岁的儿童（幼儿园到小学 1 年级）的发展首先是认知的，其次是情感的，然后才是社会的。而小学至初中少年的心理发展则是这样一个顺序：认知的，社会–情感的，伦理道德的。到了高中阶段，青少年认知的特点则变化为：首先是社会的，其次是认知的，然后是伦理道德的。课程设置、教育内容的逐步加深，要跟学生心理和认知的发展相一致。

二、美国学校公民学课程的主要内容

1994年颁布的《“公民学与政府”国家标准》序言指出：“‘公民学与政府’课程标准内所列的各种建议，目的在于协助各中小学培育有能力、负责任的公民，这些公民对于保存与发扬美国宪制式民主政治的基本价值和原则都能有出乎理智的信诺。”①

该标准分别对幼儿园至4年级、5～8年级、9～12年级三个阶段的“公民学与政府”的内容标准做了五个方面的具体规定，这些内容又随着年级的提升而不断深化。这些内容包括：政府及其职能，即政府设立的意图、法律的作用、有限制政府和无限制政府、宪法的本质等；政治体制的基础，包括美国的立宪思想、美国社会的独特性、美国的政治和公民文化、美国民主政治的基本价值和原则等；民主在政府中的体现，包括宪法赋予政府的权力和责任、政府的运行、法律在政治体制中的作用、政治体制为公民提供的选择和参与机会、公共政策的形成和实施等；美国与其他国家和国际事务的关系，包括世界的政治结构、美国对世界政治的影响以及世界政治对美国政治和社会的反作用；公民在政治体制中的地位，包括公民及其权利、责任和公民对公共事务的参与等。

然而，由于美国教育体制的分权性，国家并没有统一的公民教育目标、课程、考试或评价方法。所以，该标准并非课程大纲，而是为帮助学校培养有能力、有责任心的公民而设置的“出口”（exit）标准，即规定的是4、8、12年级的学生在“离开”或毕业时应掌握的知识和能力。

“公民学与政府”课程标准，体现了美国公民教育内容的两大特点。

其一，美国的公民教育立足于联邦宪法。主要传授如何建立有限制的政府，如何防止无限制的政府对民主政治的破坏等知识。在具体的公民教育内容中，对美国民主政治制度的研习也是基于世界政治制度的发展情况展开的，其始终坚持的一条主线是，在有限制政府与无限制政府（专制体制、集权体制）之间的对比中阐明美国民主政治制度的科学与优越。

其二，美国的公民教育以权利为本位。以“政治体制的基础”中“美国民主政治的基本价值和原则是什么”为例进行分析。“美国人对于他们自己和他们的政府有哪些重要的信念”内容项指出，虽然美国是世界上最为多元分歧的国家之一，但是在此分歧中仍然有着许多重要的价值、原则和信念为美国人所共同拥有。其中第一项就是美国民主政治的基本价值与原则，诸如宗教、言论、出版等

① National Standards for Civics and Government. USA：Center for Civic Education，1994：2.

自由权利，信守法律的约束，美国人的个人权利、机会均等、法律平等。并据此指出，美国的特性包含个人的重要性，学校、社区、州和国家的重要性，机会均等和法律平等保障的重要性，尊重法律的重要性，教育的重要性，工作的重要性和志愿的重要性。“个人的重要性强调政府的主要宗旨是保护个人生存、自由、财产和追求幸福的权利以及追求大众的福祉。”[①]

“公民学”课程是直接的政治教育课程，它构成了美国中小学“社会研究”课程的核心组成部分，但这并不意味着“社会研究”课程就不进行其他教育了。“社会研究”课程虽然有直接的公民教育这类政治性很突出的内容，但更多的则是更为广阔的文化遗产、社会科学知识教育，其策略在于通过丰富的文化内容进行间接的、隐含的政治教育。

三、美国学校“社会研究”课程的基本类型与特点

与直接的“公民学”课程相辅相成，美国学校“社会研究”课程还通过更为广泛的文化遗产教育、社会科学知识教育和思维与决策技能的培养，为学生提供隐性的价值观教育内容，构成了美国学校公民教育的完整范畴。作为一门跨学科、多领域的综合性课程，“社会研究”课程在美国的基础教育中占有重要的地位。从幼儿园到高中都开设“社会研究”课程。从课时安排上看，几乎每天都有“社会研究”课程。可见，教育学生认识社会，成为合格的公民，是美国教育的首要任务。

美国的教育管理比较自由，课程计划与课程目标各州不甚相同。关于美国“社会研究”课程的结构，大体上可归为三种类型：一是美国国家社会科协会推出的课程类型，二是“社会科学”课程类型，三是“历史-社会学科”课程类型。

美国国家社会科协会推出的课程类型采用主题轴（thematic strands）的课程理念来构架“社会研究”课程体系。它整合了人类学、考古学、经济学、地理学、历史学、法学、哲学、政治学、心理学、宗教学和社会学等学科的内容，以及适当的人文科学、数学和自然科学的内容。美国国家社会科协会于 1994 年正式通过了《社会科课程标准：卓越的期望》（*Curriculum Standards for Social Studies*：*Expectations of Excellence*），其中提出“社会研究”课程的十大主题：（1）文化；（2）时间、连续与变迁；（3）人、地域与环境；（4）个人发展与认同；（5）个体、集团与机构；（6）权力、当局与统治方式；（7）生产、分配与消费；（8）科学、技术与社会；（9）全球联系；（10）公民意识与实践。每一个主题由多学科或多个领域的知识整合而成，再按这十个主题组合成整个课程体系，即中小学社会研究一体化的课程体系。以这十个主题为核心，课程内容体系由浅入深，分为低级、中级和高级，重复出现，呈螺旋式发展。

---

① National Standards for Civics and Government. USA：Center for Civic Education，1994：23.

“社会科学”课程类型强调把所有的社会学科领域的知识进行综合。其中主要包含历史、地理、经济和公民四个范畴。它强调各社会学科领域的联系，而不是侧重于某一学科知识。也就是说，该课程类型不是以某一学科为核心来综合其他学科，而是提供给学生跨学科的课程，注重学生综合思维能力的培养。这一课程结构类型强调培养学生的能力与社会科学的探究方法，以此来构建跨学科的课程体系；各门具体的社会学科界限被淡化，在此基础上培养学生提出问题和解决问题的能力、人际交往的能力以及在学科学习中表达自己观念的能力；将注意力集中在培养学生的批判性思维上。

“历史-社会学科”课程类型则以确立历史科的核心地位来架构社会学科的课程体系。它把历史看作社会学科中最有价值的学科，强调历史学科在社会学科课程中的特殊作用。认为历史有益于公民素质的提高，有益于美国民主社会，可促进受教育者成为良好公民并保持美国生活方式。

在克林顿和布什担任总统期间，“历史”课被确定为全国性的核心课程，并出台了国家历史学科标准。因此，该模式不仅把历史教育看作发展公民性的主要课程，而且是学校公民教育的主渠道。它以历史发展线索为主干，尽可能构建跨学科的知识结构，做好社会学科的知识综合。在幼儿园至 4 年级，开设的是社会学科的综合课程，而在 5～12 年级则在核心课程“历史”课中强调社会学科知识的综合。

历史教育的社会功能

成立于 1987 年的美国全国性学术团体——布拉德利委员会（Bradley Commission），就历史教育的社会功能指出：“我们美国人不像其他许多国家和民族，我们不是依靠共同的宗教信仰和共同的种族关系而走到一起来的，然而，我们有着约束我们行为的共同遗产，那就是关于自由、平等和公正的民主观念。假如美国人希望保持这些民主观念并将它付诸日常生活的实践，那么所有的公民都必须理解这些观念在以往的历史时期是如何形成的，哪些事件和何种力量在促进或阻碍这些观念的形成，并且在当代的社会环境和政治言论中这些观念又是如何得以延续的。”

资料来源：Arthur Zilversmit, The Bradley Commission and American History, The History Teacher, November 1989; The Bradley Commission on History in Schools, Building a History Curriculum: Guidelines for Teaching History in Schools, The History Teacher, November 1989.

虽然各州的学校“社会研究”课程的结构类型各不相同，但是，它们都具有一些共同的特点。

共同特点之一：它们都突出社会研究教育为培养美国公民所承担的教育任务，所有的州无一例外地都把公民教育作为开设“社会研究”课程的最为重要的理由。“社会研究”课程就其总体目标而言，是帮助学生了解社会，提高学生的公民素质。具体地讲，这一总体目标又可以分解为三个子目标：其一是认知目标，就是学生应当掌握的知识。其基本要求是使学生认识自己生活的地区、所在的社区和自己家乡的历史、地理、文化和杰出人物；知道本地区与世界其他地区的异同；知道美国乃至世界的历史和地理；知道美国政治的有关常识和本地区、本州及国家的法律与政府机构；知道人们最基本的经济生活常识，如收入、储蓄、生产和消费等；知道组成人类社会的基本机构及人类文化的相互交融；知道人类与环境的相互作用和影响；了解时事与公共话题。其二是态度与价值观目标，就是在对知识的融会贯通的基础上，帮助学生确立正确的态度和价值观。主要是在学生学习历史、地理、政治等社会科学知识的同时，帮助他们确立几种意识和态度。如作为公民应具有的公共意识；讨论准则和处理公共利益关系时应具有的公正态度、权利意识；参与政治生活的民主意识；对自己行为以及履行社会职责时应具有的责任意识；作为人类社会的一员应具有的对人类的善良之心，自尊与尊重他人的意识等。其三是技能目标，就是在授课的同时对学生进行相关能力的训练。首先是民主参与能力的训练，如：如何倾听他人的意见，清楚地表达自己的意见和观点；如何参与课堂、学校和社会讨论；怎样与他人合作完成某项工作；对社区问题能发表自己的见解并提出合理化建议等。其次是学习和探索的技能，如：怎样使用和制作地图、地球仪及各种图表；如何收集、整理、分析信息资料；如何写书面报告和进行口头表述；能阅读不同主题的社会科学方面的读物并得出总体概念；对权威的观点提出质疑等。再次是判断推理能力，如：能对事物的真伪、对错做出判断；能从不同的时间和地点等多个角度对事物的原因、结果和相互关系进行推断、分析；能有理有据地发表自己的看法和观点；在辩论中能从多种观点中选择较为合理的观点等①。

美国中小学公民教育中的现代经典案例

在得克萨斯州，一位教师领着他所在班级的学生在质询所在社区存在的问题，认为政府对这些问题处理不当。这所学校原来地处社区近郊，校址设在一个没有人行道且肮脏不堪的道路旁。由于社区的扩展，穿越学校铺设了一条道路，却没有开通人行道或设置停车指示牌。为此，家长和学校曾与有关方面进行过交涉，认为这是一个安全隐患，但城市管理部门对此却置若罔闻。学生们希望着手解决这一问题。他们研究了交通运作模式，为修建人行道和设置停车指示牌做了预算，准备了一个推荐论证报告，然后邀请市议员到学校参加模拟听证会。议员们同意出席会议并听取学生们的建议。同学们担心，由于他们还只是学生，议员们或许会听取他们的报告，但可能不会郑重对待此事，因此做了大量准备工作。当议员们到达学校礼堂时，发现这次听证会准备得非常充分，而且学生们邀请了约250名家长参加，整个礼堂座无虚席。不必说，最终结果是人行道得以修建，停车指示牌得以设置，学生们也从中学到了许多他们难以忘怀的东西：如何有效地和负责任地参与到他们的政治系统中，胜任政治参与。

资料来源：Charles N. Quigley，Civic Education：Recent History，Current Status and the Future，Albany Law Review，Summer 1999 v62 i4，p. 1425.

共同特点之二：美国中小学“社会研究”课程的各种结构类型还具有一种一

① 赵昕. 浅谈美国中小学社会课程. 课程·教材·教法，2002 (4).

体化的特点，这种一体化的特点又呈现出三个基本的特征：其一是通盘性的构架，即在推行“社会研究”课程一体化时，对整个中小学1～12年级（甚至包括幼儿园）的所有“社会研究”课程做出全局性的考虑，在此基础上做出整体性的构架。也就是说，把小学、初中和高中视作一个统一体，对学校教育中所有的“社会研究”课程，包括“历史学”“地理学”“政治学”“经济学”“社会学”“公民学”“美国政府”等，进行通盘性的考虑和安排。其二是课程的综合性，凸显“社会研究”课程一体化的发展趋势。各种课程类型均在探索“社会研究”课程一体化的方式与途径，都在力图打破社会科学研究中的学科体系反映在学校课程中的分科界限，都在构建适合学生发展需要的课程体系。尽管方式方法有所不同，但不同类型的课程都是在推动“社会研究”课程一体化的进程。其三是课程的开放性。课程的综合化大大拓展了课程的空间，使得课程从严密的学科体系的封闭状态中走了出来，从而使课程又具有了开放性，进而可以将社会实践中出现的问题引入课程，促使学生接触社会、认识社会、参与社会活动；同时，开放性的课程体系得以不断吸纳社会科学的研究成果，汲取跨学科研究的新成就。可见，课程的综合化带来了课程的开放性，而课程的开放性又促进了课程的综合化①。

认识美国“社会研究”课程的性质对我们具有非常重要的意义。自从2001年9月中共中央颁布实施《公民道德建设实施纲要》以来，公民教育这一概念在我国的使用频率陡然增加，中国社会主义的公民教育体系也在系统构建之中。准确理解美国公民教育的性质与目的，对于构建我国社会主义的公民教育体系，无疑具有重要的启示和借鉴意义。

第二节　英国的公民教育

英国是一个老牌的资本主义民主国家，英国学校通过几个不同的层面开展公民教育，使其国民的公民意识不断增强，从而为其资本主义民主制度奠定了深厚的根基。一是以“公民科”和“历史科”为专门课程；二是以宗教教育和道德教育为主要途径；三是以个人、社会与健康教育等为辅助课程。综观英国学校的总体教育，其公民教育的实施就存在于这样几个层面上。

一、专门课程：“公民科”与“历史科”

英国中小学的公民教育传统上主要是在“社会科”（social studies）领域开展

① 李稚勇，方明生. 社会科教育展望. 上海：华东师范大学出版社，2001：126-127.

的，以“历史”和“地理”两门课为主轴。在提供一种由国家政策规定的专门的系统性公民教育方面，英国是比较落后的，公民教育的专门课程迟迟没有形成系统的模式。直到 20 世纪的最后十年，在英国内外形势和全国教育管理逐渐集权化的推动下，专门设立公民教育课程的问题才终于得以解决。1990 年，全国课程委员会颁布了《课程指导八：公民教育》。这是继 1949 年《公民在成长》之后第二本直接针对公民教育的官方出版物，它将公民教育作为五个交叉课程主题之一正式纳入国家课程。同年，英国国会下议院发布了题为《鼓励公民教育》的报告，强调公民教育的重要性。公民教育终于由官方文件规定，在英国学校教育中确立了法定的地位。接着，1997 年，新工党政府在其首份教育白皮书《优质学校》中，做出加强学校中的公民教育和政治教育的决定。同年 11 月，国家教育与就业部部长戴维·布鲁克特（David Blunkett）宣布成立以伯纳德·科瑞克（Bernard Crick）为首的公民教育与学校民主教育顾问团，目的是为学校中的公民教育提供有效的建议。顾问团组织进行了一系列的咨询和讨论，于 1998 年提出了最终报告，简称《科瑞克报告》（The Crick Report），它对随后出台的国家公民教育政策的形成起了重要的作用。《科瑞克报告》就公民教育的必要性、目的、内容、方法、重点等做了阐述。2000 年，政府将专门的公民课程引入中小学，“公民科”成为国家课程体系中的一门基础学科，从 2002 年 9 月起在中学正式实施。在颁布的英国中小学国家课程中，“公民的权利与义务”作为一门基础学科，要求 5～16 岁的学生发展以下技能：调查和批判性思维，讨论与辩论，商谈与调解，参与学校和社区活动。而在所有的中学生（11～16 岁）中，“公民的权利与义务”成为法定国家课程中的基础科目之一，每个中学生都必须修习。至此，可以说中央政府已完全担负起对公民教育的管理，公民教育的专门课程在国家正式课程中占有了重要的一席。

《新 2014 版英国国家课程标准》对于公民课的目标有具体的描述，大体可分为社会和个人两个层面。社会层面的目标要求：系统学习和理解国家如何治理、政治体制以及在民主体制政府中公民如何参与政治，系统学习和理解法律和司法体制在社会中的作用以及法律如何制定和实施。个人层面的目标要求：培养学生对志愿活动的兴趣，并使其致力于参与志愿活动或者其他形式的义务活动，使之成为学生成年后的行为习惯；使学生具备认真思考和辩论政治问题、管理日常财务和规划未来财务需求的能力[①]。因而也可以看成是围绕公民个人意识、公民政治意识、理性公民和公民理财等四个方面的内容展开的[②]。

从公民课程的目标和内容来看，作为专门的公民教育课程，其主要目的在于培养公民意识，尤其是突出对公民政治意识的培养，直接体现了英国国家核心价值观，这是该课程设置的意义所在。它实际上是英国中小学进行公民教育最直接的方式。

---

① Department for Education. The National Curriculum in England: Complete Framework for Key Stages 1 to 4.

② 刘源. 中英“新”课程标准中公民教育比较. 教育评论，2015（7）.

与其他一些国家一样，英国传统上也曾把“历史”作为“社会科”中的一门，其主要目标在于使学生“对于英国传统文化遗产有良好的掌握”“认识英国公民之权利与义务的历史发展过程”以及“培养民族意识”“培养道德”等[①]。对于历史学科与其他社会学科综合设置的问题，曾经在英国教育界和史学界展开过激烈的争论，但结果是历史学科课程的地位得到巩固和明确，“历史”课在中学单独开设，并被视为一门核心课程。历史教学的目的中就包括了“树立认同感”“训练思维”“获得有关社会责任和公民权利、义务等的信息”等项目[②]。由于历史课程具有社会或公民教育价值，即要为年轻人转向成人生活、承担公民责任做好准备，所以在历史课程中提供了许多这方面的内容。总的来说，英国史，特别是其政治、宪法和文化方面的遗产是历史学习的重心。学生通过学习具备相关的知识和技巧、培养自决能力，课程教授的内容是与学生逐渐发展、成熟的智力水平相一致的。可见，无论是作为“社会科”中的一门，还是单独开设，历史教育始终被英国学校视为进行公民教育的一个重要方面。

二、主要途径：宗教教育与道德教育

人们一直将英国学校的宗教教育视为英国教育保守性的一个显著特征。但是，这仅仅是问题的一个方面。如果仔细审视一下英国现代宗教教育的内容，我们就会发现，它已经与早期的宗教教育大为不同。它早已摆脱了排他性的特征，不再是以灌输基督教教旨为主体内容、以培养圣职人员为目的的了。学校将宗教教育作为促进英国年青一代的人生观、价值观以及精神、道德发展的必要手段，并以开放性、多元性的宗教教育为依托，培养他们宽容、理解的国际公民素质。这是英国公民教育的一种独特方式，它把新的内容装进传统的外壳，使古老的形式与时代精神相结合。英国学校的宗教教育中包含了许多公民教育的因素。

英国的教育起源于宗教，并长期由教会控制和管理，因此教育的实质就是宗教教育。英国的教育虽然曾经出现过从服务宗教到服务国家的变迁，但教育权仍掌握在教会手里。国家虽然讨论过接管教育的问题，并通过拨款干预教育，但完整的国民教育制度却迟迟未能建立。19 世纪 30 年代国家开始干预教育事业后，纯宗教性的教育受到了冲击，学校中的宗教教育逐渐演变成为学校教育中的一个部分。1944 年教育法为英国确立了现代教育体制，但法案中明确规定了宗教教育的地位。1988 年教育改革法虽然没有将宗教教育列为国家课程中的一门，但宗教教育在学校教育中的地位仍然十分突出。之后，20 世纪 90 年代的一系列法规、法案又进一步强调了学校宗教教育。从某种意义上说，所谓的公民教育在很

① 余伟民．历史教育展望．上海：华东师范大学出版社，2002：156.

② 同①168.

大程度上等同于道德教育，而道德教育就是宗教教育。

与此同时，作为学校课程的一个重要组成部分，英国现代的宗教教育与其他学科一样，要对学生的个人、社会与健康教育以及公民教育做出贡献。它着眼于志愿的和慈善的活动，为发展积极的公民意识提供机会；它对激发学生的权利与责任意识发挥作用；它帮助学生理解和尊重生活在不同信念、实践、种族和文化背景下的人们，促进民主社会中公民所需的价值观与态度的发展；它帮助学生考虑现代社会背景下生活的目的和意义，从而使他们对宗教、道德和社会问题做出合理而明智的判断，为他们在多元社会中作为公民的生活做准备。

随着宗教影响的逐渐减弱，英国思想界和教育界关于“由道德教育解决道德问题”的观点逐渐确立。

道德教育必须反映道德的核心观念，要以道德的基本理论来指导德育。莱斯特大学社会道德教育中心的莱特教授把道德分为四个核心观念和六个关系。

四个核心观念：对人的尊重、公正与合理、诚实、守信。六个关系：与最亲近的人的关系、与社会的关系（包括劳动和生活中的各种关系）、与所有人即人类的关系、与我们自己的关系（包括对同辈人及对自己的理解）、与非人类的关系（即与自然界的关系和环境问题）、与上帝的关系（即信仰）。他认为道德教育应当通过这六个关系的具体化、生活化来反映那四个核心观念。

具体内容可以归纳为十个方面：有关社会意识、公民意识和个人的责任义务，有关个人与他人的关系，有关就业中的工作制度、雇主关系，有关商品社会中的消费问题，有关婚姻、爱情及家庭，有关学习英雄、名人的情操，有关各行各业的职业及职业道德，有关学习文化传统和各国优秀文化，有关参与社会事务及福利事业，有关反对暴力、吸毒、酗酒、凶杀、死刑、性解放、核战争等。可以说，凡是在社会生活中会碰到的基本问题差不多都涉及了。

就学校道德课程的教材而言，小学使用的《起始线》(*Startline*) 分为两个部分：一是道德观点或行为规范解说，二是学生学习材料。学习材料都是根据儿童的个人经验或他们的描述写成的，有的是丛书，有的是卡片，有的专门展示故事的过程，有的则展示故事发生的情境，让学生去自由想象和创造。中学使用的《生命线》(*Lifeline*) 分为四个部分：一是介绍中学道德要点；二是设身处地考虑问题，包括感受性、后果和观念三个单元；三是验证原则；四是实践原则。整套教材的编写遵循从个人经验到他人经验再上升到人类经验，即普遍行为准则的认识路线，目标是使学生学会关心和发展深思熟虑的生活方式。例如教材上有这样一些问题：有人纵火该怎么办？男孩女孩看电影该由谁付款？为什么？让学生讨论，使其学会做判断。

英国各级学校的道德教育表现为四个结合：其一，道德教育与学生指导相结合。如中小学大都设有道德指导教师 (moral tutor)，该教师“对受他教导或不受他教导的学生负责提出建议和给予忠告”①。一些大学则挑选训练有素的人担

① 朗特里. 西方教育词典. 上海：上海译文出版社，1988：195.

任学生顾问，当学生遇到思想问题时，就耐心地予以开导。这种做法有利于学生在实际生活中形成正确的价值观和良好的行为习惯。其二，道德教育与校园美化相结合。如牛津大学在学生每天经过的一条走廊里立起大理石碑，上面用金字镌刻着该校在第二次世界大战中为国捐躯者的名单。这种做法不仅美化了校园环境，而且能使学生在潜移默化中接受爱国主义教育。其三，道德教育与各科教学相结合。除了宗教课、道德课外，其他科目的教学也渗透着道德教育的目的。如体育课就是如此。英国学校普遍致力于培养运动员的精神和风格，积极指导学生在体育活动中养成守纪律、勇敢、拼搏、协作、忍耐、公正等品质。比起个人竞技，学校更重视橄榄球、足球等团体竞技。其四，道德教育与家庭教育相结合。在英国，道德教育也被视作家庭的主要职责。英国教育界普遍认为，如果离开了家长的支持与配合，学校的道德教育就很难取得理想的效果。

就学校道德教育的方法而言，英国因为20世纪60年代在公立学校开设“个性与社会教育”课遭到失败，所以70年代以后特别注意道德教育的科学化，研究探索各种行之有效的方式方法，如教师培训法、多元教学法、活动教学法、行为矫治法等。教师和研究人员还注意从方法论的高度来进行总结。有的教师指出，在道德教育中应该坚持几点：一要满足学生的需要，而不是从想当然出发，应当像商人“面向消费者”那样“面向学生”；二要针对现实，客观地分析和审视学生关心的一切道德问题，不粉饰，不和稀泥；三要人道，就是道德教育的教学应当是人道主义的；四是正人者先正己。麦克菲尔指出，在德育中倡导的教学路线应当是：美德→直接的个人经验→在大情境下具体化为全人类的经验。他还特别强调概念与材料、文字与图片、讲授与思考、叙述与个人创新的结合。

三、辅助课程：个人、社会与健康教育

英国中学普遍开设一门叫作“个人、社会与健康教育”（personal，social and health education，PSHE）的课程。学校的教学大纲规定，该门课程的教学目的是倡导健康的生活方式，使学生在生活技能、表达能力、学习新知、思考能力、与人相处以及道德修养等方面都得到提高。根据英国国家课程的规定，正确使用物质财富教育、性教育、家庭生活教育、安全教育、锻炼身体教育、食物和营养教育、个人卫生教育、有益于健康的环境和自然因素教育等，都是这门课的内容。也就是说，这门课程几乎涉及学生成长过程中会遇到的所有问题，而且教育内容贴近实际生活，讲究实用性。从PSHE课程框架来看，PSHE第1到第2阶段（4～10岁）教授四项相互关联的知识、技能和理解力：（1）培养自信心和责任感，最大限度地开发学生的能力；（2）让学生准备扮演积极的公民角色；（3）养成一种健康、安全的生活方式；（4）发展良好的人际关系，尊重人们相互

间的差异。PSHE第3到第4阶段（11～16岁）是在学生自身经验和第1、第2阶段工作的基础上，补充完成课程中的公民品德，涉及与健康、法律和家庭相联系的公共政策两难推理，此阶段所教授的三项相互关联的知识、技能和理解力，包括了以上（1）、（3）、（4）三项内容。可见，英国中小学所谓的PSHE课程，其实就是一门公民课程。

PSHE能够帮助学生在学校里获得成功，提高各种能力。它以多种方式对学生的有效学习和成绩提升起到了积极的作用。PSHE给学生提供担任新角色的机会，使其以新的方式承担责任，解决实际问题，与学校以外的人们接触，在成人的气氛中工作；PSHE尊重学生，把学生当作个体的人看待，鼓励他们反思自己的感受和体验，为他们提供一种对自身以及与他人关系的积极的和实际的感受；PSHE强调反思并提供系统的机会使学生从经验中学习，鼓励学生对自己的学习更加负责；PSHE在培养学生形成有效交往、决策，对付各种变化的局势以及与他人一起工作方面发挥着重要作用，这些方面对于人们在学校里、在继续教育和高等教育中、在接受培训和就业时获得成功都是至关重要的。这种教育还帮助学生掌握许多其他技巧，包括如何控制情绪，怎样获得支持等。PSHE旨在形成一种有助于学习的良好氛围。通过教授各种规则，使学生建立起安全感，这是在学生之间、师生之间建立良好关系所必需的。

英国的教育实践证明，在PSHE得到积极实施的地方，会产生短期直接的和长期间接的效果，包括情感和学习两方面。例如，学生群体内部良好人际关系的发展会形成更好的学习环境，这就有效地提高了学习成绩；同时还增强了学生参与社会群体活动的能力。同样，鼓励学生积极参与的学校气氛会进一步激发学生参与的积极性，减少疏远的可能性；同时还使学生的情绪获得稳定发展，这将有助于学生在成年以后提高自己生活的质量。

第三节　法国的公民教育

与其他西方国家相比，法国的公民教育具有丰厚的近代传统，有着很高的组织化程度，突出了人权教育的地位。

何谓公民道德？曰，法兰西之革命也，所标揭者，曰自由、平等、亲爱。道德之要旨，尽于是矣。

资料来源：蔡元培：《对于教育方针之意见》，载《东方杂志》，1912（8）。

一、法国的政治文化传统及其对学校公民教育的影响

近代以来，法兰西以其独特的思辨为近代人类民主的发展做出了重要贡献，成为人权的故乡。法国大革命政治文化最为重要的特征，就是其“同旧世界彻底决裂”的观念或信念。

与英国相比，法国革命在对待过去传统的态度上有着重大的不同。英国表现较为温和，而法国则表现十分决绝。英法两国革命有着强烈的反差：英国妥协、保守，法国激进、彻底。这种差异无疑是英法两国民族性格与民族精神差异的深刻反映，它规定着两国革命政治文化不同的发展趋势，也规定着两国革命不同的政治行为方式、历史影响和历史地位，还对各自学校的公民教育实施产生了不同的影响。

在近代史上的世界民族之林中，法兰西民族素以“政治民族”著称。马克思曾说法国无产阶级是欧洲无产阶级的“政治家”①。人们也常说，两个法国人走到一起必谈政治。他们不是那种只关心生活中的非政治性事务、对自己与国家政治过程的关系毫无意识的狭隘观念者，也不是消极被动地接受政府行动影响的顺从者，而是把国家政治事务看作与自身利益休戚相关的事情，并相信自己是可以通过努力对其施加影响的参与者。法兰西民族正是这样一种具有高度政治自觉性和政治积极性的民族。

法国的这种政治文化传统，深刻地影响了法国学校的公民教育。早在大革命时期，革命领导人就意识到在全体公民，首先是在军人和学生中灌输共和主义精神的必要性。革命者在学校做了不少工作，积极地向青少年学生传授自由资本主义的政治道德观念，努力“培养他们进入资产阶级的行列”②。1793 年，国民公会通过的《公共教育法》就把资产阶级革命的纲领性文件《人权宣言》和宪法，列为中小学学生“绝对必需的基本知识内容”。1881 年颁布的实施教育改革的《费里法案》，又在全国实行十年义务教育制，在公立学校里普遍废除宗教课，代之以“共和国公民的伦理与道德”，开设公民教育课。这种“世俗化”的做法以后几经变动，最终成为法国中小学公民教育的一个传统。

法国公民教育的内容和形式，随着社会政治经济的发展而变化、充实和丰富。总体来讲，由于受到这种政治文化传统的深刻影响，法国学校的公民教育具有政治教育的性质，其中最为强调的是权利意识的增强，把权利看作更有意义和价值的东西。

1923 年，小学各年级把公民权利和义务教育列入了教学大纲。1938 年，在小学结业班开设了“公民生活基础知识”课题。1939 年，学校各年级普遍开展

① 麦克莱伦．马克思传．北京：中国人民大学出版社，2008．原文为：“德国无产阶级是欧洲无产阶级的理论家，正如同英国无产阶级是它的经济学家，法国无产阶级是它的政治家一样。”

② 贾诺威茨，韦斯布鲁克．军人的政治教育．北京：解放军出版社，1987：9.

了“公民爱国教育”，坚持“团结一致”的口号被看作教育有效性的主要标志。在此期间，政府把小学的义务教育放在优先地位，但又特别强调要效忠国家和国家元首。直到 1940 年，“公民训练一直是整个公共教育的关键”①。政治家和民众都对公民训练为社会制度的巩固所起的中心作用深信不疑，公民训练甚至被看作共和思想乃至共和国的主要支柱之一。

1945 年以后，公民训练再度复兴，并通过法国的青年反抗运动而增添了活力。20 世纪 60 年代，西方社会民主运动高涨，尤其是 1968 年法国的“五月风暴”，有力地推动了社会各方面的改革。法国教育改革中，公民教育强调权利与义务相结合，课程的名称为“公民道德教育”。80 年代以来，法国再度反思公民教育的成败得失。1984 年，法国官方明确指出，学校公民教育要以“人权”为核心，强调要遵循 1789 年的《人权宣言》和 1948 年联合国通过的《世界人权宣言》，把公民的权利放在突出位置，使所有公民都享有自由的集会、结社权，以及表决权和劳动权。因此，从小学 1 年级，有的甚至从幼儿园就开始了有关民主和权利的启蒙教育，通过教学和各种活动为学生提供典型事例，使他们体验和了解现实民主生活的情景。

二、法国学校公民教育的高度组织性与目标追求

法国人在公民教育的实施和管理方面具有高度的组织性，这种情况是与其公民教育的政治性目标密切相关的。

法国的公民教育由国家直接干预。法国教育部统管全国的公民教育事业，制定统一标准，设置课程年限、大纲，规定教材甚至参考资料，任何人不得更改。各地教育行政部门设立专门机构或指定专人负责学校公民教育，规定由班主任担任公民学的教学。在法国，学校教师为国家公职人员。公民教育课程每周一至二节。法国属于中央集权制的国家，教育的权力因此也集中在中央，这在西方主要发达国家之中是一个例外。法国教育的这种模式源于拿破仑时代制定的帝国大学制度，是国家政权与教会争夺教育领导权的产物。

法国政府在学校公民教育中所起的作用，比起美国、英国、德国等其他欧美国家要直接和明显得多。正是由于法国政府对其公民教育的这种集中统一管理，显示出较高的组织化程度，因此，据国外一些研究表明，与其他西欧国家相比，法国青少年学生的政治参与意识和政治参与能力都是最强的。

法国学校将公民教育课程的名称定为“公民道德教育”，在公立学校普遍开设，从小学开始延伸至初中，一直贯穿整个义务教育阶段，并在高中阶段得到了加强。其具体的教学目标因不同的历史背景而有所变易，但中心是强调把学生培养成为具有社会责任心，特别是能够行使自己公民权利的理想社会公民。从教学

① Claude Nicolet. L'Instruction Civique et la Justice. Philosophie Politique，1996（9）：136.

大纲的规定来看，初中和高中阶段的公民教育课程试图围绕着“人类的人”和“公民”两大概念来组织，并随着年级的递增而逐步深入。

初中的公民教育课程目标定位在对国家制度、价值观念等的了解上。法国公民教育《初中教学大纲》规定：“公民教育必须使学生理解民主生活准则及其基础，了解国家机构及其历史渊源，并对当今世界尊重人权的条件和方式进行思考，即宽容、团结、种族平等、民族共存；公民教育应使学生能够满足他们对自由与正义的要求，并能负责地面对当代的各种问题与挑战。”

高中公民教育课程的目的，从某种意义上说，反映了整个公民教育的最高追求。1998 年，法国高中设置“公民、法律及政治教育”课。2000 年颁布的《公民资格教育大纲》规定，高中三个年级的学习主题依次为：“从社会的生活到公民的资格”“制度和公民资格实践”“经受当今世界变革考验的公民资格”。同年颁布的《公民、法律和社会教育课程教学大纲》在其总则中指出：“……到时候会出现一个成年的、自由自主的公民，他将通过积极参与国家生活而宣扬自己的批判理性。”课程目标以能力目标为参照，其中一个重要的目标取向是要使学生形成这样一种认识，即社会和国家生活是可以理解的，其规则和制度是有其起源的，是可以变化的，从而帮助学生认识到社会规则是人制定和供人使用的，它具有一定的时空限制①。新版教学大纲更指出，在这一新课程中，学生应当经历三个“时刻”：了解规则和制度出现的背景和条件、认识社会行动者对规则的使用、专注于关于规则的“论说”。

法国许多专家认为，政治是公民资格的重要维度，“进行公民教育，就是为政治恢复地位”②。正如公民、法律和社会教育中的法律教育不是向学生们教授法律方面的技巧，而是让他们发现法律作为自由之保障的意义一样，向学生进行政治教育也不是培养学生成为政客，而是让他们了解国家制度的运作和自己作为公民所拥有的权利与义务。

三、法国学校公民教育的内容架构和教学方法

法国学校的公民教育没有采用美国和日本等国的综合性社会科模式，但是在历次的教育改革中，也出现过公民教育分科教学和综合教学的多样性状况。其中综合性的教学被称为“启发学科”和“人文科学”，类似美国、日本等国的“社会科”。从比较的观点来看，由于法国教育重视学术的传统，其公民教育课程较之美国、日本所采用的综合性社会课程，更加倾向于分科的模式。一般是以历史和地理两学科为代表，通过分化的学科来实施公民教育。但无论是采用综合性学科还是采用分科形式，法国学校的公民教育都具有鲜明的政治教育的性质。

根据 1985 年法国政府对《公民道德教育课程教学大纲》所进行的改革，法

①② 汪凌．法国普通高中公民教育课程．全球教育展望，2001（7）．

国学校公民教育的架构可以概括为三大要点：民主国家的基本价值观和法律知识；各种国家的政治制度；法国在世界事务中的地位和作用。具体内容主要包括：使儿童青少年熟知法兰西民族和法兰西共和国的历史，了解法国民主政体的基本准则、行政机构、宪法与法律，懂得一个公民应尽的义务和应享有的权利。除公民教育的专门课程外，法国学校还将公民教育贯穿于学生的班级生活和学校生活，融于不同学科的教学活动和每个教师的所有实践活动之中。

近年来法国国民教育部最为关注的问题是：要使学生积极生活于现代社会，行使公民权利，学校应该提供哪些知识和能力？学生又如何获得这些素质？1996 年，弗卢委员会在上呈国民教育部部长的报告中提出，学生应在 16 岁义务教育结束时掌握“首要知识”。这些首要知识是与公民日常生活和职业生活紧密相关的。它包括会读、会写、会说、会算，掌握关于基础图形和体积的知识，理解有关时空的概念，学会理性地观察和思考，能够进行自我健康保健和安全保护，具备一定的艺术感受能力，掌握社会通行的和公民应了解的符号和价值观念。

法国国民教育部认为，能力的培养胜于单纯知识的传授，因此在教学改革中采取了实质性的措施。如国民教育部鼓励教师采用差异教学法，即以学生为中心，按照适合每个学生学习节奏的教学策略，引导他们达到既定的教学目标。在这一方面，小学和母育学校中教学阶段的划分，为差异教学提供了一个富有弹性的体制。1980 年以后，小学和母育学校共分为三个教学阶段，即母育学校小班、中班为学前学习阶段，大班和小学 1、2 年级为基础学习阶段，小学的最后三年为加深学习阶段。与此同时，设立阶段教学目标，摒弃以往的学年目标，使学生在 2～3 年里可以按照自己的学习节奏达到教学目标，教师被要求对学生进行跟踪教学。另外，法国强调教育的持续性。由于教学阶段的建立，母育学校和小学的联系更加紧密，这不仅表现在学科知识的学习上和学习能力的培养上，还表现在学生自治能力、与他人共同生活能力的培养上。

法国高中特别注意培养学生具有个人工作能力、推理和判断能力、交际能力、承担职责的能力、参与国家生活的能力，最为重要的就是表达与维护自己认识的能力。为了培养自主的公民，让他们通过积极参与国家生活而张扬自己的批判理性，法国中学特别注重公共辩论能力的培养。2000 年的《公民资格教育大纲》强调辩论法教学，辩论法教学过程包括四个步骤：首先与学生选择辩论主题，其次组织学生着手准备，然后按照师生一致同意的方式展开辩论，最后进行成果报告。经过这样几个步骤，培养学生合作、协商、交谈、辩论等民主技能。

为了使公民教育行之有效，法国还建立了公民教育的社会参与机制。20 世纪 70 年代后，法国教育改革突出强调自治和参与，制定了一系列相关法律来保障公民教育参与过程的正常进行。法国公民教育的社会参与主要有三个方面：一是家庭的参与。法国国民教育部在 70 年代的教育改革方案中就提出，“学校教育与家庭教育互为补充”，应当使“教师与学生家长之间的关系制度化”。二是学生的参与。主要是扩大学生对教学活动的参与，使学生有能力自己安排学习，对他们的学习要“善于增加难度”。三是参与指导机构的建立。1989 年法国颁布了《教育指导法案》，对政府、社会团体、家庭在青少年公民教育中的地位、作用和权利义务做了全面而具体的规定，它是法国公民和社会组织参与公民教育的法律保障。根据这一法案法国成立了教育高级委员会，协调青少年的公民教育工作，统一领导社会对公民教育的参与。

法国是现代公民教育的首创国。作为资产阶级革命的产物，其公民教育以自由、平等、博爱等资产阶级思想观念为主要内容，在维护资本主义制度以及培育这一制度所必需的公民方面，发挥了巨大的作用。法国的公民教育反映了西方现代资本主义最为本质的东西，体现了西方发达国家的理念特点。法国学校公民教育课程的设置在公民教育方面积累了丰富的经验。认真研究法国公民教育的做法，有助于为我国社会主义的公民教育建设提供启示与借鉴。

第四节　德国的公民教育

德国学校的公民教育强调公民对国家的责任与义务。虽然在第二次世界大战以后，公民教育的课程随着联邦德国民主化进程的加深而有所调整，但是强调国家的利益与个人的义务仍是一以贯之的，甚至于公民对国家的义务感成为德国社会稳定的重要因素。同时，德国属于联邦制国家，各州在教育上享有绝对的自主权，因各州的具体情况不同，学校公民教育的教学目标也有差异。这种情形与法国学校公民教育强调权利和中央集权式管理的特点，形成了鲜明的对照。

一、德国学校公民教育的目标与内容

德国的公民教育是德国社会的核心任务。德国人坚信，一个民主的社会需要在政治上受过教育的公民。民主国家依靠的是它的公民的贡献。要能够对政治过程做出贡献，人们就必须接受政治教育。民主的公民教育，其目标就是传递民主的意识，传授民主的知识，培育民主的能力，以便能够在政治的运行过程中起到作用。

具体来讲，德国学校公民教育的教学目标包括：在小学阶段，让学生了解与他人共同生活的意义，焕发和促进他们的宽容意识和民主意识，懂得尊重他人的尊严，时时顾及他人，具有责任心和评判是非的能力，遵守秩序。为培育学生的自决权，学校经常教育学生学会独立思考和独立行动。教师还鼓励学生要勇于对成年人提出批评，特别是在受到不公正的待遇或成年人的行为举止不符合道德规范的情况下更要如此，顺从的原则是必须符合最基本的道德观。在中学阶段，主要讲授的内容有：人对财富的利用，权威和自由，通向自我负责的道路，自我发

现和权威，权威的意义，政治生活中的共同责任心，人类共同生活准则，生活安排和生活意义，等等。在教学过程中逐渐改变教师的传统角色，使他们从正面教育的授课者变成课堂的主持者，把培养学生的自学能力作为教学的宗旨。在教学过程中留出更多的时间让学生独立地获取知识。因为只有经过自己的艰苦劳动而获取的知识，才能更好地被掌握，亦更有可能在适当的时候得到运用。

德国还注重通过学校教育来培养一种民族精神和爱国主义思想，这一目标在德国学校的教育中是十分明显的。德国学校主要是在历史、地理、德语等课程的教学中，注重引导学生学习德国的民族英雄和著名人物的思想，培养学生具有民族优良文化传统和高尚气质，以及对工作、对国家的自豪感和愿意为之而献身的精神。这种精神主要表现在爱祖国，具有民族自尊心；爱劳动，具有勤业思想；讲认真，对工作一丝不苟；有信念，不管在困难时期还是顺利时期都具有乐观精神，为信念而执着追求。

二、德国学校公民教育的途径与特点

德国学校的公民教育是通过几个方面的途径来实施的，与其他国家相比，它在组织形式上又有着自身一些显著的特点。

首先，注重宗教性是德国学校公民教育的一个显著特点。德国学校公民教育以宗教教育为根本，在各方面都突出宗教信仰和教会的作用。凡涉及人生、信仰方面的问题，都得归于那冥冥之中至高无上的神灵。自 20 世纪 70 年代以来，这一古老的精神帝国受到了现代化力量的强劲冲击，宗教课也随之吸收了许多现代的生活内容，向世俗化、生活化、现代化移易成为不可抗拒的潮流。不过，德国学校公民教育的宗教课程仍然保留至今。

同欧洲其他国家一样，德国学校是从教会教育机构演化而来的，因此，宗教课程长期以来一直是学校的核心课程，学校德育的任务主要由它来承担。英国学校实施的是非宗派的一般性宗教教育，与英国不同的是，德国学校是按照宗派划分和进行以宗派为主的宗教教育。

第二次世界大战以后，德国被分为民主德国和联邦德国。联邦德国恢复教育分权制，由各州自行管理，但仍然保持以宗教课程为核心的学校德育。当然，随着形势的变化，学校德育也在进行改革，寻求新的应对措施：一方面使宗教课程内容有所改变，另一方面是增设了“伦理科”“社会科”等课程。1990 年，两德以联邦德国的国体和政体重新统一。统一之后，不同价值体系的冲撞给学校德育带来了重大影响，给德育课程的设置又提出了新的课题。但宗教课仍然是中小学的必修科目，并由教会全权包办，连校长也不得干涉过问。道德教育的根本目的是以宗教为根本，陶冶精神与人格。除了培养学生的宗教信仰外，还注重培养人的尊严、克己、责任感、对真善美的感受、民主精神、爱国主义以及德意志精神。从宗教教育的内容来看，不同的教派有不同的教义，主要是天主教和新教两大教派，私立学校分设两类相应的学校。公立学校则按教派设立分为三种：第一种是共同学校，对不同宗教信仰的儿童统一进行基督教的文化价值教育，上宗教课时再根据不同的信仰分班，由不同的教派授课；第二种是教派学校，分天主教和新教两大类；第三种是世界学校，不开设特定的宗教课。家长可以自己为子女挑选合适的学校上学。

其次，注重培养民族精神是德国学校公民教育的又一显著特点。德国学校的公民教育侧重于培养学生的民族精神和民族自信心，尤其是重视德国史、德国地理等的教学，强调介绍德国民族英雄和民族著名科学家的贡献，着力表现民族优良文化传统和高尚气质，许多德国青少年都有着很强烈的民族意识。

在德国公民教育中，“政治养成”（亦称“政治陶冶”）起着重要的作用。历史上青少年的“政治养成”由学校负责，成人的“政治养成”由社会团体和公共机构承担，这个传统至今没有什么变化。所谓“政治养成”，其实就是政治教育的别称，只不过在一些西方学者看来，“它更着重于个性解放和社会批评方面”[①]。

“政治养成”相当于其他国家的社会科。根据联邦德国宪法的基本精神，可以将其理解为以相关的政治知识为媒介，促进理想的政治素养的形成。但它又并不意味着是一门学科的名称，而是统括了“历史”“地理”“社会常识”独立的三门学科。由于德国实施的是地方分权型教育，“政治养成”的形态与内容各州不同。此外，德国的学校分为初等教育（第1～4学年）和中等教育（第5～13学年），其中中等教育又分成前期（第5～10学年）和后期（第11～13学年）两个阶段，不同阶段的“政治养成”也有很大的差异。同时，各州至少存在普通中学、实科中学和完全中学三类中等学校，各类学校课程也都有所不同。因此，德国现实的“政治养成”课程具有多样性。但是，在各阶段存在着政治陶冶的基本的、传统的倾向，目的在于使学生了解当前世界的历史根源及其社会和地理的条件，以便对政治秩序和政治发展做出理解和批判。课程任务不只是让学生认识民主，更要培养学生实践民主的能力。其主要特点是把对学生的教育置于社会政治生活和经济生活的背景之下，通过对学生进行社会政治与经济生活常识教育和相关的能力培养，使其了解更高层次上的社会道德问题。该门课程的具体内容因州而异，如巴伐利亚州是通过教授社会和国家的有关知识，发挥其社会性和政治性陶冶作用，培养有政治判断力、能对社会生活负起责任的公民。内容设计上体现由近及远的原则，如第7学年的教学大纲规定学习有关家庭和学校的社会性能，依据宪法和法律尊重人的共同生活，作为市、镇、村公民的教育；第8学年的教学大纲规定学习德意志联邦共和国的社会结构、议会政体、法制；第9学年的教学大纲规定学习巴伐利亚州与联邦的社会政策、社会体制、国际关系等。[②]

再次，注重“德目主义”是德国学校公民教育的另一个显著特点。德国学校的“伦理道德”课是其公民教育的重要组成部分。“伦理道德”课程结合学生的生活

---

① 贾诺威茨，韦斯布鲁克．军人的政治教育．北京：解放军出版社，1987：191.

② 冯增俊．当代西方学校道德教育．广州：广东教育出版社，1997：172.

实际，系统讲解伦理道德原则、行为规范和人生体验，比如如何以诚实之心、坦诚之言帮助同学和朋友，如何同家人相处，独生子女或多子女的我的长短之处，如何尊老爱幼，谅解宽容别人的缺点，如何看待吸毒现象，如何对待艾滋病问题等，内容深浅因年级而异。“伦理道德”课程自 20 世纪 70 年代开设以来，备受师生欢迎，迅速成为学校公民教育的主要方式。相对于其他国家而言，德国学校偏重于道德知识的教学，以重点讲授各种行为规范、优良美德等为主要目的，或者说以灌输传统道德理论为主要目的。同时，与其他国家一样，德国也注意其他学科的作用，也注意通过活动和日常生活来进行相应的道德教育。

三、德国学校公民教育的形式与方法

由于联邦德国的基本法明文规定民主是国家的基本原则，所以民主化以及让公民积极参与民主建设便成为教育的中心任务之一。为达到这个目的，教育学家提出：第一，要对现实存在的纷争、矛盾、问题进行分析，以此让学生了解民主及社会的进展，从而加强其分析问题与判别是非的能力。第二，要培养学生的系统整体社会思想，即让学生以更广阔的眼界去认识社会的整体性。第三，要培养学生对于历史的认识。只有认清历史、重视历史，才能正确迈向未来，所以需要“系统结构性的历史指南”。第四，要培养学生独立获得信息和对信息进行处理的能力，因为当今社会是一个信息社会。各学校都主张学生加强外语学习，热爱和掌握计算机知识及其应用。第五，要改善学生行为方式，增强其实际工作能力。

纳粹历史，尤其是大屠杀历史，成为德国中学历史课的重点内容。虽然德国各州使用的教科书不尽相同，但它们都有相当分量的有关纳粹历史的内容。德国教育法规定，德国历史教科书必须包含足够分量的纳粹历史。根据这项法规，由各州负责文化教育的部长组成的联邦文化部长理事会以决议形式制定全国历史教科书的基本框架，在这一基本框架下各州编写历史教科书。联邦文化部长理事会的决议说：“对纳粹专制统治的历史进行详细和深入的讲解是各个学校必须完成的任务，而大屠杀的历史又是其中的中心内容。”[①] 审定历史教科书的依据同样是教育法，没有足够分量的纳粹历史内容的教科书在审定时不会获得通过。

>>>

只有强壮的个性才能承受历史，弱者会被它消灭。当感情没有强大到用自己来衡量过去时，历史就会让它们感到不安。

资料来源：尼采：《历史的用途与滥用》，上海，上海世纪出版集团，2005。

<<<

① 郭少棠. 权利与自由——德国现代化新论. 上海：华东师范大学出版社，2001：145.

在历史课的知识考察中，明确把20世纪德国的民主与独裁历史作为重要考察内容。在历史课的能力要求中指出，要有“在特定的时代条件下，对历史事实和问题给予评价的能力；对历史事件、过程和结构的现实意义加以辨析和描述的能力”①。其中还有一点特别重要，就是要有“对史学家的评述加以评判的能力”②，也就是说在反思过程中，可以提供各种档案材料和史评，但是引导学生不停留于或不受制于已有的材料和评论，鼓励学生能够不断将反思加以再反思，使反思更加深化和彻底。

英国作家威尔斯有这样一句名言：“历史是教育与灾难的竞赛。”德国人更理解这句名言的含义。战后，联邦德国在中小学推行了全方位的第二次世界大战历史教育。在“历史”课上，德国史和世界史都用相当大的篇幅来讲述这段历史。在“时事”课上，老师常常会结合当前的屠杀事件讲述纳粹大屠杀，帮助学生认识民主社会的价值，看清新纳粹的毒害。在“宗教和品德”课上，学生们通过对世界各种宗教的了解来认识宗教的多样性。学生们还常常就“我们是否要为保全自己的性命而容忍纳粹的罪恶”“为什么许多德国人看到迫害犹太人而不能出来阻止”这样一些题目展开讨论。在“德语”课上，老师向学生推荐有关反战的小说和剧本，像《安妮日记》这样的书籍都是必读书。参观集中营旧址或有关大屠杀展览最多的社会群体是中学生。一些非政府组织还为中小学生提供资助，让他们在假期去一些集中营旧址或第二次世界大战纪念馆打工，或是组织他们为年老的犹太人提供家庭服务。

德国北莱茵-威斯特法伦州教育部公布了有关大屠杀教育的指导原则。这个原则的题目是“从反人道的思想到灭绝人类生命”。它要求学生通过学习认识到希特勒当年崛起的社会思想基础。第二次世界大战后，联邦德国还与美国、以色列的专家一起分别建立了有关教科书编写的合作委员会。合作委员会的专家们依据相关历史和合作国家的教科书的编写，对德国的教科书提出意见。1985年，德国-以色列教科书委员会公布了有关的调查报告，这对后来德国教科书的修订产生了重要影响。以色列的一些教育专家虽然对德国教科书还有一些意见，但他们的总体评价却相当高。

德国的学校教育还重在培养反对错误的勇气和对人类的爱心。在德国中小学的教科书中，有不少关于纳粹文件的详细介绍，比如1935年通过的种族歧视的法律、一些集中营的规定、纳粹头子戈林或戈培尔的讲话等。老师在让学生阅读这些原始文件后往往会提出这样的问题：假如一个政府是建立在非法的基础上，那么作为个人该如何对待呢？老师不仅是在帮助学生认识这段历史，知道什么对什么错，更是在培养他们反对错误的勇气和良心，培养他们对人类与和平的爱心。因此，一些教师在教学时还着重让学生认识到，在发生如此惨绝人寰的大屠杀的时候，即便是没有亲自参与，然而无动于衷、袖手旁观，实际上也是一种

① 傅安洲，阮一帆，彭涛．德国政治教育研究．北京：人民出版社，2010：148.
② 同①149.

犯罪。

阿尔蒙德等曾这样指出："比经济奇迹甚至更令人惊奇的，恐怕是联邦德国在短短 30 年的时间里就成功地创造了一种民主政治文化。在人民对民主缺乏信心的情况下，政府推行了一个规模巨大的重新教育德国人民的计划。学校、大众传播媒介、政治组织都被动员起来贡献力量。人民本身也在改变——在集权制度下长大的老的一代逐渐被在战后民主时期彻底社会化的新的一代所替换。其结果是德国的政治文化获得了改造。"①

1990 年 10 月，两德以联邦德国的资本主义政体重新统一，在教育上完全沿袭联邦德国体制。在《联邦德国教育总法》中，对于学校在德育方面的目标是这样规定的："培养学生在一个自由、民主和福利的法律社会中……对自己的行为有责任感。""使学生具有必要的思想品质和行为标准，使他们具有为发展社会生活、发展科学技术而献身的精神。"在巴伐利亚州法中，规定得更详细，如对 18 岁以后的学生，在道德方面的要求是培养"尊重人的尊严、自我克制、责任感、乐于负责与助人，能接受一切真、善、美的胸怀，以及对自然和环境的责任心"。为了实现上述目标，德国学校设置了多种多样的思想行为课程，如"宗教"课、"公民道德"课、"性教育"课，其目的是对学生进行美德教育，培养个人的优良品质，树立民族自尊心、自豪感，培植民族精神。

德国在短短几十年间树立了民主制度，开创了政治文明，其公民教育的实施对于我国社会主义政治文明建设，具有重要的启示与借鉴作用。

阅读书目

帕特丽夏·怀特. 公民品德与公共政策. 北京：教育科学出版社，1998

钱乘旦，陈晓律. 在传统与变革之间——英国文化模式溯源. 杭州：浙江人民出版社，1991

祝怀新. 英国基础教育. 广州：广东教育出版社，2003

邢克超. 战后法国教育研究. 南昌：江西教育出版社，1993

汪凌. 法国普通高中公民教育课程. 全球教育展望，2001 (7)

高毅. 法兰西风格：大革命的政治文化. 杭州：浙江人民出版社，1991

陈元. 法国基础教育. 广州：广东教育出版社，2004

李其龙，孙祖复. 战后德国教育研究. 南昌：江西教育出版社，1995

郭少棠. 权利与自由——德国现代化新论. 上海：华东师范大学出版社，2001

常冬为. 美国档案：影响一个国家命运的文字. 北京：中国城市出版社，1998

戴安娜·拉维奇. 美国读本：感动过一个国家的文字. 北京：生活·读书·新知三联书店，1995

托克维尔. 论美国的民主. 北京：商务印书馆，1988

陆镜生. 美国人权政治. 北京：当代世界出版社，1997

① 阿尔蒙德，小鲍威尔. 当代比较政治学——世界展望. 北京：商务印书馆，1993：400.

Michael P. Richards. The Making of the American Citizenry：An Introduction to Political Socialization. New York and London：Chandler Publishing Company，1973

思考题

1. 欧美发达国家的公民教育具有哪些共同的特点？
2. 美国学校“社会研究”教育的总体构成如何？
3. 英国学校的公民教育是通过哪些课程和手段实施的？
4. 法国学校的公民教育具有哪些显著特点？
5. 德国学校公民教育的具体途径与特点如何？

第四章 日本和新加坡的公民教育

要点提示

● 东亚和东南亚国家的公民教育以日本和新加坡为主要代表。这些国家具有东方的历史渊源和文化背景，又深受西方文化的深刻影响。其公民教育的特点是以东方文化为基础，强调传统道德教育，同时也吸收了西方民主法治等理念。

关键词　社会科　全面主义　道德时间　共同价值观　新加坡精神

第二次世界大战以后，亚洲的许多国家在学校教育中也先后实施了现代的公民教育。由于亚洲东方国家有着与欧美西方国家不同的社会文化背景，历史发展情况也不尽相同，因此，这些国家的学校公民教育呈现出另外一种不同的特色。本章选择亚洲两个代表性国家——日本和新加坡的学校公民教育进行重点讨论，以期对与这两个国家有着共同东方文化背景的我国的公民教育构建有所帮助。

第一节　日本的公民教育

日本在第二次世界大战后进行了民主化改革，并沿用美国教育的做法开始在中小学实施公民教育，设置了“社会科”。但是，日本学校的公民教育不时受到长期以来所实施的传统道德教育的深刻影响。因此，日本战后学校德育的演变过程，就是在东方传统道德教育与西方现代公民教育之间不断徘徊的过程。这种情形是由日本特殊的国情与文化背景所决定的。日本战后的民主化改革为其德育的实施奠定了基调，日本的历史文化传统又为其德育的实施增加了底蕴。日本逐渐融合了东西方思想文化，并适时调整学校德育的方向，为本国的资本主义服务。

一、战后初期日本学校公民教育的发展与社会科的设立

第二次世界大战以后，日本在以美国为首的占领军指导下进行了全面的教育改革，废除了《教育敕语》，开除了持有强烈军国主义思想的教师公职，停止讲授宣扬国家主义的“日本历史”“日本地理”“修身”等课程，以自由主义、个人主义为主导思想，对教育指导观念、教育目标乃至教育内容和课程设置等都进行了大刀阔斧的改革。以“社会科”为核心的公民教育体系的建立，是“占领体制”下实行教育民主化改革的直接结果，它采用了美国的教育蓝本，成为日本历史上学校德育的新起点。改革的核心集中在彻底否定战前忠臣、顺民的军国主义教育，倡导构建以建设民主的、和平的国家为宗旨的新教育。美军占领初期实施的非军事化和民主化政策，对随后日本学校教育的基本走向，对教育的民主化改造以及民主公民教育的推进，均产生了深远的影响。

战后日本的学校教育逐渐与欧美国家相接近，确立了学校教育的四个功能：其一是传授基本技能，包括读、写、算等；其二是学习知识，如各门具体学科的常识；其三是培养青年学生的价值观，促成受教育者形成个人的成就感、爱国心、贡献社会和热爱学习的态度及人格；其四是掌握社会化和集团生活的智慧，学会与他人相处的礼节，适应集团生活等。而公民教育则是与后二者相结合的思想意识培养，并作为重要内容受到高度重视。

1945 年 9 月 15 日，日本政府颁布《建设新日本的教育方针》，明确了战后日本应该采取的文教政策的基本构想，在继续坚持维护国体的保守立场的同时，也确认了教育民主化的方向。同时，占领军教育政策的基本方针也是“排除军国主义教育和极端国家主义教育，实行教育的民主化”。1946 年颁布的《日本国宪法》，1947 年 3 月制定和颁布的《教育基本法》，从法律上为战后日本教育确定了和平与民主的改革方向。《教育基本法》指出：“教育的目的是培养完美的人格，使受教育者成为和平国家及社会的建设者。他们热爱真理，有正义感，尊重个人价值，勤劳负责，充满独立自主精神，是身心健康的国民。”“为培养具有良好教养的公民，教育上必须重视实施必要的政治教育。”此后，日本又陆续制定了《学校教育法》等一系列教育法规。

在德育方面进行的改革，意义是非常重大的。公民教育的提出和实施构成了日本教育领域民主化改革的核心，也代表了日本社会整体民主化改革的方向。因为公民教育带有整备民主主义的条件，奠定国家及社会精神基础的意味。面对战败这一日本历史上前所未有的事态，文部省在战后初期提出的教育重建政策中，把振兴公民教育作为其中最受重视的一个部分。

1945 年 9 月，文部省组织调查了公民教育的状况，10 月，设置了公民教育

刷新委员会。委员会经过数次审议，于12月提交了两个报告，指出了公民教育的目标、基本理念及方向，设想将过去的“修身”与公民教育一体化而设立“公民科”。文部省接受了该报告的建议，从1946年9月至10月发行了为实行公民教育而编写的教师指导用书《国民学校公民教师用书》和《中等学校及青年学校公民教师用书》。但是，由日本人自己提出的公民教育构想并没有得到实施。

1946年访问日本的美国教育使节团发表了《美国教育使节团报告书》，该报告书虽然在坚持和平和民主的条件下允许日本政府自己采取措施开展公民教育和道德教育，但又在报告的第四章“教育方法和教育养成”中用较多的篇幅介绍了美国学校中“社会科”的内容和做法，并认为“公民科”的内容只是“社会科”的一部分，十分明显地倾向于推荐“社会科”作为日本学校实施公民教育的参考方案。结果，文部省的“公民科”设想被“社会科”取代。从1947年起，“社会科”成为日本学校实施公民教育的主要课程。

“社会科”的建立，不仅为日本的公民教育开辟了新的天地，同时也促成了全面主义道德教育的萌发。“社会科”以民主化为目标，是战后日本教育民主化改革的标志，在1947年开始实施的新课程中占有中枢地位，担负着为建设民主和平的国家而进行公民教育的任务。1948年9月15日文部省颁布的《小学社会科学习指导要领补说》指出：“‘社会科’的主要目标，如果用一句话来加以概括，那就是尽可能发展优秀的公民素质。”因此也可以说，“社会科”继承了公民教育构想的主要思想，并成为公民教育的核心学科。它作为培养公民素质的基础课程，贯穿于小学至高中的整个课程体系之中。

日本全面主义的道德教育方针，由“社会科”的确立而得以萌发，成为战后至今一直坚持的方针。其实质就是充分利用学校教育的一切机会，去养成学生的道德品质，以达到完善学生人格的目的。它强调道德教育不只依靠“道德”课（道德时间），还要通过学校全部教育活动来进行；道德教育也不只是教会学生道德知识，不只在于外在的行为，而更主要的是在于“灵活的习惯、活泼的心情、自主的判断力等内在素质”的养成。1951年，《关于振兴道德教育的审议报告》体现了全面主义道德教育的宗旨。此后，虽然1958年特设了专门进行道德教育的“道德”课，但全面主义道德教育方针的宗旨基本不变。

“社会科”作为民主公民教育的核心课程和全面主义道德教育的促进因素，其总目标被定位为：为建设民主的、和平的新国家，培养具有良好人格、社会责任感、正义、公正、热爱劳动、具有创造力的新公民。如此的教育目标，不仅将尊重人权、建设民主社会、培养和平理念等政治观念实际地作用于学校教育，而且正因为“社会科”所具有的特殊社会功能和教育功能，它才被放到了学校中心课程的位置。在战前，“社会”曾被视为“禁语”，而在战后的教育改革中则被确立为培养新公民的正式课程，这不能不说是一次革命性的变化。正因为如此，“社会科”被称为战后日本教育改革的一面旗帜。

至20世纪50年代中期，日本的“社会科”全面接受和学习了美国“社会科”的思想和理念，始终沿着“教育即生活”“学校即社会”的思路展开，不仅课程内容的配置和美国的基本模式大体相同，而且在教学中特别强调与地区的特点、学校的条件和实际以及受教育者的特点相联系，倡导以解决问题为中心的学习。“社会科”不考究所谓的学问系统，而是以现实生活问题为中心，来拓展青少年的社会经验，并使他们的社会经验得到进一步的深化。

二、日本战后关于公民教育的争议与教育政策的调整

日本德育的发展过程中，从一开始就充满了争议与争论。争论双方的差异在于：一方是打着“维护国体”的旗号提倡继承《教育敕语》；另一方是以民主主义为方向代替超国家主义和全体主义，提倡进行公民科教育。

日本帝国在战争中崩溃这一事实，对长期以来受到天皇制国家道德教育的人们来讲，简直就是无法想象的事。因此，在战后初期，日本政府仍抱着业已死亡了的旧教育体系不放。虽然日本教育被迫接受以美国为蓝本的教育改革，但日本人的脑子里仍习惯搜罗自己的东西。如当时主导教育改革的文部省，一方面提出接受新的教育价值观念以更新旧的教育价值观念，另一方面又要求复活“大正自由主义”教育，尊重自主、自立的原则和知识与经验相统一的原则。在 1945 年 9 月文部省发布的《建设新日本的教育方针》中，甚至首先阐明了“日益努力捍卫国体”的教育目标。这样，在学校里就无法处理包括道德教育在内的“国民科”，更谈不上处理《教育敕语》了，因为其中明确指出教育之渊源在于“国体之精华”。这一方针发布后，当时的文部大臣前田多门还在中央新教育方针讲习会上强调：“我们在此时此地更应重新诵读《教育敕语》对我们的教导，与现在我们要成为忠良国民的目标是一致的，也就是教导我们要成为好人、好父母、好儿童，既是国民，同时又是完人。”① 文部省的一系列政策，受到广大日本教师和国民的反驳。他们认为《教育敕语》的道德标准与民主主义相去甚远。1946 年 6 月，日本众参两院分别做出关于废除《教育敕语》的决议，同时责成文部省发出通知要求各校贯彻这两个决议，并且负责收缴《教育敕语》的影印件。众参两院在决议中对文部省的态度作了批判。这样，统治日本道德伦理界达半个世纪之久的《教育敕语》，终于被扔进了历史的垃圾堆。

但是，错综复杂的激烈论争仍在继续，在“社会科”被确立为公民教育的核心课程后，要求恢复传统道德教育的呼声也从未停止过。所以，当今有些日本学者在研究日本“社会科”成立史的时候，就曾这样感叹，新教育的精神集中体现在“社会科”的同时，恐怕新教育的最大困难也随即存在于“社会科”中了。可见，日本“社会科”在建设过程中具有非同寻常的复杂性。

进入 20 世纪 50 年代后，美国出于其全球战略的需要，改变了原有的对日政策，力图把日本建成东方的反共堡垒、“自由阵营”的前哨。这就使日本国内的

---

① 朱永新. 当代日本道德教育. 太原：山西教育出版社，1999：62.

保守势力得以抬头，社会上出现了重新开设“修身”课的要求。1950年10月，文部省制定了“发扬爱国心，振兴道德教育”的政策。11月，当时的文部大臣天野贞佑公然提倡“要使‘社会科’发展成以思考人生、思想问题为主的教科，也就是说最好是特别设置一门新的‘修身’课”。时任首相吉田茂甚至提出要重新制定一个类似《教育敕语》式的教育宣言。在这一形势下，文部省加快了对战后教育改革修正的步伐。对于政府的这一系列政策，广大进步的学者、教师也进行了论争与批判。随后，他们还对天野贞佑的倒行逆施进行了强烈的抵制，使其不得不打消了制定《国民实践纲领》以代替《教育敕语》的念头，宣布下台。

1950年，朝鲜战争爆发后不久，美国政府第二次派出了教育使节团对日本进行访问，目的是对上一次教育使节团建议的落实情况进行检查和对日本教育问题进行研究。两次使节团报告的最大区别就是对于民主思想的认识。第一次报告强调的是个人的尊严和价值，宣扬尊重基本人权等近代民主主义思想，而第二次报告则从当时美国的国家政策需要出发，明确指出“在远东，对抗共产主义的最强有力的武器是被启蒙的日本选民”。该报告强调了日本教育应培养能抵抗共产主义的国民，因此必须加强道德教育①。报告的基调是强调自我锻炼，爱家庭，邻居和睦，要遵守规矩、秩序，互相友爱，相互帮助等，其中还用了相当大的篇幅专门论述“道德教育与精神教育”的重要性。

朝鲜战争结束，日美单独媾和，日本在政治上取得独立。日本国内的形势急转直下，日本政府进一步加强了对教育政策的控制，强化意识形态教育，日本的教育进入了与民主主义方向相反的行程。从这时起，日本开始注意恢复国民的民族意识和独立性，要求进一步加强道德教育。而且从1955年起经济开始高速增长以后，各界纷纷要求对中小学教育进行改革。文部省对中小学的“社会科”进行了修订，增加了日本国与天皇、宗教等有关的内容，删除了原有的对基本人权的尊重、民主道德的力量等内容，取而代之的是“认识个人的立场和作用，为社会公共尽力，培养爱国心情”，以及诚实、善良、忍耐等具体的道德条目。在1951年之前的学习指导要领中被作为“宪法保障的民主主义根本要求”来对待的“基本人权”在1955年版的《中学“社会科”学习指导要领》中，则言必加上“公共福利”这一限定词加以制约，作为德目，“基本人权”沦落为与“合作”“纪律”等相并列的地位②。也就是说，从这时起，与尊重个性、尊重人权相比，要领更加重视对国家的贡献和服务，重点培养“国家公民”。1958年3月，教育课程审议会提出了《关于改善中小学教育课程》的报告，提出了增设道德教育时间的问题。同年10月，文部省公布了新修订的中小学教学大纲，其中一个重要内容就是增加了“道德”，使道德教育从“社会科”中独立出来，从而使中小学课程改由“学科”“道德”“特别活动”“学校仪式”四个方面组成。特别设立专门的“道德”课，这成为日本战后德育政策的一个转折点。此后，“特设道德时间”

---

① Report of the Second U. S. Education Mission to Japan (submitted to Supreme Commander for the Allied Powers), Tokyo, September 22, 1950.

② 冈津守彦. 教育课程各论. 东京：东京大学出版社，1969：70.

成了日本中小学整个道德教育体系中的核心，取代了原来“社会科”的中心地位。

20 世纪 50 年代中期以后，文部省分别进行了两次大的课程改革，德育的重点逐渐由公民教育向道德教育倾斜，其教育目标放在了以寻求国家和民族的独立、统一和发展为目标的民族主义上了。虽然个性教育仍然是其中的重要内容，但却以服从、服务于集团为根本目的，个人价值的实现以集体价值的实现为前提。注重集体利益正是儒家的教育思想，因此日本的个性教育是典型的中西合璧的教育模式。70 年代中期以后，日本进入后现代社会。其道德教育成为强调传统文化、民族主义，强化国民统合的一种意识形态。

进入 80 年代以后，日本继续突出强调道德教育的重要地位。首相中曾根康弘在 1983 年 11 月的一次讲话中曾主张：“日本要把民主主义、自由主义的想法和孔子的教导调和起来。”[①] 反映在修订中小学学习指导纲要中，修订的重点就是对道德教育方面的修改，修改最大之处是对“社会科”的变更，被称为战后教育改革最大成果和象征的“社会科”在这次改革中遭到解体。首先是废除小学 1、2 年级的“社会科”，与理科合在一起新设“生活课”。初中“社会科”由以前的必修科目改成目前的选修科目；高中废除“社会科”，分别另设“地理、历史”与“公民”两门新科目。此次修改特别强调了爱国主义教育，采取了一系列的措施，加强和充实了道德教育。

关于日本学校德育问题的争论，事实上就是关于公民教育与道德教育何者为重点的问题。在此争论过程中，日本学校的德育一直处于一种不稳定的状态，其显著的特点是它的复古现象。迄今为止，日本学校仍未处理好传统和创新的问题。还需要指出的是，在充实道德教育的名目下，军国主义分子已经在其中塞进了不少“私货”。

三、日本战后公民教育的课程设置与基本内容

日本实行的是九年制义务教育，即小学六年和初中三年，但 95%的日本人都接受了高中以上教育。公民教育主要集中在小学和初中阶段，高中阶段则为选修课程。战后日本公民教育的课程设置的变迁如下所述：

小学期间的公民教育内容体现在“社会科”中。1948 年文部省发布了《小学“社会科”学习指导要领补说》，指出“社会科”的目标“一言以蔽之，就是发展出极其恰当的公民品质”，“必须习得作为民主社会中的有为公民而应当具备的必要特性”。具体内容有：能够正确适应自己所居住着的世界，能够在这样的世界中结成令人身心愉快的人际关系，努力促进自己所属的共同体获得进步发展。在学校阶段，培养学生正确认识周围环境和生活于其中的社会，在人格、个性上获得充分发展，即注重学生作为未来公民的健全品性，这可以说是合格公民

① 杨焕英. 孔子思想在国外的传播与影响. 北京：教育科学出版社，1987：140.

的基本条件。

1951年修订后的学习指导纲要更加强调作为公民应具备的理解力（知识）、态度和技能，提出要充分创造机会使学生学会自主地解决集团生活中的问题，通过这样的自主学习和实践，掌握公民所应具备的行为技能和态度。这里，作为公民应具备的执事技能、解决问题的能力和公民的自主性、自我负责的理性行为方式等，受到了重视和强调。

1968年第四次修订后的学习指导纲要，又进一步对公民教育的具体目标做了更加细致的规定，提出要“认真地行使社会生活中被个人认可的权利，相互尊重，并且知道作为具体的地域、社会和国家一员，有哪些义务和责任，在充分理解这些权利、义务和责任的基础上做出正确判断，采取适当行动”。这一修订与当时世界风起云涌的各种社会思潮有关。纲要主张，在社会变迁中，要想保证公民间的统一、保证公民与国家的相互关联，就需要在学校教育中首先培养未来公民正确对待权利与义务、选择与责任的关系，因为始终不忘履行自身义务与责任的公民才是国家的希望。

1969年中学原来的“政治”“经济”“社会”三门课合并为一门公民课——“社会科”。这表明公民教育本身受到高度重视，公民的综合素质要在学校中通过各种方式得到健全发展。该课的宗旨包括：(1) 具备成为符合民主主义原则的国民的自觉意识；(2) 持有成为自己所处地域、社会及国家的未来建设者而努力的态度；(3) 为达上述目的而培养出关心政治、经济、社会、国际关系的丰富修养；(4) 在充分理解的基础上，作为权利、义务的主体而自主行动的能力。

1989年公布的高中学习指导纲要中，取消了以前的“社会科”，代之以“地理历史科”和“公民科”。“公民科”的目标是“培养作为公民的资质”。具体地说，是“作为国家、社会的构成者，有对社会的广泛而深刻的理解和健全的批评力，提高政治教养，同时努力参与有益身心的社会生活，深化作为爱好真理、和平的人而存在的意识，尊重每个人的尊严和个性，并形成自己的人格。在这些基础上，伸展自己的个性，为文化和社会福利的改进而做出贡献，与他人协作，主动参与到推进和平、民主社会生活的努力中”。在高中阶段，公民教育开始突出学生的参与意识和对社会批评力的接受态度，这将保证未来公民能够具有合乎现代民主政治的行为方式，同时又不失保有与他人合作、对他人尊重的意识。

第二次世界大战后日本公民教育的基本内容也发生了变化。

第二次世界大战后不久，文部省发布了《中等学校及青年学校公民教师用书》，提出公民教育意在“培养作为共同生活中良好成员必需的性格以及必要的知识技能”。还强调要理解个人自由和平等的真正含义，自主参加共同生活，并不惜献身和贡献的态度。该书提出，好公民不是见闻来的，而是在参与、感受中成长的，因此，首先是教育者，即各级教师要有现代民主观念，要向学生示范好公民的言行和观念，所以，培训好公民的教师是培养好公民的学生的前提。日本很早就意识到了这一问题，并做了切实工作，因此，在今天，日本社会最民主、最具有现代气息的领域是各级学校。

在日本，战前、战后的公民教育目的确实有了很大变化，但有一点仍然被坚持下来，即强调建设国家、社会，积极主动参与国家、社会事务的内容始终受到肯定。这与日本主张集团主义价值观有关。好公民是在对国家、社会的态度上，在参与政治活动、维护自身权益上体现出来的。好公民首先是成熟的社会人。公民教育的内容是多重的，包含了诸多要素，它不仅要满足社会化的需要，而且还要与社会发展合拍。日本学校公民教育所设置的内容主要包括如下方面：

道德教育：理解各种社会关系，感受不同的规范、文化，认知社会的现状及存在的问题，接受为社会公众所认可的行为准则，并以此约束自己。

政治教育：理解既存的政治体制、议会制度和宪法，了解国家的性质，获得关于政治团体、安全保障等方面的知识，确认和平的价值观和政治参与的态度。

经济教育：理解经济制度、经济过程和市场原理，懂得有关储蓄、资源开发和利用、消费等的价值观和相应技巧。

法规教育：理解法令、权利与义务、人权、法治、裁决制度、契约等法律关系和规定，习得守法、尊重人权和依法办事的能力。

国际理解教育：理解国际关系、国际政治、国际形势以及异民族间的文化，培养国际友好、合作的态度。

今天，公民已经成为人们的一种普遍身份和角色，因此，公民应有怎样的素质就成为更现实的问题。范·根斯坦伦（Van Gunsteren）提出公民素质的三个积极要求：（1）必须能与他人对话。在一定限制下，能与其他公民争论、探讨、倾听，并在对话基础上形成自己的判断。（2）必须能而且愿意成为某一有历史相关性的共同体的成员，接受它的过去和未来，像其他成员一样思考和行动，并接受它的生活样式和组织结构。（3）为了避免不将自己或自己的自主判断出卖给屈从，应该持有合理的、安全的方式以维持自己持续的独立性。必须拥有财产、有获得收入的手段，如工作、社会保障或国家福利等。公民一出生就有了相应的公民身份，这是自然而然地具有的。但是，公民素质却不是一开始就有的，需要有意识地培养和教育。成熟的公民并非天生的，而是后天塑造出来的。公民的行为和角色要求一系列技巧，这些技巧是可以通过驯化和演练而习得的。尽管个体在先天潜能方面确实存在差别，但是，不断履行公民角色的实践将会使公民的潜能在许多方面得到锤炼，从而使他们的能力得到极大展示，并迅速地成熟起来。日本学校的公民教育在适应国家、社会发展需要的基础上，注重培养和提高学生作为公民的良好、积极素质，符合范·根斯坦伦对于公民素质的三点要求。

据日本产经新闻网消息，日本中小学在2017年以后将实施道德学科化，日本文部科学省为此公布了德育课学习指导要领的修正案。在指导项目中追加了新的国际化问题以及欺凌问题等，另外补充了上课形式，即鼓励师生进行讨论和发表自我见解等语言性教学活动形式。

资料来源：《日本中小学2017年后将实施道德学科化》，载《中国教育报》，2016-03-04。

第二节　新加坡的公民教育

新加坡在短时间内取得了巨大的成就，其经济发展的战略和措施、政治稳定的策略和方针、社会管理的方法和举措，都值得我们学习与借鉴。邓小平在南方谈话中曾说："新加坡的社会秩序算是好的，他们管得严，我们应当借鉴他们的经验，而且比他们管得更好。"① 努力剖析隐含在新加坡奇迹之中的思想文化战略，特别是其中小学公民教育的经验，对于我国无疑具有一定的借鉴意义。新加坡学校的公民与道德教育有一套完整的课程体系，在内容设置上也具有自身的特色，同时还有一些公民与道德教育的基本途径。

一、新加坡中小学"公民与道德教育"的目标

新加坡是个多元种族、多元文化的国家。因此，在学校公民道德教育中，如何体现文化间的差异，如何在尊重各少数民族文化、各社会阶层思想的同时，将主流思想与少数族群的思想整合起来，成为新加坡中小学公民道德教育所面临的一个实际问题。为此，1991 年，新加坡政府公布了《共同价值观》白皮书，提出了五大价值观。

新加坡五大价值观

国家至上，社会为先；家庭为根，社会为本；关怀扶植，尊重个人；求同存异，协商共识；种族和谐，宗教宽容。

资料来源：新加坡政府：《共同价值观》白皮书，1991。

在新加坡教育部规划署编写的《公民与道德课程标准》中也规定了这样的教学目标：建立在不断扩展的人际关系基础上，由个人延伸到社会和国家。在追求共同价值观念得到认同的基础上，弘扬"敬业乐群、勤劳进取、廉洁奉公、讲求效率"的新加坡精神。可以说，新加坡的公民与道德教育自此走上健康发展的轨道。随后，政府又适应时代的变迁，对中小学公民与道德教育进行了新一轮的改革。从 1992 年起，新加坡小学各年级均使用新编的《好公民》教材，中学也开设了"新公民学"和"公民与道德"等课程。新加坡小学开设"好公民"课程的宗旨是培养具有以下观念和素质的好公民：社会利益高于个人利益，维护组成社会的家庭，提倡种族和宗教间的宽宏大量和相互体谅，协商解决问题的美德。其目标体现为四个方面：向学生灌输适合新加坡的东方道德价值观，训练学生的道德判别能力，教导学生处世待人须为他人设想的道理，使学生

① 邓小平．邓小平文选：第 3 卷．北京：人民出版社，1993：378-379.

明白身为年轻公民的责任。新加坡中学公民教育的目标，在于培养学生，使其具有高尚之品德，善良之性情，强健之体魄，优良之习惯，爱国爱民之意识，及各民族互助合作之精神，以期成为完好优秀之青年，成为国家社会之中坚。

二、新加坡中小学“公民与道德教育”的内容

在小学，新加坡的公民教育教材是《好公民》，该教材根据学生德育发展阶段的特点，按照思想行为的发展范围把德育划分为六个层次不同的发展重点，即德育应先从学生个人开始，扩展到家庭、学校、邻居、国家乃至世界和全人类。因此，课程内容重点是随年级而发展的。教材内容遵循传统的道德观念，对学生进行有关社会、生活准则、道德责任、种族和谐，以及热爱祖国、忠于祖国等方面的教育，按严密的、循序渐进的结构逻辑从个人到世界放射性地扩展。小学《好公民》由课本、作业、教师手册、活动安排和视听材料等部分组成。课本多采用传统故事和民间传说等形式，借以灌输各种必要的道德价值和概念。同时，还规定放映录像或幻灯来强化教学，以及引导学生扮演公民角色，参加文明礼貌活动，参观公园、花园，开展少年之家和旅游等活动。

在中学，根据共同价值观教育的精神，新加坡教育部颁布了《公民与道德教育大纲》，规定所有中学都必须按照该大纲实施，进行切实有效的公民道德教育。为了培养具有共同价值观的新加坡公民，新加坡教育部认为，中学的“公民与道德教育”必须注重公民知识、公民技能、公民态度三方面的教育。这里的“知识”是指使学生们了解做出正确决定前需要注意的道德准则；这里的“技能”是指教会学生在面临道德困境时做出正确的道德判断；这里的“态度”是指对学生灌输各种道德价值观，使学生明白要对自己的行为负责。通过公民知识、公民技能、公民态度三方面的教育，促使学生的行为符合业已形成的价值观。中学“公民与道德教育”课程在小学《好公民》新修订的课程纲要的基础上扩充内容，使之包括国家建设、各民族之间共同价值观，以及新加坡各宗教、种族的信仰与风俗等。

三、新加坡中小学“公民与道德教育”的途径

新加坡中小学“公民与道德教育”课程主要通过三个途径来进行。

第一，纳入教学计划的“公民与道德教育”课。新加坡“公民与道德教育”课程根据中小学生心理发展的不同特征进行总体设计，循序渐进，由表及里巧妙安排，课程的标准是建立在不断扩展的人际关系的基础上的，由个人扩展到社会和国家，并针对不同年龄层次的学生采用实用性、可操作性很强的教育方法和教材。如小学 1～3 年级的教学方式以连环画为主；4～6 年级以生活实例为主。教材内容中渗透着浓厚的东方道德价值观。从其德目来看，包括了仁、孝、家庭和谐、礼、责任感、恕、忠、信、诚、勇、毅力、节俭与慷慨、义、协作精神、睦

邻精神等，这并非儒家伦理的翻版，但的确摒弃了儒家伦理中的封建糟粕，吸收了儒家伦理的优良传统，并根据新加坡这个工业化城市国家和多元种族、多元宗教的国情加以改造，从而适应了时代的发展。如仁，不仅包括爱人，还包括爱己（自尊）、爱物；礼，不仅包括尊敬别人，尊敬老师，尊敬长辈，还包括守法；忠，不仅包括爱国、爱校，以校为荣，还包括敬业乐业。

除德育课外，新加坡还寓道德教育于各科教学之中，充分发挥各科教学活动的“载道作用”和“渗透作用”，对学生进行道德教育。例如新加坡语文教材中就反映了华族的文化与传统价值观，例如华族的节日、礼仪、风俗、家庭观念、奋斗历史，中国古代的神话、音乐、戏曲等，其目的很大一部分在于让学生了解华族文化，吸收蕴涵在课文中的孝亲、礼让、睦邻、公德心等价值观。此外，历史、地理、宗教知识等科目都规定了德育目标。这种寓道德教育于各科教学的做法，是新加坡中小学“公民与道德教育”富有成效的重要原因。

第二，日常行为准则教育。为了加强对中小学生的管理，新加坡制定了学校规则。规定学生不准抽烟、随地吐痰、乱丢垃圾、涂写墙壁、赌博、破坏公物、说粗话、喊叫、吵架、说谎、偷窃、浪费水电、在走廊或阶梯上乱跑；女生不准穿超短裙，不准戴耳环和首饰；男生不准留长发，不准穿太短太小的短裤等。每天早晨必须参加庄严的升旗仪式、高唱国歌、朗诵誓言。下午放学还要举行降旗仪式、唱国歌。通过一系列行为准则的学习和强化，使学生在日常生活中养成良好的道德品质和行为规范。

为了更有效地实现“公民与道德教育”的目标，新加坡中小学还普遍开展了五项辅导活动：(1) 榜样——以能够把“公民与道德教育”课程所提倡的价值观身体力行的人，作为学生学习的楷模。(2) 阐释——通过对话，教师向学生解释社会规章制度和道德规则的意义，使他们理解并内化为自身的价值观。(3) 规劝——通过与学生进行推心置腹的谈话，激励和规劝他们把所学到的价值观付诸实践。(4) 环境——营造良好的人际关系和道德教育氛围，使学生受到潜移默化的影响。(5) 体验——创造机会，让学生在实践中获得正面经验和积极的体验，进一步了解道德要求的合理性、正确性。辅导活动对于学生在实践中形成道德行为具有重要的指导作用。此外，新加坡中小学还开展了形式多样的课外活动，如升旗仪式、文体活动、尊老敬贤活动、植树活动、清洁活动、文明礼貌月活动等。组织学生参加各种课外活动，使学生将课堂理论学习与现实生活的身体力行结合起来，有利于实现知行统一。

第三，课外活动和社区活动。为了使道德原则内化为学生自己的道德信念，新加坡很重视将道德教育与道德实践相结合，学校要求学生必须人人动手打扫卫生，中学生要负责清洗学校的厕所，学校还经常组织学生参加社会上开展的“忠诚周”“礼貌周”“孝顺周”“国民意识周”等特别周活动，旨在从小培养学生服务社会的意识和习惯。

1990 年新加坡教育部制定和推行了一项学生社区服务计划，旨在培养学生建立正确的价值观，从小养成服务精神。该项计划包括六个方面的活动：(1)“好朋友”计划；（2）关怀与分享计划；（3）负起校内的领导责任；（4）到福利收养所和儿童组织服务；（5）清洁环境计划；（6）临时服务，如春节慰问活动、慈善乐捐活动等。社区服务活动使学生增加了对社会和国情的了解，培养了社会责任感，是对课堂教学的有益补充。

为了有效地实现“公民与道德教育”的目标并增强其效果，在教学方法方面，新加坡主要从西方引进和推广文化传递法、设身处地考虑法、价值澄清法、道德认知发展法四种道德教育理论，以及引进和普遍开展榜样、阐释、规劝、环境、经验五项辅助活动，并根据国情与需要做了一些修改。把学校教育和家庭教育、社会教育有机结合起来，形成纵横联系的立体德育网络，这是新加坡德育途径的显著特点。第一，新加坡学校在实施德育的过程中，特别重视家庭教育对学生品德形成的影响，强调学校应与家长建立良好的联系，各学校都要建立家长联谊会。第二，建立广泛的社会教育网、教育监督站，创立融学校和社会机构为一体的互动合作的文明社区。第三，新加坡政府积极创造良好的社会环境对学校德育予以配合，如常年开展文明礼貌活动等社会性道德教育活动，在社会上推行与学校德育内容相一致的奖惩标准，以及借助法律杠杆对各种新闻机构和大众传媒进行严格管理，从而保证各种媒体在舆论引导方面发挥积极的作用。正是因为学校教育与家庭教育、社会教育三位一体，相得益彰，所以新加坡的德育影响无时不有，无处不在，其效果非常显著。

新加坡颁布 2014 年《小学品格与公民教育课程标准》

品格与公民教育一向是新加坡教育体系的核心。2014 年，新加坡颁布新的《小学品格与公民教育课程标准》（以下简称《新课程标准》），指出品格与公民教育课程的目标是灌输价值观、培训技能，使学生成为一个具有良好品德的公民，并对社会做出贡献。《新课程标准》强调核心价值观、社交与情绪管理技能、公民意识、环球意识与跨文化沟通技能的相互联系，这种紧密的联系，对培养学生的品格与公民道德至关重要。

《新课程标准》规定，新加坡小学品格与公民教育的课程结构包括四个部分：品格与公民教育课、级任教师辅导课、校本课程以及品格与公民教育指导单元。其中，品格与公民教育课是通过母语传授品格与公民教育的价值观、知识和技能，课时安排为低年级每周 1 小时，高年级每周 1 小时 30 分钟；级任教师辅导课是由级任教师传授社交与情绪管理技能（包括网络健康教育和职业辅导），并以此促进师生关系，课时安排为每周 30 分钟；校本课程是由各个学校根据实际情况利用周会进行和品格与公民教育有关的教学，设计与学校价值观相关的课程，课时安排为每周 30 分钟；品格与公民教育指导单元是根据学生的发展需求，专门为小学五年级和六年级学生设计的性教育课程，课时安排占用周会时间。小学低年级（一至三年级）和高年级（四至六年级）的总课时分别为每学年 60 小时和 75 小时。

此外，《新课程标准》也对新加坡小学品格与公民教育课程的教学方法做出了具体的规定。《新课程标准》指出，品格与公民教育的教学应以学生为中心，注重学习的过程，帮助学生理解“为什么”及“怎么做”，而不是“做什么”。具体而言，其教学方法共有五种：叙述法、角色扮演法、体验式学习法、道德认知发展法以及价值澄清法。

资料来源：王琳琳：《新加坡颁布 2014 年〈小学品格与公民教育课程标准〉》，载《课程·教材·教法》，2014（4）。

阅读书目

朱永新，等. 当代日本道德教育. 太原：山西教育出版社，1999
赵亚夫. 日本学校社会科教育研究. 北京：北京师范大学出版社，2001
王家骅. 儒家思想与日本文化. 杭州：浙江人民出版社，1990
山本七平. 日本资本主义精神. 北京：生活·读书·新知三联书店，1995
森岛通夫. 日本为什么“成功”. 成都：四川人民出版社，1986
杨孔炽. 日本学校公民教育的由来. 教育史研究，2000 (3)
曹云华. 新加坡的精神文明. 广州：广东人民出版社，1992
吕元礼. 亚洲价值观：新加坡政治的诠释. 南昌：江西人民出版社，2002
王学风. 新加坡基础教育. 广州：广东教育出版社，2003
张锡镇. 当代东南亚政治. 南宁：广西人民出版社，1995
李光耀. 李光耀40年政论选. 北京：现代出版社，1994
冯增俊，等. 亚洲“四小龙”学校德育研究. 福州：福建教育出版社，1998

思考题

1. 东亚和东南亚国家的公民教育具有哪些共同的特点？
2. 日本战后学校公民教育是如何演变和发展的？其特点是什么？
3. 新加坡学校“公民与道德教育”的目标、内容和途径如何？

第五章 世界公民教育的比较与分析

要点提示

● 东西方公民教育的不同特点，表现在教学内容、教学方法和教学环节上。对公民教育的类型与模式，可以按照内容侧重点的不同、对权利理解的不同和所采用模式的不同做出划分。世界公民教育的总体特征与趋势表现为若干方面的统一。

关键词 世界公民教育　不同特点　比较分析　总体特征　发展趋势

东西方国家的公民教育各自具有一些不同的特点。这是因为东西方的历史文化有着各自不同的传统和路径，而公民教育的实施则是在这些不同的历史文化背景下展开的。认真研究这些特点，不仅有助于我们深入理解思想政治教育的特殊性，也有助于我们更进一步地探讨思想政治教育的普遍性。

第一节　东西方公民教育的不同特点

东西方国家的公民教育是东西方各自文化的重要组成部分。它们不仅受到东西方整体文化特性的影响和制约，也反过来体现出东西方民族文化与思维方式的特质。东方国家和西方国家之间在公民教育的实施上无疑具有某些共通之处，但就总体来看，东方国家和西方国家公民教育的不同特征也是显而易见的。

一、教学内容上：东方侧重义务意识，西方侧重权利意识

在教学内容上，公民教育所要传授的是有关个人与国家之间关系问题的知识，这些问题又集中体现在公民的权利与义务之间如何取得平衡这一问题上。一般而言，任何社会的公民教育，对于公民的权利和公民的义务这两个方面的处理，均是不可或缺的重要内容。相对而言，在公民教育教学内容的处理上，东方国家更侧重于对公民的义务意识的培养，西方国家则更侧重于对公民的权利意识的培养。

东方国家主要强调“以社会为本”，即“社会第一”，追求的是群体价值和社会价值，因而在公民教育中侧重于对公民责任义务意识的培养。在个人与社会发生矛盾时，东方国家首先强调的是国家、社会和集体的利益，重视的是国家意识的培养，增强凝聚力量。

东方的许多国家都曾受到儒家教育思想的影响。儒家教育思想特别重视伦理教育，重视人与人之间的关系处理，所谋求养成的道德品质中，协调、合作、尊敬、礼貌等价值取向很突出；东方文化中“中庸之道”的思维方式，使公民与道德教育的目标和内容具有较大的兼容性与和谐性。日本学校的公民教育主要是强调民族意识和民族精神的教育，其公民教育课程，无论是单一性的“道德教育”还是综合性的“公民”课，其内容铺撒得很广，但都是以民族意识、民族精神的教育作为核心和实质的，其公民教育目标体现出强烈的国家意志。新加坡政府继承了东方儒家伦理文化，1991 年公布的《共同价值观》白皮书中，将“国家至上，社会为先；家庭为根，社会为本”放在了公民与道德教育的首要位置。在教育模式的选择上，东方文化使国家往往选择“以课堂为中心”的群体模式。

西方国家侧重于对公民权利意识的培养这一特点，是由西方的政治传统所决定的。权利概念的提出，可以追溯到西方近代资产阶级革命时期。在联合国成立以后，以《联合国宪章》和《国际人权宪章》为代表的一系列国际人权文书的通过，标志着人权已经成为国际公认的意识形态，并对西方各国的公民教育产生了深远的影响。

在公民教育中重视权利意识的培养，这在法国和美国的学校公民教育中得到了最为典型的体现。法国人把人权作为学校公民教育的核心内容，强调要遵循 1789 年的《人权宣言》和 1948 年联合国通过的《世界人权宣言》，把公民的权利放在突出位置，使所有公民都享有自由、集会、结社权，以及表决权和劳动权。美国人把权利与责任看作不可分割的统一体，而他们在维护自己的权利方面思考得更多，认为争取和维护个人的独立、平等和民主，既是公民的权利，也是维护民主政治必不可少的公民责任和义务。即使是在比较注重传统的英国和德国，其学校的公民教育也把权利意识的培养放在了比较突出的位置。

欧美等西方国家以“个人为本”，即“个人第一”，追求的是“个人的自由和权利”。在个人与社会发生矛盾时，西方往往强调个人的自由和权利，这是由西方的建立在个人本位基础上的价值观的思维所决定的。在公民与道德教育的模式选择上，西方文化使国家往往选择“以学生为中心”的个体模式。西方教育特别重视个人在社会生活中的地位和作用及人生自主性，其所关注的基本道德品质中，自信、自立、自强是重点，青少年在家庭和学校生活中经常受到这方面的教育，孩子们被告知自己是最棒的，要在社会生活中树立自信心等。

虽然近些年来东西方教育正在互相借鉴，东方教育开始强调个人的自信、自立和自强，西方教育在强调个性发展的同时也重视集体主义和合作精神的培养，但各自的特点仍然清晰可见。

二、教学方法上：东方注重正面灌输，西方注重价值澄清

在中小学公民教育的实施过程中，东西方的教育方法也有着重大的差异。东方国家比较注重对公民道德知识的灌输与教育，重视正面积极的引导；西方国家则比较注重价值澄清。

所谓正面灌输，就是由教育者向教育对象系统地传授或由受教育者自身系统地学习某种思想理论。中国、日本、新加坡等国家已经使用并正在使用这种方法；而美国和西欧等国家则在民主、自由、尊重人格尊严的社会价值取向下提出了诸如价值澄清理论、认知发展理论以及在这些理论指导下形成的各种教育方法，其中的价值澄清理论最具代表性。

正面灌输教育方法的基本前提是：社会或教育当局在意识形态的指导思想、价值观方面是一元的。日本、新加坡等国家和地区，在社会制度上实行资本主义，但其当局在意识形态领域则根据自己的政治统治需要，强化某种指导思想和价值观念体系。如新加坡在对青少年学生进行教育时，始终弘扬中国儒家伦理思想，儒家伦理被作为一种价值观念由教育者“灌输”给受教育者。在中国，灌输教育方法的运用由来已久。新中国成立后，作为社会主义国家，我们在意识形态领域，确立了马克思列宁主义、毛泽东思想的指导地位，并以这些思想为指导，确立了以共产主义为目标的价值观念体系。在思想政治教育中，我国以列宁的“灌输理论”为原则，坚持正面教育，将共产主义的世界观、人生观、价值观“从外面灌输进去”。实践证明，正面灌输教育方法的教育指向性十分明显，它较好地适应了国家培养人才的需要，是一定社会、一定阶级培养接班人的基本手段。

所谓价值澄清，就是强调道德或价值观不是靠教育获得的，而是经过自由选择、反省和行动澄清出来的。其基本理论依据来自美国的价值澄清学派。

价值澄清

我们生活在一个纷繁复杂的社会里，在每一个转折关头或处理每件事务时都面临着选择。人们在做出选择时，从理论上讲是人们依据已有的价值观，但实际上人们常常并不清楚自己所依据的价值观是什么就已经做出了选择。这种现象在青少年中表现得更为突出。因此，创造条件，利用一些特别的途径和方法帮助青少年澄清他们选择时所依据的内心价值观，对他们今后的正确选择具有重要意义。基于这样的考虑，价值澄清学派的代表人物批评了以往学校教育中的某些偏颇，提出了一些价值观教育中的“注意事项”。

资料来源：袁桂林：《当代西方道德教育理论》，福州，福建教育出版社，2011。

关于这两种方法，林德布鲁姆也从制度主义的角度指出，说服是社会控制的一个无所不在的形式，在所有社会制度内都是一个中心的和基本的要素[①]。如果不仅是在公共权力的层次上谈论政治，更是在较为宽泛的意义上将政治视为对人类活动的一种价值性安排，那么有关思想活动的政治安排就有两种基本类型：一种是自由竞争的安排，一种是垄断控制的安排。用林德布鲁姆的话来说，前者是通过相互说服和讨论的形式建立控制，是民主政治的基础；而后者是大规模的、集中管理的、渗透了政治灌输的说服方案[②]。后者的特征是，统治集团为了实现其政治目标，以强制手段为后盾，按照其独特的政治话语对人们的思想意识施加影响乃至控制的活动。

可见，当代东西方学校公民教育在方法上存在的歧见是十分明显的。西方的教育家都视“灌输”为集权、专横的代名词。事实上，灌输与选择，都是思想政治教育或公民道德教育的不同方法，采取极端的态度，完全倾心于一种而排斥另一种，都是不对的。在当今的历史条件下，教育固有的灌输属性并没有发生变化。正面灌输对于控制受教育者的行为，帮助受教育者形成一定的信念和态度，起着重要的作用。同时，在进行正面灌输时也应注意“适度”，不能以教育者的身份地位或教育者相对多的知识经验为资本来压抑、强制学生不加思考地接受和服从。应当充分鼓励学生选择、思考，耐心设计有效的教育策略，最终达到教育的目的。

三、教学环节上：东方重视道德熏陶，西方重视参与技能

在公民教育的教学环节上，东西方学校也表现出一些重大的不同。具体表现在：东方学校重视挖掘传统资源，注重道德熏陶；西方学校则比较重视将公民教育融于日常活动，注重参与技能的训练。

---

① 林德布鲁姆. 政治与市场：世界的政治—经济制度. 上海：上海三联书店，1992：15.

② 同①15，72.

在东亚和东南亚地区，学校的公民与道德教育历来特别重视将文化传统中的优良美德发扬光大，成为规范青少年学生言行的重要资源。日本学校在实施公民教育的过程中，不时地受到长期以来所实施的传统道德教育的深刻影响。日本民族重视传统，特别是儒家文化对其影响已经根深蒂固，表现在有时是在公民教育体系中设置道德教育课程，有时则是在道德教育体系中设置公民教育课程。总体上来讲，日本学校的公民教育是以道德思想教育为基础和重点的，这种情形是由日本特殊的国情与文化背景所决定的。新加坡学校的公民教育更是理念独特，屡出奇招。新加坡贡献给世人的是其独特的文化理念——亚洲价值观，李光耀成为亚洲价值观的头号代言人。他提出在技术上依赖西方，精神文化上固守东方的方针。新加坡从 20 世纪 80 年代末开始实施渗透东方文化传统和儒家伦理的道德教育，并于 90 年代引入了共同价值观。总之，东方一些国家虽然采纳了西方的社会政治制度，在公民教育中引进了许多西方的理念与方法，逐渐融合了东西方的思想文化，然而，在公民与道德教育中，重视挖掘传统资源、进行道德熏陶的特色仍然是十分明显的。

公民技能

公民作为自治共同体的成员，想要行使其权利并履行其职责，他们就不仅需要获得一整套知识，而且还需要获得相关的公民技能。这些技能分为两个方面：智力的技能和参与的技能。对于知情的、有效的和负责任的公民来说，基本的智力技能也称为批判性思考技能，包括识别与描述；解释与分析；对立场的评估、持有和辩护。公民教育还必须注意知情地、有效地和负责任地参与到政治过程和社会之中。因此，参与的技能指的就是公民参与政治过程所必需的技能，包括相互作用、监督和影响三个方面。

资料来源：美国《公民学与政府国家标准》(National Standards for Civics and Government，1994)。

西方国家则比较注重对公民进行日常生活实践的训练，重视个体参与技能的培养，它们一般将这种训练放在日常生活和各种活动之中加以实施。欧美等西方发达国家由于特别重视弘扬主体意识，注重个性发挥，所以，学校的公民教育把培养学生的参与技能放在了突出的地位加以强调。在英国中小学国家课程中，“公民的权利与义务”课程要求 5～16 岁的学生发展以下技能：调查和批判性思维，讨论与辩论，商谈与调解，参与学校和社区活动。为了使公民教育行之有效，法国建立了公民教育的社会参与机制。自 20 世纪 70 年代以来，法国教育改革突出强调自治和参与，制定了一系列有关法律来保障公民教育参与过程的正常进行。据国外一些研究表明，与其他西欧国家相比，法国青少年学生的政治参与意识和政治参与能力都是最强的。美国学校的公民教育，在传授公民知识的基础上，还要对学生进行基本的公民技能训练。作为自治共同体的成员，公民想要行使其权利并履行其职责，他们就不仅需要获得一整套知识，还需要获得相关的公民技能，即智力的技能和参与的技能。总之，西方的公民教育实际是民主社会中关于自治政府的教育。而民主自治政府则意味着：公民主动地参加到对自己的管理中，而不仅仅是被动地接受他人的宣言，或是默许他人的要求。只有当政治共同体的每一个成员参与其管理时，民主的理想才能得到最完全的实现。民主社会中的公民参与必须建立在知情的、批判性思考的基础之上，建立在理解并接受与其成员资格相适应的权利和责任的基础之上。因此，西方的公民教育就是为学生参与公共的民主生活做准备的，就是为学生参与公民生活准备技能的，这些技能包括收集与处理信息、协商、讨论、交谈、说服、决策、解决冲突等。

第二节　不同国家公民教育的比较与分析

不同国家的学校在实施公民教育的过程中，逐步形成了不同的公民教育类型。比较与分析各国公民教育实施中的不同类型与模式，有助于更进一步地理解公民教育本质上的同一性及其形式上的多样性。对于公民教育类型与模式的划分，可以有许多不同的方法。本节按照内容侧重点、对权利的理解和所采用模式三个方面，将不同国家实施的公民教育进行类型的比较与分析，以更好地认识当今各国公民教育的基本特点。

一、按照内容侧重点的不同进行划分

纵观世界公民教育发展史，由于各个国家具有不同的社会结构、历史传统和政治文化，因而公民教育的目的、内容、方法乃至实现途径迥然有别。按照内容侧重点的不同进行划分，公民教育可以归纳提炼为义务论的公民教育观、权利论的公民教育观和道德中心论的公民教育观[①]。

（一）义务论的公民教育观

19 世纪以后，近代国家采取了富国强兵、扩张领土的政策，使得民族主义、国家主义得以兴起。相应地，教育上的国家主义思想也随之风起云涌。德国可谓其中代表。

1806 年耶拿战争后，德意志人民处于法国的专制压迫之下，于是整个德意志民族在反对法国人的军事占领和民族压迫这一共同目标下联合起来。德意志人的民族意识逐渐高涨。费希特发表《告德意志同胞书》，主张要靠教育的力量来复兴德意志[②]。黑格尔则从理念上赋予国家比个人更高的伦理地位，认为个人是

① 杨曦．几种不同价值取向的公民教育观．道德教育研究，2003（3）．

② 卓播英．现代公民教育的发展趋势．台北：中正书局，1980：17．

否具有政治上的自由并不重要，重要的是国家，因而个人要服从国家，服从集体并积极参加民族生活，把为祖国服务看成全体德国人义不容辞的责任①。

基于这样一种根深蒂固的国家主义、整体主义以及服从主义的历史传统，德国的公民教育明显地表现为把国家的需要和民族的利益作为公民教育的根本着眼点，凯兴斯泰纳的《国民教育的概念》② 一文非常集中地反映了这一倾向。为了培养有用的国家公民，凯兴斯泰纳认为有必要在国民学校里开设一门国民教育课，但他所强调的国民教育课并不是公民知识课、法律知识课、宪法知识课或者一般的国家学说课，不是北美国家教育计划所标志的“所谓公民政治”的东西。这种课首先是义务教育课，其次才是公民权利教育课。因为，首先认清自己应该履行的义务的人，才有权利谈论所应享有的权利问题。它是一种义务和权利的教育。当然，凯兴斯泰纳尽管也试图缓解个人的发展与国家的需要之间的紧张关系，但他是在尊重国家的前提下，承认人格的尊严和发展个性的重要。

按照美国政治学家阿尔蒙德在其名著《公民文化：五国的政治态度和民主》中所称，德国的政治文化是“极权政府和民主政府相互交替、结构不稳定的独特模式”③，虽然公民在法律下的权利被阐释得一清二楚，但却没有多少影响政府的政治能力，因而在阿尔蒙德看来，在德国的政治生活中，占统治地位的是“有能力的臣民”，而不是有能力的公民，他们遵守国家的法律和秩序，具有较强的行政能力和义务感，把法律看成是他们要服从的一种东西，但不需要他们帮助制定④。鉴于此，可以把德国的公民教育称为义务论的公民教育观。尽管第二次世界大战以后，随着德国民主进程的加深，公民教育的课程有所调整，但强调国家利益与个人的义务仍是一以贯之，甚至于公民对国家的义务感成为德国社会稳定的重要因素。

（二） 权利论的公民教育观

美国则继承了英国资产阶级思想家和 18 世纪法国启蒙运动学者的天赋人权学说，其政治哲学是以自由主义和个人主义为基础的。

洛克最早明确提出和阐述了近代自由主义的政治哲学。他在《政府论》中以近代自然法理论和契约理论为基础，明确地表达了个人权利、政府的目的与权限、法治、分权的原则以及人民反抗暴政的权利等。洛克的自由主义政治哲学经由美国的革命思想家和政治家的集成和混合，得到了创造性的发挥，使之表达了美国人的意志以及美国当时所需要的恰当的格调和精神，对美国人产生了巨大的影响。早在 1620 年，秉承英国地方自治的经验与法治精神，为追求经济自由和信仰自由的第一批移民，在航行中所签署的著名的《五月花号公约》，就象征着

① 李梅．权利与正义——康德政治哲学研究．北京：社会科学文献出版社，2002：49.
② 凯兴斯泰纳．凯兴斯泰纳教育论著选．北京：人民教育出版社，1993：217-249.
③ 阿尔蒙德，维巴．公民文化：五国的政治态度和民主．杭州：浙江人民出版社，1989：28.
④ 同③276.

美国先祖们爱好民主政治的精神，并被誉为“美国史上第一部宪法”。1776 年 7 月 4 日《独立宣言》发表，成为美国政治和文化传统的一个重要里程碑。它是一个个人主义的宣言。1789 年美国颁布了宪法。1791 年通过了十条宪法修正案，通称《权利法案》。法案明确具体地保证了个人的各种自由和权利，如宗教、言论、新闻、和平集会和请愿的自由，还保证了个人的人身自由以及被控犯法时获得迅速公开审判的个人权利等。《权利法案》成了美国政治和文化传统的另一个重要组成部分。强调个性、个人价值、个人权利和个性解放，争取和维护个人的独立、平等和自由，成为美国人维护民主政治必不可少的公民责任和义务。美国人坚信，个人能够享有自由的社会的最主要的基石是法治。个人所需要服从的是法治之下的法律，是无私的和普遍有效的法律，信奉宪法作主导的法律高于政治的运作，一切政治运作必须在法律之下运行。民主和法治是一体两面。美国公民较强的法治意识，成为他们维护自己公民权利的强大武器。这些都构成了以自由主义和个人主义为核心的美国社会生活和政治生活的基石①。

即使到了 20 世纪以后，由于工业化的发展和垄断资本的出现，美国社会经济结构发生了巨大的变化，垄断代替了自由竞争，使集体合作成为必要，也并不意味着牺牲个人利益去服从集体利益，也没有把个人利益融合到集体利益中去，而是通过集体合作的形式和力量来实现个人的利益目标。正如伯恩斯所指出的，那些提倡集体主义的人，一个共同的信念就是“个人价值重要”，“改革者所要求的不是把个人淹没在集体主义的经济体系中，而是恢复，如果可能的话，扩大个人奋斗的机会”。把被大企业剥夺去的个人机会还给个人，使他能有正当的权利和自由按照自己的愿望奋斗②。

20 世纪后期，罗尔斯的《正义论》以及稍后的《政治自由主义》的发表，重申个人权利和基本自由的优先性③。研究显示，在八种美国核心公民价值观中，个人的权利和自由始终居于优先位置④。

事实上，在美国许多重要的历史文献中，都深深地根植着一个信念：为了保障和促进美国式的宪制民主，公民教育起着至关重要的作用。学校应优先进行公民教育。1994 年美国教育法案中明确规定，“到 2000 年，所有的学生都要学习‘公民学与政府’课程，以便他们具有负责任的公民资格”。为了使公民教育能够强化并一以贯之，美国政府紧接着又颁布了从幼儿园到 12 年级的“公民学与政府”的国家标准。

可见，美国式的公民教育与其政治体制和历史传统相辅相成。正如阿尔蒙德的研究所发现的那样，美国的公民文化更强调一种积极的、参与的以及具有影响力的公民角色：公民的政治意识浓厚，对其政治系统如美国的宪法、政治自由、

---

① 李其荣. 美国精神. 武汉：长江文艺出版社，1998：90.

② 同①123.

③ 罗尔斯. 政治自由主义. 南京：译林出版社，2000：313.

④ U. S. Civic Values from the National Standards for Civics and Government，http://www.activecitizenship.org/.

民主等充满自豪感，强调个人应该是社会事务的积极参与者，并自信个人对地方政府和全国政府的政治决策有很大的影响力，如通过组织非正式团体等措施。以至于美国人相信，所有的政府机关都产生于全体公民之中，公民能力的运用是没有限制的①。也许美国学者罗伯特·J. 林格在《重建美国人的梦想》一书中表达得更为清楚："当我说我爱美国时，对我此语得加以更明确的解说。确实我十分喜欢我国大自然的美，以及它许多地区各不相同的气候。可是，爱美国的真正含义，对我来说，是爱美国人的梦想。它意味着爱自由和个人主义。"② 因而我们可以说，美国式的公民教育是强调个人权利的公民教育。

（三） 道德中心论的公民教育观

在亚洲，许多国家一直受到儒家文化的影响，而儒家思想具有泛道德主义的文化精神特征，强调道德对个人、家庭、社会、国家乃至民族兴亡的重要性，把道德作为立国的根基，深信"修身"与"齐家、治国、平天下"有着有机的连锁关系，在光大自己的道德本性、完成个人人格的同时，也是为了使社会能有秩序，即所谓的由"内圣"而至"外王"。在既吸收儒家思想又借鉴西方公民教育模式的亚洲国家中，新加坡可谓其中的典型代表。

新加坡自 1965 年独立以来，政府一直致力于在多种族的社会中建立统一的"新加坡人"国民身份，维持强烈的国民身份认同。1966 年教育部成立公民委员会，进而制定公民课程纲要，大力推行公民教育。新加坡公民教育政策的首要内容是宣传爱国主义及捍卫国家利益；此外，以儒家提倡的忠、孝、仁、义等为主导思想，强调种族和谐和发扬"亚洲人"的传统价值观。在新加坡所有中小学的公民与道德教育课程纲要及教科书上，均列明作为"新加坡人"的几点共同价值观："国家至上，社会为先；家庭为根，社会为本；关怀扶植，尊重个人；求同存异，协商共识；种族和谐，宗教宽容。"这几句话可以看作新加坡公民教育内容的纲领主线。

新加坡小学使用的《好公民》教材就突出强调了东方道德教育价值观的培养，从学生个人开始，扩展到家庭、学校、邻居、国家乃至世界和全人类。即小学一年级以"个人"为中心，二年级是"家庭"，三年级是"学校"，四年级是"邻居"，五年级是"国家"，六年级是"世界和全人类"。比如"个人"的主要目标是：自尊、自信、认识自我、诚实、自我责任、节俭敬业、乐群、毅力、正直、勇敢、信守诺言等。"家庭"的主要目标是：要求学生能关怀长辈，通过家庭聚会来珍惜和重视家庭的传统活动；为家人着想，能体谅父母和长辈的处境和辛苦；能对自己的行为负责，不让父母担心；能够尽自己的能力使家庭幸福美满等。整个教材内容遵循儒家传统的道德观念，对学生进行有关社会规范、生活准则、道德责任、种族和谐，以及热爱祖国、忠于祖国等方面的教育，按严密的循序渐进的结构逻辑从个人到世界放射性地向外扩展。中学一、二年级开设的"好

---

① 阿尔蒙德，维巴. 公民文化：五国的政治态度和民主. 杭州：浙江人民出版社，1989：273.

② 李其荣. 美国精神. 武汉：长江文艺出版社，1998：98.

公民”，其逻辑顺序与小学相同，内容则是在小学基础上的延伸和深化，体现出一种螺旋上升[①]。1983年新加坡又特别推出“儒家伦理”课程，以便应对西方文化对新加坡的消极影响。

当然，新加坡也是一个深受西方文化影响的多元化现代国家，在中小学的公民教育中极力倡导三位一体——国家、社会、个人三者利益兼顾的教育方针，既明显具有东方式的重视道德教育的特色，以儒家伦理价值追求为基本精神，强调正直、忠诚、诚实、信任、同情心和责任感这些人类的核心价值，也吸取了西方的科学理性精神以及其他民族的精神气质。

通过以上分析，不难看出，由于各个国家的政治、经济、文化和历史发展现状有着很大的区别，公民教育的模式也就迥然不同。正如约翰·罗尔斯所说：“社会对儿童教育的关切所在，是他们作为未来公民的角色，所以，社会关切诸如他们获得理解公共文化并参与公共文化之各种制度的能力，关切他们终身成为经济上独立和自我支撑的社会成员，关切他们发展各种政治美德，而所有这些关切都是从一种政治观点内部出发的。”[②]

但同时可以肯定的是，公民教育有其相对稳定的内容和精神旨趣。各个国家在进行公民教育时的一些共同的追求是不容忽视的，比如公民的主体意识和公共理性、公民的道德品质和公民的守法精神、公民的爱国意识和对民主理想的追求等。

二、按照对权利的不同理解进行划分

自18世纪至今，一直存在着两种人权观的对立与斗争，即个人主义的人权观和集体主义的人权观。随着时代内容的变化，这场斗争经历了几次主题的流变，同时，两种人权观自身也一直处于动态的调整之中，但二者之间的根本冲突并未得以解决。故此，按照对权利的不同理解进行划分，不同国家的公民教育又可以归纳为：倡导个人主义人权观的公民教育和倡导集体主义人权观的公民教育[③]。

（一）倡导个人主义人权观的公民教育

18世纪末19世纪初，西方的政治思想仍然笼罩在以个人权利反抗国家暴政的激情之中。许多政治学家和经济学家仍然将个人权利视为历史发展的终极目标。约翰·密尔在《论自由》一书中指出，凡是压毁人的个性的都是专制，不论它叫什么名字，也不论它自称是执行上帝的意志还是自称是执行人们的命令[④]。

① 胡虹霞. 新加坡学校的公民道德教育. 江西教育科研，2001（10）.

② 罗尔斯. 政治自由主义. 南京：译林出版社，2000：313.

③ 杨光斌. 政治学导论. 北京：中国人民大学出版社，2000：302-305.

④ 密尔. 论自由. 北京：商务印书馆，1982：11.

罗伯斯庇尔指出，一切政治组合的目的在于维护人的不受时效约束的自然权利，并发展其一切才能[①]。斯宾塞也主张政府的首要职责在于保障个人生存竞争的自由，以不干涉原则来保证社会在自我清洗的过程中不断进步。古典经济学家亚当·斯密主张政府对个人的经济活动采取“放任主义”的态度，政府自身只充当自由经济的“守夜人”。

就西方人权实践和理论在20世纪发展的主流而言，它在一定限度内表现出了一种兼收并蓄的灵活性。许多西方学者反省了放任主义，即把公共福利或平等权放在了与自由权同样重要的位置上。现在，许多西方国家都是福利国家。政府通过提供医疗、教育、失业保障等一系列援助来帮助国民取得更多自我完善的机会，从客观上对于增进个人的社会经济权利有着积极的意义。因此，在西方国家，学校普遍推行的便是这种倡导个人主义人权观的公民教育。

欧美国家对于个人主义人权观的信奉不仅是一以贯之的，而且他们还将这种人权观作为一种手段，对第三世界和社会主义国家施加压力。

（二） 倡导集体主义人权观的公民教育

另一些思想家则强调保障公共自由或国家自由，主张国家权力或社会权力对个人权利的优越性与统率性。黑格尔指出，国家这个实体性的统一是绝对的不受推动的自身目的，在这个自身目的中自由达到它的最高权力[②]。孔德则认为，形而上学时期的“人权”不过是神学时期“神权”的继续，在实证时期，“每个人都对他人负担义务，但任何人都没有上面所说的权力”[③]，每个人都应以“秩序与进步”为目标，以“合作”与“服从”即“整体性原则”为行为准则。

当今，随着倾斜的“南北”关系的进一步发展以及“东西”斗争导致的人权问题的政治化，个人人权观与集体人权观的斗争焦点越来越集中于民族权利这一问题上。许多第三世界国家和一些社会主义国家倾向于把集体人权解释为民族自决权、国家独立自主权、反对种族歧视及外来干涉、国家利用本国资源发展权等内容，并认为集体人权是实现个人人权的基本前提。

亚洲的许多国家和地区都不同程度地信奉集体主义的人权观，以中国、新加坡等国家为典型代表。邓小平就指出，在当今中国，“真正说起来，国权比人权重要得多”[④]。邓小平认为，中国政府是讲人权的，在中国享受人权的不是少数人，而是全国人民；对于中国人民来说，当前最基本的人权是保障人民的生存权和发展权。李光耀也反对全盘照搬西方民主制度。他认为，那种制度适用于西方，而东方民族有着完全不同的文化背景，因此东方国家在实践民主原则时，必须把它融进东方文化之中。他认为，西方民主的核心是强调监督与制衡、个人自由和权利；东方民主强调个人对集体和国家的服从、凝聚力和团队精神。政治民

---

① 王养冲，陈崇武．罗伯斯庇尔选集．上海：华东师范大学出版社，1989：164.

② 叶立煊，李似珍．人权论．福州：福建人民出版社，1991：132.

③ 同②120.

④ 邓小平．邓小平文选：第3卷．北京：人民出版社，1993：345.

主必须服从于政治稳定，即必须在维护政治稳定的范围内实行民主。更重要的是使人民在经济发展上有更多的自由和权利，使人民享有过幸福生活的权利，经济发展并不总是同民主政治联系在一起的。李光耀说："我相信一个国家在进行发展时所需要的是纪律多于民主。"① 因此，在这些国家，学校普遍推行的便是这种倡导集体主义人权观的公民教育。

应当指出的是，个人主义人权和集体主义人权从本质上来说是能够相互融合的，但这一统一需要以国家政治、经济文化的高度发展来保证。集体并不是与个人对立的，而是包含个人的群体。以私人任性为基础的自由、放任，只能诱发各种极端利己性，导致各种群体的非理性冲突。从现代化发展的要求来看，政治稳定和建立强有力的中央政权是发展中国家最为务实的选择，只有循着政治稳定、经济发展、政治民主循序渐进的路线，才能在市场经济发展过程中避免西方原始积累时期所产生的种种后果，使政治、经济发展不致成为一种野蛮的发展。

另一方面，应当承认，政治民主、人的权利具有自身的独立性，其自我完善可以反作用于经济发展，提高民众文明程度、增进道德规范。同时，应当反对集体权利向着贬损既定的个人权利方向发展，要最大限度地挖掘集体人权和个人人权的同一性之处。如通过经济发展来保障公民社会权、经济权，保护公民申诉、控告和检举权等。对于集体人权和个人人权相冲突之处，也应辨清以集体人权面目出现的是政府权利还是人民权利，借此做出相应反应，推动政府自律与人权发展。"人民权利如果有超越国家权利的含义，它们必须包括人民对本国政府的权利。""正是人民作为基础的合法性，而不是政府的短促的合法性，构成了保护人权的文件的目的和基本原理。"②

三、按照所采用模式的不同进行划分

由于历史文化传统、经济发展水平和社会制度及教育状况等方面的不同，世界各国形成了具有不同思路、内容和特点的学校公民教育模式。因此，按照所采用模式的不同进行划分，不同国家的学校公民教育又可以归纳为德目主义模式、全面主义模式和混合教育模式三种③。

（一）德目主义模式

德目主义模式的基本特征是开设独立的道德课程，把人们经过多年生活经验积淀和验证而得来的一些道德品质和规范以德目的形式固定下来，编成教材，通过教师的系统传授，让学生熟记、理解和掌握。该模式以日本和英国等国家为主要代表。

---

① 李光耀. 李光耀40年政论选. 北京：现代出版社，1994：350.

② 沈宗灵，黄南森. 西方人权学说（下）. 成都：四川人民出版社，1994：301.

③ 王玄武. 比较德育学. 武汉：武汉大学出版社，2003：123-155.

德目主义

“德目主义”主张将人类的美德形成具体的条目，在教育过程中把这些条目灌输给受教育者，以形成学生良好的品德。“德目主义”划分为不同的学派，有的强调以权威的言语作为衡量道德与否的标准；有的主张以自然作为道德判断的评价依据；有的把追求幸福作为衡量道德生活的尺度；还有的则将道德与否归因于理性的推断与思考。就知识与能力的辩证关系而言，“德目主义”具有不可低估的教育价值。然而，随着时代的发展，“德目主义”思维方式的缺陷桎梏了学生品德的发展，影响了学生人格的建构。

资料来源：赵志毅，李涛：《“德目主义”德育哲学引论》，载《南京师大学报（社会科学版）》，2009（3）。

日本一直开设有独立的道德课程。第二次世界大战以后，日本在美国的压力下引入了美式公民与道德教育模式，废除了日本原有的道德课，但由于不符合文化传统和国体实质，占领期一结束，日本就提出开设道德课问题，并很快建立起全国统一的道德教育体系。虽然日本至今在教育上仍保存了美国的许多教育形式，但在公民与道德教育上却与美国背道而驰，甚至依然特别强调国家集体观念，不重视个性发展。日本虽然在美国的压力下对教育进行了改革，创设了“社会科”，但它仍然以道德教育为直接目的，力图使学生通过注意观察和了解日常生活中的事物和现象，观察和了解社会生产情况，培养其作为社会成员的素质；通过使学生掌握有关日本历史、地理和政治经济知识，培养学生热爱国家并愿意为国家发展做贡献的态度；通过使学生学习世界史和国际关系方面的知识，培养学生作为生活在国际社会中的日本人的素质；等等。总之，它力图使学生获得对社会生活的正确理解，培养学生适应社会现实生活的道德态度、道德情感、道德判断力和道德实践能力。

如前所述，公民课程体系在英国学校始终是缺失的一块。直到 2000 年，政府才将专门的公民教育作为国家课程正式引入中小学，“公民科”成为国家课程体系中的一门基础学科，从 2002 年 9 月起在中学正式实施。不过，英国学校也一直设立着专门的道德教育课程体系，它以人与人的关系为主要内容，以学生的自主体验和思考为基本手段，强调人与人之间的相互体谅。在 20 世纪 70 年代，英国研制并推出了一套道德教育丛书，作为中小学道德教育的教材。面向小学的教材为《起始线》，由一系列来自于儿童个人体验的丛书和活动情境图片构成，有些内容取材于学生个人的作品，很容易为儿童所接受。面向中学的教材为《生命线》，由三部分组成：设置情境、验证规则和讨论行动。

德目主义是日本、英国等国家进行公民教育的主要模式。它在公民教育中强调道德教育，并把道德教育作为独立的科目开设出来，同其他教育科目一样列入正规的教学计划，具有自己的教师、教材和课堂，提供必要的条件，赋予道德教育在整个教育系统中应有的重要地位。但是，德目主义所强调的道德教育，仅仅是公民教育中的一个组成部分，还并不是完整意义上的公民教育。同时，由于德目主义模式具有自身的一些局限和缺陷，使之严重滞后于社会的需要和时代的步伐。事实上，无论是在日本还是在英国，虽然德目主义模式根深蒂固，但随着时代的发展，传统的以道德教育为中心的德目主义模式，正在逐步向着现代的以公民教育为中心的其他模式转换。

（二）全面主义模式

全面主义模式不是通过开设独立的道德教育课程向学生传授既定的德目，而是通过以社会科为中心的全学科和全部教育活动进行公民教育的模式。该模式下的公民教育主张通过人文学科、社会学科乃至自然科学等全学科以及包括学生的全部课外活动、道德实践和生活指导等全部教育活动去帮助学生综合发展公民与道德能力，而不是开设独立的课程、设置固定的德目和配备专任的教师。

全面主义

“全面主义”又称“形式主义”，是20世纪中后期西方道德教育理论发展的重要学派，主要有指令式的道德观、情绪主义的道德观、存在主义道德观和行为准则道德观。“全面主义”重视对道德教育基本概念的分析，主张以形式而非内容特征界定道德和道德判断，强调学生对道德推理过程的理解和对道德推理的技能技巧的培养，反对单纯灌输道德内容，认为对人类共有的基本道德价值的探寻是道德教育的目的，坚持道德教育的中立立场。

资料来源：赵志毅，崔婧婧：《论“全面主义”道德教育学派》，载《南京师大学报（社会科学版）》，2008（6）。

全面主义模式有几个方面的主要特征：一是教育内容的相对性，它从道德相对主义和价值个人相对主义立场出发，片面强调社会的变动性和道德规范与价值体系的个人相对性及特殊性，认为德育的目的是培养学生去适应社会、学会生存，促使学生内化道德观念或培养学生适应社会的能力。二是教育途径和方式的间接性，它否认一般道德原则和规范的指导意义，主张不必开设专门的德育课程或即使开设专门的课程也不应直接灌输既定的德目。三是强调教育对象的自主性，它将视角转向对学生个体心理结构的激发和自主选择能力的培养，强调以学生为中心。四是实施方法的实践性，它注重教育实施方法的活动性和实践性，强调知行统一并注重践行。

杜威总结并发展了资本主义国家的德育实践经验，在其专著《教育中的道德原理》一书中，精心设计了一套完整的道德教育方案。他认为，学校道德教育的目标是培养美国民主与进步社会的公民，这就要养成儿童多方面的习惯和能够适应社会进步并能参与社会及改造社会的多方面能力，促进儿童全面发展。学校道德教育应当是培养学生的“道德观念”，而不是教授“关于道德的观念”。为此，他提出了学校生活、教材、教法“三位一体”的德育模式。

价值澄清模式也属于全面主义模式的另一种表现形态，20世纪70年代以后在美国中小学比较流行。与杜威学校道德的“三位一体”实用主义德育模式一样，价值澄清模式也否认既定德目传授的必要性和指导作用，强调采用间接的教育途径和方法，以生活为中心和以学生为中心发展学生的道德能力和品性。但这两种模式在是否开设专门的道德教育课程上存有一些差异。

应当说，全面主义模式对传统德目主义模式在具体操作缺陷方面的批评具有较为积极的意义，因而它在公民教育的具体操作方面也就提供了较多的启迪。但是，无论是在理论方面，还是在模式操作方面，它仍然具有一些局限性，尤其是在实践操作上容易导致学校德育的放任自流，从而造成社会隐患。

（三）混合教育模式

混合教育模式既承袭了德目主义模式中的积极因素，同时又开放地接纳了全面主义模式中种种卓有成效的操作方案；在学校既开设相对独立的课程，向学生传授既定的德目系列，又充分利用全学科和全部教育活动的途径和方式进行公民教育。在当代世界的公民教育实践中实行混合教育模式的国家主要有美国和法国等。

混合教育模式的主要特点具体表现在如下几个方面：一是德育体制结构的多元性，即中央政府一般不设立统一的国家监管机关，或不制定统一的德育大纲。各个地区和各类学校都有相应的独立性和自由度。德育实施的具体内容和方式途径往往表现出多样化，各级地方政府可以制定本地区的教育立法和道德教育要求，学校的道德教育有较大的自主性，从而表现出多元性。中央政府不通过直接的行政手段干预学校德育，而往往采用间接的方式来制约学校的德育目标和内容。二是德育目标和内容的多样性和统一性，即在复杂的具体德育目标和广泛多样的德育内容中体现出基本德育目标和基本德育内容的一致性。三是德育实施途径和方法的综合性，它吸收了德目主义和全面主义两种模式的积极因素，在实施途径上采用直接性与间接性、潜隐性德育途径相结合。以课堂正面教育为主，同时注重发挥校园生活、宗教活动、社会服务活动和社会教育活动以及环境熏陶的作用。在实施的方法维度上，一方面给学生充分的选择自由和参与各种活动的机会，发挥学生自我教育的作用；另一方面又有教师的正面指导，教师和管理者担负起学校公民教育的责任并受到学校的监督和评价。同时，还把传授道德知识与培养道德践行能力结合起来，培养学生的批判性思维能力和决策能力。四是德育方案具有较强的可操作性，即具有内容系列化、教学策略成体系、教学手段较先进的特征，比较符合社会需要和学生的思想品德发展特点。

混合教育模式有其成功的一面，它对于培养青少年儿童的思想品德、政治品质和道德品质，维护社会稳定，增强民族凝聚力，促进社会经济发展发挥了一定的作用。但其实施效果既受制于一定社会的政治、经济和文化背景，也受制于模式本身的局限。从世界各国学校公民教育模式的发展趋势看，无论在理论发展方面还是在实际操作方面，都明显地表现出向综合化发展的趋势。综合教育模式可望成为各国都能接受的学校公民教育模式，而混合教育模式可谓向综合教育模式发展的成熟形态。因此，混合教育模式对于我国社会主义的公民教育实践与改革具有较多的借鉴和启迪意义，应予以深入分析和研究。

第三节　世界公民教育的发展趋势

在全球化潮流的影响下，当代世界各国的公民教育呈现出一些共同的特点，公民教育的国际合作交流也呈现出一些基本的发展趋势，在此基础上，形成了全球性公民教育的政策指导与测量指标。

一、世界各国公民教育的共同特点

从全球公民教育的综合比较来看，各国普遍有几个方面的共同特点：公民教育在各国得到普遍重视，公民教育的内容日益得到扩展，公民教育的专门课程与间接途径得到紧密结合。

（一）公民教育在各国得到普遍重视

公民教育在各国一直受到普遍重视。特别是 20 世纪 70 年代以来，公民教育得到了国际社会的高度关注。联合国教科文组织编写了一系列著作，如《学会生存——教育世界的今天和明天》（1972）、《从现在到 2000 年教育内容发展的全球展望》（1987）、《教育——财富蕴藏其中》（1996）等。这些著作都把培养人的道德品质和公民素质作为重要目标。历届国际教育大会也都把公民与道德教育放在了重要的地位加以强调。

世界许多国家和地区都把公民与道德教育作为重要的目标。日本、美国、英国、新加坡等国政府已拨出相当数量的专款，资助公民与道德教育的调查研究工作。美国历届总统多次发表演说，强调公民教育在社会发展中的意义，要求培养符合社会发展需要的好公民。在英国，1988 年保守党会议上，赫德指出“90 年代的挑战是重新恢复我们公民的强大传统”。1990 年，英国出台了两份强调公民教育重要性的文件，其中，国家课程的指导文件还将“公民教育”列入英国国家课程计划之中，规定“公民教育”作为五个交叉课程主题之一正式纳入国家课程。2000 年 9 月，新的中小学国家课程在英国确立，“公民科”作为基础学科之一被正式纳入国家课程体系之中。从 1992 年开始，新加坡小学各年级就使用新编的《好公民》教材进行教学，中学也开始依据 1990 年公布的《新公民道德课程的草拟大纲》推行公民与道德教育。其他国家也大致如此，教育改革方案频频出台，均突出强调了公民教育的地位与作用。

许多迹象表明，重视公民教育已经成为世界教育发展的一个重要特点。

（二）公民教育的内容日益得到扩展

随着人自身的发展和社会的发展，国际公民教育的内容在不断增加。不仅公民教育在传统上的道德教育、宗教教育、精神教育、国家方针政策教育、民主教育、法制教育等方面的内容得到了充实，其内涵也得到了扩展。和平教育、自由、平等、人权、人的尊严等人道主义教育内容成为公民教育的重要组成部分；反色情、反吸毒、反暴力、预防艾滋病教育，以及国际理解教育、生态环境教育、消费教育等也成为其中的重要项目。

如国际理解教育在战后国际社会一直受到特别的重视。联合国教科文组织的国际教育局于 1948 年 6 月 28 日召开国际教育大会第 11 届会议，提出要注重国际理解精神的培养，认为“所有教学都应有助于学生认识和理解国际团结；所有教育机构的生活的安排，应有助于培养学生的责任感和社会合作精神；应培养学生对世界共同体的责任感，以作为公民责任感的延伸”①。在以后召开的几次国际教育大会上，国际理解教育也都受到了高度的重视。

随着全球自然问题的日益尖锐，20 世纪 70 年代以来，美国、苏联、英国、法国、日本等国都相继兴起了生态环境教育的热潮，并结合其特点推出了一系列生态环境教育课程。

消费教育在 80 年代中期也逐渐兴起，主要是针对儿童乱花钱和不知金钱来之不易而开设的。美国鼓励儿童从小通过自己的劳动挣钱，美国银行家协会推出了全国性的个人消费教育计划。瑞典为中小学儿童编写了从一般金钱知识到购物指导的材料，内容非常丰富。

国际公民教育根据社会发展的需要和人自身发展的需求，不断扩充教育的内容。具体根据社会需要的道德规范和国家发展所需的民族精神，根据促进人们道德推理能力发展和辨别善恶能力发展的内容等，对公民教育的项目内容加以选择。进一步重视共同核心价值观、社会规范和民族精神、应对现实生活问题所需的伦理道德规范以及道德推理能力等方面的内容，这将是今后国际公民教育发展中的一个重要特点。

（三）公民教育的专门课程与间接途径得到紧密结合

从世界各国学校公民教育的发展情况来看，无论在公民教育的理论发展方面，还是在公民教育的实际操作方面，都明显地表现出专门课程与间接途径紧密结合的综合化发展的特点。综合性的公民教育可望成为各国均可接受的方式。

综合性的公民教育一方面批判地继承了传统上直接的和专门的公民与道德教学中的积极因素，同时又开放性地接纳了间接教育途径中种种卓有成效的公民与道德教育操作方案。其主要特点是公民教育的基本目标和基本内容趋于一致，而阶段性目标和具体内容则随着社会的变化而变化，根据学生品德的发展特点呈现

① 赵中建．全球教育发展的历史轨迹——国际教育大会 60 年建议书．北京：教育科学出版社，1999.

多样化。在公民教育的途径和方法方面，注重发挥公民教育综合因素、道德教育场的作用，注重教师指导教育与学生自我教育相结合。在重视直接的公民与道德课程的教学，向学生诚实地传授道德与公民知识的同时，还依赖于各种活动和学科教学等间接途径。学科教学对学生最显而易见的影响体现在教材中，尤其是包含大量人文社会性思想内容的语文、历史等文科材料，是进行公民教育的重要资源。另外，学科教学中的教法、教师的道德表率作用以及课堂生活气氛的感染力，对学生道德品质与公民素养也有重要影响。学校、年级、班级、学生会以及其他学生群体组织的课外活动和校外活动对学生的公民素质和思想品德的养成也有重要的影响。如果运用得当，将会极大地促进公民教育，提升学生的道德素质与公民素质。

在各国学校中，专门课程与间接途径紧密结合已经成为目前公民教育实践中的一个普遍方式，而且在今后相当长一段时期内，综合性的公民教育仍然将是国际范围内公民教育实施的一个基本特点。

当代世界的公民教育还表现出一些其他方面的基本特点，如从封闭的学科性教材转向开放的情境性教材，日益加强网络道德教育，公民教育手段的多样化、科学化与现代化，以及重视公民教育的国际研究、交流与合作等。如何阐明世界各国公民教育的基本特点与发展趋势，仍然是公民教育研究中一个需要继续深入探讨的课题。

二、公民教育国际交流与合作的基本趋向

在当代世界，公民教育领域中出现了国际性的交流与合作网络，许多国家的公民教育工作者广泛交流，开展活动，启动公民教育的各种合作项目。由此，公民教育的国际交流与合作呈现出一些基本的趋向。根据国外一些专家的研究，有九大趋向“在世界立宪民主的公民教育中具有广泛而潜在的影响”①。

趋向之一：公民教育被概括为三个相互关联的组成部分。

在世界各地，许多公民教育工作者将他们的计划集中在公民知识、公民技能和公民品性的发展上。

公民知识由一些基本的观点与知识组成，学习者必须了解这些观点与知识，以便能够运用它们，成为有效的和负责任的民主公民。

公民技能包括智力技能和参与技能。智力技能用来理解、阐释、比较和评估政府与公民的原则和实践。参与技能使公民能够监督和影响公共政策。

公民品性包括人格特性、性情和信奉，这些对于保存和改善民主的治理与公民的身份都是必要的。公民品性的内容有尊重每个人的价值与尊严、礼貌、正直、自律、宽容、同情和爱国精神。信奉包括献身于人权、公益以及法治。

---

① John Patrick. Global Trends in Civic Education for Democracy. ERIC Digest，ERIC Clearinghouse for Social Studies/Social Science Education，ED410176，1997 (1).

趋向之二：系统教授基本观点或核心观念。

公民教育工作者要系统地讲授民主治理与公民资质的观念，如人民主权、个人权利、公共利益、权力、正义、自由、立宪和法治，以及代议制民主等。

趋向之三：个案研究分析。

教师要求学生将基本观点或核心观念应用于个案研究分析。个案研究分析将真实的公民生活情景与活力带入课堂，从而要求基本观点或核心观念的实际运用富有公民实体的资料意义。

趋向之四：发展做决定的技能。

教师使用政治和法律争端作为案例，帮助学生发展其做决定的技能。给学生讲授如何识别争端，如何观察各种可供选择的选项及每种选择可能产生的后果，以及如何为一种比其他更好的选择作辩护。

趋向之五：政府与公民教学的国际比较分析。

教师们期望，这种比较分析在扩展民主原则知识的同时，能够深化学生对自身民主制度的理解。此外，这种比较分析有可能使学生懂得民主原则可以有各种各样的实践方式①。

趋向之六：通过合作学习活动发展参与技能和公民品德。

教师重视在小组中进行合作学习，这种方式要求学生们齐心协力为一个共同的目标而努力。通过这种合作学习活动，学生发展出多种与之相关的参与技能和公民品德。经常参与到合作学习情境中的学生，更容易发展出多方面的技能，如领导能力、冲突化解、妥协、谈判以及建设性的批评，而且，他们还容易发展出多方面的品性，如容忍、礼貌和信任②。

趋向之七：使用文学作品教授公民品德。

教师公认，学习文学，无论是虚构的还是纪实的，都能使学生接触到在戏剧性的境遇中例示公民品德的有趣人物。因此，这些故事中的人物可以成为学生的角色楷模。至少，他们是一些独特的公民品德的积极范例，可以帮助学生理解公民生活中道德的含义和重要性。一位运用文学作品进行公民品德教育的专家，强调了让学生接触文学作品人物的教育价值：“这些人物展示了这样一些特性，如勇敢、希望、乐观、有志向、独创性、爱国、爱家、自嘲、关心环境以及对社会不公的愤怒。”③

趋向之八：对公民知识、技能与品德的主动学习。

教师使学生积极主动地获取公民知识、公民技能和公民品德。主动学习的例

---

① Kermit L. Hall. The Power of Comparison in Teaching about Constitutionalism, Law, and Democracy. Paper presented to the Conference on Education for Democracy at The Mershon Center of The Ohio State University, March 4－7, 1993, ED 372 025.

② Robert J. Stahl, R. L. VanSickle, eds. Cooperative Learning in the Social Studies Classroom: An Introduction to Social Study. Washington, DC: National Council for the Social Studies, 1992, ED 361 243.

③ Sandra Stotsky. The Connection Between Language Education and Civic Education. ERIC Digest, Bloomington, IN: ERIC Clearinghouse for Social Studies/Social Science Education, 1992, ED 348 318.

证很多，比如系统地学习概念，案例分析，发展做决定的能力，合作学习任务，以及小组讨论等。智力上的主动学习与高水平的成就紧密相连，这与被动学习之间形成了鲜明的对照。此外，它也使得学生能够发展出一生所需要的技能与程序，从而能够作为公民独立质询和做出决定。这些均是使立宪民主得以生效所必需的公民资质。

趋向之九：在教授公民知识、技能和品性中倡导内容与过程相结合。

在设计课程与课堂教学时，教师们公认，公民品德与公民技能（智力的技能和参与的技能）是与整个公民知识或内容密不可分的。他们做了如此的假设，如果学生面对一个公共的问题，想要批判性地进行思考，有效地和有道德地进行行动，则他们必须要理解这一问题的关系、它的起源、回应它的各种选择，以及这些选择可能产生的后果。这种理解是建立在他们所掌握知识的基础之上的。而运用这种知识来解释、评估和解决一个公共问题，则取决于学生的认知程序技能。

基本的内容或题材和基本的认知程序或操作，是教学中相互关联的因素。强调一种而忽视另一种——如强调内容而忽视程序，或相反地，强调程序而忽视内容——均是教育学中的一种瑕疵，只会妨碍公民教育的有效开展。学术的内容与程序之间，即公民知识、技能与品德之间，必须在教学中前后照应，如此才能完成公民教育的使命，才能赋予个体在他们自己的国家以及世界各地以确立、保持和改善民主治理与公民资质的能力。

三、公民教育的政策指导与测量指标

虽然历史学、经济学、文学以及其他学科的确能够提高学生对于政府与政治的理解力，然而它们却不能取代持续的和系统的公民教育。因此，设计出一些能够指导公民教育实践的指令性政策和测量公民教育效果的测量指标是有必要的。美国公民教育中心所设计的公民教育政策指导与测量指标，被普遍应用于许多国家的公民教育实践之中。

就公民教育的政策指导而言，应该关注如下一些建议：

“公民学与政府”的教学不应当只是学校教育中一种附带的或偶然的东西，而应当成为教育的一项中心议题，因为它对于民主政治的维系是最为必要的。

“公民学与政府”是一门与其他学科等量齐观的学科。它与“历史”和“地理”一样，是一门综合的和跨学科的课程。

“公民学与政府”的讲授应当清晰明了和系统全面，无论是作为独立的单元和课程，还是作为其他学科的一部分，都应从幼稚园开始一直到 12 年级系统开设。

对“公民学与政府”教学的有效指导，要注意到学科的内容，也要注意到对民主体系的充分参与和理性认同所必需的基本技能、原理和价值。

就公民教育的测量指标而言，一旦决定在一个国家的公立或私立学校内实施有效的公民教育计划并使之制度化，那么，有几项任务是必须完成的。

任务1：课程标准。即开发和制定“公民学与政府”的内容与实施标准。

任务2：课程结构。即开发和采用公民教育从幼稚园至12年级的课程结构。

任务3：必修课程。即在学校课程中对“公民学与政府”讲授指导的正规要求。

任务4：课程资料。即由政府规定的与课程标准及课程结构相一致的指导性材料。

任务5：教师培训。制定岗前和岗期培训计划，提高教师能力，为使用资料提供高质量的指导，确保达到标准。

任务6：领导与联络训练。即制定培训计划，提高领导能力，改善对公民教育项目的计划、预算安排、联络、管理、实行、课程开发、评估以及与系统地实施公民教育有关的其他任务。

任务7：评估。即制定评估计划，确定学生应达到的标准。

任务8：证明书。设置许可证，确保教师开发使所有学生能够满足标准而需要的教学题材和教育学专门技术。

完成这些任务，就能确保使改善公民教育的努力得以很好的协调，使它们形成一个综合的和合理的方法，使任何国家的“公民学与政府”的有效计划得以改善和制度化。很显然，处理所有这些任务是需要时间和资源的，因此，视一个国家的情况而定，最合理的办法就是仅专注于某一项个别的任务，如制定标准、制定课程结构或制定教师培训计划。在另外的情况下，则有可能处理一整套任务，如实行一项试验性的计划，包括开发课程的资料、教师训练、课堂指导以及评估。

阅读书目

周满生．世界教育发展的基本特点和规律．北京：人民教育出版社，2003

邬志辉．教育全球化：中国的视点与问题．上海：华东师范大学出版社，2004

万明钢，等．全球化背景中的公民与公民教育．西北师范大学学报，2003（1）

加布里埃尔·A. 阿尔蒙德，西德尼·维巴．公民文化：五国的政治态度和民主．杭州：浙江人民出版社，1989

赵晖．当代世界公民教育的理念考察．外国教育研究，2003（9）

任东来．从负责任的公民到负责任的全球公民．美国研究，2005（3）

杨曦．几种不同价值取向的公民教育观．道德教育研究，2003（3）

段素菊．全球化·公民资格·教育改革．学术论坛，2003（3）

思考题

1. 东西方公民教育具有怎样不同的特点？
2. 不同国家公民教育具有哪些不同的类型？
3. 世界公民教育的总体特征与发展趋势如何？

第三编

各国政党与思想政治教育

思想政治教育与政党政治密不可分。自政党出现以来，在任何国家，不论其政权是否发生更迭，国家的政治制度是否发生改变，它们的政党都从未放松政治宣传和教育。各个政党进行的思想政治教育的内容，都与本国的政治现状相联系。作为执政党，为了维护其统治地位，总是要坚持用自己的意志去影响和培育人，运用各种手段，宣传各种有利于加强其统治的观点、理念、主张，以期达到国民对其政治理念和思想的认同。同样，在野党也在运用各种手段，对自己的意识形态、政治主张、思想观念进行宣传，对执政党的施政主张予以否定或反对，以期赢得民心，争取选票，进一步取得执政地位。现在，世界上大部分国家都实行政党政治，政党是政治的主体，国家是政党活动的舞台。政治教育作为政治生活的内容之一，必然为政党所重视。从政党的角度审视，政治教育就是忠诚于政党的教育，是政党以自己的意识形态论证自己的合法性、政治主张的合理性并试图在最广大的范围内争取最广大民众的支持。这是政党政治基础上存在的普遍政治现象，也是每一个政党发挥作用的先决条件。

第六章 社会转型、政治变革对思想政治教育的影响

要点提示

● 社会转型、政治变革、民主发展对各国政党提出了挑战，引起了政治格局和政党政治的变化，政党政治向越来越多的国家拓展，世界政党政治出现了新的格局。

● 在社会经济政治转型的背景下，许多国家的政党功能与作用随之调整，通过思想政治工作使党的理论观点、政治主张成为国家的统一意志。

● 关注民生、政治与经济并重，是冷战结束以来多数国家政党的共同特点。

● 各个国家或地区的政党，都是从国家或地区的实际情况以及本党的党情出发，以强化意识形态、价值观的宣传与灌输为基本方法，进行由政党控制，社会全方位参与的思想政治教育。

关键词　政党格局　政治变革　思想政治教育

第一节　当代政党政治格局的变化

政党是人类政治文明发展到近代的历史产物。近代意义上的政党最早产生于17世纪末的英国，叫作辉格党和托利党。这两党在英国轮流执政，并最终形成了政党政治。此后，法国、德国、美国等西方国家的政党也陆续建立。19世纪中后期，西方其他国家先后创建了一些具有不同意识形态特性的政党，最早的工人阶级政党也在这一时期成立。从19世纪后期开始，政党政治陆续向亚非拉地

区传播。到 20 世纪初，世界多数国家建立了各种类型的政党。第二次世界大战后，世界政党政治进入大发展时期。西方多数国家的政党得以恢复、重建和创新，一些亚洲以及拉美国家的共产党成为本国执政党，众多亚非拉国家相继建立了民族主义政党。冷战时期，东西方政党间的意识形态斗争尖锐对立，政党内部的纷争不断。冷战结束以后，政党发展出现了新的高潮，政党政治向越来越多的国家拓展，世界政党政治出现了新的格局。

一、冷战后世界范围内政党政治的演变

冷战结束后，世界范围内的政党政治发生了重大变化。其表现为，亚非国家新兴政党纷纷建立。原苏东地区和非洲的一批原来实行一党制的国家，陆续推行多党制，政党体制更趋多样化，政党的活动范围不断变化和调整。多数国家战后形成的政党政治版图被改写，许多在国际上有影响的老党则发生分化和重组。传统政党受到较大冲击，新兴政党影响力上升。

20 世纪 90 年代以来，世界许多国家当初所固有的政党格局发生了改变，一些国家政党力量的平衡局面被打破，传统的主流政党的社会影响力普遍下降，有的国家的百年老党、大党一再发生分裂，持续衰退而滑至政坛边缘，甚至退出历史舞台。新兴政党作用上升，无论是在发达国家还是在发展中国家，这些新创立的政党大都成为改变政坛力量对比的重要力量。受苏东剧变所带来的巨大影响，特别是由于西方政治势力的丑化，使得包括共产党在内的一些意识形态相对明显的政党在西方和部分发展中国家受到冲击，力量和影响受到削弱。

二、主流政党的功能不断调整，思想政治教育日益受到重视

和当前世界范围内的全球化、民主化和信息化的发展要求相适应，社会经济政治转型已相继在许多国家开始。社会经济政治形势的重大变化，使这些国家的政党的功能与作用也随之调整。政党从作为政治斗争的工具向作为国家（包括地区）和社会的管理者转变，重心是向政府和议会提供智力支持，为它们制定国家的大政方针定下基调，并尽可能地通过耐心细致的思想政治工作使自己的理论观点和政治主张成为国民的统一意志。在多数国家，政党作为阶级斗争工具的职能明显淡化，政党对制度目标的诉求大都让位于对具体政策目标的追求。政党特别是执政党从原来专注于权力斗争转向现在更多地关注整合社会利益、协调各方矛盾，其管理与利益整合功能日益凸显。面对国内长期积累的各种矛盾的明朗化、显性化，社会利益的不断分化以及公民利益诉求的多样化，许多国家执政党为争取民心，强化思想政治教育，把教育的重点集中于调解社会的利益冲突，确保社会的稳定与和谐发展方面。

三、淡化制度目标，调整纲领，推动自身改革

政党自身的改革成为当今政党活动的主旋律，主流政党尤其是执政党普遍成为本国政治、经济、社会变革的重要推动力量。面对国内外环境的变化，当今大多数国家的政党都在程度不同地推动自身改革。一些国家主要政党相继调整纲领章程，淡化对制度目标的诉求，对其核心价值观进行更抽象化、理论化的解释；改革党的领导体制、组织体制和宣传动员体制，扩大民主，增加灵活性，增强与社会的沟通与互动。一些政党特别是执政党为有效解决国内现实问题，注意开阔眼界，重视学习其他政党的有益经验，取长补短，以提高自身的影响力，巩固其执政地位。

20世纪中叶以来，一场以信息技术为核心的新技术革命在世界范围内蓬勃展开，引起了经济、政治、思想、文化、教育、社会关系、阶级关系等各个方面的深刻变化。在西方发达国家和新兴工业化国家里，由于科学技术的迅猛发展和第三产业的快速崛起，涌现出大量的中产阶级或中产阶层，而传统的工人阶级和资产阶级的人数则大大减少，各阶级、阶层和利益群体不断分化组合，使社会结构呈现多元化、复杂化和剧烈变动的特征。这种变化使政党赖以存在的社会基础随之改变，许多政党为了扩大党的阶级基础，赢得尽可能多的社会力量的支持，都注重向中产阶级靠拢。有些资产阶级政党甚至把代表和体现社会中间阶层的利益，作为自己参加竞选、赢得或巩固执政地位的基本政治主张。一些工人阶级政党则通过在组织上扩大中间阶层出身的党员成分、提高党员素质来吸引更多的选民。在西欧有些国家，原有的社会阶级阶层被打破后，一些政党广泛吸纳社会公众，有“全民化”趋向。比如，在西欧，社会党自20世纪90年代以来坚持奉行“人民党主义”，该政党成员复杂，过去鲜明的阶级特色正在消退。政党的“全民化”趋向实则是传统政党试图迎合新时期社会多元化发展的一种表现，是为了争取国民支持，从而确保本党影响力的一种策略转变。

不同的政党代表着不同的阶级、阶层或集团的利益。自政党出现以来，党的政策纲领向来都是政党用来凝聚人心、整合社会力量的重要工具。不同的政党以不同的政治主张、纲领和政策为基础。政党利益存在差别，各政党所代表的阶级、阶层或集团也有不同的利益诉求，这些都会反映到政党的政治主张、纲领和政策上。比如，法国的保卫共和联盟、民主联盟同社会党等政党之间，德国的基民盟-基社盟同社会党等政党之间，英国的保守党同工党之间，美国的民主党同共和党之间，在政治主张、纲领和具体政策上都有互不相同的一面。然而，除了差异之外，这些主要政党的意识形态、竞选纲领和施政措施又都有明显的趋同现象，开始了在“求同存异”中的相互靠拢。这是因为垄断资产阶级政党在根本利益和政治基础上总是一致的，为了维护政局的稳定，也需要在政策上保持一定的连续性，因此，新上台的政党往往不会完全排斥和否定上届执政党的基本政

策和议案。比如，在英国，无论是保守党还是工党上台，两党的议会党团都会经常讨论甚至采纳对方的议案。第二次世界大战以后，美苏两国曾长期借意识形态斗争在世界范围内争夺霸权，这种做法让世界各国深感失望，也使人们对传统的意识形态观念产生了怀疑和批判。于是，西方的各主要政党纷纷改弦易辙，谋求在政党之间取得“共识”，以求适应这种社会心理和政治气候的变化。这些“求同存异”的方式，是一种相互补充、防止极端化的机制，起到了稳定现实政党政治的作用。

第二节　社会转型、政治变革与政党政治

20 世纪中后期，科技革命的发展改变了西方国家的社会阶级结构。80 年代末 90 年代初，世界政治格局在很短的时间内却经历了战后最大的变化。战后一直保持了 40 多年的美苏两个超级大国主宰世界的两极旧格局被打破，世界向多极化发展的新格局正在形成。在这样的背景下，社会转型和政治变革在许多国家相继发生，世界范围内的政党政治格局发生了显著变化。

一、当代西方国家的政党政治的新特点

在西方国家，随着科技革命的迅猛发展和经济结构的深刻调整，社会阶级、阶层和利益群体不断分化组合，各政党赖以存在的社会基础随之发生变化。因此，西方国家的政党政治出现了一些新的特点：各类政党为争取社会中间阶层，壮大自己的社会基础展开了激烈竞争；一些传统政党因缺乏时代精神，对社会中间阶层的影响力和感召力较为有限，在国家政治生活中的地位和作用明显下降；在经济全球化过程中，由于跨国公司、跨国集团、跨国机构对国际和地区性重大事务的影响力急剧上升，以民族国家为基础的传统政党的政治影响力受到严重冲击，党的组织日趋松散，基层组织和党员的作用不断弱化。

面对这些新情况，许多政党都在不断调整政策以适应新形势，它们的关注点已从过去单纯的政治目标逐渐扩大到经济社会领域。关注民生，政策务实，政治与经济并重，已成为冷战结束以来西方国家政党政治的共同点。

二、东欧地区和亚非一些发展中国家政党消长起伏

冷战结束后，多党制浪潮席卷俄罗斯、东欧地区以及亚非一些国家。世界新增加大小政党上千个，有的国家在多党制浪潮中还出现了极端民族主义或带有很

强宗教色彩的政党。受多党制浪潮的冲击，发展中国家和东欧地区转型国家中一些曾经长期执政的政党的力量和影响受到削弱，有的陷于分裂，有的走向瓦解。由于政治主张、意识形态以及根本利益上的分歧，再加上国际势力不同程度的支持和介入，各政党力量消长起伏不定，政党之间的关系纷乱迷离，党派斗争尖锐、复杂，从而引起社会震荡和冲突不断。

经过社会政治斗争的无情洗礼和持续不断的分化组合，东欧地区和其他一些发展中国家的老执政党多数丧失政权，有的与其他政党合并，改换党的名称；一些实力偏弱、影响不大的政党则消失在社会发展进程之中；而一些新成立的政党由于坚持自己的主张，警惕、抵制和排除西方国家在“民主、自由、人权”等口号下的干涉，以本国的利益为重，重建国家的政治和经济秩序，不但站稳了脚跟，而且由于政策的对路和思想政治教育的到位，得到了选民的拥护和支持，其力量不断发展壮大，不但成为本国政治中举足轻重的因素，而且在国际政治中也发挥着重要作用。

三、各国共产党在坚持社会主义方向前提下的理论探索和实践创新

苏东剧变后，共产党领导的社会主义运动受到严重冲击，各国共产党的力量和影响发生了很大变化。现存社会主义国家的执政党对苏东剧变进行了深刻反思，一方面继续坚持社会主义方向，一方面从各自国情出发进行理论探索和实践创新，发展道路呈现出本国特色。当前在政治舞台上活跃的发达国家共产党在继续坚持共产主义奋斗目标的同时，强调民主、自由和人权，主张通过民主的道路来实现变革、改造现行资本主义，超越资本主义。俄罗斯等国现有的共产党多数是重建的新的政党，它们所主张的社会主义也不是传统意义上的社会主义。发展中国家的共产党多数都在重新认识社会主义的一些基本问题，主张从本国实际出发，走本国特色的发展道路，逐步积蓄力量，分阶段实现自己的斗争目标。

各国共产党在新的历史条件下所进行的理论探索、政策调整和实践创新已经带来了一些积极变化。

社会主义国家执政党经受住了苏东剧变的冲击，近年来党员数量增加，党的执政地位进一步加强，执政能力和水平都有不同程度的提高。

发达国家多数共产党的生存环境得到改善，力量开始止跌回升。原苏东地区的共产党力量亦有所恢复，有的成为本国政治生活中重要的政治力量。

发展中国家非执政的共产党也稳住了阵脚，有的还得到了较大发展，在国内政治舞台上发挥着重要作用。

综观世界，在社会转型、政治革新的大背景下，各国共产党都在强化自身的适应能力与应变能力，都在根据新形势、新任务，利用新的组织、宣传手段来扩大自己的社会基础，提升自己的政治作用与影响。

第三节　政党政治与思想政治教育

在世界的各个国家和地区中，尽管政治制度和政党制度不完全相同，但绝大多数国家和地区的政治运作都是通过政党来实施的，政党政治是现代政治的普遍形式。政党政治主要体现在三个方面：其一，政党以各种方式参与政治活动，就国内外重大政治问题发表意见，对国家政治生活施加影响。其二，政党争取成为执政党，然后通过领导和掌握国家政权来贯彻实现党的政纲和政策，使自己所代表的阶级或阶层、集团的意志变为国家意志。这是政党政治的核心。其三，政党处理和协调与国家、其他政党、社会团体及群众之间的关系。各个国家或地区的政党政治运作分别具有各自的特点，而这些特点都是由具体国情或地区情况决定的。

一、战后西方世界的社会危机与思想政治教育

第二次世界大战后，西方社会曾发生过三次严重的社会危机，分别是："1968 年革命"、20 世纪七八十年代的"新社会运动"和 1998 年以来在西欧发达国家兴起的"反全球化运动"。在这些危机的化解中，各个政党把思想政治教育作为重要的手段。

"1968 年革命"是战后西方第一次严重的社会危机。1968 年 5 月，巴黎的大学生发起了一场反对资本主义的大学体制、批判使人"工具化"的异化教育制度的抗议运动。这场运动在短短一个月内，从校园学生罢课发展到工人罢工、商人罢市，导致陆路和空中交通全面瘫痪，使整个法国陷入动乱状态。法国"五月风暴"迅速蔓延到西方发达资本主义各国，引发了大规模的青年学生造反浪潮。"1968 年革命"本质上是一场"新左派"的政治运动，是西方 20 世纪 60 年代社会危机的产物。60 年代初，青年反文化运动与美国黑人民权运动、反越战运动相结合，造成美国连续四年的社会动荡，"新左派"运动基于此全面崛起。"新左派"思潮强烈地吸引了西方大学生，终于在 1968 年通过法国"五月风暴"将"新左派"运动推向顶峰。"新左派"的"造反"运动震撼了整个西方世界，其破坏性和创新性都有深远的历史影响。

20 世纪七八十年代的"新社会运动"引发了战后西方社会的第二波动荡。这次"新社会运动"主要是指西方 70 年代以后发生的生态运动、和平运动、学生运动、反核抗议运动、少数民族的民族主义运动、妇女权利运动、动物权利运动、选择医疗运动、新时代运动等。"新社会运动"出现于 70 年代中期两次石油危机后的西方经济滞胀期，规模浩大，影响空前，对社会稳定造成了极大威胁，

以非传统方式形成了对传统的西方代议制民主的严重冲击。

1998年以来西欧发达国家首先兴起的“反全球化运动”是战后西方又一次社会动荡和危机。青年、妇女、少数族裔、动物保护主义者、反“托宾税”等社会组织在巴黎、米兰、纽约、里约热内卢等世界各大城市多次发动以反对新自由主义全球化为主题的跨国大型群众抗议集会。在西方发达国家内部，在全球化的影响下，受劳动危机冲击的中产阶级人群和遭受社会排斥的边缘人群大量加盟这一运动，参与者遍布社会各个阶层，既包括失业后备军和无业人士、持股人和食利者、在家办公的自雇者，也包括流浪者等另类人士。与七八十年代的“新社会运动”相比，介入“反全球化运动”的社会人群更为多元，社会成分更为复杂，抗议主题也更为分散。尽管“反全球化运动”在21世纪因反恐战争的影响势头有所下滑，但是它对西方社会具有持久的冲击力，反映了西方社会内部的紧张状态。

上述三次社会危机是西方在走向后现代化历史进程中出现新的社会矛盾和冲突的必然反映，充分彰显了战后政治的多元性特点。面对这些新的社会冲突和危机，西方发达国家认真总结正反两方面经验，通过全面加强社会建设，以政治教育促进社会变革和转型，逐步克服和消化了社会的动乱因素，使社会回归秩序，保持稳定。

西方的执政党在执政实践中逐步认识到政治教育对于社会转型、变革的重要意义。

当法国“五月风暴”发生时，法国政府完全没有认识到这场运动的发展规模和崭新性质，戴高乐斥责造反的学生是“社会渣滓”，一再采取诸如军警封锁校园、逮捕学生领袖等火上浇油的强硬措施，从而激化了矛盾，使运动愈演愈烈。尽管戴高乐最后通过动员法国右翼力量，用镇压的方式结束了造反，恢复了秩序，但是在第二年的总统大选中，戴高乐却黯然下台。

在七八十年代的“新社会运动”发生之初，一些西方政要犯了同样的错误，认为主张世界和平、环境保护的组织不会在政坛上有大的作为，根本没有预料到这一运动所代表的“新政治”力量日后会发展壮大，进入西方的政治主流。

但是，左翼政党开始认识到“新社会运动”的真正性质和前景。西方社会民主党人在80年代末启动了与绿党等“新社会运动”力量结盟的议程，开始将绿党引进各国议会民主体制中。德国社会民主党人在90年代中期主导了“红绿交融”的红绿联盟政府，率先在西方大国中成功地把被称为“体制外的反对派”的绿党整合进入现行的执政体系中，使之成为制度化的政治势力。西方社会民主党人在90年代进一步提出“第三条道路”，推行中性化的“新政治”，争取了信息产业革命的主力——新中间阶层的广泛支持，从而掌控了社会稳定的主要力量，化解了“新经济”高速发展中的新冲突。同时，“新政治”也使欧洲社民党人在20世纪90年代中后期一度取得了在欧盟15国中主政13国的“玫瑰色”执政奇迹。

归纳起来，在西方社会的转型和变革时期，思想政治教育的调整主要表现在以下方面：

（1）正视现实，强化思想政治教育和政策疏导，化解矛盾和危机。

西方各国的政党认识到，要化解社会矛盾，必须正视战后社会变化的多元现实，努力把握社会结构的新变化，进行社会改革，适应多元社会主体的诉求，采取相应的社会政策并配合以思想政治教育，努力疏导和化解新的历史条件下的各种矛盾，防范和控制社会危机，促进社会的稳定。

（2）以新的政治理念对待和解决新型的社会矛盾和冲突。

为了化解社会危机，西方各国政党先后吸纳了社会多元主义理念，将多元民主抗争整合到现行理论和体制框架内，并在执政实践中推行。西方政党认为，发展参与民主，是治理社会危机、防止社会动乱的根本之策。它们的基本方针是强化社会的民主参与性，以争取最广泛的人心认同。西方社会民主党积极发展参与民主，为了争取人民的广泛支持，扩张自身的社会基础，在其施政过程中，注意满足和体现大众的民主参与要求，以强化执政的民主性、参与性和人民性，努力探索多样化的政治参与方式，保证了社会转型和变革的发展态势和大局的稳定。

（3）法制建设与思想政治教育并举。

运用法律制度和稳定的政治宣传教育消化各种动乱因素，全面整合社会资源。西方思想界关于协商民主、扩大公共领域和建立多元对话机制的主张在20世纪八九十年代成为政治家的实践选择。这种法制建设的出发点不是消极地应对危机，而是积极通过思想政治教育来强化法治教育，凝聚人气，整合和动员社会的积极因素，预防执政资源的流失。

二、转型后东欧国家的政党政治与思想政治教育

20世纪80年代末至90年代初，苏联及其他东欧国家发生了政治剧变，执政的共产党相继失去政权，国家的政治经济发生了全面转型，走上了资本主义道路。这些国家的政党政治及政治教育也发生了很大的转变。

1. 多党政治——各国普遍的民主政治模式

东欧国家在转型改制的过程中确立了以多党政治、议会民主、三权分立为主要特征的复合型多元民主政治模式。转型之初，各国便通过新宪法或以修改宪法的形式把国家权力分为立法权、行政权和司法权，实行三权分立。各国宪法为了保证三权分立相互制衡的原则不被侵犯，还规定了诸如法制原则、民主原则、自由选举原则和基本人权原则等，并特别规定：各政党不能直接行使公共权力和指挥任何一个国家组织，或者任何一个党派或意识形态都不得被宣布或确定为国家的政党或意识形态；各政党依法帮助公民形成和表达其政治意愿，并以民主方式对国家政策的形成予以影响，不得建立以暴力夺取国家政权为目标的党派。虽然东欧各国政体形式及其政权组织形式存在差别，但一般都体现了分权制衡的原则。在多党政治方面，左右翼两大阵营的政党格局已经形成。由于小党的退出，

经过不断的分化组合，基本形成了左翼和右翼两大势力。

2. 各类政党的政策主张及思想政治教育

东欧各国的选举中，绝大多数国家未能有一个政党或一派政治力量得票超过半数而单独组阁执政，多党联合执政则成为最主要的形式。东欧政党政治最显著的特点是左右翼政党的轮流执政。东欧国家的左翼政党的主体是从原共产党中分裂出来的社民党、社会党等。这些党大多接受社会党国际纲领，其中不少已是社会党国际成员，它们主张在资本主义制度的框架内搞民主社会主义，实现多党制议会民主、法治国家和市场经济。与右翼政党相比，左翼政党强调民主、社会公正、平等，强调劳动者权益、社会保障与公共福利等。右翼政党是由社会主义时期的持不同政见者和反对派组织，在剧变过程中主张自由市场经济的新自由派人士组成的政党，由基督教民主党和天主教民主党，以及主张小私有的农民政党、极端民族主义政党等构成。

左右翼政党轮流执政是由东欧剧变后形成的政治经济格局决定的。究其原因，一是左右翼政党都没有形成适合本国国情的政治经济纲领，都停留在盲目照搬西方政治、经济模式的水平上。这不仅使选民难以选择，甚至连政党成员也不明确自己到底代表谁的利益，一些国会议员声明脱离原党，加入或建立新党是司空见惯的事情，个别议员甚至在任期内多次改变自己的政党归属。二是左右翼政党意识形态因素逐渐淡化。以原共产党中主张民主社会主义的力量为基础组建的左翼政党与传统的共产党有本质的区别，它们赞成资本主义的基本经济制度，主张私有制基础上的市场经济。在这些关系国家经济性质的根本问题上它们与右翼政党并无本质区别，只是在社会政策方面比右翼稍为缓和。因而左右翼政党的意识形态分歧日趋缩小。右翼政党在剧变初期往往采取激进的私有化等经济政策，导致经济衰退。人们在剧变中的政治狂热消退后，关注点转移到经济方面。右翼政党的“休克疗法”付出的惨重代价，使人们渐生“怀旧”之心，社会思潮又开始向左转。左翼政党强调民主、公正、平等，强调劳动者权益、社会保障与公共福利这些欧洲传统的左派价值，俨然成为公正改革的代表和平民阶级的代言人，这些口号得到选民的支持。但左翼政党与右翼政党关于基本经济制度的主张并无本质区别，使其在竞选中所做的承诺无法实现。如匈牙利社会党在 1994 年的竞选中，对右翼政党的私有化政策和社会政策进行了激烈的抨击，获得了选民的支持。但是该党执政后，在国际、国内的各种压力下，只能继续实行私有化，大幅度降低社会保障标准，使社会弱势群体十分失望。选民转而将希望寄托于态度较为激烈的由青年学生组成的右翼政党，希望年轻人给国家经济带来转机。但右翼政党执政后，选民看到他们只会夸夸其谈，内心又盼望政府更替，所以社会党在后来的大选中又再次获胜。这些国家在由右到左或由左到右的政权更替中，选民的选择更多是基于对执政党的经济纲领的满意程度。只要对执政的党派——不管是左派还是右派——感到不满时，就把手中的选票投向主张改变现状的另一党派。

在原苏联所属的中亚地区，出现了极端民族主义和具有浓重的宗教色彩的政党，这些政党有的甚至成为所在国的第一大党。这类政党的崛起和执政，不仅冲击了相关国家的政党格局，扰乱了正常的社会政治进程，而且也影响到政局走向和发展的道路。有些极端民族主义和教派主义政党甚至将恐怖主义作为政治斗争的手段，给本国、本地区乃至世界形势带来消极影响，成为新世纪初危及世界和平与发展的因素之一。

3. 各国共产党的政策调整及思想政治教育

冷战结束后，各国共产党总结经验教训，采取合法方式进行政治教育，不断聚集和发展进步力量。面对国际国内形势的深刻变化，各国共产党在困难的情况下不断调整和探索，理论纲领、方针政策和活动方式等方面都发生了积极变化。现存社会主义国家的执政党对苏东剧变进行深刻反思，一方面继续坚持社会主义方向，一方面从各自国情出发进行理论探索和实践创新，发展道路呈现出本国特色。当前在苏东地区政治舞台上活跃的各国共产党在继续坚持共产主义奋斗目标的同时，强调民主、自由和人权，主张通过民主的道路来实现变革，改造现行资本主义，超越资本主义。俄罗斯等国家现有的共产党多数是苏共被解散后重建的党，是不同于原苏共的新共产党，它们所主张的社会主义也不是传统意义上的社会主义。这些国家的共产党多数都在重新思考社会主义的一些基本问题，它们进行理论探索、政策调整和实践创新，主张从本国实际出发，走本国特色的发展道路，采取合法斗争方式，逐步积蓄力量，分阶段实现自己的斗争目标。这种做法已经带来了一些积极变化。一些发展中国家非执政的共产党也稳住了阵脚，有的还得到了较大发展，在国内政治舞台上发挥着重要作用。

三、各政党实施思想政治教育的基本内容

各国政党特别是执政党在进行思想政治教育中，尽管方法和内容不尽相同，但是大都具有以下共同点。

1. 强化国家意识

进行爱国教育是各政党的共同点。如美国新总统的就职演说的主旋律就是爱国主义。约翰·肯尼迪在就职典礼时说：“不要问你们的国家能为你们做些什么，而要问你能为自己的国家做些什么。”这成为美国人崇尚的名言。1993 年，47 岁的比尔·克林顿在就职典礼上喊出了“振兴美国”的口号，他号召年轻一代为美国的发展做出贡献。这种政治活动给美国公民上了一堂关于美国价值观念的政治课。在现代利益关系错综复杂的社会条件下，唯有爱国才能最大限度地在一个国家中团结一切可以团结的力量，找到利益冲突各方都可以接受的某种共同点、结合点。正是基于此种认识，许多国家不约而同地把对国家意识的宣扬与灌输放在爱国教育的重要地位，并以此来指导处理爱国与民族、宗教的关系，个人与社会的关系。

2. 在爱国教育中大力进行主导价值观的宣传与灌输

在思想政治教育的许多方面中，各个国家执政党抓得最紧的是政治教育而不

是道德教育，政治教育的成效也是最突出的。例如，美国是一个号称最自由、最民主、最多元的国家，又是一个发展迅速、崇尚变化的国家，相对主义、实用主义十分盛行。但美国从争取独立到现在发展成为世界头号强国，无论是民主党还是共和党执政，都非常重视政治教育，它的爱国主义与爱资本主义是统一在一起的。其主张“爱美国”，即爱它的制度和生活方式，相信它是世界上最合理、最优越的国家，进而由爱和信任产生信念和忠诚。美国在政治观念的灌输方面有四个基本的主题长期保持了稳定性和连续性：资本主义及其优越性教育、反共产主义教育、公民权利和义务教育、国民精神教育。这四个方面的教育并不因两党轮流执政或政府换届而受到什么影响。

3. 政党控制、社会全方位参与的思想政治教育格局

政党是政治教育的主要掌控者。无论在东方还是在西方，都是由执政党牢牢控制着政治教育的领导权，并且运用多种调控手段掌握政治教育的内容和导向。至于政治教育的具体内容，则是尽量通过全社会进行。学校、家庭、社区、社团、宗教、企事业单位、大众传媒都从不同的方面参与。其中，大众传媒则是最重要的工具和途径。政府通过电视、报纸、电影、书籍等媒介宣传官方的政治道德信息，去影响公民的政治倾向、价值取向和生活方式等方面。

4. 毫不减弱“意识形态化”

政治教育作为治理国家的一种重要手段，受到各个国家政党的重视。政治性是政治教育的本质特征之一。各国都在旗帜鲜明地宣扬本国占统治地位的意识形态。执政党通过政府运用因特网、广播、电视、电影、报刊等媒介传播主流政治文化和资产阶级价值观，进行“舆论引导”，培养公民的政治兴趣，影响公民的政治倾向、价值取向和生活方式。比如美国政府为实现培养忠于本阶级统治的具有民主理念和民主行为的建设者和接班人，在思想政治教育方面做得最突出、抓得最多的是具有强烈政治色彩的教育。美国在实施教育的过程中，对资本主义及其优越性的教育、反共产主义教育、公民权利和义务教育、国民精神教育这四个方面做到了一以贯之，毫不动摇，从不含糊。特别是把美国的宪法和《独立宣言》作为神圣不可侵犯的最高经典进行传播和灌输，大力宣扬美国的三权分立政治制度和民主、自由、平等、博爱的价值观念。通过传播和捍卫占统治地位的资产阶级意识形态，不遗余力地攻击和否认与其相左的思潮和意识形态。同样，英国、法国、德国、日本等国都在宣传资本主义如何优越，新加坡、韩国则一方面毫不含糊地宣传自己的资产阶级民主建国理念，一方面又抵制西方思想的侵蚀。

阅读书目

王长江．世界政党比较概论．北京：中共中央党校出版社，2003

史志钦．全球化与世界政党变革．北京：中共中央党校出版社，2007

赵宬斐．政党政治与政治现代性．北京：中央编译出版社，2010

孟迎辉，邓泉国．西方发达国家政府掌控意识形态的基本特征及启示．当代世界与社会主义，2010（2）

思考题

1. 世界各国政党为什么都重视思想政治教育?

2. 在西方社会的转型和社会变革时期，西方各国政党对思想政治教育做了哪些方面的调整?

3. 各国政党特别是执政党的思想政治教育，在内容上有哪些共同点?

第七章 德国的政党与“政治养成”教育

要点提示

● 德国政党进行的一切活动，都要受到宪法的制约，各个政党的思想政治教育都必须在法律许可的范围内进行，使得各政党的思想政治教育与本国资产阶级政治经济利益相一致。

● 德国的“政治养成”教育目标是使教育对象成为具有爱国情怀，崇尚民主、自由、人性，有自尊心、责任心和民族精神的自由公民。

● 德国各政党从德国法西斯发动的两次世界大战中吸取了教训，教育国民正视历史，致力于消除邻国和世界对德国威胁的忧虑，重建德国在世界上的大国地位。

● 德国在进行思想政治教育中特别警惕着新纳粹主义的抬头，帮助青年一代正确认识历史，反思历史，正视纳粹的罪恶，做对历史、对民族命运负责的人。

关键词 两德 政党政治 政治养成

第一节 德国的政党政治

一、第二次世界大战后德国的分裂和统一

第二次世界大战以前，在德国 1 000 多年的历史上曾经历过第一帝国、第二

帝国、魏玛共和国和第三帝国四个阶段。第一帝国是神圣罗马帝国，1806 年被拿破仑一世推翻。第二帝国是指 1871 年至 1918 年的德意志帝国。该帝国因在第一次世界大战中战败而被推翻，魏玛共和国成立。1933 年 1 月，以希特勒为首的纳粹党推翻魏玛共和国上台执政，希特勒称其为第三帝国。1939 年 9 月 1 日希特勒发动了第二次世界大战。1945 年 5 月 8 日，战败的德国在投降书上签字，第三帝国宣告完结。德国被美、英、法、苏四国分区占领。

1949 年 5 月，在美、英、法占领的西占区通过《基本法》，宣布成立德意志联邦共和国（简称联邦德国），9 月建立了共和国政府。同年 10 月，苏联占领区内成立了德意志民主共和国（简称民主德国），德国由此一分为二。

到了 20 世纪 80 年代中后期，在东西方关系逐渐缓和的氛围中，德国的统一提到了日程上。1990 年 7 月，两德实现了货币统一，1990 年 10 月 3 日，分裂了 40 多年的德国实现了政治统一。统一的德国仍然沿用德意志联邦共和国之名，基本上在全德范围内实行联邦德国的社会制度。

二、两德时期的政党概况

1. 联邦德国的主要政党

1949 年 5 月联邦德国建立后，实行多党制，共有大小政党 150 多个。影响较大的有：社会民主党（简称社民党）、基督教民主联盟、基督教社会联盟、自由民主党和德国的共产党。20 世纪 50 年代，联邦德国政党分为两大政治阵线，即以联盟党为一方的右翼阵线和以社民党为一方的左翼阵线。60—70 年代，联邦议院始终由联盟党、社民党和自民党三大政党组成。进入 80 年代以后，绿党的崛起打破了联邦议院的三党格局。

社会民主党 其前身是德国社会主义工人党，1890 年改称现名。第一次世界大战期间，该党由国际主义立场转向社会沙文主义立场，支持德国政府的战争政策。1933 年 6 月 22 日被希特勒法西斯取缔。1945 年 10 月，德国西部占领区的社民党开始重建。1946 年 5 月 10 日在汉诺威举行代表大会，正式成立德国社民党，选举舒马赫为主席。1949 年 8 月第一届联邦议院选举后，成为在野党。20 世纪 50 年代，该党主张实行计划经济和国有化的社会主义，强调德国统一。1959 年 11 月在哥德斯堡代表大会上通过党的基本纲领，宣布奉行民主社会主义。1966—1969 年该党同基督教民主联盟-基督教社会联盟组成大联合政府。1969—1982 年同自由民主党联合组阁，先后由该党领导人勃兰特和施密特任总理。执政期间实施的经济社会政策主要是：采取各种国家干预手段调节经济；保护自由竞争，限制垄断资本的经济权力；扩大职工的经济民主权力；实行广泛的社会福利政策；实行教育改革；等。对外主张：加强西欧联合；实行东、西方在均势基础上的缓和；提出同苏联、东欧国家改善关系的“新东方政策”；发展同第三世界国家的政治、经济合作；主张与中国发展关系，1972 年联邦德国同中国建交。

基督教民主联盟　其前身是魏玛共和国时期的天主教中央党。党的主要成分是企业主、农场主、职员和知识分子。第二次世界大战刚结束时，一些基督教民主党在德国的盟军占领区各地成立，1950 年 10 月这些基督教民主党举行第一届联盟代表大会，正式成立基督教民主联盟，选举 K. 阿登纳为联盟主席。1949 年起同基督教社会联盟结成联盟党，在联邦议院组成一个议会党团。1949—1956 年和 1961—1966 年，基民盟-基社盟同自由民主党联合执政。1956—1961 年单独执政。1966 年底同德国社会民主党组成大联合政府。1969 年 10 月大选后成为在野党。1983 年 3 月和 1987 年 1 月大选后，基民盟-基社盟和自民党连续组成联合政府。该联盟主席科尔连任总理。该联盟对内主张实行社会市场经济；对外主张加强欧洲同美国的联盟，实现以欧洲共同体为基础和核心的欧洲统一，谋求同苏联、东欧国家改善关系。

基督教社会联盟　1946 年 1 月成立。组织发展和活动范围仅限于巴伐利亚州，是该州主要执政党。它的社会成分、政治主张和根本利益同基督教民主联盟基本一致，二者在联邦议院组成一个议会党团，结成联盟党。

自由民主党　1948 年 12 月，在英、美、法占领的德国西部占领区的各自由党组织合并成统一的自由民主党。1949—1956 年，1961—1966 年和 1983 年 3 月起多次同基民盟-基社盟组成联合政府。1969—1982 年同德国社会民主党联合执政。该党对内主张实行自由经济制度，限制垄断资本兼并，反对国家干预经济生活；对外主张加强欧洲同美国的联系，建立欧洲无核区。

德国的共产党　其前身是 1918 年成立的德国共产党，1933 年遭镇压后转入地下。1949 年 1 月，美、英、法占领区的德国共产党组织成立单独的政党，仍称德国共产党。1956 年 8 月，该党被联邦德国法院宣判为非法，党组织被解散。1968 年 9 月，组织恢复，但名称稍变，为德国的共产党，主张在宪法规定的民主原则和权力的基础上对国家和社会进行民主革新，建设有多党存在、更多的民主自由和较多保障私有财产等民族特点的社会主义。1990 年 3 月该党十大提出，全党的信念是以马克思、恩格斯和列宁的理论为基础；党应自觉地承担起把已有 150 多年历史的社会主义工人运动的理想和目标继续带入 21 世纪的任务。

绿党　绿党产生于 20 世纪下半叶开始的绿色运动，1993 年 5 月，绿党与联盟 90 正式联合为联盟 90/绿党，简称仍为绿党。绿党在 2002 年制定了基本纲领，宣布致力于生态现代化、推动社会和经济改革、促进社会民主、实行在国际合作下的和平政策并主张在全球化过程中注重社会公正和环境保护，给德国的现代化指一个“绿色的方向”。绿党主张，为了和谐的生态环境，工业化发展进程不应该没有止境；生态、社会和经济政策应该结合起来，和谐的生态环境要求可持续发展的经济和技术政策；由于生态保护不可能由一个国家单独完成，所以主张极力推动世界范围内的环保。

绿党的理论主张建立在以生态保护为核心的理念基础上，并逐渐向外延伸。其主要思想包括：要以生态原则处理经济与社会关系，主张社会公正，强调经济平等和社会保障，反对经济垄断，实行经济分散化，追求社会正义，实现充分就业，主张非暴力原则，强调要以生态和谐的原则处理一切事务，反对一切战争、军备竞赛、集团对抗和军事同盟。

2. 民主德国的主要政党

1949 年 10 月民主德国建立后，实行由德国统一社会党领导，与基督教民主联盟、德国民主农民党、德国自由民主党和德国国家民主党四党合作的政党体制。20 世纪 80 年代末，民主德国形势急剧变化，国内出现了许多新的政党，如德国社会民主党、德国社会联盟、民主觉醒、自由民主联盟等。1990 年 3 月民主德国实行大选后，基督教民主联盟、德国社会联盟、德国社会民主党、民主觉醒和自由民主联盟组成五党联合政府。

德国统一社会党 该党自民主德国建立后，长期执政。该党是 1946 年 4 月由苏占区的德国共产党与德国社会民主党合并组成。1949 年 1 月召开第一次代表会议，强调使党从思想上和组织上发展成为马克思列宁主义政党。20 世纪 50 年代初，德国统一社会党提出加速农业社会主义改造，巩固工农联盟，加强国家政权，在社会各领域有计划地建设社会主义的基础。60 年代初宣布民主德国由资本主义向社会主义过渡的任务已经基本完成。1963 年该党的六大提出全面建设社会主义是党的战略任务。1967 年七大提出建设发达的社会主义制度的方针。1976 年九大提出全面建设发达的社会主义社会。1989 年 9 月、10 月，民主德国群众接连举行游行示威，大批居民逃往西方，国内形势发生剧变。10 月 18 日召开党的十一届九中全会，解除了昂纳克的党中央总书记职务。12 月 3 日，在国内政局继续动荡和日趋恶化的背景下，党召开十二中全会，中央委员会集体辞职，政治局第二次宣布辞职。十二中全会后仅 3 天又举行了党的特别代表大会。大会强调“必须同失败了的斯大林主义、官僚主义集权的社会主义彻底决裂”，建立一个新的现代化的社会主义党，党名改为德国统一社会党-民主社会主义党。1990 年 2 月 4 日，党名又改为民主社会主义党。1990 年 3 月民主德国大选，民主社会主义党得票居第 3 位，未能加入政府，成为在野党。

三、两德统一后的政党概况

1990 年 10 月，两德统一。国内主要政党的变化有：

一是原来的两个德国的社会民主党于 1990 年 9 月 27 日宣布合并。该党把社会正义作为它的主要政见。在经济主张上认为利益应该公平分配，使人们更好地享受社会福利。

二是原来两个德国的基督教民主联盟于 1990 年 10 月 1 日合并。该党的自我定位为“民主、自由和保守党”，视自由、稳定、公平为最基本的原则，致力于建立社会市场经济和联邦法治国家。

三是民主社会主义党与德国社会民主党的部分力量联合，于 2007 年 4 月组建了左翼党/民主社会主义党（简称左翼党）。

左翼党是原德国统一社会党的后继党。因其历史渊源，在德国社会遭到排斥，并深受政治挤压。但是，该党顶住压力，终于在政党的竞争中站稳了脚跟，逐渐登上德国政治舞台，成为德国社会中一支不可忽视的政治力量。

左翼党坚持社会主义目标。该党认为，必须把坚持社会主义、实现“民主社会主义”作为党的奋斗目标。同时，该党对“社会主义”的含义进行了修改和补充，认为社会主义是一种政治和社会运动，是价值体系。社会主义应与民主和自由相结合。社会主义的基本价值观是自由、平等、公正、人的解放、和平、互助和环境保护。确信社会主义必将作为一种制度最终取代资本主义①。

左翼党将党的性质定义为“进步的左翼社会主义政党”。在建党原则上，该党强调自己不再是某一阶级的先锋队和阶级政党，而是一个向所有阶级和阶层开放的、维护广泛阶层利益的、多元化的“全民党”。此外，该党放弃了民主集中制原则，允许党内存在不同派别。

该党认为，实现社会主义是党的长远奋斗目标，而在这一过程中应立足于实现党的基本价值，从而推动社会变革。在德国这样一个发达的资本主义国家里，不可能再以暴力革命的方式摧毁资本主义因素的生成和发展，步入社会主义②。因此，该党强调，既要作为对资本主义持批判立场的反对党，更要成为在资本主义制度下推动社会变革的政治塑造力量。主张在法治国家框架下和议会民主制度内实现自己的政治目标。在具体政策上，该党主张改变德国大资本占统治地位的社会关系，反对以利润为导向的新自由主义经济政策。但同时认为，替代资本主义私有制的方案不是全面国有化，最符合社会主义性质的所有制形式应是“社会所有制”。为达到推动社会变革的目的，该党积极投身于争取社会多数的政治斗争，争取中、下阶层选民，尤其是社会弱者的支持，扩大党的社会基础和影响。

第二节 德国政党领导政治教育的法律依据

在德国，政党的作用、地位、职责、政党的活动、政党的组成及内部秩序、政党的选举制度、党内仲裁、政党财务及党员权利等，都要受到宪法以及政党法的制约。政党的各项活动，必须在法律许可的范围内进行。

一、德国制定关于政党活动的法律的原因

首先，第二次世界大战后初期，德国政党体制和政党格局混乱，当权者需要通过法律手段对政党政治进行调控。德国在希特勒法西斯势力的独裁统治下，除

①② 周荣美. 在艰难中不断探索的德国左翼党——民社党. 人民网，2007-01-25.

了纳粹党外其余政党均被取缔。战后，不仅老的政党要恢复活动，而且新成立的政党也急剧涌现，虽经盟军占领当局限制，但仍有 150 余个政党，致使政党体制和政党格局出现混乱局面。这种混乱的局面包含着极其危险的因素，不利于维护和巩固资产阶级的政治统治。其次，政局的激烈震荡，旧的政党体制和政党格局的被打破，为在资产阶级法制基础上建立新的政党体制和政党格局创造了条件。英美等国的政党体制和政党格局已有一二百年的发展历史，其中传统的、惯性的和约定俗成的东西很多。当权者们一方面感到这套体制和格局对维护其统治地位是卓有成效的，只要适应潮流变化将其修修补补即可，无须进行大的变动；另一方面为惯性所驱使、为传统所束缚，也难有什么大的作为。而当时的德国就不同了，旧的体制和格局已被打破，当权者们正好抓住时机，通过法律手段，按照自己的意志去建立新的政党体制和政党格局。再次，当时联邦德国正处于东西方对抗、冷战的最前线，统治者害怕苏联和民主德国的政治攻势，迫切需要对其内部的共产党及其他反制度政党严加控制和打击。在这种情况下，出台规范政党政治的法律，已经势在必行。

二、德国法律关于政党政治及政治教育的规定

德国的政党立法相当完备。1949 年 5 月 23 日联邦德国通过了《基本法》，这是一部在法律上承认政党的存在及其在国家宪法中的作用的根本法律。《基本法》第 9 条规定了社团组织和活动的自由。第 21 条确立了结党自由以及政党在国家宪法机构中的地位和作用，这一条是对政党进行法律调控的基础。

1967 年 7 月联邦德国制定了《政党法》。该法的主要内容是：关于政党的法律界定；关于政党的法律地位、权利、职能、使命；关于对政党的监督、制约，包括严格规定政党内部的组织原则、组织形式和活动规范，政党参加竞选的程序和规则，政党经费来源和财务汇报制度，政党取缔制度。联邦宪法法院曾根据上述法律审理有关取缔政党、政党法律能力及国家提供政党活动经费的案件。由于当时联邦德国处于东西方对抗的前线，为了抵制共产党的影响，联邦宪法法院曾于 1957 年 8 月 17 日以“不遵守《基本法》”为由，做出取缔德国共产党的判决。后来，为防止德共转入地下继续活动，对资本主义制度造成更大威胁，它又于 1968 年 9 月允许德共恢复公开活动。但是，德共的活动仍然受到种种限制，随时有被取缔的可能。当权者们这样做的目的，就是利用法律手段迫使共产党及其他反对现存制度的政党放弃自己的政治追求和组织原则，接受资产阶级政党的模式，以求得资本主义制度在德国的巩固和永续。1983 年，联邦德国又实施政党经费立法等方面的改革，建立由国家直接向政党提供财政资助的制度。

《政党法》颁布后，又经过了多次修改，最后一次修改是在 2002 年 6 月。《政党法》的历次修改都与政党财务问题（政治献金、国家经费补助、财务报告

等）有关，也有应联邦宪法法院相关判决而作的调整。除此之外的其他条文以及全文架构基本未做修改。《政党法》的详尽规定使得《基本法》第 21 条的政党民主、政党财务和党禁等问题得到了全面落实，为德国各政党的活动尤其是执政党的治国理政奠定了规范的法律基础。德国各政党都必须公开自己的纲领，必须承认《基本法》，维护现行的国家制度，接受国家有关法律法规的监督和约束。如果违反了《基本法》，将被宣布为非法或被取缔。各政党通过参加州和联邦议会的选举，使其政策主张影响到联邦议会、政府及其他社会团体，执政党的领袖出任联邦总理，根据《基本法》和政府工作条例代表政府行使职能。

三、政党进行政治教育的法律依据

在德国，各政党进行政治教育是具有法律依据并受法律保护的。德国宪法规定政党有权“参与塑造人民的政治意愿”。

德国《基本法》规定：“各政党应互相协作以实现国民的政治愿望”，“政党是反映人民意志的组织，是地方议会及国会的基本组成部分，政党代表各自的利益团体在议会和国会表达意见，影响各项政策的制定”。

1967 年，德国《政党法》规定，政党“应在人民生活的各个范畴参与人民意愿的塑造，特别是对民意的形成施加影响，促进及加强政治教育，鼓励人民参与政治生活，培养有才能的人士肩负社会责任”，“在议会及政府内对国家的政治发展施加影响，在国家决策过程中体现政党的意志，确保人民与国家机关保持密切的联系”。

在此后《政党法》的多次修改中，都保留上述规定，在 2002 年的修改中，再次强调政党要在“塑造人民意愿”“进行思想政治教育”中施加影响，发挥作用。

这些规定，既使得各政党在表面上得到进行政治教育的平等权利，各政党所进行的政治教育完全处于法律所允许的范围之内，又使各政党的政治教育与德国资产阶级的政治经济利益相一致。

第三节 德国统一后的“政治养成”教育

统一后的德国，在政治教育上沿袭了联邦德国体制。执政当局通过各种方式进行思想和政治方面的教育，目标是使教育对象成为具有爱国主义、民主、自由、守法精神，崇尚人性，有自尊心的、负责任的以及有德意志民族精神的可依赖的自由公民。

一、“政治养成”：德国政治教育的基本目标

德国非常重视对国民的政治教育，并将这种教育称为“政治养成”或“政治熏陶”。“政治养成”的目标是尽可能客观地向人们报道有关国内重大的政治事件、政治进程的情况，培养人们在政治上的热情与政治参与意识，使人们在了解情况的基础上提升政治判断的能力，促使民众在社会中对自己做出准确的政治定位，培养人们采取政治行动的能力，引导人们认识自由民主制度的基本价值，了解民主准则的性质，拥护国家的制度。在德国，除了联邦政府和各州政府成立的“政治养成教育中心”等机构外，还有相关的社会团体和公共机构。在政府的管理、指导、引导和协调下，学校、家庭、社会机构日益结成一个互相作用不断协调的教育网络。无论是学校、家庭、社区还是大众传媒，无论是政党还是宗教团体，无论是家长还是教师，所有的人员、所有的场所、所有的时机都被利用来宣传资本主义的价值观和生活方式。所有这些工作都是自觉的、相互配合的，从而形成一个整体的合力。

二、德国“政治养成”教育的主要内容

1. 崇尚个性发展的个人主义教育

开展以个人主义为核心的资产阶级自由、民主、人权的思想教育，是第二次世界大战后德国进行政治教育的主要内容。历史上，德国有着深厚的军事和封建专制主义传统，特别是在纳粹统治时期德国走上了极端民族主义、强权政治、对外武力征服和扩张的道路，结果不仅给世界造成浩劫，也导致了德国的失败和民族灾难。战后，德国首先对法西斯主义、军国主义、种族主义思想意识进行了清除，推行“非军国主义化”“非纳粹化”“非种族主义化”，实行“民主化”“自由化”。资产阶级自由的原则由制定于 1949 年的《基本法》确定下来。《基本法》规定了广泛的公民基本权利，全面保障人的尊严和人权，例如规定人民有自由发展其个性的自由、法律面前人人平等、男女平等，人民拥有信仰自由、言论自由、结社自由，保证财产和继承权等多种广泛的资产阶级民主和自由权利。

2. 以诚实、善良、尊严、责任为核心的道德教育

战后德国道德教育培养目标特别强调的是能够乐于助人、尊重人的尊严、克己、理解他人等品质，要求对公民进行诚实、坦率、仁爱、互助、责任感、乐于助人的教育。在当代社会，诚实守信，关爱他人是一切道德的基础。朴素的道德主要包括：要自觉地忠诚地完成个人在某种活动中的责任；要尊重他人活动的权利，与人为善；要诚实坦白地和人交往，正直，踏实，做事善始善终；言行举止端庄，愿意倾听并接受别人的意见，做受人尊敬的人；同情他人并能理解一切有

生命东西的痛苦，积极帮助有困难的人。

通过对两次世界大战的反思，德国重视对其未来公民善良品质的培养，以期维护一个和谐、自然和文明的社会。因此德国格外重视对孩子善良品质的培养，并将其列为道德教育的有机组成部分。许多德国幼童在接受“善良教育”的第一课时都是学习怎么爱护小动物。其次，帮助、同情弱小者也是德国人对孩子进行“善良教育”的另一个重要内容。通过学校和宗教教育，教育学生理解社会、理解别人、理解现实，培养良好的行为习惯，使之最终成为受人尊敬的有责任感的人。

3. 以宣传西方政治制度为核心的价值观教育

民主、自由、平等、法制、国家统一是德国政治教育的核心。冷战时期，德国一直处在东西方交锋的最前沿，以灌输、捍卫西方的民主主义制度和价值观为己任的政治教育显得格外敏感和重要。不同历史时期政治教育的内容和重点不同，政治教育工作始终围绕一定的社会主题展开，特别是那些重大的社会主题。20 世纪 50 年代是联邦德国的复兴时期，联邦政治教育中心围绕年轻的共和国的建立和发展展开工作。60 年代这一使命体现为对整个国家政治体制和经济制度的宣传教育和对纳粹进行历史清算，在民众中强化和传播民主思想。70 年代它的中心工作围绕着经济问题、东部政策和反对恐怖主义而展开，也包括为学校政治教育制定新的教学大纲。80 年代工作重点是环境问题、和平与安全政策和对民主德国的舆论宣传。90 年代政治教育工作的重心是德国的统一和欧洲一体化进程。此外，还包括全球化问题、生态问题、新技术革命与社会变革问题以及大众媒体与信息社会发展问题等。随着 21 世纪的到来，联邦政治教育中心补充了许多新的主题。2000 年 5 月，联邦政治教育中心在一份公告中明确了它在新世纪的十几个工作主题：民主政治理论、伦理和宗教等问题、德国历史、德国统一后东西部的相互贯通和接受、欧洲的融合与国际关系、社会作用、生活方式、社会市场经济、人口问题与移民的融合、大众媒介和信息社会的发展以及作用、民主文化、政治极端主义、教育和科学、政治教育的方法、出版工作及合作交流。

4. 以爱国主义为核心的民族精神教育

德意志民族以气质高贵、富有尊严与责任感、思维严谨周密著称于世。德国在普鲁士复兴时期，就建立了以爱国主义为核心的民族精神教育传统，这种传统在各个不同历史时期不断得到加强。目前德国思想政治教育的侧重点已由过去追求个性自由、“个人为本”转到追求民族意识、兢兢业业、吃苦耐劳、遵守纪律和团结协作精神，以及“社会为本”上来，并通过各种途径让学生树立民族自尊心、自豪感，发扬爱国主义思想，继承民族文化传统，培育与弘扬民族精神。

5. 宗教教育

在德国，宗教教育有着很长的历史。它作为一种社会意识形态，与德意志民族的生存和精神文化的发展息息相关。早期基督教因其“平等博爱”思想被社会中下阶层接受，因而该教几乎承担了所有中下层的政治教育任务。到了中世纪，宗教发生了变化，它只是一味地将人贬为上帝的“任人宰割”的造物，剥夺泯灭人性，最终导致了宗教改革。而到了 18 世纪末 19 世纪初，随着资本主义生产及产业革命的初步发展，宗教渐渐失去了统治地位，但宗教的影响仍然巨大。德国《基本法》及各州法律均保护宗教教育的合法性，宗教教育不局限于某个单一教派。天主教、东正教等均可在教育中取得自己应有的地位。

在德国，以宗教教育作为政治教育的显著特点，具体表现是学校开设了大量的宗教课，这样做的目的在于，通过宗教和学校教育，教育学生理解社会、理解现实、理解自己、理解别人，以便从现实出发，培养良好的人格和行为习惯，使学生具有诸如由诚实、尊严、慈爱、克己、互助、责任感、相互谅解、协作精神、群体观念等品质构成的健全人格，培养受教育者的责任感、民主精神、爱国主义思想及德意志精神。

德国的宗教教育并不是一成不变的，自 20 世纪 70 年代起，宗教教育的内容和形式也发生了较大的变化，宗教课程本身被迫吸收了许多现代的生活内容，向世俗化、生活化、现代化移易已成为不可抗拒的潮流，否则就会被青年抛弃。

6. *以史为鉴，反省战争的反纳粹教育*

德国是第二次世界大战的发起国。战后，德国在重建中深刻反省战争中纳粹德国的罪行。1952 年，德国的经济还远远没有起飞，在困境中，德国的民主政治家和知识界就已经前瞻性地看到了对公民进行政治教育的重要性，政府不惜工本地聘请专家学者编写教材，免费提供书刊。对于联邦德国的青少年教育来说，重点是反纳粹教育和反排外倾向教育。德国出版了许多关于纳粹历史的教材，里面有关纳粹暴行的照片和描述非常真实，没有回避而是坦然承认希特勒纳粹德国反人类的罪行。早在东西方冷战时期，联邦德国第一任总统豪伊斯在 1955 年公开声明："纳粹的侵略罪行是集体的耻辱。"在 1985 年纪念第二次世界大战结束 40 周年之际，德国总统冯・魏茨泽克于 5 月 8 日欧战结束之日明确表态："5 月 8 日是解放之日，它把我们大家从纳粹独裁统治下解放出来。"① 德国统一后，1995 年 4 月 27 日，时任德国总统的罗曼・赫尔佐克在贝尔根-贝尔森集中营旧址举行的纪念集中营解放 50 周年集会上发表演说，提醒全体德国人绝对不要忽视或忘记法西斯德国犯下的罪行，同时指出：法西斯德国写下的一段残害人类的黑暗历史，永远是德国的羞耻。科尔总理在 1995 年 5 月 4 日和 6 日针对政界出现的否认 5 月 8 日是"解放之日"的怪论，连续发表讲话和声明，强调德国人不能无视德国历史上黑暗的一页，强调 1945 年 5 月 8 日是德国从希特勒法西斯统治下获得解放之日，是全体欧洲人摆脱战争、死亡、恐惧而获得自由之日。

对曾遭受希特勒侵略的邻国，德国在外交上主动修好，并认真实施战争赔款政策。维利・勃兰特总理 1970 年对波兰访问时，在华沙犹太人殉难者纪念碑前双膝下跪谢罪，成为德国认罪的标志，受到波兰及国际社会的广泛赞扬。德国总

① 蔡伟. 反法西斯战争 60 周年之际重访斯大林格勒. 三联生活周刊，2005-04-28.

理科尔 1995 年 5 月 9 日在俄罗斯参加第二次世界大战胜利纪念日活动时说：“我向死难者低头认罪，我们在莫斯科缅怀遭受过希特勒造成的种种灾难的俄罗斯人以及苏联其他民族的人。”[①] 自 20 世纪 50 年代初期以来，联邦德国根据《联邦赔款法》和《联邦财产返还法》，向 240 万名遭受德国法西斯迫害的受害者及其遗属支付赔款 710.49 亿马克，为返还被德国法西斯没收的物品支付赔款约 40 亿马克。此外，1952 年向移居以色列的犹太人受害者赔偿 34.5 亿马克，向东欧国家赔偿 14 亿马克。至 1993 年战争赔款总数达 1 222.6 亿马克。德国以此来教育国民牢记历史，不要重犯历史错误。

德国的主要政党及政府为防止新法西斯组织的活动和战争悲剧的重演，重视对公民特别是中青年人进行多种形式的历史教育，意在使战后出生的德国人了解希特勒发动的法西斯战争对世界造成的巨大灾难。它们认为，进行历史教育最主要的目的是教育下一代，防止历史悲剧重演。联邦政治教育中心及各种进步组织和工会，经常组织历史知识培训，免费寄送有关第二次世界大战历史和揭露法西斯野蛮暴行的书刊。教育部门多次修订历史教科书，将希特勒法西斯暴行列为学校历史教科书的中心内容。同时，德国将许多第二次世界大战遗址辟为青少年的课堂。

德国政府之所以能对这段历史采取较好的认罪态度，究其原因在于：

第一，反法西斯同盟在第二次世界大战中彻底击败了德国法西斯军队，摧毁了法西斯政体，并根据《波茨坦协定》，对主要战犯进行审判，从国家机构及教育部门中清除了第三帝国的法官、检察官、高级行政官员、高校教师、旧军官等。尽管这些工作进行得并不彻底，但从总的方面看，议会民主制战胜了法西斯集权体制，成为正统的德国国家意识。

第二，反法西斯斗争力量起了重要作用。在纳粹统治时期，法西斯分子对革命和进步民主人士进行了残酷的镇压和迫害，而各党派、各阶层的反法西斯力量也对纳粹统治进行了多种形式的反抗和斗争，加速了法西斯统治的垮台。战后，反法西斯力量和民主进步人士对形形色色的为希特勒法西斯翻案的活动和论调保持着警惕，坚持不懈地对其进行揭露和谴责，对政府的政策施加了压力和影响。

第三，德国各政党和政府从德国帝国主义发动两次世界大战招致全人类反击和唾弃的惨败中吸取了教训。为摆脱孤立境地，谋取国家主权和大国地位，德国执政党与在野党正视历史，致力于消除邻国和世界各国对德国威胁的忧虑，以使德国在经济和政治上重新赢得世界。

作为第二次世界大战的战败国，德国在当今世界各种政治势力和思潮激烈斗争的情况下，能够克服种种矛盾复杂的障碍，一再对希特勒法西斯战争罪责表明严正立场，获得了国际社会的信任，提高了国际威望。在这一点上，德国是成功的。

---

① 26 万俄罗斯二战劳工将获得德国 30 亿美元赔偿. 中国新闻网，2004-07-09.

三、德国政治教育存在的问题

但是，德国政治教育存在着不少问题，表现为：

第一，在政治教育中如何对待纳粹统治的历史。

希特勒的纳粹德国曾经给欧洲乃至世界带来深重的灾难，它毫无疑问已经成为人类历史上最邪恶的化身。有些德国人认为，虽然要防止纳粹思想继续毒害今天的青年，但重点还是要“防止人为地唤起基督徒式的负罪感”，因为新成长起来的一代对过去发生的一切没有责任。另一些人则认为，虽然新成长起来的一代对过去发生的一切没有责任，但对将来发生的事情必须负责，因此老一代人有义务向他们说明真相并理智地帮助他们认识历史、反思历史，正视纳粹的罪恶，做对历史、对民族命运负责的公民。回避，还是正视历史，成为德国思想政治教育中必须解决的问题。

第二，德国如何整合和形成新的价值观。

1990 年 10 月 3 日，德国实现统一。德国统一后，原民主德国地区全面采用联邦德国的政治制度。20 多年过去了，德国东部新旧政治体制“转换”早已结束，从宪法和法律上已完全实行联邦德国的政治制度。但德国东部的政治转型尚未完全结束，价值观严重混乱。原民主德国民众无法完全认同联邦德国资本主义价值观，因而产生了空前的彷徨、空虚和失落，他们在被迫接受与原先截然不同的价值观时不仅产生了反抗心理，而且滋生了二等公民、受人奴役支配的意识。德国前总理施罗德称“路仅仅走完一半”。人们通常也说，德国统一多年了，钢筋水泥筑造的“柏林墙”早已被推倒，而一堵无形的“墙”依然顽固地遗留在许多民主德国人的头脑中，即“新”的政治制度尚未为他们所完全接受，新的政治观点、价值取向、行为方式和判断能力仍未真正确立，尤其是地区差异给他们带来的心理差异还需要相当长时间的调整和磨合。在这种情况下，在对下一代的教育中该如何整合形成新的价值观，成为摆在德国教育者面前的一个问题。

第三，如何防范新纳粹主义抬头。

纳粹德国在第二次世界大战中被打败，在战后联邦德国的土地上，纳粹主义却一直阴魂不散。据美国有关机构调查，战后几年中大约有 15%～18%的成年联邦德国人是顽固的纳粹分子，20 世纪 50 年代初，仍有 5%的联邦德国人支持复兴纳粹党。虽然战后的联邦德国政府，对纳粹主义组织及其暴力恐怖活动进行了有力的打击，但种族主义潜流仍在发展。70 年代以来，德国新纳粹分子就频频活动，在培养民族精神的背后，潜荡着种族主义的阴魂。20 世纪 80 年代起，崇尚暴力、恐怖和反犹的新纳粹主义则有抬头的趋势。新纳粹分子以保持种族纯粹为课题，强调白人的优越性。失业、移民等社会问题的交织是新纳粹兴起的催化剂。外来移民加剧了本国的就业压力是纳粹存在的直接现实原因。这些现象说明，作为政权形式的希特勒纳粹早已被人类的正义力量埋葬，但作为反动社会思潮和反动政治运动形式的纳粹，却始终在战后的德国阴魂不散。1989 年，新纳粹主义分子还组织了纪念希特勒诞辰一百周年的活动。在德国统一一周年的三个星期中，便发生了以青少年为主的近 500 次袭击外国人事件。这种现象严重地损害了德国在过去 40 年来在国际上赢得的尊敬和信任，也唤起了人们对纳粹暴行的回忆。2006 年世界杯开赛前后，德国国内新纳粹分子针对外国人的恶性袭击事件时有发生。如何应对这种倾向，这给德国的思想政治教育提出了新的挑战，也成为德国政治教育的重要课题。

阅读书目

李伯杰. 德国文化史. 北京：对外经济贸易大学出版社，2002

王小飞. 当代德国道德教育理论和实践的选择与定位. 比较教育研究，2004 (2)

汪宗田，傅安洲. 德国高校思想政治教育述评. 思想理论教育，2007 (1)

思考题

1. 德国在不同的历史阶段有哪些主要政党？各党有怎样的政治主张和价值理念？
2. 什么是德国的“政治养成”教育？
3. 德国政治教育的基本内容有哪些？
4. 德国的执政党为什么要进行反省战争的反纳粹教育？

第八章 英国的政党与思想政治教育

要点提示

● 英国是世界上最早出现政党并实行政党制度的国家。议会、执政党和政府是西方民主制的三大支柱。执政党控制着议会，由执政党组阁和成立政府，所以，在三大支柱中，执政党起关键性作用。

● 英国实行两党制，即由两个主要政党轮流组织政府来执掌国家权力，管理国家公共事务。当前英国最大的政党保守党和工党在政策主张上已有所接近，但在意识形态上仍有区别。

● 英国两大政党虽在政治理念、意识形态、经济和社会制度主张、税收政策、全球化等问题上有差异，但两党在执政过程中出现了民主社会主义共识政治与新自由主义共识政治。

● 两大政党通过构建多种组织形式，以多种载体联系群众，强化民调工作，了解民意，确立和加强社会价值观的宣传，开展思想政治教育。

关键词　保守党　工党　竞争　政治教育

第一节　英国政党与政党政治

一、英国政党的历史沿革

英国是世界上最早出现资产阶级政党，并最先确立和实行两党制的国家。早在斯图亚特王朝复辟时期，英国议会内部就形成了两个代表不同阶级利益的政治派别。1679 年，议会就詹姆斯公爵的王位继承权问题展开激烈争论，反对詹姆斯公爵有王位继承权的议员们被政敌斥为“辉格”（苏格兰强盗），赞成詹姆斯公爵有王位继承权的议员们则被对方骂作“托利”（爱尔兰歹徒）。以后两派逐渐以此自称，形成两个政党。辉格党代表新兴资产阶级和新贵族的利益，主张限制王权，提高议会权力；托利党代表地主贵族利益，维护王权。

19 世纪 30 年代，英国工业革命基本完成，社会阶级结构发生重大变化，形成了两大对立的阶级——工业资产阶级和工业无产阶级。同时，英国统治阶级内部也发生了变化，形成了代表土地贵族、金融贵族和大商人利益的保守势力与代表工业资产阶级利益的改革势力。前者以土地贵族为核心，在原托利党的基础上组成保守党；后者以热心于自由贸易的工厂主为核心，在原辉格党的基础上组成自由党。

与英国资本主义的发展相一致，人们的政治要求也在不断增加。到了 19 世纪，在英国经济快速发展的同时，人们要求改革选举制度、提高政治地位的呼声也日益高涨。自 19 世纪 30 年代开始，英国先后进行了三次选举制度的改革。第一次选举改革发生于 1832 年，它是英国新兴工业资产阶级进行的争取同土地贵族重新分配政治统治权及扩大选举权的改良运动。这次改革的内容是取消“腐败选区”的议席，分配给新兴工业城市席位，放宽对选民的财产资格限制。第二次选举改革发生于 1867 年，这是英国工业资产阶级反对贵族寡头统治，争取扩大资产阶级民主的政治改良运动。改革的内容是重新调整选区，进一步降低选举资格限制，扩大选民范围。通过这次改革，打破了以前贵族在议会中一统天下的局面，基本上实现了资产阶级民主，推动了政党政治的发展，使争取选民成为政党活动的重要内容。第三次选举改革发生于 1884 年，这是英国资产阶级为巩固资产主义议会民主而进行的政治改良运动。通过改革重新规定选民的财产资格，再次扩大公民权，使工人终于获得了选举权。

选举制度改革，扩大了普选权。为争夺选民，获取议会多数，两党竞相发展自己的议会外组织，建立选区协会，作为竞选机构。随着议会和两党制的确立及发展，两党在 19 世纪中叶都成为有严密的中央和地方组织的全国性政党，19 世纪末 20 世纪初，自由资本主义被垄断资本主义代替后，保守党逐步由土地贵族的党变为垄断资产阶级的党。与此同时，自由党逐步衰落，该党所主张的自由贸易政策使英国丧失了“世界工厂”的垄断地位，大批工业资本家转向保守党。

随着工业革命的发展和工人队伍的不断壮大，英国工党崛起。从 1924 年开始，工党取代自由党，与保守党轮流执政。此后，英国共产党、社会自由民主党、社会民主党、合作党、威尔士民族党、苏格兰民族党、民族阵线以及英国革命共产主义同盟等相继成立。

二、英国议会、执政党、政府之间的关系

议会、执政党和政府是西方民主制的三大支柱。在英国，议会是政治的中心

舞台，是最高立法机关。政府从议会中产生，并对其负责。英国的国会为两院制，由上议院和下议院组成。上议院又称贵族院，主要由王室后裔、世袭贵族、新封贵族、上诉法院法官和教会的重要人物组成。上议院在议会体系中只起辅助作用，表现在监督下院工作、协助下院立法、通过行使“延搁权”修改和否决议案等方面。下议院又称平民院或众议院，历来有“至尊议会”之称，拥有极大的权力，包括立法权、财政权和监督权，是行政权力的最高来源。立法权是指有制定、修改和废除法律之权。英国议会的立法程序可分为三个阶段：提案—讨论决议—送请国家元首批准公布。财政权是议会的主要权力之一。人们把这项权力称为“管理国库的权力”或“钱袋权”。财政法案主要包括国家预算中的支出、收入、征税、动用国家基金、发行公债等。这种权力属于下议院专有，财政法案只能向下议院提出和通过。监督权是英国议会的重要权力，内阁要向议会负责，受议会监督。议会监督政府的方式主要是对政府的质询、对政府政策的辩论、批准条约和对政府投不信任票等。

英国的执政党是在议会选举中取得执政地位的。议会的下议院是通过选举产生的，在通常情况下，在竞选中获得议会下议院多数席位的政党的领袖，国王任命其为首相，负责组织内阁。因而，执政党与议会的关系主要体现在政党与下议院的关系上。在下议院中取得多数席位的政党才能上台执政，因而，执政党就是议会的多数党，而议会则是由多数党所控制的权力机构。

英国实行责任内阁制，内阁是政府的核心机构。但政府与内阁是两个概念。政府是全体大臣、国务大臣、各部政务次官、执政党督导员和王室官员的总称，而内阁只是政府的一部分。按照惯例，议会大选后，即由英王召见下议院多数党领袖，任命其为首相并授权组阁，成立政府。因此英国政府应对下议院负责，如果失去了下议院的支持，就要下野。

执政党与政府的关系是：内阁首相往往是获胜的多数党领袖。首相集三种身份于一身：政党领袖、行政首脑、最高权力核心。此外，内阁大部分阁员、政府其他要员也都由多数党产生，执政党的施政主张和政策理念都通过政府来执行和实施。

综上所述，在英国议会、执政党、政府三者之间，是执政党控制着议会，是由执政党组阁和成立政府，因此执政党是最关键的因素。

三、英国当代的主要政党

在当前，英国除保守党和工党两大政党外，还有为数众多的其他政党，主要的政党有以下几种：

保守统一党（简称保守党） 该党前身为托利党，1833 年改为现名。1912 年与自由统一党合并，称保守统一党。1868 年起同自由党轮流执政，逐渐变为大资产阶级、大地主和贵族利益的代表。第一次世界大战期间与自由党联合组阁。1924 年后，与工党轮流执政。1945 年 7 月大选前，除 1923—1924 年和 1929—1931 年由工党两度短期执政外，保守党一直处于执政党地位或是联合政府的最大政党。但在 1945 年以后到 1979 年，除了 1951—1964 年和 1970—1974 年执政外，保守党均处于反对党地位。1975 年 2 月，M. H. 撒切尔夫人当选党的领袖后，提出自力更生、自由企业和减少政府干预等方针。1979 年 5 月大选中，保守党获得绝对多数议席，撒切尔夫人成为英国和西欧历史上第一位女首相，并于 1983 年和 1987 年两次蝉联。保守党自 1979 年执政后，进一步强调"反对国有制和社会主义集权，捍卫个人自由"这个传统的信条，改变了战后 30 多年历届政府实行的凯恩斯主义，推行以货币主义为主的经济政策，重现保守的传统特性。

工党　该党 1900 年 2 月由职工大会发起创立，初称劳工代表委员会，由隶属于职工大会的工会组织和费边社、独立工党以及社会民主联盟组成。1906 年改称工党。1906—1914 年在议会中依附自由党。第一次世界大战爆发后，支持政府的战争政策，并加入了自由党的联合内阁。战后，加入伯尔尼国际。20 世纪初，工党力量日益增强，逐步取代了自由党。1918 年 6 月，工党通过了由韦伯等人起草的纲领性声明《工党与新社会秩序》，首次提出要埋葬私有制。1924 年 1 月，在自由党的支持下首次组阁，并从此开始与保守党轮流执政。1945 年以前，仅于 1923—1924 年和 1929—1931 年两次短期执政。1945 年大选至 1951 年，组织过两届内阁。在此期间，发起重新建立社会党国际。1964—1970 年、1974—1979 年，先后组织了四届内阁，这是工党历史上执政最长的两次。1979 年、1983 年、1987 年和 1990 年四次大选工党连遭失败。工党纲领的传统理论基础是费边社会主义，主张生产资料、分配手段和交换手段的公有制，实行计划管理，以达到公平分配。第二次世界大战后，艾德礼工党政府将此付诸实施，1948 年宣布建成福利国家。但从 20 世纪 50 年代开始，随着英国经济的发展，工党内出现意识形态分歧。右派认为，资本主义已经变了，社会主义应是"增加社会福利，实现社会平等"，而不是以实现生产资料公有化为目的；反对以新的社会制度代替现存的社会制度，主张在现存制度基础上追求更高程度的完善。五六十年代，这些思想在工党内占上风。但左派仍坚持国有化，认为没有国有化就没有社会主义。60 年代初，"新左派"从文化上批判资本主义，认为资产阶级文化上的统治使人们处在全面异化的状态中，因此，必须向资产阶级发动全面的文化进攻，对资本主义社会实行总体改造。这对 70 年代后再次活跃起来的工党左派产生了一定的影响，后者据此提出国有化还应该加上工业民主化和生活方式民主化，对工党传统的社会主义进行了补充。

社会自由民主党　该党 1988 年 3 月由自由党及社会民主党内支持同自由党合并的多数派组成。内外政策主要是在原自由党政策的基础上进行调整，对内较强调经济发展与社会正义之间的平衡，重视分配领域的"公平"问题以及对环境、生态的保护；对外反对种族歧视，主张改善与第三世界的关系，强调维护和平，共同发展。

社会民主党　该党 1981 年 3 月 26 日成立。创立人是从工党中分裂出来的右翼人士，代表中小资产阶级利益，参加者多数是公司经理、职员、企业管理人员、自由职业者和私人开业者。主张改革议会选举制度，实行国营和私营企业并存的“混合经济”体制，鼓励中小企业，扩大就业机会。1983 年 9 月，与自由党达成协议，结成竞选联盟。1987 年大选失败后，联盟解体。1988 年 3 月该党分裂，多数人与自由党合并组成社会自由民主党，剩下约 3 万名成员继续使用社会民主党的名称。新的社民党把核威慑防务、社会市场经济和议会选举比例代表制作为主旨政策。

共产党　该党 1920 年 7 月 31 日由不列颠社会党、社会主义工党和南威尔士共产主义者委员会合并组成，成立后即加入第三国际，成为第三国际的英国支部。1936 年，组织英国支队赴西班牙参加反对 F. 佛朗哥的战争。随后，又开展了声援中国抗日战争和反对 A. N. 张伯伦的“绥靖”政策，要求同苏联结成和平同盟的运动。第二次世界大战期间，全力支持反法西斯战争和推动早日开辟第二战场，党的力量有很大发展，1942 年党员人数一度增至 5.6 万人。战后党的力量不断下降。1947 年提出英国要走一条有别于苏联十月革命的英国式的社会主义道路。1951 年公布第一个和平过渡纲领《英国走向社会主义的道路》，宣布英国可以通过将议会改造成真正代表人民意志的民主机构并建立人民政府的道路，过渡到社会主义。1977 年，部分党员因不同意党的路线而退党，另立英国新共产党。1988 年 9 月，英国共产党发表了《面向未来》的文件，主张放弃旧有形式的“阶级斗争”，以适应消费社会和技术革命所产生的“新秩序”。

1989 年的东欧剧变对英国共产党造成了重大冲击。1990 年 1 月尼娜·坦普尔当选为总书记后主张把英国共产党变成一股“主张女权，维护环境，实施民主社会主义的势力”。同年 12 月，英国共产党召开 42 大。一方面，大会否决了立即解散党组织的主张；另一方面，大会也否决了用马列主义更新党的主张。1991 年 3 月，英国共产党执委会决定更改党的名称。同年 11 月，英国共产党召开 43 大，决定将党的名称改为“民主左翼”，改换镰刀锤头的党旗党徽图案；决定党刊《今日马克思主义》停办。至此，经历了 71 年历史的英国共产党终结了。

1988 年 4 月，在原来英国共产党内部以党报《晨星报》为核心的反对派的基础上成立晨星报派英国共产党。该党指责英国共产党中央背离马克思主义阶级分析方法，声称要继承英国共产党的传统路线，表示继续把民主集中制作为组织原则。晨星报派英国共产党认为，苏东剧变并不意味着社会主义的失败，英国的阶级斗争实践需要共产党，需要马列主义，表示要努力将科学社会主义创造性地运用于英国实践。晨星报派英国共产党虽然人数不多，但在英国工会运动、反战联盟、核裁军运动中有一定影响，自 1997 年开始参加英国各类政治选举。2000 年，该党制定了新党纲，确定以社会主义作为奋斗目标。

四、英国两党制的形成

政党制度是英国政府工作中的核心元素。目前英国实行的是两党制，即由两个主要的政党轮流组织政府来执掌国家权力，管理国家公共事务。这两个政党的雏形是议会中的托利党和辉格党两大派别，前者主张维护君主特权，后者主张议会主权。1832 年议会通过《选举改革法》以后，原来的政治派别转型为政党，即托利党转为保守党，辉格党转为自由党，并形成了两党轮流执政。这是世界上最早的政党制度。第一次世界大战后，工党崛起，取代了自由党，开始与保守党轮流执政。

英国两党制的形成、发展大体上经历了三个阶段。

第一阶段是辉格党与托利党先后执政时期。1714 年乔治一世即位后，英国逐渐形成国王不出席内阁会议，由议会多数党领袖主持内阁的宪法惯例，从而使内阁被议会多数党控制。依照这种惯例，辉格党和托利党依据议会席位多少的变化而轮流组阁，这就为两党制的形成奠定了基础。

第二阶段是保守党与自由党轮流执政时期。在这个阶段中，两党从议会内的政党发展为全国性的、群众性的政党，这是两党制形成的基本条件和重要标志。经过多次议会改革，彻底改变了下议院与上议院、议会与王室之间的力量对比。改革的结果是，国王成为虚君，上议院的权力被削弱，下议院的地位被提高。在此基础上确立了两党制。

第三阶段从 19 世纪末 20 世纪初开始，两党制逐步完备。保守党于 1907 年首创影子内阁，以后凡在大选中获得下议院多数议席的政党则成为法定的执政党，而反对党在议会中有可能通过不信任投票取代执政党的地位。20 世纪初，随着工业革命的发展和工人队伍的不断壮大，工党崛起。从 1924 年开始，工党取代自由党，与保守党轮流执政。

英国两党制与内阁制相结合，具有以下特点：一是内阁由下议院大选中获得多数席位的政党单独组成。二是由下议院多数党领袖担任阁揆，即首相。三是内阁阁员只对下议院负责，如失去下议院信任，内阁全体辞职，或首相提请国王解散议会，重新大选，组成新的内阁。四是下议院最大的反对党可建立影子内阁。

第二节　英国保守党、工党的意识形态

第二次世界大战后，英国政坛基本由保守党与工党把持。虽然英国国内的政治、经济、社会和阶级等状况与战前相比已有较大的不同，两党的政策主张在某些方面已经有所接近，甚至出现了“共识政治”的局面，但是，它们的意识形态仍有明显的区别。

一、两党意识形态的差异

总体而言，英国的保守党和工党一个在朝，一个在野，各自为了本党利益而

相互竞争、对抗，甚至互挖墙脚，互相攻击，以损害对方的形象来争取更多的选票。这两大党并无本质的差别，只是在社会政治理念、社会主张和政策目标及侧重点等方面有以下几点差异：

1. 社会政治理念的差异

从对人的理解来讲，保守党和工党都承认人的个体性和社会性，但是在人与社会的关系上，保守党更强调个体性，认为个体性优先于社会性。保守党领袖撒切尔夫人的名言是："根本就不存在社会这种东西。"[①] 工党则强调人的社会性，认为人有个体性，但是社会性是人生存和发展的前提。英国工党在修改后的党章第4条中宣称，它主张通过共同努力，为所有的人创造一个使大家的潜能得以发挥的条件。

在对待人的权利上，保守党继承了自然权利理论，重视经济自由和政治民主，在公民权利、政治权利、社会权利和经济权利中，强调公民权利和政治权利。而工党继承了社会主义思想中的劳动权利思想，不仅强调公民权利和政治权利，而且强调社会权利和经济权利，认为在市场资本主义经济秩序中，没有社会权利和经济权利，公民权利和政治权利就会遭到破坏，民主也会遭到破坏。从社会分析的基础来看，保守党重视市场经济尤其是自由市场，以资本为主要分析基础，以利润为行为目的和主要指标。而工党更强调劳动的基础作用，把经济和劳动市场作为社会分析的起点和基础，并因此谴责资本主义把金钱和经济成功当作人们的喜好与追求标准，把团结和友情等人类价值转换成为利润来估算，把劳动力看作多种消费品中的一种。

2. 社会主张的差异

在社会制度问题上，保守党认为，资本主义是一种合理的制度，生产资料只有掌握在私人手里，才能最大程度地提高效率和社会公正，经济竞争所造成的区别也是天然合理的；工党虽然已经放弃了通过革命实现制度替代的目标，也不再强调所有制变革的意义，但是它仍然主张建立一个与资本主义社会不同的社会。例如，1995年修改后的工党党章宣示，工党是一个民主的社会主义的政党，其目的是创造一个"权力、财富和机会是掌握在多数人而不是少数人手中"的、为公众利益服务的共同体，这一共同体内，市场的进取精神与竞争的严酷、伙伴关系与合作的力量融为一体，为一切人提供工作和致富的机会，私营部门繁荣，公共服务质优，那些对于公共利益至关重要的事业或为公众所有或向公众负责。

在市场经济与国家干预的基本制度问题上，保守党认为，国家调控不能改变经济处境，因此应当给个人更大的自由活动空间，尽量减少国家和国际社会对资本运作的干预，最好是回到自由资本主义时代。保守党卡梅伦政府提出了"大社会，小政府"的社会改革理念。这一改革将从政治家手中拿走权力，并将之交给民众。保守党认为，过去90年代后期的英国公共服务开支的连续增长并未解决英国社会的种种问题，人们看到的却是一个日益"破碎"的社会——人们家庭观

① 张文成．西欧社会民主党与保守党区别之辨析．新视野，2005（5）．

念破灭、社会道德沦丧、公民责任感缺失，而这一切都是由于工党“福利国家”助长了人们的惰性和依赖性，要解决这些问题，必须改变“任何问题都依靠政府解决”的做法，转向“小政府”“还政于民”，让人们重新学习社会责任。而工党在调整过去的观点，从理论上把市场和资本主义区别开来的同时，不仅进一步谴责资本主义的不合理性，而且强调要对市场经济风险保持警惕，坚决主张保持一定程度的国家干预。

在社会福利的问题上，保守党要把社会福利保持在维持居民生存的最低限度之内。而工党则认为，福利国家需要改革，甚至需要削减福利支出，但是它关心的不是削弱和裁减国家社会福利，而是通过面向未来的改造来加强它。

3. 政策目标及侧重点的差异

在经济增长问题上，保守党强调增长，主张提高利润率。工党虽然在努力改变其不关心经济增长、只关心收税花钱的形象，开始把增长放在重要位置，但是坚决反对单纯的经济增长，更多地强调社会进步。

在税收政策上，保守党反对提高税率，主张实行人头税，反对增加社会保障费，认为这样可以使百姓有更多的余钱自主选择补充保险。而工党反对片面地减少税收，反对人头税，认为单纯减少税收不能增加经济竞争力。

在全球化和资本国际流动问题上，保守党强调全球化的正面作用，主张对资本的国际流动放松管制，认为通过国家限制资本流动是没有意义的。而工党认为，全球化也有负面影响，全球化摧垮了各种边界，但没有建立起相应的新的责任结构，主张富国要对世界发展承担更多的环境和社会责任，要以所有人的福利、充分而公正的就业、国际团结和良好的生活环境等目标为基础，在国家、区域和全球层次上建立一种多层次社会民主主义模式。

二、第二次世界大战后英国的共识政治

在英国两党制的长期发展过程中，特别是在第二次世界大战后的政治制度发展过程中，出现了两次共识政治：民主社会主义共识政治与新自由主义共识政治。前一种共识政治表现为巴茨克尔主义，是保守党对工党施行的社会民主主义政策主张的接受与认可；后一种共识政治则表现为工党政府提出的“第三条道路”，是对撒切尔主义中的新自由主义的继承。

1. 第一次共识政治的形成与发展

第二次世界大战结束后，在 1945 年 7 月议会大选中，工党以绝对多数获胜。新上台执政的工党政府面临严重困难，除了实行紧缩行政开支的财政政策以外，在推行国有化和建立社会保障制度方面也做了大量工作，而工党政府的最高成就是建立起较完善的社会保障制度，使福利国家被公众接受，充分就业成了英国社会的共同目标。工党政府取得的成就促使在大选中失败的保守党进行反思，促使有右倾倾向的保守党向左转。保守党除了进行思想革新、组织革新以外，还在政策上进

行了改革，依据凯恩斯“需求管理”的经济理论，提出了保守党今后要遵循的基本政策：维持充分就业，保持并改进社会福利事业。为争取选民和重新上台执政，保守党接受了工党在福利制度方面的理念，即建立一个全方位的社会保障制度，这既是社会公正的需要，也是国家安全的需要。这是保守党向工党政策的靠近，形成了两党的共识政治。这使得两党在以后相当长的时间里执行大体一致的政策。

1951 年保守党恢复执政后，也基本上认同了工党已经实行的国有化措施，全面接受了工党制定的社会立法。1955 年《经济学家》刊物将前工党财政大臣盖茨克尔和保守党财政大臣巴特勒的名字合二为一，用“巴茨克尔主义”来称呼两党大体一致的经济和社会政策。两党的共识政治自此形成。这一次共识政治是以保守党向工党靠拢为基础的。

在这之后的约 30 年，被许多历史学家称为“举国一致”时期。两党在这个时期的内外政策几乎一致，即使有分歧，也只是程度与方法上的争论，而不涉及原则。两党在这个时期的价值取向已相当融洽：工党以实现福利国家为满足，不再追求更长远的“社会主义”目标；保守党认可福利制度，接受有限的国有化方案，承认某种程度的“计划经济”。

2. 第二次共识政治的形成与发展

20 世纪 70 年代中期以后，包括英国在内的整个西方世界陷入了一场以滞涨为主要特征的严重经济危机中。英国经济持续衰退，通货膨胀加剧，失业率上升。在这种情况下，保守党、工党内部都发出了改变基本经济政策的呼声，保守党内部的反对派要求放弃两党一致的政策向右转，工党内部的反对派也要求放弃两党一致的政策而向左转。

撒切尔夫人于 1979 年带领保守党大选获胜后，公开宣布她的使命就是要“埋葬工党的社会主义”。她放弃了国有化和国家干预政策，鼓励自由竞争，紧缩货币，降低税率，鼓励私人企业的发展，大幅度削减社会福利开支，镇压工人运动及削弱工会的作用。

保守党政府的上述做法，打破了两党之间维持了近 30 年的共识政治，也使工党对自己长期坚持的理论主张进行反思。由于在选举中连连失利，从 80 年代后期开始，工党上下掀起了政策和意识形态反思的浪潮，整个工党逐步从左倾向中间靠拢，工党领导层在国家干预、福利国家等重大问题上的态度也开始发生转变。到 1992 年大选前夕，工党完成了对以往政策的重新评价，确立了新政策的基本框架，完全放弃了凯恩斯主义和社会民主主义。1994 年布莱尔当选为新的工党领袖，他宣布要赋予传统的工党信念以现代的内涵，建设一个中左派的“新工党”。布莱尔声称，未来的工党政府将不再推行过去所推行过的具有社会民主主义色彩的政策，将准备接受现保守党政府的主要政策，尤其是那些同工党传统价值观相对立的政策，如改革社会福利制度、减少国家对经济的干预、发展自由市场经济等，建立多数人享有权利、财富和机会的社会①。

---

① 孙洁. 英国政党政治视角下的社会保障与国民福利. 中共南京市委党校学报，2008 (1).

布莱尔在放弃工党传统的国有化和国家干预政策的同时，吸取了撒切尔夫人治理英国经济取得的成功经验，提出了超越传统左、右分野的理论主张。这一主张的核心是强调变革与创新，寻求“发展与公正”“权利与义务”的平衡，以改革、现代化与合作的精神应对全球化的挑战，建设一个强大、充满活力的新英国及新国际秩序①。

1997年，工党重新执政，“第三条道路”成为新政府的口号。

提出“第三条道路”的主要目的有三个：一是标明自己的“新左派”身份和创新思路，使自己明显区别于老左翼和右翼；二是重构左翼政党的选民基础，与其他政治力量特别是中间派求大同存小异，实现政治力量的重新组合，扩大支持者的范围，确立工党在政治生活中新的中心地位；三是企图突破国家干预与福利制度的社会民主主义和推崇市场与个人本位的新自由主义两种模式，为解决国内社会经济诸问题的全面方案，找到一个全新的思路。

“第三条道路”的要义有以下几点：

其一是建立合作包容的新社会关系。20世纪80年代，保守党的新自由主义改革虽然调动了个人的积极性，发挥了资本和市场的作用，但矫枉过正，在一定程度上破坏了社会团结，削弱了国家的经济管理能力，这使整个社会处于分裂和冲突的危险边缘。“第三条道路”提出要建立合作包容的新社会关系，使每个人、每个团体都参与到社会中来，培养共同体精神。

其二是确立团结各种政治力量的新政治中心。“第三条道路”的倡导者认为，要恢复左翼对选民的吸引力，重新成为政治生活的中心，必须在理念和实践上改革政治规则和政党制度。他们提出了以下几个措施：第一，在政治思维上打破了传统的“左右两分法”，对各种政治力量进行多类别划分，团结各种力量尤其是中间力量，以尽可能多地扩大支持率。第二，坚持社会主义的核心价值——社会正义。实现社会正义不仅是“新左派”从左翼传统中继承下来的宝贵遗产，而且是“第三条道路”借以重塑社会团结的凝聚力，确立自己在政治生活中的中心地位的价值号召力。第三，改革既有封闭的政治制度和政党制度，扩大制度的包容度，实现工党和国家政治制度的现代化。“第三条道路”主张工党由阶级的政党向大众政党转变，强化党领袖的权威和权力，减小工会和地方党组织对党内政策的影响，以此来使党克服传统左派政党的结构缺陷，唤起更广泛的公众的响应和支持，使政治格局多元化，并扩大工党的选民范围。

其三是由政府管理型向治理型转变。“第三条道路”主张，建立政府与社会之间的合作互动关系。培养公民精神，鼓励公民对政治生活的积极参与，发挥民间组织的主动性，使它们承担起更多合适的职能，参与政府的有关决策。政府则要民主化，向更加透明、法治、高效、负责的方向转变，成为公众可以信赖的公共机构。

其四是改革福利制度。福利制度改革是西方国家最棘手的问题，因为从福利

① 洪建军. 布莱尔与“第三条道路”盘点. 新浪网，2007-06-25.

制度中获益的阶层是决定选举结果的极为重要的力量。“第三条道路”的倡导者在这个问题上采取了“折中”立场，力争建立一种能照顾到各个阶层利益的制度。他们提出：要承认“新右派”对福利制度的批评，“从摇篮到坟墓”的福利制度会导致异化和官僚主义，要把“消极福利观”转变为“积极福利观”，确立“没有责任就没有权利”的原则，把原来的福利国家改革为“社会投资国家”①。

“第三条道路”表明，“新工党”已经放弃传统的民主社会主义意识形态，英国出现了一个以保守党政府的自由主义政策为基础的新的“共识政治”时期。而这个“共识政治”的实质是战后两党“共识政治”在新的历史条件下的发展。

第三节　英国政党的思想政治教育

英国的政治教育与政党制度密切相关。两党政治形成以后，朝野两党都把政治教育视为本党最主要的工作之一。执政党为了维护、巩固其执政地位，在野党为了夺取政权，都要争取民心、赢得选举。民众的支持是一切政党生存和发展的前提条件，选民的支持构成了政党执政的合法性基础。英国的政党在执政的过程中，非常重视与选民的互动和沟通，及时传递亲民信号，千方百计处理好党民关系，极力树立民本形象，优化执政环境。

一、构建以联系群众为基本功能的多种组织形式

第二次世界大战后的英国，无论是在保守党执政时期还是在工党执政时期，两党不论是执政还是在野，都不断根据社会变化和党发展的需要，建立健全党内组织和党外联合机构，通过它们开展各种活动，使组织系统成为密切党群联系的纽带。

1. 通过各级组织保持和密切党与党员群众的联系

为了使党的政策得到更充分的宣传，使党得到更多群众的拥护，英国的政党非常重视发挥党组织的作用。例如为适应普选权不断扩大后出现的新形势，壮大力量，开展竞选，工党制定了新党章，建立地方和选区组织，形成了一个完整的组织系统。该系统包括：最高决策机构工党大会，最高管理机构全国执行委员会，地区、选区的基层组织以及它们的附属组织。这些组织开展党内沟通和各种活动，成为党保持和密切与党员群众的联系的纽带。

2. 通过党的组织保持和密切党与不同社群的联系

英国的政党大都结构复杂，成分不一，难以用单一的组织形式将各种党员聚

① 杨雪冬. 理论创新推动政治突围——英国工党是如何成功转型的. 南方周末，2007-06-21.

集在一起。为此，各党在团体组织之外，针对不同社群建立了各种特殊的组织形式，如妇女组织、青年组织、学生组织、黑人组织以及各种俱乐部等。这些组织吸收特定的社会成员，关注他们的意见要求，扩大党在他们中间的影响，争取他们对党的支持，是党保持和密切与特殊社会群体的联系的纽带。

3. 通过一定的制度安排，保持和密切党与各种群众的联系

英国政党中的附属组织，不论人数多少，在党的各级机构中都有一定数量的代表，对党内事务都有一定的发言权。这种制度性的人事安排反映了党的社会构成现实，既保证了党内主要群体在党内各级机构中的支配地位，也维护了其他社群在党内的发言权，使党内各种成分都能参与党内事务管理，党的各级机构也因此成为反映党员群众意见要求的重要渠道。这对保持和密切党与集体党员和个人党员群众的联系起了积极作用。

二、采取双向性的沟通手段

除组建各种组织外，英国政党还通过各种沟通手段保持和密切与群众的联系，宣传党的主张，听取民众的意见，坚持进行党的思想政治教育工作。这些手段主要有以下方面：

1. 进行游说活动

在英国，政党的游说活动早在 18 世纪就已出现，现在仍普遍存在。游说的目的主要在于：一是了解一般民众的意见、要求和政治倾向，从而使该党有针对性地制定政策，开展宣传；二是进一步巩固本党的群众基础，以便在选举投票时动员他们去投票或为本党的选举提供必要的帮助。游说的类别五花八门，如调查游说、问题游说、问卷游说、倾听游说等。而在这些游说中，上门游说和电话游说是两种最主要的形式。

上门游说自 1945 年以来一直被英国主要政党当作一项必不可少的活动方式。电话游说到 20 世纪 80 年代才普及。与上门游说相比，电话游说的优点是明显的，它不受天气和距离的影响，可以减少面对面交谈可能带来的尴尬，可以使尽可能多的政党工作者发挥作用。计算机的运用给游说活动注入了新的活力。游说活动所涉及的名单管理、选民分类、特定人群的确定、资料保存等工作因此变得简单起来，其针对性也大大增强，所以英国各党现在都很重视利用计算机网络改进游说工作。现在，利用互联网游说也正在成为一种新趋势。

2. 以多种载体联系、宣传群众

为了争取民意支持，英国各党往往要制作并给民众寄送大量印刷品。向民众直接寄送印刷品的做法出现于 20 世纪 20 年代，后被广泛采用。1987 年选举前，工党向选民共寄送了数百万封信函。20 世纪 90 年代，互联网普及后，各党开始利用互联网直接发送各类宣传品、问卷调查表等邮件。选民每天在互联网上就能接受党的传单，了解党的观点和基本意见。选民常常把它们当作权威的信息来

源，并经常给编辑部写信讨论有关问题，这是政党与民众之间建立联系的重要渠道。

3. 强化民调工作

第二次世界大战前，英国各大政党主要通过报纸、党内各级报告、会议及个人交流来了解选民意见和要求。1956 年工党开始有限地采用民意调查，1959 年又率先从单个孤立的民调转向系统的民调。此后其他政党先后效法。1984 年，工党建立了负责民调的专门委员会，不但研究选民的一般观点、情绪、需要、期望以及态度、价值观，把握选民思想和情绪的发展脉搏，而且研究选民对党的政策和领袖的看法。另外，工党也重视独立民调机构、“焦点小组”和党外思想库的有关调研分析和意见。工党使用民调的次数明显增加：1970 年竞选期间，工党只安排了两次民调，1974 年和 1979 年分别进行了 7 次和 10 次，1983 年和 1987 年各进行了 20 次，1992 年进行了 28 次。现在，工党的报刊、党内各级报告、会议及个人交流仍然是工党了解选民意见的工具，但民调对工党的战略和政策的影响越来越大，已经成为工党保持和密切与选民的联系的一个重要的沟通手段。

4. 构筑互联网平台

互联网为保持和密切政党与群众的联系提供了新条件，搭建了新平台。保守党、工党像其他政党一样在 20 世纪 90 年代末建立了自己的网站。网站不仅提供政党的重要文件，介绍政党的历史和现状、有关组织情况以及与各地方组织的链接，而且发布重要新闻，公布政党正在面临和需要解决的重大问题、政党的各种倡议和文件草案，并征求选民对本党的意见和建议。网上还可以交纳党费和捐助，可订阅党刊等。任何人只要愿意，都可以上网查询该党的情况，下载该党的文件，了解该党的大政方针，参与网上讨论，发表自己的意见。工党执政时面向社会开通了首相和大臣的电子邮箱，民众可以就自己关心的任何问题，包括工党的重大决策，直接通过电子邮箱提出意见、建议甚至批评。读者发给工党领导人的邮件、回答结果都在网站上公布。此外，工党还专门开通了工党学校管理者网站，目的在于加强工党与各地学校的沟通，提高教育质量。每逢大选，工党的网站都会变成有效的竞选活动阵地。工党从总部的网站上发出了成千上万份电子邮件，鼓励支持者走出家门，为工党投票。

三、重视媒体在思想政治教育中的作用

在英国，新闻媒体素有“第四种权力”之称，它既是沟通政党与选民的桥梁，又是政党宣传自身形象的工具。在实际生活中，新闻媒体最关注、最突出报道的议题在塑造社会舆论、引导政治发展上起着重要的，有时甚至是决定性的作用。因此，政党的首要任务是通过加大影响媒体的新闻议事日程，尽可能树立自己的正面媒体形象。

1. 重视媒体的监督

英国从首相到各大臣、国会议员，都十分重视媒体对加强执政党与党内外沟通所产生的“喉舌”和“桥梁”作用，他们经常主动邀请媒体或积极接受媒体的邀请，就当前的社会热点问题发表见解，以阐明党的政治主张。布莱尔当上工党领袖后，特别重视媒体对工党政府的正负面影响，重视媒体进行的各种各样的社会调查结果。工党认为，舆论监督是密切执政党与外部联系的重要手段，是建立政府与公众之间相互信任、促进政府的信息透明化、有效制约政府职权的重要渠道，因此，必须“以更为专业化的方式使党与媒体有机地结合，以媒体为坐标设计党的竞选战略”①。

2. 设立网站了解民意

信息现代化促使英国政党了解民意、推销主张的手段也发生了革命性的变化。运用网络技术是英国政党传递亲民信号的重要手段之一。20 世纪末，工党政府除设立各个郡的议会网站和各部门网站外，工党总部也设立了网站。该网站栏目齐全，信息量大，内容更新快，开放性强，功能齐全，网民可以在线注册加入工党，可以在线注册做常年选举志愿者，也可以在线为工党做大选捐款等多种工作。

3. 倡导多媒体互动

西方现代社会制度下，民众对政治的疏离感越来越强烈，普通大众参与政治的热情越来越低。为进一步密切政府与选民的联系，英国工党政府重视综合利用现代化传媒，多角度、多形式地宣传、推销执政党的执政理念和主张。为了就如何改善政治与公众之间的联系、如何加强英国在欧洲的地位等问题上倾听群众呼声，以利将来的决策，英国工党于 2003 年 12 月推出了名为“大对话”的活动。党魁布莱尔邀请党内外各界人士利用各种先进传媒手段，在 2004 年 3 月之前向工党的决策机构“全国政策论坛”建言献策。英国文化部长、教育部长亲自上网互动，基层活跃分子广泛发动小组会、支部会，鼓动市民通过电子邮件、电视、广播访谈、网上留言、手机短信等形式献计献策。这个活动在一定程度上密切了工党政府与选民的联系。

四、引领社会价值观建设

1. 重视确立党的自身价值观，树立党在引领社会价值观建设中的地位

英国各政党普遍重视加强自身价值观建设。它们在党的纲领性文献中对其做出明确的原则性规定，有的党还成立专门的基本价值委员会，对党的价值观进行系统阐发。工党主要以自由、公正、团结互助等为核心价值观。而保守党主要以尊重个人自由、限制公共权力、维护传统伦理等为核心价值观，并以此思想核心

① 魏磊. 英国工党加强党内外团结和联系的探索. 理论学刊，2006 (2).

展开思想政治教育。

2. 大力开展价值观宣传，为引领社会价值观建设争取公共舆论主导权

各政党通过直接自办媒体或间接影响媒体，为其引领社会价值观建设营造有利的社会舆论环境。党报党刊是传统意义上的政党进行价值观宣传的主阵地。除办好党报党刊外，各政党十分重视协调处理好自身与党外大众传媒的关系，力图使这些传媒认同该党的价值观，通过影响公共舆论导向为巩固党的引领社会价值观的地位服务。

3. 运用公共权力对社会价值观建设进行制度规范和政策引导

执政党掌握行政资源或同时掌握行政、立法资源，它们将价值观融入制定的法律和公共政策中，规范并引导公众、学校、媒体、教会、非政府组织等各种社会主体的行为，为建设社会价值观确立制度和法律保障、制定战略和政策规划。

阅读书目

刘建飞．英国政党制度与主要政党研究．北京：中国审计出版社，1995

刘建飞．英国议会．北京：华夏出版社，2002

阎照祥．英国政党政治史．北京：中国社会科学出版社，1993

魏磊．英国政党的现代传媒策略．社会科学报，2009（1）

思考题

1. 英国执政党、议会、政党之间是怎样的关系？
2. 英国工党提出“第三条道路”的目的和主要内容是什么？
3. 英国两大政党采取何种方式进行政治教育？

第九章 俄罗斯的政治变革与思想政治教育

要点提示

● 自20世纪50年代中期开始，苏共的政治路线、思想路线逐步脱离了马克思主义轨道，在此指导思想下进行的思想政治教育，与苏联的实际相去甚远。

● 苏共的错误思想路线的僵化、教条、滞后和守旧，导致了教条主义盛行，在思想宣传工作中，理论脱离实际，收效甚微。

● 20世纪80年代中期以后，苏共指导思想发生转变，引进西方政治模式，大搞“彻底革新”，推行“民主化”“公开性”“舆论多元化”，使得思想政治教育发生方向性偏差，引发了人们思想的混乱，加速了苏共的亡党和苏联的解体。

● 俄罗斯思想政治教育经历了由乱而治的过程。自世纪之交开始，俄罗斯逐渐形成了以爱国主义和基础性道德教育为底线的多党制条件下的思想政治教育。

● 以爱国主义、强国意识、国家观念、社会团结为主要内容的“俄罗斯新思想”，是俄罗斯新教育和文化战略的主要基石，在俄罗斯思想政治教育中具有重要作用。

关键词 苏共的错误　普京　俄罗斯新思想

第一节　从苏联的解体看党的政治路线、思想路线对思想政治教育的影响

苏联是世界上第一个社会主义国家，思想政治教育一直受到苏联党和政府的

高度重视。长期以来，马克思列宁主义理论和社会主义意识形态是苏联进行思想政治教育的最基本的内容，这样的思想政治教育在苏联早期曾取得过良好的效果，激发了人们建设社会主义的热情。但是自20世纪50年代开始，由于苏共的政治路线、思想路线逐步脱离马列主义轨道，其政治教育也围绕着政治路线、思想路线而展开，最终导致了苏联的解体和苏共的灭亡。

一、苏联的解体与苏共的政治路线的改变密切相关

苏共政治思想路线的转变早在20世纪50年代就已经开始。1956年，在苏共二十大上，苏共中央总书记赫鲁晓夫做的政治报告就反映出苏共已经开始了思想理论上的蜕变，开始逐步放弃科学社会主义。1985年3月，戈尔巴乔夫出任苏共中央总书记。此后不久，戈尔巴乔夫即正式提出了“民主化”、“公开性”和“舆论多元化”的口号，并以此作为其“打开改革阻碍机制的突破口”[①]。当时，人民希望改革，摆脱停滞，还没有弄清楚甚至尚未来得及思考戈尔巴乔夫在改革的名义下提出这些口号的真正含义。

1988年6月，戈尔巴乔夫在苏共第十九次全国代表会议报告中说：苏联政治体制改革的主要方针不仅是倡导“民主化”、“公开性”和“舆论多元化”的问题，而且是要放弃苏共是苏联政治体制核心的问题，是要把国家权力中心从共产党向苏维埃（即议会）转移的问题。

1990年7月，苏共二十八大通过了《走向人道的、民主的社会主义》的纲领性声明。这一声明的主要内容，集中表现为改变苏共性质，具体表现为：

党的指导思想变了。过去，苏共是“以马克思列宁主义理论武装”，在全部活动中“遵循马克思列宁主义的学说”。而苏共二十八大只提“创造性地发展马克思、恩格斯、列宁的思想”，“继承摆脱了教条主义解释的马克思、恩格斯、列宁的遗产”，同时强调“利用进步的社会思想的成果”[②]。

党的奋斗目标变了。过去，苏共的最终目标是在苏联建立共产主义。而苏共二十八大的提法为，苏共“以在国内建立人道的民主的社会主义，保证人的自由全面发展的条件为自己的目标”[③]。

党的阶级性质变了。在过去，党章认为，苏共是“全民的党，而就其阶级实质和思想体系而言仍然是工人阶级的党”。而苏共二十八大只提苏共是“按自愿原则联合苏联公民”的“政治组织”，苏共“将在民主过程范围内在中央和地方立法机构选择范围内争取执政党的地位。从这个意义上看，苏共起着议会党作用”[④]。

党的地位变了。在过去，苏共是“社会政治组织的最高形式，是政治体制的

---

① 张树华. 思想瓦解——苏共失败的重要原因. 俄罗斯中亚东欧研究，2005（4）.

②③ 徐善广. “人道的民主的社会主义”与前苏联的演变. 湖北大学学报（哲社版），1996（6）.

④ 张士海. 论戈尔巴乔夫的“列宁主义观”及其启示. 政治学研究，2009（1）.

核心，是苏联社会的领导力量和指导力量”。而苏共二十八大则取消苏共的法定领导地位，宣布苏共将“在同其他社会政治力量自由竞争中捍卫作为政治领导的权利”[①]，苏共同其他政党、社会政治团体是平等竞争、合作的伙伴关系。

党的组织原则变了。在过去，民主集中制是“党的组织机构、全部生活和活动的指导原则”。而苏共二十八大则允许少数人利用党的舆论工具捍卫自己的不同观点；允许党内横向组织活动，允许党员“按纲领进行联合”[②]，可组织辩论中心、论坛等，这实际上是允许党内存在派别组织等。

党的作用变了。在过去，共产党和其他政党相区别的一个主要特点是，它由先进分子组成，基层组织建立在工作单位，成为各单位带领群众实现党的路线、方针政策的核心，坚强的战斗堡垒。然而在多党制的条件下，苏共则不能起政治核心、战斗堡垒作用了，它的任务只能组织竞选，争取在议会中取得多数席位，然后从事议会斗争，争取政治权力了。这样，党的作用改变了，党成了议会党。

苏共二十八大后，多党制和议会民主制以及意识形态多元化正式成为党的指导方针。各种反共组织乘机大批建立和发展壮大，用各种方式向苏共展开进攻。

在戈尔巴乔夫“民主化”、“公开性”和“舆论多元化”的鼓动下，苏联各加盟共和国的地方民族主义情绪不断高涨，狭隘民族主义离心倾向日趋严重，各加盟共和国党组织也日益脱离中央。从 1989 年开始，拉脱维亚、立陶宛、爱沙尼亚等一些加盟共和国的共产党提出脱离或独立于苏共，与苏共保持“平等的伙伴关系”的要求。戈尔巴乔夫对此节节退让，苏共出现“联邦化”倾向。

1991 年 4 月，戈尔巴乔夫绕过苏共中央和最高苏维埃，与俄罗斯联邦、乌克兰、白俄罗斯、哈萨克斯坦等九个加盟共和国的领导人举行会晤，发表了《“9＋1”声明》，提出要尽快签订新的联盟条约，新建的联盟将把“苏维埃社会主义共和国联盟”更名为“苏维埃主权共和国联盟”，取消了“社会主义”几个字样，这就从法律上改变了国家的社会主义性质和发展的方向。

1991 年 8 月 20 日，这是新的联盟条约即将签署的日子。以副总统亚纳耶夫为首的一批苏联党政军高级领导人，为了保留社会主义苏联，同时阻止所谓的“民主派”上台，于 8 月 19 日宣布在国内一些地方实行为期 6 个月的“紧急状态”，这是苏共内部一些力图挽救社会主义苏联的领导人，为避免国家走向灾难深渊所做的最后尝试。但他们既没有明确坚定的社会主义信念，在实际斗争中又缺乏坚强的政治意志，致使这一事件以失败告终。

“8·19”事件后，苏共中央在戈尔巴乔夫的逼迫下自行解散。俄罗斯各地区的共产党组织和苏联各加盟共和国的共产党组织，很快或被解散，或被禁止活动。这样，一个有着将近 2 000 万名党员的大党，就这样在执政 74 年之后丢掉了执政地位，并随之溃散。亡党必然亡国。1991 年 12 月 26 日上午，苏联最高苏维

① 徐善广．“人道的民主的社会主义”与前苏联的演变．湖北大学学报（哲社版），1996（6）．

② 李利霞，赵经．苏联解体看保持党的先进性．理论月刊，2006（5）．

埃共和国院举行最后一次会议，宣布苏联停止存在[①]。从此，苏联这个曾经辉煌了几十年的名字，就这样黯然退出了历史舞台。

二、苏共错误的思想路线给苏联社会带来的危害

长期以来，苏共思想路线的僵化、教条，理论研究的滞后、守旧，给苏共和苏联社会带来了极坏的影响。主要表现为：

一是教条主义盛行。列宁去世后，苏联政界、理论界一方面不断出现违背马列主义的理论观点；另一方面，又对马列主义采取教条主义的态度，把科学的、生气勃勃的、富有战斗性的马列主义变成封闭的、僵硬的、脱离实际的教条。对现代资本主义新变化的认识，对时代的估计，对资本主义自我调整能力的认识出现严重偏差。从一定意义上讲，苏联后期出现的各种非马克思主义的思潮泛滥成灾，正是马克思主义教条化结出的恶果。

二是在思想宣传工作中，理论脱离实际。从形式上看，苏共相当重视对党员进行马列主义教育。从斯大林执政以来，苏共逐渐建立了一套系统的马列主义书本知识教育体系。高等学校学生必修三门马列主义基本课（苏共党史、哲学、政治经济学）。在社会上对党员、团员、工人设有一套业余的马列主义和党的政治教育体系，每年在这种教育体系学习的人达数千万之众。然而由于缺乏正确的思想路线，长期以来苏共思想工作偏重灌输马列主义基本知识，严重脱离实际，因而效果不好。20 世纪 80 年代初，苏联已经出现严重的社会经济危机的征兆，但苏共没有对面临的严峻形势做出客观的分析，指出摆脱危机的道路，寻求社会主义的复兴，相反却逃避现实，继续在全党宣传苏联建成“发达社会主义”的伟大成就，按抽象的理论原则宣传社会主义对资本主义的“无可置疑的优越性”。于是，问题和失误愈积愈多。本来像苏共这样一个大党在其执政过程中，不出现失误显然是不可能的，可它不但没有足够的勇气，以求实的态度去弥补失误，缓和矛盾，反而不以为然，总是坚持一个冠冕堂皇的理论：无非是伟大胜利中的一个小挫折，无非是一片光明中的一个小黑点。待到问题积重难返时，悲剧便随之而来。

三、苏共指导思想的转变促进了党的不断弱化并导致政权的丧失

自 20 世纪 50 年代以来，苏共在理论上逐步背离了马克思列宁主义，使全党失去了正确的理论指导，造成党内外思想的混乱和社会政治动荡。赫鲁晓夫上台

---

① 苏联解体的探索和思考. http://www.northedu.com.cn/listshow/show.jsp?informationid=200604241659286951&classid=20060919195203l694，2006-04-24.

后全盘否定斯大林，却没有根据世界政治、经济的发展变化和技术革命兴起的新形势，进行理论上的创新，在党内造成了极大的思想混乱。赫鲁晓夫及其以后的苏共领导人虽对赫鲁晓夫的路线有所修补，但基本上坚持了没有赫鲁晓夫的赫鲁晓夫路线。戈尔巴乔夫主政后则把这种错误的政治路线推向极端，主要表现为：

广泛推行“民主化”，助长无政府主义。戈尔巴乔夫在苏共第十九次全国代表会议上提出，苏联要实行“无条件的民主”。推行这种“民主化”的结果导致群众性的集会和游行示威此起彼伏，“持不同政见”者活动频繁，各种“非正式组织”大批建立。后来，它们又联合成为各种政党，进行反共反社会主义的活动，导致社会秩序严重混乱。

片面提倡“公开性”，否定革命历史和现实社会主义。戈尔巴乔夫鼓吹“彻底的公开性”，主张“毫无保留、毫无限制的公开性”，而且把公开性变成“单行道”，专门揭露历史上和现实生活中的阴暗面和消极现象，进而否定革命历史，丑化共产党和社会主义制度。这样的“公开性”，实际上成为苏共垮台的突破口。

大肆鼓吹“舆论多元化”，否定马克思列宁主义。戈尔巴乔夫提出，要让“多元论充满每一种刊物”，要“摒弃精神垄断”。他把“多元论”引进意识形态领域，放任资产阶级思想自由泛滥，从而导致指导思想上的多元化，搞乱了党内外的思想。否定马克思列宁主义指导地位的结果，一是摧毁了共产党和社会主义制度的理论基础，二是破坏了苏联的意识形态保证。这正是导致苏联剧变和解体的重要原因之一。

极力主张“根本改革”，引进西方政治模式。戈尔巴乔夫鼓吹“三权分立”和“自由选举”，强调要“排除任何一个阶级专政”，并通过修改宪法，放弃共产党的领导地位，按照西方模式，实行“议会民主”、“多党制”和“总统制”。“多党制”主张实际上是鼓励反共反社会主义势力组织起来，结成政党，向共产党进行夺权斗争。到 1991 年 2 月，苏联已经出现全国性政党 20 多个，共和国一级政党 500 多个，其中大部分是反共反社会主义的政党。在苏联解体前夕，苏共已在 7 个共和国和一系列重要城市失去政权，沦为在野党。后来，反共势力进一步夺取国家政权，共产党被彻底搞垮，社会主义制度也被彻底摧毁。

大搞党的“彻底革新”，一步一步搞垮共产党。戈尔巴乔夫没有把苏共作为改革的依靠力量，而是把苏共当作改革的对立面。他的矛头始终指向共产党。他声称：“几十年来，苏共只是为专横的官僚体制服务。”① 他不仅搞乱了广大党员的思想，而且成批撤换老干部，肆意改组党的领导机构，以致党中央逐步失去对国家大事的影响力。通过苏共二十八大，他又改变了党的性质，抛弃了民主集中制的组织原则，使苏共进一步走向组织分裂。“8·19”事件后，他更以苏联总统的名义发表声明，宣布辞去苏共中央总书记的职务，并让苏共中央“自行解散”。

---

① 张祥云. 苏联民族危机再认识. 聊城大学学报（社科版），2003（6）.

思想政治上的“右倾”和“西化”，助长了西方国家的“和平演变”战略。戈尔巴乔夫推行的“新思维”，在意识形态方面认同西方价值观，在政治上向西方“一边倒”，并配合西方对苏联和东欧国家进行“和平演变”，默许西方国家插手社会主义国家的内政和支持反共势力。

以上可见，苏联的解体与苏共党的政治路线、思想路线的错误密切相关。苏共党的政治路线、思想路线的错误，使得党的思想政治教育发生了严重偏差，人们的思想出现了混乱，而人们思想的混乱，又使党失去群众的支持而陷入被动，无法进行有效的思想政治教育，最终导致了剧变的发生。

第二节　由乱而治的俄罗斯政治历程

苏联解体后，俄罗斯经过了一个由乱而治的政治历程，以叶利钦为首的亲西方的“民主派”所推行的经济和政治改革的措施，不但加速了俄罗斯的经济崩溃，而且加剧了政局的动荡和恶化。1999 年底，叶利钦提前交权给时任总理的普京，2000 年 3 月，代总统普京当选俄第三任总统。普京执政后，一改叶利钦的政策，俄罗斯的社会政治经济形势发生了显著的变化：政局由乱到治，经济持续回升，人民生活明显改善，社会秩序趋向稳定。

一、苏联解体后俄罗斯政治经济局势的混乱

苏联解体后，其主体俄罗斯联邦宣布独立。在苏联解体中起了重要作用的叶利钦主政俄罗斯，成为首任俄罗斯总统。他采取激进快速的、“推倒重来”的方式，迅速推翻苏联几十年来形成的旧苏维埃政体，代之以议会民主、多党制、三权分立的西方式民主制度；在政治民主框架确立后，立即推行了以“休克疗法”和大规模私有化运动为标志的激进的社会经济改革方案。他认为，通过这样的改革，他们所渴求的迅速建立资本主义制度并使之不可逆转的愿望就可以实现了。但事与愿违，激进的改革不但没有取得预期效果，反而加速了国民经济的大崩溃，也促使政治形势进一步恶化。俄罗斯陷入了经济与政治相互制约而非相互促进的“怪圈”。经济的崩溃使叶利钦政权岌岌可危；左右两极政治势力激烈对抗；总统、议会、政府严重对立；政局剧烈动荡，经济滑向危机深渊。俄罗斯作为一个大国在世界上的经济和政治地位都迅速衰落。

1993 年 10 月叶利钦当局与议会的严重分歧和对抗导致发生震惊世界的“炮打白宫（议会大厦）”事件。结果是叶利钦解散议会，推动通过了以总统制为主要特征的俄罗斯宪法，从而结束了“双重政权”的局面。为了保住政权，叶利钦把主要精力用于政治斗争和玩弄政治权术，但经济局势的极度恶化，反过来又加

剧了政治局势的动荡。与此同时，重建后的俄罗斯共产党重新崛起，成为俄最大的反对党，并在当年年底举行的俄首届国家杜马选举中崭露头角。在 1995 年的第二届国家杜马选举中，以俄共为首的三个左派政党赢得 1/3 以上的席位，俄共得票 157 席，成为杜马第一大党，以合法手段与叶利钦当局展开了激烈的较量。

1996 年 6 月，俄罗斯举行第二届总统选举。在这届选举中，叶利钦通过与其他候选人联手，才取得险胜而连任总统。叶利钦激进的改革和私有化造就了极少数金融和企业寡头，却使大部分人生活倒退，社会贫富差距扩大，社会经济危机加深，政治动荡不断。在 1998 年横扫全国的经济和金融危机之后，南部车臣战火又起，俄罗斯的政治局势进入了最混乱和动荡的时期，普京就是在俄罗斯人民濒临绝望的境况下，崛起于俄罗斯政坛的。1998 年至 1999 年两年间，叶利钦走马灯似地撤换了 6 位总理，但政治经济形势仍不见好转，1999 年 12 月 31 日，百般无奈的叶利钦做出了提前交权的决定，任命时任总理的普京为俄代总统。

俄罗斯总统选举因叶利钦提前卸任于 2000 年 3 月 26 日提前举行。代总统普京以严厉打击车臣分裂势力和稳定俄经济的形象，赢得 52.52% 的选票，当选俄第三任总统。

二、普京的肃整政策

普京当选总统后，对俄罗斯政治、经济和国防都进行了大规模的整肃。政治方面，在保持了政治继承性的基础上调整政府组成，理顺总统与议会的关系，重新划分中央与地方的权力，建立总统垂直控制的国家权力体系，惩治敢于觊觎政治权力的寡头，坚决打击恐怖主义。俄罗斯政坛不再像叶利钦时代那样风云变幻，普京为俄罗斯赢得了政治稳定，也为实现经济发展建构了前提。

经济方面，普京强调国家在经济中的作用，要建立一种“可控制”的市场经济，普京的改革涉及财税体制、银行系统、土地制度等一系列重要环节，使得国家经济持续保持了高速增长。在有利的世界能源价格环境下，俄罗斯摆脱了困扰整个叶利钦时代的经济衰退，成为世界上经济增长速度最快的国家之一。

军队建设方面，面对国家安全环境发生的巨大变化，普京谋求制定新的军事理论和军事学说，致力于武装力量的改革和发展，大幅度提高军费开支，加速配备先进武器，各军种频繁举行军事演习，甚至大规模的核军演，强调实现军队的高质量的现代化的重要性，指出当代俄罗斯需要的是具有一切能力对面临的威胁做出同等回应的军队，并表示要“大批量地购买装备来满足俄国防部的需要”①。几年的整肃下来，俄军实力尽管仍不能与苏联军队相提并论，但在综合指标上已经成为仅次于美军的世界强军。

① 徐向梅. 在梦想与现实之间——俄罗斯复兴的道路还有多远. 学习时报，2007-01-31.

对外政策方面，俄罗斯放弃了对西方国家的幻想，实现了从浪漫到实际的回归，在注重独联体一体化进程、巩固独联体基地的同时，成功抵御了“颜色革命”的威胁，并与美国保持了经常性的对话，在亚洲太平洋领域也开始广泛发挥作用。普京时期的外交以国家利益为核心，在灵活的实用主义价值观下，凸显大国外交的独立性。

三、俄罗斯局势的转变

在普京执政期内，俄罗斯的社会政治经济形势发生了明显的变化：政局由乱到治，经济持续回升，人民生活明显改善，社会秩序趋向稳定。

随着经济的增长、政治的稳固和国家实力的逐渐增强，无论是普京还是普通的俄罗斯人都对国家的未来充满了希望和信心。普京主政俄罗斯前后的文章以及发布的国情咨文也足以显现出俄罗斯由乱而治、开始复兴的脉络。

在 1999 年岁末《千年之交的俄罗斯》一文中，时任总理的普京坦言，俄罗斯正处于其数百年来最困难的一个历史时期，俄罗斯近二三百年来首次真正面临沦为世界二流国家甚至三流国家的危险。在 2000 年的国情咨文中，普京宣称：俄罗斯唯一现实的选择是做强国，做强大而自信的国家。在 2002 年的国情咨文中，普京表现出对所取得成就的欣喜：在整整一个时代都有国家赤字，但现在国家预算已连续第二年出现结余；俄罗斯又恢复到了石油产量世界第二和能源出口世界第一的地位；国家正在逐渐变成一个强大的和可预测的实业伙伴。

在 2003 年的国情咨文中，普京提出：在可预见的未来，俄罗斯应当在世界上真正强大的、经济先进的和有影响力的国家中牢牢占有一席之地。为此普京提出的战略目标是：俄罗斯应当并且一定会成为具有发达的牢固民主的国家。它完全能够保障人权、公民自由和政治自由。俄罗斯应当并且一定会成为有竞争力的市场经济国家。在这个国家里所有权有可靠的保障，而经济自由可使人们诚实地工作，没有恐惧和不受限制地挣钱。俄罗斯将是一个拥有精良装备、机动性强的武装力量的强大国家。这支军队准备保卫俄罗斯及其盟友，保卫国家和公民的利益。所有这一切应当为人的生活创造良好条件，所有这一切可使俄罗斯平等地与最发达的国家站在一起。人们不仅能够为这样的国家而自豪，而且将为之创造更多的财富。为此普京提出了 2010 年前的根本任务，那就是：国内生产总值翻一番，战胜贫困，武装力量现代化。在 2004 年和 2005 年的国情咨文中，普京为这些根本任务规划了今后 10 年的共同行动纲领。在 2006 年的国情咨文中，普京提出了俄罗斯在国际分工和新的国际关系体系中应当占有什么样的位置的问题，指出俄罗斯拥有巨大的发展潜力，面临着巨大的发展机遇。

作为前超级大国的继承者，俄罗斯现在仍然是横跨欧亚大陆的世界上国土面积最大的国家，其独特的地缘政治优势依然存在：融入欧洲可以学习和借鉴西方文明和技术，吸引促进经济发展的投资；参与亚太，可以共享巨大的劳动力和商品市场，并借助东亚地区的经济腾飞拉动自己。俄罗斯从苏联继承的不只是国土、资源，前超级大国遗留下来的科技、文化尽管遭到削弱，但是仍具有巨大的发展潜力。

2008 年 3 月，俄罗斯举行总统大选，梅德韦杰夫当选新总统，普京任总理，但俄罗斯仍在实行“没有普京的普京体制”。2012 年 3 月和 2018 年 3 月普京连续两次高票当选俄罗斯总统。普京的“俄罗斯新思想”仍然指导着俄罗斯思想政治教育工作。

第三节　俄罗斯思想政治教育的恢复

苏联解体后，俄罗斯呈现党派林立的局面，各政党政治主张的巨大差异和激烈的政治纷争，使得俄罗斯政局长期处于混乱状态。在这种状况下，要对国民进行思想政治教育，只能在各政党之间寻求彼此都无争议的、都可接受的最基础性的共同点，并以此作为底线，逐步扩大共识，充实思想政治教育的内容。总体来看，俄罗斯的思想政治教育同俄罗斯的政局一样，也经历了由“乱”到“治”的发展路径。

一、俄罗斯政府对重建思想政治教育的探索

苏联解体之初，俄罗斯思想政治教育的基本状况是放任自流，俄罗斯宪法第 13 条规定：俄罗斯联邦主张意识形态多元化；任何思想体系都不能被确立为国家的、每一个公民都必须接受的意识形态①。意识形态多元化使俄罗斯成为各种思想和政治力量疯狂角逐的战场。马克思主义、自由主义、民族主义、宗教势力以及每一种“主义”或势力中的众多色彩不同的派别，互相争斗、不可开交。

思想政治教育属于上层建筑，一旦经济基础发生变化，它必然随之改变。苏联的剧变，包含了生产资料公有制向私有制的转变，它意味着俄罗斯人的生产方式、生活方式、价值目标和整个人生观必将改变。此外，上述转变并非在真空中进行，它伴随着来自西方国家资本主义文化的入侵。这两种因素引发的直接变化是，人们的思想价值观念极度混乱。追求物质利益、物质享受成为越来越多的俄罗斯人的主要价值目标。对国家、集体、他人的事情，关心的人越来越少。越来越多的人热衷于个人享乐，曾经让俄罗斯人兴奋不已的对政治权利的向往，与勤劳、节俭、道德、文化教养一道，都让位于对金钱的崇拜了。

面对这样的思想状况，俄罗斯开始探索国民思想政治教育之路。

---

① 安启念，姚颖．苏联解体后俄罗斯的道德混乱与道德真空．国外理论动态，2006（12）．

1. 积极探索重建思想政治教育的理念支撑

20世纪90年代末，俄罗斯各政治派别纷纷发表自己的主张，为国家设计各种思想政治教育的方案，形成了俄罗斯社会思想基础的价值体系。这一体系包括“爱国主义和强大民族国家的价值观、自由的价值观、当代市场经济价值观和公正社会的价值观，以及民族和公民的和谐思想、不主张暴力、容许不同宗教共存、允许持不同政见和数十个世纪以来建立了伟大的国家和伟大的文化的欧亚大陆上各民族拥有共同命运的思想”①。在上述基础上，俄罗斯逐渐形成了以爱国主义和基础性道德教育为底线的多党制条件下的思想政治教育。

2. 恢复了思想政治教育的重要地位

俄罗斯当局对于重建民族精神的探求，从一个侧面诠释了对思想政治教育作用的关注，而这种关注本身就蕴涵了对思想政治教育重要地位的认可。不仅如此，在叶利钦和普京任职期间，俄政府分别出台了《1999—2001年俄罗斯学校思想政治教育发展纲要》《2002—2004年俄罗斯学校思想政治教育发展纲要》。这两个纲要用直接的语言表述了恢复思想政治教育地位的重要性，如《1999—2001年俄罗斯学校思想政治教育发展纲要》明确指出：“提高学校思想政治教育工作的地位”，“加强和发展学校的思想政治教育功能，扩大教育实施主体的构成，并努力协调它们的工作，保证学校同相关社会研究机构间的合作关系”②。《2002—2004年俄罗斯学校思想政治教育发展纲要》指出要“采取积极措施提高思想政治教育在俄罗斯社会中的地位，统一各政府部门在这一教育领域的立场”③。按照这些要求，政府部门对社会宏观领域的思想政治教育有所强化，而学校在取消苏联时期共产主义道德教育课程及实践活动之后，又重新设置了思想政治教育的相关科目。思想政治教育的重要性得以重新确立。

3. 制定了思想政治教育的措施

思想领域和政治领域的混乱，以及随之而来的经济灾难和外交困境，迫使俄罗斯政府竭力寻求实现社会稳定的办法。为此它采取了三项措施，对国民进行思想政治教育。

一是复兴并寄厚望于东正教。苏联解体后，社会主义制度在俄罗斯遭到批判与清算。马克思主义被否定，俄罗斯人的精神生活出现真空，整个社会急需一种思想或者理论作为精神支撑，为社会提供凝聚力，政府把希望寄托在正在复兴的东正教身上。每逢重大的东正教节日，俄罗斯总统必亲自参加，东正教大牧首则俨然是全体俄罗斯人精神生活的最高领袖。2002年11月俄罗斯教育部向全国各地下发关于教学方法的信件及其附录——“关于东正教文化课的示范内容”，规定中小学各年级都要开设东正教文化课，军队则由神父取代原先的政治委员。一些部队由于经费的原因不能聘用固定的神职人员，则坚持请驻地教堂的神父布道或开展其他宗教活动。

---

① 科金．风雨兼程：俄罗斯转型启示录．北京：中央文献出版社，2004：357．

②③ 付轶男．国家政策的回归——新世纪俄罗斯思想道德教育发展走向．外国教育研究，2003（3）．

二是寻找“俄罗斯思想”。苏联剧变并没有使俄罗斯顺利走上西方资本主义国家的道路，而是使它陷入深重的灾难之中。在这样的背景下，总统叶利钦于1996年向俄罗斯科学院和俄罗斯的学者们布置任务，要求他们在一年之内研究并确定俄罗斯的“民族思想”，希望建立俄罗斯人在价值目标和民族性格上的共识，以求社会环境的净化和国民的团结。

三是大力推行爱国主义教育。近年来，俄罗斯加大了开展爱国主义教育的宣传力度，通过开设“历史”“地理”“经济”“政治”“法律”等课程，举办各种活动，直接或间接地对公民进行爱国主义教育。

二、两个爱国主义教育纲要

2001年2月，应俄罗斯国家杜马、联邦政府、各联邦组织、俄联邦各主体、社会各界的共同建议，俄罗斯联邦政府制定了《“2001—2005年俄罗斯联邦公民爱国主义教育”国家纲要》。该纲要指出：最近一个时期的事实表明，经济的分散化和社会分离化倾向，各种精神价值的贬值，对国内居民大多数社会集团和年龄层次的人都产生了消极的影响，使作为形成爱国主义最重要因素的俄罗斯文化、艺术和教育在对人的培养方面的意义急剧下降。国家正在失去传统的俄罗斯爱国主义意识，民族问题变得十分尖锐。在某些地方爱国主义开始演变为民族主义。人们在很大程度上失去了对爱国主义的真实意义的认识与理解。冷漠无情、利己主义、个人主义、不知羞耻、无端的攻击性行为、对国家和各种社会机构的不尊重，正在社会意识中广为扩散。在军队和国家事务中，为祖国服务越来越得不到人们的尊重。纲要对在俄罗斯开展爱国主义教育的要求是：在社会思想方面，要保证社会在精神和道德上的统一，减缓政治思想上的对立，恢复俄罗斯民族真正的精神价值，巩固俄罗斯联邦各民族的统一与友谊；在社会经济方面，要保证社会对国民经济发展的兴趣并在此基础上降低社会紧张程度，支持社会和经济的稳定；在国防领域，要提高年轻人在军队中服务的热情，做好保卫祖国的准备，保持和发扬俄罗斯人勇敢战斗和辛勤劳动的光荣传统①。

此后不久，俄教育部通过第193号令颁布了《2002－2004年俄罗斯学校思想道德教育发展纲要的基本方针和实施计划》，强调了思想道德和政治教育的可持续发展。依据这两个纲领性文件的精神，思想政治教育覆盖学前教育、普通教育、职业教育等各个方面。2005年7月11日，俄罗斯公布了《“2006—2010年俄罗斯联邦公民爱国主义教育”国家纲要》。纲要认为，爱国主义为社会团结提供了精神道德基础，也是社会团结最重要的前提。纲要规定2006—2010年间要举办400多场爱国主义教育活动。从开展爱国主义教育的经验和教训中，俄政府认识到，爱国者不是天生的，必须注重对青少年的教育和培养，没有有计划的落

---

① 安启念，姚颖．苏联解体后俄罗斯的道德混乱与道德真空．国外理论动态，2006（12）．

实和整体协调，没有物质和精神的结合，爱国主义教育的质量就无从谈起。俄罗斯政府认为，课外、校外活动也是俄罗斯爱国主义教育的重要途径，可通过军训、举办历史知识竞赛、召开大型校际运动会、参观博物馆和纪念馆等措施加强爱国主义教育，如俯首山胜利广场上的卫国战争纪念馆等都有定期免费开放日，供学生和新入伍的士兵参观。俄政府自 2005 年 2 月开始通过专门的军事频道，每天播出 18 个小时的军事和爱国教育节目。地方政府也积极配合中央，鼓励老师上爱国课，用提供或增加奖学金等方法鼓励学生加强自身的爱国主义意识。为了提高爱国主义教育的效果，莫斯科友谊大学编写了一套名为《祖国知识课程》的教材，包括俄国史、俄语、俄哲学史和俄文学史四部分。这些教材在内容上注重发挥各门功课与爱国主义教育的互相渗透作用，采用对话形式，致力于培养学生的独立思考能力，帮助青少年了解祖国，认清自己在社会中的地位和责任。俄罗斯舆论认为，应该告诉青年人，如果不尊重自己的国家，不尊重国家的历史和曾经取得的成就，就意味着毁灭自己的未来。

从 2006 年开始，爱国主义教育在俄罗斯开始系统地进行。《“2006—2010 年俄罗斯联邦公民爱国主义教育”国家纲要》中，制定了衡量“爱国程度”的标准办法。爱国主义教育的主要对象是年青一代，中学则是开展教育的主要场所。俄罗斯人完成各种形式的公民和爱国主义义务的程度是衡量爱国主义教育是否有效的尺度。纲要中关于纪念人民功勋和“反对企图改变伟大卫国战争史实”的活动安排占有很大的比重。此外，俄罗斯还设“俄罗斯爱国者”纪念奖章，大量增设年度奖励，以表彰在爱国主义教育中取得优异成绩的军人及文化、艺术、教育工作者，在国际体育竞赛中表现出爱国主义精神的运动员和编写爱国主义书籍的有才华的作家[①]。

在爱国主义教育中，军事爱国主义教育占有重要地位。截至 2006 年，俄罗斯专门负责爱国主义教育的社会团体、俱乐部呈增长之势。在俄罗斯 7 000 多个青少年教育机构中，军事爱国主义教育的团体已超过 500 个，俄罗斯杜马已证实，将讨论教育法的修改意见，以便把军事教育变为学校的必修课，国防部表示，大学也将进行军事爱国主义教育[②]。

第四节 “俄罗斯新思想”的内容及其对思想政治教育的影响

2000 年 3 月 26 日，普京正式当选为俄罗斯联邦总统。自此，俄罗斯联邦历史开始了普京时代。新上任的普京政府的首要任务是摆脱危机，迅速实现经济复

① 蓝瑛波. 当代俄罗斯青年. 北京：光明日报出版社，2007：18.

② 同①19.

苏，并在此基础上重建俄罗斯与外部世界的关系和大国地位。普京提出了“俄罗斯新思想”这一概念，并以此作为教育和文化战略的理论基石。

一、“俄罗斯新思想”提出的背景

苏联解体后，20 世纪 90 年代，叶利钦在俄罗斯推行的激进改革惨遭失败，沉痛的代价粉碎了俄罗斯一厢情愿走“西方资本主义道路”的想法。俄罗斯又回到了起点，重新面临着国家定位和选择社会发展道路的问题。这一时期的俄罗斯，各种思想和思潮盛行，传统的社会主义和爱国主义成了嘲讽和辱骂的对象，大国意识受挫，民族尊严感丧失，甚至在有些地区连一向是民族主要信仰的东正教也受到了西方天主教和南方伊斯兰教的挑战。民族文化失去了支撑点。在各种政治思潮滋生蔓延的同时，民族精神趋于分裂，极端自由主义、个人主义泛滥，国家失去了航标。与此同时，西方势力仍然坚持冷战思维不放，对俄罗斯步步紧逼，自 1993 年起，美国有计划、有步骤地通过北约东扩压缩俄罗斯的传统地缘势力范围和战略空间。俄罗斯无可奈何地接受了华约解散、独联体危机、南联盟解体、科索沃战争、反导条约失效、科索沃独立等事件。俄罗斯的国际环境严重恶化，国际地位也严重下滑，国际影响日渐衰微。面对上述国内外形势，俄罗斯迫切需要一种新的治国思想和理念，为公民树立衡量社会成就和社会价值的标准，塑造一种全新的、符合时代要求的俄罗斯的新形象，以摆脱这种危机。普京出任总统之前就已看到导致俄罗斯陷入困境的原因和问题的严重性，他在《千年之交的俄罗斯》一文中指出：“我们国家迫切需要进行富有成效的建设性的工作，然而，在一个四分五裂、一盘散沙似的社会是不可能进行的。在一个基本阶层和主要政治力量信奉不同的价值观和不同的思想倾向的社会里也是不可能进行的。”他认为，在大多数俄罗斯人所期望和关心的目标、价值观、发展水平这些重要问题上取得一致意见是十分重要的。普京以历史传统和现实的结合为切入点，提出了重建俄罗斯社会的“俄罗斯新思想”。

二、“俄罗斯新思想”的内容

“俄罗斯新思想”是由普京继承俄罗斯传统的价值观并赋予其新的内容而形成的。其主要内容可高度概括为爱国主义、强国意识、国家观念和社会团结四个方面。这四个因素是相辅相成的，爱国主义是旗帜，强国意识与国家观念是核心和支柱，社会团结是基石。

1. *爱国主义*

普京认为，爱国主义“是一种对自己的祖国、历史和成就而产生的自豪感，憧憬着自己的国家变得更美丽、更富足、更强大和更幸福的心愿”，在人们的思想观念中，爱国是最基本的，只有爱国才能努力强国，因而爱国主义是国家发展的巨大动力。他要求挖掘爱国主义的内涵，要求俄罗斯人要找回民族自豪感和自尊感；要“有使自己的国家更加美丽、更加富强、更加幸福的渴望”；要有强烈的“为了国家的独立和富强贡献力量和生命的渴望”。

普京为在俄罗斯恢复爱国主义的光荣传统，采取了一系列的措施。

第一，继承和发扬苏联时期的爱国主义优秀传统。作为俄罗斯总统，普京虽不主张共产主义，但并没有全盘否定苏联的历史和社会主义的价值观。普京之所以如此，是源于爱国主义和深远的政治战略的考虑。他的“苏联情结”本质上是一种爱国主义情结。2000 年 12 月，普京建议国家杜马通过有关法律，规定把苏联时期的国歌修改歌词后作为俄罗斯新国歌，并用红旗作为俄军军旗。当有人反对时，普京反驳说：否定苏联时期的一切象征性标志从原则上讲是错误的，否定历史会使整个民族“数典忘祖”。同年 12 月，他在《关于国家标志问题的声明》中明确说道：“在苏联时期我国拥有的一切就不值得我们回忆了吗？我们把杜纳耶夫斯基、肖洛霍夫、肖斯塔科维奇、科罗廖夫（苏联火箭制造设计师和宇航科学家）和航空航天领域的成就置于何地？我们把宇航员尤里·加加林的飞行置于何地？把鲁缅采夫、苏沃洛夫、库图佐夫时期以来俄国军队所取得的辉煌胜利置于何地？1945 年春天的伟大胜利又该怎么解释？……红旗是我国人民在伟大卫国战争中取得胜利的旗帜。”① 为此，普京还坚持恢复了已经改名的斯大林格勒的城市名称。2002 年 11 月 26 日，普京又同意把苏联时期的五角星加到军徽上。普京说：“如果有人说，不能用苏联的标志，那我们的父母就虚度一生，活得毫无意义。”在普京的心目中，苏联时期的历史和文化科技成果已经是俄罗斯民族精神的象征。经过多年思考，他对苏联解体也有了一个整体上的看法，在 2004 年 4 月 25 日的国情咨文中说：“苏联解体是 20 世纪地缘政治上的最大灾难，对俄罗斯人民来说这是一个悲剧。”他还对外国记者比喻说，苏联解体是“在泼水的时候，连同孩子一起倒掉了”。

第二，树立爱国英雄楷模。2001 年 5 月 18 日，俄罗斯爱国主义、英雄主义，以及大无畏精神的象征“无脚飞将军”阿列克谢·马列西耶夫病逝，普京总统在唁电中写道：“俄罗斯失去了一位真正的英雄和公民。他的传奇般的生涯永远是真正的爱国主义、精神力量和英勇无畏的典范。”

第三，制定规划，进行爱国主义教育。普京上台后，于 2000 年颁布了《俄罗斯联邦国家教育学说》，2002 年 2 月 16 日俄通过了 N122 号政府令，颁布实施了《“2001—2005 年俄罗斯联邦公民爱国主义教育”国家纲要》，这是指导俄罗斯院校国防教育工作和爱国主义教育的一部操作性非常强的法规性文件。2003 年 5 月 21 日，俄政府又在此纲要的基础上制定了《俄罗斯联邦公民爱国主义教育构想》。作为政策的延续，2005 年 7 月 11 日，俄政府又通过了 N422 号决议，通过了《“2006—2010 年俄罗斯联邦公民爱国主义教育”国家纲要》等专门性法

① 陈晋. 普京的历史感——再塑一个强大的俄罗斯. 人民网，2007-11-12.

律法规，以唤醒人们的“爱国主义意识和忠于祖国的情感”。爱国主义的传统被重新加以界定，国家为公民树立了衡量社会成就和社会价值的标准，俄罗斯人找回了失落近十年的生活目标。

2. 强国意识

在普京执掌俄罗斯以前，俄罗斯政治长期陷入混乱局面，政府的行为能力遭到极大削弱。由于民主政治本身仍不完善，加上经济转轨造成的社会动荡，所以，弱化了的政府缺乏足够的能力维持社会稳定和法律秩序。在这种情况下，普京意识到，强大而理智的政权是社会稳定和经济发展的主要保障，加强国家权威是解决迫切问题的最好方法，也是振兴经济的前提。保证政局稳定、政令畅通、政权正常运转成为普京政府的第一要务。普京吸收传统文化中强国思想的合理成分，抛弃了“帝国”观念，并赋予强国思想新的生命。

第一，强国战略构想。普京表示：俄罗斯唯一现实的选择是做强国，做强大而自信的国家，做一个不反对国际社会，不反对别国，而是与其共存的强国。在可预见的未来，俄罗斯应当在世界上真正强大的、经济先进的和有影响力的国家中占有一席之地。俄罗斯的所有决定、所有行动都只服从于这一点。

第二，强国战略目标。俄罗斯强国的战略目标就是：具有发达公民社会制度和牢固民主的国家，有竞争力的市场经济国家，有精良装备的机动的武装力量的强国。

第三，强国战略关键。实现强国战略的关键在于提高国家竞争力。国家竞争力包含的主要内容是：国家管理竞争力，包括国家调节、国家服务、管理国有经济等内容；企业竞争力，包括节约使用能源和原材料、提高劳动生产率、促进企业管理与技术创新；人力资本竞争力，包括在全球市场上形成有竞争力的教育体系、满足经济发展对各方面高级专门人才的需求、促进国家科技潜力的发挥、提高全民族的平均教育水平、实现公民健康和社会保障体系的现代化。

第四，强国战略手段。在政治上理顺中央与联邦主体关系。普京一上台就宣称，俄罗斯复兴的关键在国家政治领域，俄罗斯面临的主要危险基本上来自执行权力机关。所以，建立强大的国家政权体系，特别是建立有效的、确保政令畅通和国家完整的垂直权力体系，成了普京政治改革的重点。

3. 国家观念

普京认为，在俄罗斯，国家及其体制和机构在人民生活中一向起着极为重要的作用。对于俄罗斯人来说，一个强大的国家不是什么异己的怪物，不是要与之做斗争的东西，恰恰相反，它是秩序的源头和保障，是任何变革的倡导者和主要推动力。他强调，现今的俄罗斯社会不会把强有力的、有效的国家与极权主义国家混为一谈。人们已经学会了珍视民主、法制、个人自由和政治自由。与此同时，人们又在为国家权力的明显削弱而担忧，希望根据传统和社会现状恢复国家必要的指导和调节作用。

为了避免20世纪末俄罗斯政党活动混乱、主要政党与国家相互对立，导致政府与议会矛盾频发的情况再度发生，以2001年通过的《政党法》为依据、以议会为平台，普京开始落实其计划，完善政党政治制度，其中着力打造“政权党”是实现这一目标的关键。2001—2002年，在克里姆林宫的全力推动下，三大亲政府的党派联合成“统一俄罗斯”党，成为杜马中第一大党。由于中央政府的支持和鼓励，各级政府官员、大企业家和政治家更加积极地参加到“统一俄罗斯党”中，使之成为名副其实的“政权党”。2007年产生的第五届杜马，不仅是政权党的又一次完胜，更体现出普京心目中政党政治的雏形——以统一俄罗斯和公正俄罗斯两个亲政权党为核心的，政权依靠政党、政党配合政权的局面。

此外，普京主张凭借“可控民主”，建立强大国家政权。在2005年国情咨文中，普京提出：“将俄罗斯定位在建立一个以社会发展为导向的民主国家。”他认为，没有一个稳定而强大的国家政权，社会发展是难以为继的，为此，普京放弃了空洞的“民主”口号，主张对民主加以适当的限制，对政治领域突出的问题进行调整和改革，以扭转政治混乱局面。针对车臣的分裂以及地方脱离中央，各自为政，蔑视联邦宪法和法律的问题，普京一方面坚决打击车臣分裂主义和恐怖主义，维护国家领土完整和政权统一，另一方面着手开展联邦制改革，消除中央和地方行政体系脱节问题。首先，设立七大联邦区，派驻总统全权代表对各联邦主体进行监督，削弱了地方精英干政的能力；其次，以“别斯兰事件”[①] 为契机推出改变地方行政长官产生方式的改革措施，事实上掌握了地方行政长官的任免权。这样，中央加强了对地方当局的控制能力。

4. 社会团结

普京认为，在俄罗斯，集体活动向来比个体活动重要，大多数俄罗斯人不习惯通过自己个人的努力奋斗改善自己的状况，而习惯于借助国家和社会的帮助和支持做到这一点。在苏联解体后的俄罗斯，社会公道、相互帮助、共同幸福等有助于社会团结的思想观念对重塑俄罗斯人的新形象更为重要。

普京认为，俄罗斯社会的发展，需要的是政局的稳定和社会的团结，需要的是俄罗斯各党团、组织和运动的领袖对祖国和人民命运的责任感，而排除激进主义、极端主义则是实现社会团结必不可少的政治条件。

社会团结要求社会有共同的信仰、全民一致的奋斗目标，普京越是感到稳定俄罗斯的迫切性就越需要用新的世界观来填补社会空间，越需要用新的意识形态来巩固政权，凝聚力量。于是，普京提出了“俄罗斯新思想”。

三、“俄罗斯新思想”对俄罗斯思想政治教育的影响

任何社会形态中思想政治教育的健康开展及实效性的取得，都依赖于其坚实

---

① 2004年9月1日上午9时30分左右，车臣非法武装分子突然闯入俄罗斯南部北奥塞梯共和国别斯兰市第一中学，将刚参加完新学期开学典礼的大部分学生、家长和教师劫持，并杀害部分人质。9月3日下午1时左右，俄紧急情况部人员经绑匪同意进入学校往外运送被打死的人质尸体时，许多人质开始外逃，绑匪随即向逃跑的人质开枪。俄军立即展开解救行动。这次事件中死亡的人质超过150人，有20名恐怖分子被俄军打死。

的理论基础。苏联解体导致的思想政治教育理念的缺失，使俄罗斯的国家意识形态领域呈现出“真空”，由此导致社会整体性的道德滑坡。俄罗斯在普京的倡导下提出“俄罗斯新思想”，并将其作为教育和文化战略的理论基石，在俄罗斯的思想政治教育中，起到了重大的作用。

1. “俄罗斯新思想”是俄罗斯思想政治教育理论与实践的新探索

在“俄罗斯新思想”中，爱国主义和强国意识是普京政府认定的全民族的意识形态，是团结俄罗斯社会、复兴俄罗斯的精神良方之一。由于俄罗斯既深入欧洲内陆，同时又有广阔的领土处于亚洲的特殊地理位置，在文化取向上，俄罗斯既有积极融入欧洲的迫切愿望，同时又有集体主义观念和与滋养西方自由主义观念格格不入的村社结构。因而俄罗斯人本身对于俄罗斯的文明定位就始终存在争议，并在苏联解体后将这种争议推到了顶峰。普京所倡导的“俄罗斯新思想”也就是为了求同存异，获得相对的共识，以期尽早结束思想领域的混乱局面，为俄罗斯民族树立新时代的精神支柱。普京所倡导的“俄罗斯新思想”虽然无法在短期内达到在人民思想领域里的统治地位，但是在经历了叶利钦把西方的自由民主不加过滤地灌输给人们，导致俄罗斯民族精神发展的巨大灾难之后，普京这种既符合民族利益，又能抚慰遭受巨大伤害的民族自尊心的新思想得到了众多民众的接受和认同，因此在一定程度上，这一思想填补了由于苏联解体俄罗斯人在意识形态上的“真空”。

2. “俄罗斯新思想”为俄罗斯的思想政治教育提供了思想构想和价值导向

因为苏联的解体，俄罗斯出现了思想政治教育理论基础发展的断档，使原本较为发达的思想政治教育理论研究及实践基本陷入停滞状态。因而，积极建构新的理论基础，为转型中的社会思想道德建设提供价值导向，成为俄罗斯政府开展思想政治教育最为重视和关注的问题。普京对“俄罗斯新思想”的具体阐释和呈现——“爱国主义、强国意识、国家观念、社会团结”等新理念的提出，不仅缓解了民众思想迷茫、无所依从的混乱，也为思想政治教育的开展提供了理论上的依托。

3. “俄罗斯新思想”促进了其他元素的整合，推动了俄罗斯思想政治教育的开展

第一，强化了思想政治教育的育人功能，使青少年思想教育步入良性轨道。

青少年思想政治教育，对一个民族和国家来说至关重要。在这一过程中，学校肩负着责无旁贷的使命。“俄罗斯新思想”对学校思想政治教育十分重视，经过多年的艰苦探索，学校思想政治教育的指导思想、教育目标、实施方案都已基本摆脱了混乱无序的状态，逐渐步入良性发展的轨迹。

第二，克服虚无主义，重新评价苏联历史中的若干问题。

如何看待苏联历史中的若干问题，是一个亟待解决的问题。2007 年 7 月，俄罗斯出版了经官方认可的教师参考用书《俄罗斯现代史 1945—2006 年》。书中对苏联体制、斯大林、戈尔巴乔夫等做出了评价，认为苏联体制确实存在弊端，但因此就彻底否定苏联的发展模式和体制是不科学的；斯大林犯了严重错误但仍然

是苏联最成功的领导人，他在苏联卫国战争中的伟大功绩不容抹杀；戈尔巴乔夫应该为苏联的最后解体承担重要责任。正确对待苏联历史有利于理清人们对苏联难以割舍的情结，引导俄罗斯民众正确看待苏联的解体。对苏联在捍卫国家主权上所做出的努力给予充分肯定，保证爱国主义教育的思想来源，摒弃苏联解体之初打破一切、否定一切的民族历史虚无主义思想。

第三，着眼未来，加强青年组织建设。

青年是思想政治教育的重点对策。根据“俄罗斯新思想”精神，俄罗斯近年来加强了青年组织建设，巩固了俄罗斯思想政治教育成果。其中俄罗斯青年联盟和青年组织“纳什”的发展引人注目。

俄罗斯青年联盟成立于苏联解体之前，在苏联解体后由于政局不稳导致发展受限。进入新世纪以来，联盟得到了俄罗斯政府的支持，发展迅速。该联盟的工作任务之一是加强青年思想政治教育，通过强化俄罗斯青年的爱国意识和公民意识，引导青年增强团队意识、合作精神和社会责任感。

“纳什”是为对抗“颜色革命”成立的一个政治色彩很浓的青年组织。在乌克兰爆发“颜色革命”后，俄罗斯成立青年组织“纳什”（俄语意为：我们的），以对抗西方势力在青年中的思想渗透。“纳什”是“俄罗斯新思想”的坚定支持者和实践者，其使命是保卫俄罗斯免受“颜色革命”的威胁，反对外国势力干涉俄罗斯事务。“纳什”强调成员的组织纪律观念，注重集体意识的培养，并训练成员之间的团队协作精神。“纳什”受到国家的高度重视，俄罗斯国内知名政治家和专家经常给他们上课，培养其成员的爱国意识和政治领悟能力。

普京所倡导的俄罗斯新思想虽然无法在短期内达到苏联时期共产主义意识形态在人民思想领域的统治地位，但是在叶利钦把西方的自由民主不加过滤地灌输给人们，导致俄罗斯民族精神发展的巨大灾难之后，普京这种既符合民族利益，又能抚慰遭受巨大伤害的民族自尊心的新思想越来越得到更多民众的接受和认同。

四、“俄罗斯新思想”在实现思想政治教育中面临的挑战

纵观21世纪十余年来俄罗斯的思想政治教育举措，不难发现，各项措施多为应对现实危机而产生的。一旦度过转型期，俄罗斯思想政治教育措施将暴露一系列的问题。

1. 缺少理论体系的构建

从苏联解体后俄罗斯就始终没有建立起一套适合俄罗斯社会发展的思想政治教育理论体系。各种思想政治教育措施都缺少应有的理论支撑。此外，俄罗斯思想政治教育的思想内涵与西方民主自由思想相比，缺少厚重的历史积淀，过于单薄和片段化，更无法与苏联完善的思想政治教育理论体系相提并论。

2. 缺少系统完善的体制

俄罗斯虽然出台了一些思想政治教育方面的文件，并恢复和承认了思想政治

教育的功能作用，但与苏联全面、体系化的思想政治教育体制相比仍然缺乏有力的执行体制。再者，俄罗斯意识形态领域内存在着悖论。普京在《千年之交的俄罗斯》中曾谈道，反对在俄罗斯恢复任何形式的官方意识形态，但同时又提到要用统一的俄罗斯思想武装民众。普京强调的俄罗斯思想主要由“全人类的共同的价值观和俄罗斯的传统价值观与经过20世纪一百年考验的价值观有机地结合在一起”构成。这说明俄罗斯绝不会再重新启用苏联的马列主义理论，对西方的民主自由思想体系也有自己的不同看法。那么俄罗斯必须要形成适合自己国家发展特色的理论体系，并通过国家推行而置于主导地位。但是，同时俄罗斯又公开表明反对任何形式的官方意识形态，这就出现了一个悖论。俄罗斯意识形态领域的这一悖论对俄罗斯思想政治教育的影响，将随着俄罗斯社会转型期的结束而逐步显现，这是一个需要根本解决的问题。

3. 对普京执政的依赖

俄罗斯十余年来的思想政治教育与普京执政有密不可分的关系。政治领域内的“可控民主”因普京这位政治强人的出现得以形成并发挥了稳定国家政局的关键作用。在客观评价苏联的若干历史问题上，普京也发挥了重要作用。可以说十余年来俄罗斯思想政治教育的各项政策都深深地打上了普京的烙印。但作为政治人物，普京个人作用的延续时间毕竟有限。如何保证在普京彻底离开政坛后，各种有利于俄罗斯的政策能继续得到贯彻执行，是俄罗斯必须要解决的问题。如何突破这种强人政治体制的影响从而保证思想政治教育政策的连续性，是俄罗斯思想政治教育面临的又一挑战。

阅读书目

尼古拉·伊万诺维奇·雷日科夫. 大国悲剧——苏联解体的前因后果（修订版）. 北京：新华出版社，2010

黄苇町. 苏共亡党十年祭. 南昌：江西高校出版社，2002

科伊乔·佩特罗夫. 戈尔巴乔夫现象——改革年代：苏联东欧与中国. 北京：社会科学文献出版社，2001

汪宁. 普京的俄罗斯新思想. 上海：上海外语教育出版社，2005

思考题

1. 苏联的解体与苏共党的政治路线、思想路线及思想政治教育有何关系？

2. 苏共错误的思想路线给苏联社会带来了怎样的危害？

3. 戈尔巴乔夫鼓吹的“彻底的公开性”“无条件的民主”“根本改革”“彻底革新”等右倾、西化的“新思维”对苏共的灭亡和苏联的解体起到了怎样的作用？

4. 普京执掌俄罗斯后的思想政治教育的具体措施是什么？

5. “俄罗斯新思想”有哪些主要内容？它对俄罗斯思想政治教育有何意义？

第十章 日本政党的思想政治教育

要点提示

● 日本自1955年形成的既不同于欧美国家的多党制，又不同于当时其他国家的一党制的由自民党长期执政的政治体制被称为“1955年体制”。

● 自20世纪50年代中期开始，自民党政府对于历史教科书肆意修改，歪曲历史，美化军国主义，使军国主义思想政治教育的内容系统化、正规化、合法化。

● 民主党是日本国内实力仅次于自民党的主要政党，该党在政治上关注社会与民生，主张改变日本的教育现状，关注青年教育，在涉及青年参政、教育、社会平等诸方面有比较完备的政策。

● 日本民主党、维新党于2006年合并为“民进党”。该党继承并吸收了原民主党、维新党的立场和理念，致力于推动机构改革，追求建成自由、共生、面向未来的社会，在安保外交领域贯彻专守防卫政策。

● 日本新生代政治家的思想政治教育基本上是20世纪八九十年代自民党做法的延续，崇尚保守主义和民族主义，在思想政治教育中，拒绝反省历史，主张扫清“自虐史观”，力图冲破和平宪法，使日本成为政治军事大国。

关键词　“1955年体制”解体　军国主义　新国家主义

第一节　日本政党政治的发展及“1955年体制”

在日本，虽然很早就有政党成立，但是政党政治的确立经历了一个艰难的过程。第二次世界大战以前的 60 多年时间里，日本政党的活动曾蓬勃开展，但在集权专制的条件下没有形成制度，而且最终被法西斯主义取代。日本真正意义上的政党政治是在战后才确立起来的。第二次世界大战以后，在美国等国的监督下，日本的政党体制逐渐成形并确立起来。到了 1955 年，多党纷争的局面被为数不多的几个比较固定的政党代替，其中自民党在所有政党中占有绝对的优势，从而开始了自民党一党执政的时期。这种政党体制，既不同于欧美国家的多党制，又不同于当时的各种一党制，具有日本自己的独特性。因为它是 1955 年开始形成的，故通常被称为“1955 年体制”或“五五体制”。

一、日本政党政治的形成与嬗变

1. 早期的中小资产阶级政党与政党政治

日本政党最早出现于明治维新后的自由民权运动时期。1874 年 1 月，日本的中小资产阶级掀起了反对藩阀专政、要求政府设立民选议院的浪潮，发起组织了爱国公党，但不久即解散。19 世纪 80 年代初，随着自由民权运动的衰落，中小资产阶级从宣传请愿活动转入组党活动，以准备在开设国会后参政。1881 年 10 月，自由党成立。1882 年 4 月，立宪改进党宣告成立。这两个政党的成立标志着日本正式出现了组织形态较完备的政党。1896 年，立宪改进党吸收几个小党改组成进步党。1898 年 6 月，自由党与进步党合并为宪政党，成为日本历史上第一个执政党。但宪政党执政约 4 个月，即因旧自由党系和旧进步党系争夺内阁官位而发生分裂。旧自由党系继续使用宪政党的名称，旧进步党系则改称宪政本党，后来又改组为宪政会。经过多次改组，这两个政党分别嬗变为第二次世界大战前日本的两大资产阶级保守党——立宪政友会和立宪民政党。

2. 早期社会主义政党的创建

日本早期的社会主义政党组织是在 19 世纪末 20 世纪初出现的。1898 年片山潜等人组织了社会主义研究会，1900 年 1 月改组成带有政党性质的社会主义协会。1906 年 2 月，日本社会党宣告成立。在俄国十月革命影响下，日本工人运动和社会主义运动有所发展，社会主义团体不断涌现。这些团体于 1920 年 12 月 10 日联合组成日本社会主义同盟，随后出现了多个社会民主主义政党。1926 年 3 月，杉山元治郎等人组织了劳动农民党。同年 12 月，该党一分为四：劳动农民党、日本劳农党、社会民众党和日本农民党。这些社会民主主义政党经过多次改组，于 1931 年 7 月又合并为全国劳农大众党，1932 年 7 月改称社会大众党。在日本资产阶级革命中，无产阶级逐渐作为一支独立的政治力量登上历史舞台，无产阶级政党也随之出现。1922 年 7 月 15 日，片山潜等人领导创建了日本共产党。

1940 年，日本军国主义者为了维护军阀法西斯独裁统治，通过所谓“新政治体制”，解散一切政党，成立法西斯组织大政翼赞会。这标志着日本早期政党政治的结束。

3. 战后的政党重建与政党政治的恢复

第二次世界大战后，在国内外反法西斯和民主进步力量的推动下，日本进行了资产阶级民主化改革，各政党相继恢复、重建。1945 年 11 月，在战前的两大资产阶级政党——立宪政友会和立宪民政党的基础上，成立了日本自由党和日本进步党。同年 12 月日本国民协同党等政党成立。这些政党几经分化改组，至 1954 年 11 月，形成两个主要的保守政党，即民主党和自由党。1947 年 5 月，日本开始实施新宪法——《日本国宪法》，确立了以天皇为象征的资产阶级议会制，规定政府由在国会中占有多数席位的政党组成。在 1947 年 5 月的选举中，社会党获得 143 席，成为国会第一大党。该党联合民主党、国民协同党组成内阁。在随后的几次选举中，民主党和自由党也先后获得组阁权，于 1948—1955 年间轮流执政。但是，各政党此时都处在不断变化和组合之中：社会党两度分裂又两度合并，内部斗争不断；各资产阶级保守政党为了争夺权力，相互之间钩心斗角，互相拆台，党际的和党内的斗争从未间断过；日共也由于在革命道路上的意见分歧而发生内部分裂，形成两派；更有大量政党昙花一现，很快成立又很快退出政治舞台。1955 年 10 月，社会党的左、右两派重新统一，成立日本社会党。为了与日本社会党相对抗，在日本垄断资产阶级的支持下，同年 11 月，民主党与自由党合并为自由民主党。此后，自由民主党长期掌控日本政权。

二、“1955 年体制”的形成和特点

第二次世界大战后，根据《波茨坦公告》对于战后日本政治体制的“非军事化”和“民主化”的明确规定，日本走上了民主与和平的道路。与此相适应，日本的政党体制逐渐成形并确立起来，出现了众多政党参与竞争的局面。在多党竞争中，由于日本国内诸多矛盾和因素的影响，形成了 30 多年中自由民主党独揽政权的、有日本政党政治特点的“1955 年体制”。

1. 自民党成立标志着“1955 年体制”的形成

自 1945 年日本战败起，经过 10 年的发展，日本政党政治终于在 1955 年形成了比较稳定的局面，政党逐渐定型，政党之间的关系也明朗起来。1955 年 10 月，左、右两派社会党召开合并大会，重新实现了统一；11 月，几轮改组之后剩下的两个政党——自由党和民主党也宣布合并，成立了自由民主党。统一后的社会党成为国会的第二大党；而合并后的自民党所属参众两院议员为 399 名，成为国会中议席超过半数的第一大党。两个保守政党的合并有着深刻的社会政治原因。归根结底，它们的合并是维护和巩固资产阶级统治的需要。

第一，在当时的日本，社会党作为一大势力，保守政党作为另一大势力的分野已经十分明显。在这两类有拿权可能的政党中，能够代表资产阶级利益的只有保守政党。所以，随着社会党的统一，资产阶级和重新发展起来的垄断财团迫切希望有一个强大的、统一的并能代表自己利益的政党与社会党抗衡。

第二，为了发展日本的资本主义经济，统治阶级希望维持一个稳定的政局，而不希望出现多党纷争的局面，尤其不希望内部纷争，这在客观上促成了合并的趋势。

第三，美国出于冷战的需要，把战后初期打击日本的政策逐渐改变为扶持日本的政策，由此产生了维持日本政局稳定的要求。几个保守党并存混战的局面显然不符合美国的利益。因此，保守政党的合并乃是统治阶级的阶级利益使然。

自由民主党的成立是日本政党政治进入一个新阶段的显著标志。从这时起，多党纷争的局面被为数不多的几个比较固定的政党代替，其中自民党和社会党两党占据了国会80%以上的议席，而自民党的优势又通常超过社会党约一倍并在国会中始终占多数，从而开始了自民党一党执政的时期。

2. “1955 年体制”的特点

日本自 1955 年形成的这种政党体制，既不同于欧美国家的多党制，又不同于当时的各种一党制，具有日本自己的独创性，通常被称为“1955 年体制”。“1955 年体制”的特点是十分明显的。

第一，虽然这一体制的宪法和法律基础是多党制，但实践的结果却是自民党一党独揽政权，其他政党失去了问鼎权力的可能。在自民党和社会党作为两大力量竞争时期，自民党总是拥有过半数的席位，而社会党总是不足 1/3，即使联合所有其他小党也无法与自民党争雄。在 20 世纪 60 年代出现了公明党、民社党，形成保守政党、革新政党和中道政党三大势力后，这种状况也未改变。70 年代开始，自民党力量开始衰落，屡屡出现执政党、在野党势均力敌的局面，但因在野党内部斗争激烈，无法达成一致，自民党仍始终掌握政权。

第二，由上述情况所决定，日本政权的更替不是在政党之间，而是在自民党内部各派系之间进行，政府首脑也不是从各政党领袖中竞争产生，而是由自民党内各派协调产生。所以，作为国家代表的首相不是由国民选出，而是由自民党选出。这虽然消除了统治阶级对于政权更替带来的不稳定的忧虑，但也造成了日本政治中的种种弊端。

第三，“1955 年体制”是多党制包装下的一党制。从表面上看，日本实行的是多党制，但从实质上看，这种由一个党长期执政、其他政党没有机会掌权的政党体制显然是一党制。从日本社会的政治民主化基础和自民党内的竞争局面看，“1955 年体制”应被称为“一党多元制”；而从自民党与其他政党的关系看，它则是典型的“一党优势制”。

三、“1955 年体制”的解体和自民党的改革

从 1993 年开始，日本政党体制发生了巨大的变化。连续单独施政 38 年的自民党陷入困境. 并且最终丧失执政地位，从而导致了“1955 年体制”的崩溃，并对日本政治发展产生了深远的影响。

1. 自民党一党独大的“1955年体制”终结

自民党执政地位的丧失，直接起于1992年爆出的自民党政治丑闻：自民党副总裁、竹下派领导人金丸信因收受佐川急便公司90亿日元外加大量金条、股票和证券的巨额贿赂而被捕入狱。此案一出，日本民众群情激愤，自民党的信誉直线下降。社会党等在野党利用这一机会发动攻势，力促改革。

面对这种情况，自民党内部人心思变。原属竹下派的重要人物小泽一郎率先打出改革旗号，号召改变旧的政治体制，建立两大政党体制。1993年6月，羽田派宣布脱离自民党，建立新生党，另一些人则建立先驱新党，自民党的分裂遂由此开始。在同年7月举行的大选中，自民党获得众院的223席，不足议席总数的半数。分裂出去的新生党和先驱新党加入了非自民党的8党联合阵营，使自民党痛失政权，沦为在野党。至此，“1955年体制”寿终正寝，一个新的政党体制在日本开始出现。

在此后的两年时间里，自民党内的分裂仍持续不断，而在野党和新建立的党也在不断协商和重组。1994年1月至4月，先后从自民党中分裂出来未来新党、自由党、改革之会等小党。同年6月，自民党与社会党实现了历史上的第一次联合，并拉上先驱新党形成了议会多数。自民党虽在失去政权11个月后重返政权，但已不再是独掌政权，而是三党联合政权中的一个伙伴。12月，除日本共产党之外的9个在野党派经协商，宣布联合成立新进党。该党成立之时就拥有参众两院的214个席位，大大超过社会党的136席，与自民党的295席相抗衡。在众议院中，新进党的议员占议员总数的35%，与自民党的40%只相差5个百分点，而把社会党的13.5%远远地抛在了后面。在1995年7月的参议院改选中，新进党在改选的126席中获得40席，成为排位第二的政党，而社会党则丢失了25个席位。此时，社会党内部涌动着危机，一些人扬言要脱离旧党建立新党，而另一些人则打算与其他党联合成立新党。总之，1955年以来的政党体制已经面目全非。

2.“1955年体制”崩溃的原因

从表面来看，自民党的垮台是由于政治腐败，它从根本上动摇了自民党的执政根基。但是，对于已经运行了38年而崩溃的“1955年体制”来说，政治腐败只是表面现象。在政治腐败的背后潜藏着更深层次的原因。这些深层次的原因，是由日本政党政治本身的特点造成的。

(1) 金权政治为政治腐败提供了温床，对政党功能的发挥越来越起消极的作用。

如前所述，自民党的基层组织是名存实亡的。但是，为取得选举胜利，又必须争取基层选民的选票。这样，最简便的方法就是用金钱收买。替代自民党基层组织起作用的各类支援团体，主要就是为募集资金而建立的。自民党之所以能把垄断资本的利益与城乡居民的要求捏合在一起，通常是因为采用了被称作“利益回流”的方式，即把从垄断财团那里筹得的资金作为选区培养费投入议员所在选区。由于选区对资金的需求实际上是无限量的，就使得自民党在筹资方面更加欲壑难填。它不但使政治腐败成为不可避免的现象，而且完全扭曲了政党活动的内容，使国民对政党的作用发生怀疑。

（2）日本国内社会经济结构和阶级结构已经发生了巨大的变化，自民党一党政治已不能适应社会发展的要求。

随着经济的发展，日本社会结构发生显著变化。特别是新兴技术产业的发展，大大扩展了白领工人的范围和数量。自民党本来以垄断财团和农民阶层为两大支柱就已经有了足够广泛而庞杂的利益需要协调，在社会利益多元化加剧的情况下，这种协调就更加困难，其结果是促进了党内的分化。事实表明，自民党一个党已经越来越难以把如此广泛、如此复杂的社会各阶层利益包含其中。

（3）一党长期执政使自民党日益丧失社会责任心，而多派系的存在又使自民党进一步失去自我约束机制。

自民党以取得和维持权力为中心，是典型的实用主义政党。这种类型的政党，由于本身缺乏理想，通常只有在出现权力被其他政党夺去的可能性时，才会担负起社会政治责任来。由于自民党长期掌权而没有权力交替，执政中即使出现一些问题也不会危及整个党的执政地位，这就直接导致了它对执政党所应担负的责任日益淡漠。失去了责任心，党的腐败则不可避免。

（4）自民党的长期执政在一定程度上破坏了代议民主制的三权分立机制，造成了权力的失衡。

自民党独揽大权，不但不可避免地造成了行政权力的日益集中，而且使自民党有机会用行政权来控制立法权和司法权。自民党在国会中的多数优势，使国会经常只能服从自民党领袖的意志，听命于内阁。而在长期执政的情况下，最高法院院长、法官，以及检察官的任命权，都掌握在自民党之手。这种权力的失衡使立法和司法机关往往不能对自民党内阁的行政权形成有效的制约，实际上导致了政治腐败失控的状态。

正是上述原因，造成了自民党“一党优势制”的种种弊端，进而招致了自民党的丢权。也正是基于这些原因，在发生了 1993 年的“政治大地震”之后，日本国民的矛头不是只对准自民党的腐败，而是主要对准了旧的政治体制和政党体制，发出了改变一党模式、实行两党制“政改”的呼声。

第二节　自由民主党的思想政治教育

自民党 1955 年成立并在当年执政。该党上台之初，推行的思想政治教育基本上是对战后日本历届政府思想政治教育政策的延续。但随着时间的推移以及国际国内形势的变化，其思想政治教育内容也在发生转变。

一、美军占领期间日本的思想政治教育

1945 年 8 月，日本战败投降，此后很快被美军以盟军名义占领，直至 1952 年 4 月的《旧金山和约》生效为止。美军占领日本的最终目的，一是保证使日本不再威胁美国及世界的安全与和平，二是建立一个“和平而又负责”的政府。为实现美国政府的最终目的，美军在占领日本时期实施了非军事化和民主化政策，教育改革亦在这一政策指导下进行。

为清算战时教育体制，清除军国主义思想，盟军占领军司令部在 1945 年 10 月至 12 月之间，连续向日本政府发布四道指令，即《关于对日本教育制度管理政策的指令》《关于对教员及教育工作者进行调查、开除、任命的指令》《关于取消政府对国家神道、神社神道的保证、支援、保护、监督及宣传的指令》《关于停止开设修身、日本历史及地理的指令》。这四项指令重点在于清算军国主义思想和极端国家主义思想，以及根据这些思想建立起来的战时教育体制。这种意图集中体现在禁止军国主义和极端国家主义的教育，以议会政治、国际和平、个人权威的思想和集会、言论、信仰自由等基本人权思想来代替军国主义和极端国家主义的思想体系，特别鼓励传授基本人权思想。教育改革一方面清算战时教育体制，另一方面提出了新日本建设的教育方针。在美国教育使节团的教育改革建议和国内舆论的影响下，日本通过一系列新的教育法令，开始确立民主化的教育体制，以和平的、民主的教育代替军国主义的、极端国家主义的教育，以法令主义代替敕令主义。1947 年 3 月正式公布和实施的《教育基本法》集中体现了这一意图。《教育基本法》规定，教育必须以完成陶冶人格为目标，培养出作为和平的国家及社会的建设者，爱好真理和正义，尊重个人的价值，注重劳动与责任，充满独立自主精神的身心健康的国民①。《教育基本法》以个人主义、民主主义价值观否定了战前《教育敕语》所规定的整体主义、国家主义的价值观，批判了战前那种“顺应国体、归一于皇国之道”的盲信意识。

1951 年 8 月，日美签订《旧金山和约》和《日美安全保障条约》，于 1952 年 4 月 28 日正式生效，这标志着美军对日本全面占领的结束。这个时期，因国际政治格局的变化，冷战局面形成，日本成为美国在亚洲反共的桥头堡。抓住这一时机，日本在美国经济和军事的双重支持之下，国民经济得以迅速恢复，1956 年开始走上经济高速增长之路。从 1956 年到 1972 年，日本经济出现三次增长高潮，使日本国民生产总值跃居世界第二，超过除美国之外的其他主要的资本主义国家。日本这一时期的思想政治教育就是在这种政治和经济背景下展开的。

---

① 国务院教育工作研讨小组办公室．外国教育基本法选编．北京：中共中央党校出版社，1989.

二、自民党执政初期的思想政治教育

从 1955 年起，日本的经济开始高速增长，执政的自民党面对国民的高支持率，对思想政治教育的内容做了大量修订，增加了日本国的象征天皇、宗教等有关的内容，删除了原有的对于基本人权的尊重、民主道德的力量等内容。代之以“认识个人的立场和作用，为社会公共尽力，培养爱国心情”，以及诚实、善良、忍耐等具体的道德条目。随着政治的独立和经济的恢复，日本国民的民族意识和独立性重新高涨。1958 年 10 月，教育课程审议会公布了新修订的中小学教学大纲，特别设立专门的道德课，以此不断向学生灌输带有浓厚民族主义和功利主义色彩的思想政治教育。

从 20 世纪 50 年代末开始，日本军国主义思想就出现急速抬头的趋势，一些军国主义学者对现行的历史教科书进行了肆意修改。随后的几十年间，修改历史教科书事件不断发生。教科书中把对亚洲的侵略，改为“进入”，并声称是对亚洲的一场“解放运动”，这些歪曲历史、美化军国主义的词句连篇累牍。修改教科书事件一再发生，表明日本企图借助于教科书，使军国主义的思想政治教育内容系统化、正规化、合法化，为过去发动的侵略战争开脱罪责，引诱新的一代重走对外扩张之路。

20 世纪 60 年代是日本经济飞速发展时期，经济的崛起也使日本的国际地位大大提高。在这种背景下，日本人的民族自信心得以恢复，“皇国”观念和“尊皇”意识在冷寂了 20 年之后也随之泛起。中央教育审议会于 1966 年提出的《理想的人》的咨询报告，阐明理想的日本人应有的道德品质。其中在强调“作为日本人的觉悟”时，突出“对天皇的虔敬之心”。这份报告同时还强调了培养学生“对生命的畏敬之念”的宗教情操教育。在 1969 年修订的小学、初中学习指导要领中，开始强调与天皇的“敬爱”相联系的“爱国心”，并且把“宗教情操”作为道德教育内容提出。

到 20 世纪 70 年代中期，日本经济经过三次增长高潮，国民生产总值跃居世界第二位，超过除美国之外的其他主要资本主义国家，实现了其经济大国的现代化理想。自此以后，日本发展的目标转变为在巩固经济大国地位的基础上确立政治大国地位。为达到与日本经济实力相称的国际政治实力，国民素质中的思想素质又有了新的内容。在这种大背景下，思想政治教育受到了高度重视，得到了进一步加强。时任首相的田中角荣于 1974 年撰文指出，战后日本的教育是“智育肥胖”“德育消瘦”，缺乏平衡。1977—1978 年进行的课程改革，一方面强调要培养人性丰富的学生，另一方面又强调“特别要养成尊重社会规范的态度”，要求更加重视“纪律和责任、爱国心与国际理解”等，“尤其要进一步培养敬畏超人力量的观念”①。

---

① 曹能秀，王凌. 论战后日本道德教育的工具化倾向. 云南师范大学学报（哲社版），2007（3）.

三、日本经济崛起后自民党的思想政治教育

20 世纪 80 年代中期以后，国际政治格局发生了很大变化，世界范围内的各种政治力量不断分化、组合，呈多极化趋向。作为一个成熟的后工业化社会，日本在国际经济新秩序中的位置已相当稳固，谋求国际政治新秩序中的领导地位便成为日本面向 21 世纪的主题。为此，日本设立了教育改革机构——临时教育审议会，它为日本面向 21 世纪的教育改革规定了基本目标原则和指导思想。在它提出的四次咨询报告中，贯穿始终的一个主题就是充实政治教育。报告就充实政治教育提出了建议。这些建议中的一项重要内容就是国际化教育。例如，临时教育审议会在 1985 年提出的第一次咨询报告中指出："迎接国际化时代，站在国际化角度来进行教育改革，是关系到我国生存和发达的大事。为了国际世界对我国的期望，我们应当在深入了解本国文化的同时，广泛地了解异国的文化，积极地为国际事务作出贡献，以取得国际信任。"① 并指出："只有做一个真正的国际人，才是一个出色的日本人。"② 临时教育审议会在 1987 年提出的第三次咨询报告中指出："对不同的文化事物给以关心、理解，并加以吸收，加深相互之间的交流，这是日本社会最重要的课题之一。"接受这些建议，文部省于 1989 年对中小学学习指导要领进行了修订，一方面继续强调培养爱国心和国家意识，重视日本文化传统，另一方面也表示要摒弃狭隘性因素，借鉴国外政治教育的经验。

由于日本朝野始终没有真正、彻底地反省第二次世界大战期间的侵略行径，使得"皇国"观念、军国主义思想不时沉渣泛起，自 20 世纪 60 年代中期起，一些颂扬军国主义和"大和魂"的影片在日本被陆续搬上银幕，一批鼓吹"皇国史观"，歌颂"大东亚战争"的论著也相继出版。1966 年日本政府甚至通过对国民节日法的修改，复活了与"皇国史观"有直接关联、并在对外侵略战争中发挥过重要作用的"纪元节"。

进入 20 世纪 80 年代中期，中曾根内阁提出了"战后政治总决算"的口号，竭力倡导"新国家主义"。所谓"新国家主义"，实质上是以"大和民族优秀论"为核心的大国主义。它强调，其一，在经济上主张向世界输出日本成功的经济模式和经验，认为日本经济优于美国经济，应把日本模式输出到世界各地，首先输入东欧各国，为东欧树立一个样板。其二，在政治上，主张对美、俄、中等大国都说"不"，以确立日本在国际上的政治大国地位。其三，在安全上，主张独立发展自己的防卫力量，使日本成为一个军事大国。其四，在文化上，主张向外输出日本的"优秀文化"，以此发挥日本对世界的影响，从而为"日本的世纪"扫清道路。

日本政坛实力派人物、自由党党首小泽一郎在推行的"新国家主义"中提出

---

①② 石鸥平，张倩苇. 战后日本中小学德育课程的改革及其特色. 比较教育研究，1995 (5).

"日本改造计划"，主张把"理解民族使命、培养报国精神"作为政治教育的基本方针，指令中小学挂"太阳旗"，唱《君之代》，再次确立天皇的精神权威，增强国民对"皇国"的忠诚意识。

"日本改造计划"强调国家主权和行动自由权，并要求在国际上取得大国地位。其公开的理由是战后日本坚持和平发展道路并成为经济大国，为国际社会做出了重大贡献，因此要求国际社会准其"入常"① 而成为政治大国，同时彻底摘掉战败国的帽子。在对外政策上，"强硬外交"开始取代战后以来基本奉行的和平、协调外交，抓住机会逐一突破禁区，并且不再顾忌周边邻国及国际社会的反应；在对内政策上，则跃跃欲试，修改束缚其手脚的和平宪法。

自20世纪90年代以来，日本逐渐以"政治大国"的战略目标替代了"经济大国"的国家目标。为配合新目标的实施，日本调整了日美关系。1996年，日本同美国签署《日美安保共同宣言》，双方同意修改《日美防卫合作指针》。1997年，新日美防卫合作指针公布。1999年4月，日本国会众议院通过新日美防卫合作指针的三个相关法案：《周边事态法》、《自卫队法修正案》和《日美物资劳务相互提供协定修正案》。这些法案的通过，使日本突破了和平宪法的制约，不仅要成为"政治大国"，而且要进一步成为"军事大国"。

2001年2月，自民党小泉纯一郎组阁上台，在带领日本迈向"政治大国"的轨道上明显提速。2001年美国发生"9·11"恐怖事件以后，日本借反恐名义通过了《反恐特别措施法》。2003年5月，利用朝鲜半岛核问题通过了争议已久的"有事三法案"，规定了在发生可预测的对日本的武力攻击事态时，首相可不经内阁会议而直接下令调动自卫队、警察和地方政府力量，采取"先发制人"的战争手段，自卫队由"防御型"转向"进攻型"。7月，又通过了《支援伊拉克重建特别措施法》，12月底向仍处于战争状态的伊拉克派兵，实现了行使"集体自卫权"的突破。日本当局之所以屡次在和平宪法上打"擦边球"，通过突破解释、外围立法等方式，为拓宽军事道路寻求法律依据和支持，乃是出于政治上的现实需要。海外派兵可以凸显自卫队在国际舞台上的作用，是使日本早日成为政治大国的捷径。

第三节　民主党（民进党）的思想政治教育

民主党是日本国内两个最大的政党之一。该党构成较为复杂，主要来自过去的日本社会党、民主社会党、自由民主党、新进党以及先驱新党、太阳党等其他小党。2003年9月，日本政坛实力派人物、自由党党首小泽一郎率自由党与民主党合并，形成新的民主党。2006年，小泽一郎接任党首。2007年参议院选举中

① 2005年，日本、印度、德国、巴西四国要求加入联合国安理会常任理事会，这就是"四国联盟入常"。但是这一要求未获通过。常任理事国现在仍为五个国家，即中国、俄罗斯、英国、美国和法国。

民主党获得大胜，一举夺得总数 242 个议席中的 114 个，成为参议院第一大党。日本政坛由此形成了民主党与执政的自民党分治参众两院的局面，给日本政治带来了巨大影响。

2009 年 8 月 30 日，以鸠山由纪夫为党首的民主党获得众议院全部 480 个议席中的 308 席，超过控制众议院各个常设委员会的绝对稳定多数 269 席，取得空前胜利，以压倒性优势战胜自民党，取得执政权，并组建内阁。

一、关注社会与民生

日本民主党成立以来，针对国内民众对执政 50 多年的自民党已经感到深深的厌倦、人心思变的心理，提出了一系列变革性的主张。民主党提出，要“建立自由与安心的社会”，要“重建国民生活”，满足日本国民渴望改善民生的愿望，并要求日本政治“摆脱官僚化”，反对“政治精英、政府官僚、产业界三者紧密结合的铁三角关系”，建立透明与公正的规范，实现共生社会、国民主体原则，把日本建成受到国际社会信赖的国家①。

为了得到选民的支持，民主党主张首先实现财富的增长，然后进行财富再分配，让百姓得到实惠。面对经济衰退，民主党开出的药方是：扩大分配、刺激内需，将外需主导型经济转化为内需主导型经济。

对于失业人员，民主党的主张是，政府设立求职人员援助机制，向接受职业培训的求职者支付补贴。退休人员享受养老金制度，领取养老金。另外，民主党还承诺解决医师不足、看病难的问题。

二、主张改变日本教育现状

民主党认为，由于受校内欺凌、学生能力降低、中小学学生人数减少等问题的困扰，日本面临“教育崩溃”现状。而“欲立国必先树人”，当务之急是彻底改变日本的教育现状，培养富于感性和创造力，拥有“共生、自立、自律”之心的年轻人才。为此，民主党早在 2007 年日本《教育基本法》颁布实施之前数年，就提议制定一部综合性的新型教育基本法，给问题重重的日本教育制度开刀。该党还从如下方面号召改变日本教育现状：

（1）改革现行的教育制度，明确中央和地方对教育所负的责任，依据各地区特点合理进行教育行政；国家明确对于义务教育的财政责任，充分保证国民学习的权利。

（2）充实教师队伍，提高教师素质。在义务教育阶段，为推进学校的小班教

① 团中央国际联络部. 日本民主党的青年政策及青年机构. 国际青年与青年工作动态，2008（3）.

学以及多名教师协作教学，采取必要措施保障充足的教师人员编制。

（3）营造安全、快乐的学校环境。建立健全有关身心健康、升学及职业选择等方面的咨询援助体制，发展适应信息化、国际化等社会变化的教育，发展特殊教育以确保有特殊需要的儿童拥有同等的学习机会。民主党认为，改善教学环境，应作为教育振兴基本计划的一个组成部分，由政府负责制定和实施。政府应根据教育形势的变化，至少每 5 年对教育环境整备的方针和措施进行研究和修正。中央和地方政府要在财政和其他方面对改善学校教育环境给予大力支持。

民主党关于教育的主张反映了日本教育的现实情况和要求，在很大程度上代表了教育界特别是一线教师的呼声。

三、重视青年教育

民主党虽立党时间较短，但是在涉及青年参政、教育、就业以及男女平等等方面均有比较完备的青年政策，这些政策对于扩大该党在青年中的影响乃至取得在日本的执政地位，起到了重要的作用。

1. 开办政治学校

为了争取和吸引更多的青年选民，民主党设立了主管青年的工作部门——青年局。在青年局组织下，民主党 29 个地方党部均开办了政治学校，延请在各政治领域拥有独特主张的政治家开办定期讲座，“发掘和培养能够肩负民主党未来的人才”[①]。政治学校面对全社会公开招生，而报名参加的往往是对与自己的生活息息相关的政治议题抱有浓厚兴趣的青年人。一般来说，他们学习的目的主要是了解民主党在相关政策方面的主张，提高参政能力。而民主党青年局最重要的一项工作就是在日本青年人的政治关心度下降的情况下，吸引更多人了解民主党政策，让他们发挥在选举等政治活动中的作用。因此，政治学校的另一个主要功能还在于培养新的政治家，为民主党输送新鲜血液。以“东京民主党大学”为例，其第一期 243 名学生中有 30 名经民主党推荐参加了 2006 年举行的统一地方选举，其中 20 名顺利当选市、町、村等地方自治体议会议员。可见，政治学校在充实民主党年轻干部、培养年轻人才方面起着重要作用。

2. 定期举办国会议员与青年的交流会

为收集青年阶层对民主党的意见和建议，了解青年的关心点，同时促进青年理解民主党的相关政策，该党定期召开有民主党国会议员和一般青年参加的意见交流会。在民主党制定青年政策方面，意见交流会起到了较为重要的作用。比如在 2007 年参议员选举之前召开的意见交流会，有 3 名国会议员、7 名民主党干部及 18 名一般青年出席。会议就民主党在参议院选举中怎样才能获得年轻选民的支持展开了讨论。讨论的结果被吸收到民主党的竞选纲领中，对民主党胜选起到

① 团中央国际联络部. 日本民主党的青年政策及青年机构. 国际青年与青年工作动态，2008（3）.

了一定作用。现在，议员与青年的交流会已成为民主党的定期工作，也成为民主党收集青年意见的重要机会。

3. 进行青年政策的宣传、游说

进行政策演讲，是各政党对青年选民表达政见、进行选举造势、获取青年支持的主要手段之一。进入新世纪后，民主党坚持以宣扬本党的青年政策为工作中心，定期开展以青年为主要诉求对象的游说活动。2007 年 1 月 14 日，日本成人节时开展了“行使你的选举权”游说，呼吁青年人关心政治，到了 20 岁要正确行使自己的投票权。为了使本党的青年政策得到更多青年选民的支持，民主党青年局在北到北海道、南到四国的全国范围内举行了全国游说活动，并取得了一定的成效。

4. 设立帮助女性步入政界的“WS 基金”

为了从根本上促进女性特别是年轻女性参与政治，民主党在日本各政党中率先成立了帮助女性竞选议员的“WS 基金”。该基金主要活动方式即向女性竞选提供资金帮助。申请该基金资助的女性必须符合三个条件：赞成民主党的政策和理念、愿意接受民主党的选举推荐、当选后积极参加男女平等促进本部的各项具体活动。资助标准因所参加选举的不同而有所区别。该基金提供的资金虽然有限，但产生的效果却很显著，民主党得到越来越多的年轻女性的支持。该基金成立以来成绩显著，1999 年至 2006 年间，共有 218 名女性接受该基金的帮助，参加各类选举，其中有 124 人当选，当选率达 56.9%。

四、民进党的成立及其政治主张

2014 年 12 月，在国会众议院选举中惨败之后，以民主党为代表的日本在野党认识到，只有通过合作才可能与执政联盟抗衡。2015 年 12 月，民主党与维新党首先在众议院结成统一会派，加强在国会的合作。随后经过几轮内部接触，2016 年 3 月 27 日，两党决定合并，取名民进党。

据民进党代理代表江田宪司解释，“民进”二字的意思是“与国民一同前进”，它继承并吸收了原民主党与维新党的立场和理念，称新建立的民进党将与“生活者、纳税者、消费者、劳动者”等普通国民站在一起，坚持立宪主义，致力于推动机构改革，追求建成自由、共生、面向未来的社会，在安保外交领域贯彻专守防卫政策，反对安倍政权的新安保法，目标是建立一个不同个体能够和谐共生的“共生社会”。

第四节　日本新生代政治家的崛起及思想政治教育理论的更新

长期以来，日本的政治结构一直呈现“自上而下”的特征：日本的政坛被身居高位的资深派垄断，那些辈分低微、资历尚浅的政治家，在国会讨论重要议题的时候很难有说话的机会，但是历史发展到20世纪末21世纪初的时候，日本政坛却悄悄地发生了变化：由于被人们称为“新生代政治家”的崛起，一股“自下而上”的政治力量越来越受到人们的重视。

所谓新生代政治家，是指那些战后成长起来的，目前在日本政治中占中枢地位乃至担任最高政府职务的国会议员，其中颇具代表性的有小泉纯一郎、安倍晋三、麻生太郎、田中真纪子、小泽一郎、鸠山由纪夫、武见敬三、高村正彦、平沼赳夫等。这些人装扮入时，个性鲜明，思维敏捷，语言犀利以及某些人具有的内在平民气质，使他们具有比传统政治家更为明显的亲和力，在日本普通民众中间很有号召力，他们甚至有能力在一些问题上引导舆论。传统与现代、忠诚与叛逆、理性与激情、谦逊与野心，在他们身上奇妙地融合在一起。他们对个人政治前途直言不讳的憧憬，将他们与传统的政治家截然分开。

一、日本新生代政治家的特征

新生代政治家，不仅仅是他们的年龄较轻，更主要的是他们的施政风格与老一代政治家有重大区别。

1. 具有独特的政治见解并明确加以表达

政治家不仅要具有独特的内外政策见解，而且要大张旗鼓地加以宣传。过去政界人士很少著书立说，但自1993年政局发生大变动以后，新生代政治家纷纷出版阐述自己政策主张的论著，同时为实现其政策主张身体力行。最初是小泽一郎，他在1993年推出以修改宪法、做普通国家为主要内容的《日本改造计划》，一年内再版七次，发行75万册，此后一再鼓吹修改宪法；小泉纯一郎为推行邮政三事业民营化计划，接连撰写出版了四部书，尽管受到党内外的反对，仍然将其作为自己的招牌；田中真纪子在2000年10月出版一部书，对党内资深政治家极尽挖苦之能事，甚至因其“口无遮拦”而受到“禁口令”纪律处分[①]。

2. 保持不受特定政党或派系束缚的行动自由

新生代政治家为追求自己的改革理念，不惜冒葬送政治生命的危险，脱离政党或派系活动。例如小泽一郎为推进必要的政治改革，在1993年率部分志同道合的国会议员，脱离自民党另行组建新生党，后又组织新进党，当感到难以统一新进党内的思想时，干脆解散该党组建自由党。鸠山由纪夫先是脱离自民党，接着又脱离新党魁党，后组成民主党，努力推进两大政党制的形成[②]。即使一直保持自民党籍的小泉纯一郎，在党内也是被称为“怪人”的“独行侠”，后来干脆脱离派系参加总裁竞选。虽然田中角荣在自民党内创造了势力强大的田中军团，

---

① 王新生. 日本“新生代政治家”对日本内政外交的影响. 中国网，2002-09-27.

② 从政，甘做绿叶捧小泽. 山西新闻网，2009-08-09.

但其女田中真纪子当选国会议员后并未参加党内任何派系，而是保持着“单干户”的身份。

3. 具有推动日本做政治大国的抱负

随着冷战世界体制的结束，国际社会要求作为经济大国的日本承担更多的地区事务乃至国际事务，新生代政治家更是希望发挥日本的独特作用。例如小泽一郎主张对现行宪法加以修改，以便进一步开放对日本自卫队在海外活动的限制。他在《日本改造计划》中提出：在日本国宪法第九条后面追加第三款，即“根据第二款之规定，拥有维护和平活动的自卫队，接受邀请组建在联合国指挥下活动的国际联合机动部队，并不妨碍这个国际联合机动部队在联合国指挥下的活动”；1999 年竞选民主党代表时的鸠山由纪夫甚至甘冒民主党分裂的危险，呼吁制定明确记载保有自卫力量的新宪法；小泉纯一郎上台后也声称准备修改宪法，使拥有集体自卫权的日本军队走向世界。

4. 注重实效，功利色彩浓厚

为迎合经济长期衰退状况下日益扩散的民族主义情绪，新生代政治家不顾国内外舆论的强烈批判而我行我素。例如在教科书问题和参拜靖国神社问题上，小泉纯一郎采取了强硬的态度，以便争取部分选民的支持。另一方面，这些在经济高速增长时期成长起来的政治家，其历史观、价值观、政治观、国际观等，都与日本老一辈政治家有很大不同，较少将战争负罪意识或感情因素带入对外关系，而是讲究实效，追求利益互动。尽管他们也主张中日友好，但带有更多的利益考虑。例如被看作日本政界右翼政治家代表的小泽一郎，也宣称自己是中日友好人士，热心参加推动中日友好的“长城计划”并为此访华，但他始终坚持日美防卫合作新指针所说的“周边事态”理所当然地包括中国。

二、日本新生代政治家上台的背景

这些新生代政治家之所以成为政坛的中心人物，除具有深厚的家庭及社会背景外，日本国内的局势也给他们提供了崭露头角的机会。

首先是在 20 世纪 90 年代，日本政界处在新旧政治家交替时期。新旧政治家交替速度较快和新政治家多为战争结束前后出生，是当时的两大特点。在 1993 年、1996 年、2000 年举行的三次大选中，每次均有 100 多名众议院议员为新当选者，而且平均年龄都在 54 岁左右。特别是在 1993 年的大选中，新当选者为 134 名，是 1955 年自民党成立以来的最高数字。正是在新老政治家迅速交替的基础上，新生代政治家才得以脱颖而出。

其次，日本正处在新旧政治经济体制变换时期。进入 20 世纪 80 年代后，日本的国民生产总值占全世界的 10%以上，对外贸易总额跃居世界第三位。面对日本经济在世界的地位，日本学术界掀起了一场“美国霸权”问题的大讨论。这场讨论从表面上看似乎议论的是“美国霸权”的发展问题，但实际上与日本在未来国际秩序中扮演何种角色这一基本命题密切相关，对日本走向“国际国家”做了理论上的论证。这场讨论得出的结论是，“美国霸权秩序”已产生动摇；“美国霸权秩序”之后将迎来“共同管理秩序”；在“美国霸权”走向衰落、多国“共同管理”势所难免的国际秩序的转折期，日本必须成为创造国际新秩序的强有力的一员。20世纪80年代初中曾根执政以后，提出“战后政治总决算”的政治纲领，强调“日本正处于战后史的重大转折点”，主张“不设禁区，以新的想法、观点去如实地重新认识历史的带基本性质的制度和格局”。在中曾根执政的5年中，日本已经明确地将“国际国家”作为日本面向21世纪的新的战略目标，充当“国际国家”已经成为它的一种自觉行动。“国际国家”的实质就是从根本上摆脱战后时代的“特殊国家”地位，做政治大国，成为与美苏平起平坐的世界一极。中曾根主要致力于以下几个方面的工作：一是调整体制。即调整日本战后发展所仰赖的经济、政治、社会体制，使其适应国际化时代的需要。二是修正路线。即通过在外交、防务等方面的“积极参与”与“分担责任”，修正战后保守政权坚持的“重经济轻军事”的政治路线，构筑与日本经济实力相适应的国家战略。三是改变思潮。即通过冲破“政治禁忌”，给“屈辱”的战败国历史打上休止符，开创日本在国际舞台上的“堂堂正正”的时代。中曾根政权为了凝聚民族意志，推行做“政治大国”的国家战略，在日本社会上掀起了一股“新民族主义”思潮。一部分右翼势力也趁机鼓噪。他们企图通过肯定战前侵略行为，为侵略战争翻案，来克服“战败国后遗症”；以宣传“皇国史观”“大和民族优越论”[①] 等狭隘民族主义来抬高日本的国际地位；以向“政治禁区”挑战，来否定和平主义思想。

20世纪90年代，冷战骤然结束，国际形势发生了翻天覆地的变化，日本社会中普遍对继续维持日美同盟关系的必要性产生了怀疑。20世纪90年代后，日本新生代政治家步入政界，逐渐掌握了政府的核心部门。这些人对国家的独立与民族的尊严具有强烈的意识，主张树立大国形象，彰显自身的国家利益和独立自主，力图为日本在国际上“谋求一个更加辉煌的角色”。部分有极端民族主义思想的人则认为日本像现在这样充当从属角色，是对日本民族自尊的公开侮辱，主张扩充军备，发展日本独自的遏制力量，借此来提升国家的地位。

被称为“1955年体制”的战后日本政治体制是“以经济增长的极大化为目的的体制”，该体制有力地推动了50年代后半期以及整个60年代的经济高速增长。但随着日本成为经济大国以及全球经济一体化的到来，这种体制却成为经济进一步发展的障碍，因而在1993年崩溃解体。正是在此基础上，新生代政治家迅速取代了那些在旧体制下占据或接近权力中心的旧型政治家。例如田中真纪子首次当选就成为政府科技厅长官，打破了自民党长期执政时形成的论资排辈、连续当选国会议员至少10年以上才能成为内阁成员的惯例；武见敬三首次当选后立即成为执政党对外政策方面的核心人物，并出任参议院外交委员会亚太委员会

① 杨民军．大国羽翼下的日本崛起．当代军事文摘，2007（8）．

委员长。

另外，日本处在战后时间最长的经济衰退时期，90 年代被称为“失去的 10 年”，这激起了民众民族主义情绪的高涨。这种新的民族主义情绪对内表现为追求变革的心理，对外表现为陈述自己真实观点的强硬姿态。在这种情况下，那些在党内外敢于表达不同意见的新生代政治家就成为公众欢迎的人物，受到民众的大力支持。

三、日本新生代政治家思想政治教育及政策的更新

目前，新生代政治家已经左右着日本政坛，他们通过施政，将其思想政治理念化作国家的大政方针和意识形态，使日本的思想政治教育呈现出新的时代特色。

1. 小泉纯一郎时期的思想政治教育

小泉纯一郎于 2001 年上台，成为日本第 87 任内阁总理大臣。当时，日本许多媒体不约而同地把小泉纯一郎比作一艘船，希望他能带领日本实现 21 世纪的国家发展蓝图。很多女选民甚至把小泉纯一郎当成“偶像”崇拜，其支持率超过 80%。

小泉纯一郎上任之初，之所以受到选民支持，主要是由于他勇于改革的立场以及他在用人方面的开明作风。但是小泉纯一郎执政 4 年，对老百姓的许诺并未实现，其执政满意度迅速下滑。

在小泉纯一郎执政期间，日本政府在政治教育中的中心议题，就是为其“大国战略”和军事战略大造舆论。在国际战略政策上，小泉纯一郎屡屡对内对外鼓吹其“国际义务”。随着“有事法案”的通过，日本扮演国际舞台上重要角色的意愿愈发明显。为了把日本军事力量扩展到海外，小泉纯一郎政府在派遣自卫队到伊拉克去“援助重建”，制定《国民保护法案》《限制外国军用品等海上运输法案》《自卫队法修正案》《支援美军行动措施法案》《特定公共设施利用法案》《违反国际人道法行为处罚法案》等项“紧急事态基本法案”的同时，出台了日本将参与“国际活动”作为自卫队基本任务的新版防卫白皮书。在军备方面，不断扩充陆上自卫队规模，投入更多资金用于日本军队软件和硬件的开发。

小泉纯一郎执政 4 年，外交政策不断“翻新”。2002 年 11 月，小泉纯一郎的咨询机构“对外关系工作组”提交了一份题为《21 世纪日本外交基本战略——新时代、新视野、新外交》的报告，详细论证了日本的外交方针，并再一次将联合国改革纳入外交视野。在与周边国家的关系上，日本不断制造领土争端，蓄意恶化双边关系。在与东盟的关系上，小泉纯一郎认为“东盟可以成为日本对华外交的盟友和对中国的平衡者”，于是改变了过去不积极推动双边和地区自由贸易协定的方针，开始在新的层次上强化与东盟的传统关系。对太平洋地区其他发达国家——加拿大和澳大利亚，小泉纯一郎也格外重视。一方面，这两国被视为与

日美一脉相承的发达国家；另一方面，日、加、澳三边关系被当作平衡美国单边主义的重要手段。

小泉纯一郎时期的思想政治教育，基本上是自民党在20世纪八九十年代做法的延续，在内容和形式上也大同小异。但他主政自民党后，更重视党内的思想政治教育。为此，专门设立教育机构来进行。在小泉纯一郎当选首相的第二天，即做出了在自民党内成立一个“新人教育机构”的计划。这个党内教育机构被日本媒体称为“小泉学校”。

“小泉学校”设立“宪法问题”“外交政策”“编制预算”“税收制度”等课程，参加“小泉学校”的学员，多为自民党内的青年才俊。“小泉学校”的设立，意在争取党内和全社会对当局的方略大计、意识形态的认同和支持，并通过此“新人教育机构”所进行的教育，先掌控自民党内的年轻有为者，然后掌控整个自民党，最后达到长期掌控国会和政府的目的。

2. 安倍晋三时期的思想政治教育

2006年9月26日，不断给东亚地区制造不稳定因素的小泉内阁正式“寿终正寝”，取而代之的是日本政坛的新生代——安倍晋三。

安倍晋三崇尚“保守主义”和“民族主义”。他自称“奉行开放的保守主义”，追求“一个有自信的国家”，要让日本彻底甩掉战败国帽子，树立全新的国际形象；要秉持岸信介的“强国论”，带领日本“走出战后体制”，冲破“和平宪法”的束缚，成为政治、军事大国，“建设一个受到世界尊重和孩子们可以为之自豪的美丽日本，使日本在确定世界规则方面发挥领导作用”①。他认为“日本国情的根基就是天皇制”，表彰为天皇充当炮灰的特攻队员是“为大义殉职，使自己的死有意义，使自己的一生永恒”②。安倍晋三在对侵略战争的历史评价和战争责任的认定上含糊其词，还否定东京审判。安倍晋三一贯主张首相应该参拜靖国神社，但是在总裁的竞选中则将其“模糊化”，他表示：“我是担心参拜问题外交化、政治化，才不说清楚。我去参拜，那也会是不公开的非公式参拜。”③

安倍晋三主张修改“和平宪法”，提出要“制定符合旨在开拓新时代的日本国情的宪法”。他认为，1955年自由党和民主党合组的自民党有两个目的，一是恢复经济，提高国民生活水平；二是“制定自主宪法”，真正恢复独立。如今，“第一个目标经过高速发展已经得以实现，但第二个目标被撂在后边”，其结果是“弊端百出”。“和平宪法”有“日本永远放弃战争”条款，这使日本丧失了“作为独立国家的前提条件”，因此应该“起草一部新宪法，开启一个新时代”④。

安倍晋三对战后日本的政治教育持否定态度，主张要对教育进行彻底的改革，纠正“自虐史观”的历史教育，加大日本历史、文化等方面的“爱国教育”力度。他欲效法英国撒切尔夫人制定《1988年教育改革法》的做法，“如果写上

① 陈超．安倍执政后的日本外交走向．科学决策，2006（10）．

② 安倍保守鹰派政策将把日带向何方．新华网，2006-09-27．

③ 符祝慧．安倍：不会官式参拜靖国神社．联合早报，2006-09-13．

④ 安倍．日本下一任领导人应修宪以“开启新时代”．中国新闻网，2006-08-22．

英国在殖民地役使奴隶，就必须写上最早废除奴隶贸易的是英国”，力图将日本对外侵略历史说成既有阴暗面也有光明面。他要求在国会上优先讨论《教育基本法》修正案，希望通过制定一项百年计划来为教育注入“活力”。

安倍晋三作为新生代政治家，在第一任期内就任仅仅 1 年，由于内政、外交和经济等诸多领域都遇到麻烦，参议院选举失利，支持率频频下降，内阁成员丑闻不断，在内外交困、精疲力竭之际，于 2007 年 9 月 12 日宣布辞职，之后又连任首相到现在，安倍晋三任职后，多次公开否认日本在二战中的罪行，提出“日本战犯不是罪犯”的观点，对日本的战争罪行进行开脱，并参拜供奉有甲级战犯牌位的靖国神社，对青少年的思想造成极大的误导。

3. *麻生太郎时期的思想政治教育*

麻生太郎出身日本政治世家，曾在自民党、国会乃至政府部门担任过多种职务，由于作风强悍，在日本政坛以鹰派人物著称。麻生太郎关于在日本国内进行政治教育的基本立场是：

第一，拒绝反省历史，支持参拜靖国神社。在靖国神社问题上，麻生太郎不仅极力支持小泉纯一郎正式参拜靖国神社，认为参拜靖国神社是日本内政，别国无权干涉，而且主张天皇应参拜靖国神社。麻生太郎多次强调“首相参拜靖国神社理所当然，别国不应指手画脚”，甚至主张日本政府“应重新审查靖国神社的宗教法人团体地位，将其变成由国家参与管理的机构，以便政治领导人再去参拜的时候不会引起争议”，并以“内阁总理大臣”的名义向靖国神社献上了被称为“真榊”的杨桐供品。此外，麻生太郎背后还大力支持教科书清扫“自虐史观”，极力否定日军南京大屠杀及强征“慰安妇”等种种暴行。

第二，支持“台独”，美化日本对中国台湾的侵略。2005 年 12 月 22 日，时任日本外相的麻生太郎就说中国正成为“威胁”。这是小泉内阁中首次有阁僚在公开场合鼓吹“中国威胁论”。在谈到台湾问题时，麻生太郎称台湾“是法治国家，从多种意义上说是与日本有共同价值观的国家”。麻生太郎称：“日本统治台湾做的第一件事是引进义务教育，由此使台湾的教育水平急速上升，识字率也大大提高，今天才成为教育水平极高的国家，得以跟上时代的步伐。”①

第三，力主修改宪法。麻生太郎要求日本实行集体自卫权，力争早日摆脱战败国地位、成为联合国安理会常任理事国；坚持对等外交，对美亲而不从，对华近而不和。

麻生太郎非常重视与美国的关系，把美国作为日本政治军事崛起的跳板。冷战结束后，美国成为唯一超级大国，为了实现其全球战略，特别是要在亚洲遏制中国，需要借助于日本的力量。而日本视之为难得机遇，希望借机实现其争当政治大国的夙愿，在国际事务中唯美国马首是瞻。因此，在外交上，麻生太郎认为，日本对中国和亚洲其他国家应该要主动出击，他表示要不惜以武力维护日本“国家利益”。

---

① 林靖. 日本政局突变，中日关系面临新考验. 财经，2008-09-02.

麻生太郎主政日本的时间尚不足一年，在思想政治教育方面基本上延续小泉纯一郎、安倍晋三时期的做法。麻生太郎本人关于思想政治教育的想法，主要集中在道德情操教育、人格教育等方面。他在竞选自民党总裁时发表的施政理念中，主张大力加强道德教育。他认为“幼儿时期的教育将左右人格的形成”，主张将现在6岁开始入学提前1～2年。同时，他还主张实行幼儿教育义务化，减轻教育费负担等。为了减轻教育费负担，他提出“由被动受教育的结构转变为可主动选择受教育的结构”，主张引进“教育利用券”制度，即国家或自治体以学习成绩为标准，向学生发行教育利用券，使用这种教育利用券可以以公费的形式接受学费资助。

4. 鸠山由纪夫时期的思想政治教育

鸠山由纪夫早年加入日本执政党自民党。1986年首次当选国会众议院议员。1993年6月，日本政坛出现严重危机，鸠山由纪夫呼吁政治改革，退出自民党，参与前进党的组建，并在细川内阁担任官房副长官。1996年众议院选举前夕，他在关键时刻展示了胆略，奔走呼号、穿针引线，促成了民主党的诞生。在2009年8月30日的全国选举中，以鸠山由纪夫为党首的民主党以“变革”为口号，提出以“政治家主导型政治”取代“官僚主导型政治”，“使国民成为政坛主要角色”①，誓言打破官僚主导的政治，实现政权更替。同年9月16日，民主党鸠山由纪夫获得480席选票中的327票，当选日本第93代、第60位首相②。

鸠山由纪夫的政治主张主要为：

修改宪法。认为现行宪法在维护日本和平及国际协调方面发挥了巨大作用，但冷战结束后，日本的协调主义面临“国际贡献论”挑战，从海湾战争开始，日本的一国和平主义已无法得到国际社会的赞许。鸠山由纪夫认为，宪法条文与政治现实背离，剥夺了日本政治的现实主义选择，必须在新的国际环境中重新对宪法进行定义。他认为，日本应积极参加联合国和其他国际机构组织的维和行动；为了确保独立和安全，日本应拥有自卫军，并享有集体自卫权。

对于“慰安妇问题”，日本政府应该采取正面的态度，“必须对受害人进行赔偿和恢复名誉。国会必须承认事实，推动该问题进一步的审议”。

对于日本战争罪行问题，要求查明日本从“七七事变”到战败投降期间所犯的战争罪行。鸠山由纪夫说：“我两次出任民主党党首，每次出任党首首次出访的都是中国，这是因为我们非常重视日中关系。日中两国有两千多年的交往历史，绝大部分时间是友好的。但在20世纪，日本曾对中国发动侵略战争，给中国人民带来难以承受的苦难和牺牲。日本对此应作深刻反省。要有勇气正视这段历史和事实。”

对靖国神社问题，鸠山由纪夫认为日本的历史教科书应该全面真实地反映历史，而不该粉饰侵略。他表示不会去参拜靖国神社，并会要求阁僚在这一问题上自我约束。主张另建国家追悼设施。

①② 日本民主党代表鸠山由纪夫出任日本新首相. 中国新闻网，2009-09-16.

在外交政策上，鸠山由纪夫主张加强与亚洲国家的关系。同时批判日本现行外交政策过于依附美国等西方国家。他在发表于《纽约时报》的文章中指出，日本“不能忘记自己的身份：我们是个位于亚洲的国家。我认为，正在日益显现活力的东亚地区必须被确认为日本的基本生存范围。所以，我们必须持续建立覆盖整个地区且稳定的经济合作和安全框架”①。鸠山由纪夫还认为，在当前的国际形势下，美日同盟关系的责任分担有必要重新检讨。他明确表示，和具有共同价值观的国家加强外交关系是理所应当的，同时外交还应该在价值观不同的国家间探索共存共荣的道路，让各国在保持独立的同时也实现共同发展，“使价值观不同的国家实现共存共荣、自立共生”②。

在对华关系上，鸠山由纪夫高度重视中日关系，他一直认为日本和亚洲的发展、东亚共同体的实现都离不开中国的帮助，所以更该强化中日关系。鸠山由纪夫主张友爱外交，建立相互尊重和信任的关系，还要加强两国领导人之间的互信，减少两国百姓之间的误解。至于增进互信的方法，鸠山由纪夫认为应该关注中国的需求，在两国有共同利益的领域加强合作。对于两国存在的诸多分歧，他也主张通过诚恳、坦率的对话来解决。

由于鸠山由纪夫执掌日本政权只有一年时间，在思想政治教育上虽然也曾提出过进行和平主义教育、友爱理念教育、睦邻教育、战争反省教育等，但是在日本国内严峻的政治经济形势以及党派之间恶斗的压力之下，在这些教育未能真正展开、实行的情况下，他就黯然下台了。

日本自小泉政权之后，除安倍连任之外其余每届政府几乎都是勉强维持一年的匆匆过客。这些“短命”政权，很少有条件也很难集中精力针对国家的重大决策及人们最关心的问题进行有针对性的、行之有效的思想政治教育，所以在此期间的思想政治教育显得单调和薄弱。也正由于思想政治教育的薄弱和缺失，使得这些政权在人们心目中的认同度普遍降低，又加速了这些政权的更替。这一恶性循环，从反面证明了思想政治教育的重要性。

对日本的未来，世界人民充满关注和期待。人们期待的，不仅是富裕的日本，还应是一个和平的日本，一个对亚洲和世界人民怀有诚心和善意的日本。让更多的日本人，特别是战后出生的年青一代，真实地了解日本的侵略历史，正视过去的错误，是日本当代思想政治教育的重要内容和急迫任务。日本的思想政治教育应当把真实的而不是被篡改修饰的、完整的而不是残缺不全的历史告诉后人，从而从根本上消除军国主义余毒在日本继续存在的空间和市场。

阅读书目

高增杰．日本的社会思潮与国民情绪．北京：北京大学出版社，2001

吴寄南．日本新生代政治家．北京：时事出版社，2002

① 鸠山由纪夫．日本的新道路．纽约时报，2009-08-26.

② 鸠山由纪夫其言其行．中青在线，2009-08-31.

王振锁. 战后日本政党政治. 北京：人民出版社，2004

思考题

1. 日本的“1955年体制”是怎样形成的？有何特点？
2. 20世纪80年代以后日本自民党是如何进行政治教育的？
3. 21世纪以来民主党怎样对青年进行政治教育？
4. 日本新生代政治家政治教育各有什么特点？

第十一章 各国政党与青年组织

要点提示

● 青年组织有多种类型。青年组织与政党之间形成了各种各样的关系，其中政党青年组织与政党的关系是最紧密的。各国的各个政党与青年组织之间的关系有着各具特色的表现。青年领袖的培养是个时代课题。西方新生代政治家的成长规律对于我们有借鉴的意义。

关键词 政党 青年组织 青年领袖 新生代政治家

顾名思义，青年组织就是由青年人组成的组织。青年组织必然要和其他社会组织发生一定的关系，当然与政党组织也产生着这样或那样的联系。由于自身的性质不同，又受到各方面因素的影响，青年组织与政党之间的关系就各不相同，其中政党青年组织与政党的关系最为密切。在现代政党政治的社会背景下，政党青年组织在吸引、凝聚广大青年等方面发挥着重要作用。

本章在对青年组织概念及类型进行分析的基础上，对青年组织与政党之间的各种关系，政党青年组织的特征、作用，以及新时期政党青年组织的变革进行简要的阐述，并且考察部分国家政党与青年组织之间关系的具体表现。最后，再次强调青年领袖的培养是个时代课题，西方新生代政治家的成长规律对于我们有借鉴的意义。

第一节 政党与青年组织

本节先对青年组织的概念、类型进行分析，进而把青年组织与政党之间的关系归纳为四种类型。

一、青年组织的概念

现代意义上的“青年”概念，是在工业革命以后产生的。而青年组织则是在青年的概念出现、青年的主体意识开始觉醒之后才出现的。什么是青年组织？一种意见认为，青年组织是“青年人出自年龄特征或自身特殊的利益和需求，为实现某项目标并根据一定的规章进行活动的集体”①。这一定义概括了青年组织作为社会组织的一般特征，即目标性、组织性和有序性，也突出了青年组织的特殊属性即青年性。但是，随着时代的发展，出现了一些新的青年组织，如青年志愿组织、青年网络组织等，它们所具有的一些新的特征，是这个定义未能反映的。所以，本书将青年组织的概念界定为：由一定年龄规定的青年人，为实现某种目标自愿组成，并根据一定的规章进行活动的组织，主要是指以青年参与为主的及以青年为服务对象的社会组织。

二、青年组织的类型

按照不同的划分标准，可以将青年组织划分成很多种类。例如，按照组织的规模大小可以分为小型、中型、大型和巨型组织；按照组织所在的区域可以分为国际性、区域性、全国性、地区性组织；按照组织成员之间的关系可以分为正式和非正式的组织；按照组织的功能又可以分为政治性、经济性、学术性、服务性、娱乐性、志趣性等组织。我们将着重探讨政治性青年组织和服务性青年组织。这两大类青年组织又可以进一步细分：政治性青年组织可分为政党青年组织和非党派性青年政治组织；服务性青年组织可分为宗教组织、慈善组织、社会教育活动组织、行业组织、文化休闲组织等。

三、青年组织与政党的关系

在当代社会，随着青年在政治、经济、文化、社会生活等各方面作用的凸显，无论是资本主义国家还是社会主义国家的政党都普遍认识到争取青年的支持和拥护、扩大政党的青年群众基础，对于保持政党的生命力具有重要的作用。而青年组织与政党之间形成或保持何种关系，则取决于各种因素作用的结果。青年组织因其类型不同，与政党的关系也就大不相同。当青年组织与政党的利益、理

① 黄志坚. 青年组织学. 北京：中国青年出版社，1990：29.

想、信仰完全一致或基本一致时，青年组织可能从属于政党；当二者利益、理想、信仰不尽一致或出入较大时，青年组织对政党的态度主要取决于该组织中的青年受家庭、政党的执政成绩、竞选纲领等因素的影响。具体而言，青年组织与政党主要有以下四种关系：

1. 直接领导或间接领导的关系

政党与自己下属的政党青年组织之间是直接的领导和被领导的关系，与不是直接隶属于自己、只是外围组织的青年组织之间是间接的领导和被领导关系。

政党青年组织是指这样一类青年组织，它们具有高度的政治性，组织形式比较正式，从属于该国或地区的某一政党，并充当政党的助手与后备军。政党青年组织，尤其是其中那些从属于执政党的政党青年组织，一般具有全国性，接受国家财政全部或部分拨款。它们是非政府性的组织，但在一定条件下有可能行使部分政府职能。这些组织中的骨干分子，将来很可能进入政党领导层，甚至会成为政党领导人。

各国政党几乎都有自己的政党青年组织。如中国的共青团、美国共和党青年联盟、美国民主党青年组织、爱尔兰共和党全国青年大会、波兰民主青年协会、新加坡人民行动党青年团、瑞典自由党青年组织议会、丹麦社民党青年组织国际委员会、墨西哥革命青年阵线、乌拉圭白党青年组织等。可以说世界上有多少个政党，就有多少个相应的政党青年组织。我们可以直接从它们的名称看出其所从属的党派。有些政党，即使没有下属的青年组织，也会在党内设有相应的青年工作机构，如日本的政党下面都设有青年局。可见政党与自己下属的政党青年组织之间是直接的领导和被领导的关系。

除了政党青年组织，社会上还有很多非党派的政治性青年组织。它们有较强的政治目标，与某一政党的意识形态或利益方向基本一致，但是不直接隶属于那个政党，与政党不存在直接的领导与被领导的关系。相对于政党青年组织来说，这些青年组织具有更大的独立性，但它们与政党又有着千丝万缕的关系。这类青年组织可能在政治上倾向某一政党，也可能是政党青年组织的外围组织。它们在选举过程中往往会支持自己所倾向的政党。从此种意义上来说，政党与这类政治性青年组织之间实际上存在一种间接的领导与被领导关系。例如，日本青年团协议会是日本最大的全国性民间青年组织，在政治上它主要倾向于日本的社会民主党（左翼政党），在经费上受日本政府文部省部分资助[①]。再比如，俄罗斯亲克里姆林宫的青年政治组织“纳什”“新人”“青年俄罗斯”等，宣称不从属于任何政党，但它们自成立以来，积极举行配合统一俄罗斯党的活动，也因此得到统一俄罗斯党的大力支持。

2. 合作关系

除了政治性青年组织之外，当今时代，还有相当一部分的青年组织属于服务性青年组织。这类青年组织与政党或政府的关系是合作关系。服务性青年组织不

① 团中央国际联络部．世界青年组织机构概况．北京：中国青年出版社，1997：36.

谋求取得政治权力，也很少介入政治权力的争斗之中。它们的组织结构相对比较松散，没有严格的组织性和纪律性，服务范围和项目都有限。但是，它们具有较大的灵活性，在培育青年文化、提供社会服务以及反映青年各种利益诉求方面具有很大的作用，在联系青年、动员青年支持政党或政府方面更是具有天生的优势。

服务性青年组织又包括青年因某种兴趣爱好、情感需要、共同利益要求、信仰等组成的组织，如前面提到的宗教组织、慈善组织、社会教育活动组织、行业组织、文化休闲组织等。比如，由英国人首创的基督教青年会，其最初的宗旨是"希望通过坚定信仰和推动社会服务活动来改善青年人精神生活和社会文化环境"。现在该组织已经发展成为一个全球性的基督教青年社会服务团体。在有的国家，如德国，基督教青年会已经成了基督教政党的外围组织。

3. 对立关系

在政治性青年组织中，有一些可能与某政党的意识形态及利益方向相悖，因而导致其与该政党之间形成对立的关系。这种对立的关系有两种存在方式：一种是政党与政党之间处于竞争、对立的状态，各自所属的政党青年组织也相应地与对方政党呈现一种对立关系；另一种则是相对独立的政治性青年组织，在某些特定的条件下被其他政党或组织利用，进而同执政党抗衡。

前一种对立关系，只要一国之内存在两个以上竞争性的政党，就会不可避免地存在，在此不赘。相比较而言，属于第二种情况的政治性青年组织才是执政党最大的威胁，也是执政党更应该关注的。最典型的例子，当属苏东地区发生"颜色革命"的一些国家的青年组织。比如"塞尔维亚的'抵抗运动'组织，乌克兰的'是时候了'（Pora）青年组织，格鲁吉亚的克拉马组织，吉尔吉斯斯坦的博知青年社会运动，白俄罗斯的'公牛'"[①] 等。这些国家的青年组织都受到了美国政府的大力扶植。扶植的办法通常有：通过非政府组织向反对派青年组织提供资金，开办讲座、培训班；开展青年国际交流、访问学者项目；传播大众流行文化、宣传美式民主概念等。经过美国政府的"帮助"，这些青年组织不仅扩大了组织规模，也增加了与政府进行周旋，动摇、颠覆政府的经验和技能。这些所谓的"非党派性"青年组织，在本国充当着反对运动的先锋。最终，在颠覆现政权、建立亲西方的反对派政权过程中，发挥重要的作用。

4. 暧昧关系

在服务性青年组织中，还有数量相当多的、规模较小、影响力较弱的青年组织。它们对政治不太敏感，甚至有些反感，远离政治；与政党的关系并不那么明朗，对政党的态度不如政党青年组织、政治性青年组织那么稳定，与政党进行合作的机会也没有上述那些规模较大的服务性青年组织多。此类青年组织中的青年支持哪个政党，主要受家庭的影响，或者要看政党的执政状况来决定。在某些时候，可能倾向于支持这一政党，在其他时候，可能会反对该政党转而倾向支持

① 江广平．青年与国际政治．北京：中央编译出版社，2008：123.

另一政党。因此，此类青年组织与政党之间的关系可以用暧昧、摇摆不定来形容。

比如，当前欧美国家的政党之间的意识形态分歧在逐渐缩小、政策主张不断趋同，青年对政党就没有特别的倾向。而当某一政党执政时间过长，政绩不佳，又碰上国内出现危机时，青年就会产生求新求变的心理。这些青年和青年组织就会转而支持那些提出新政策、新纲领的政党，期望它能够改变现状。1997 年布莱尔带领英国工党结束了连续 18 年在野的历史，上台执政，重新站在了权力的中心，以及 2010 年卡梅伦带领保守党重新入主唐宁街 10 号，都是最鲜明的例子。在政党执政过程中，如果某些政策触及了这类青年组织的利益，也会引发它们的反感甚至反对。例如英国保守党在 2010 年的大选中获得胜利，并与自由民主党联合执政后，因其通过了提高大学学费上限的议案，导致上万青年学生上街抗议，引发了数起流血冲突。可见，这类“态度暧昧”的青年组织，虽然规模不大，结构也很松散，但是由于数量众多，也是不可忽视的。在实行多党竞争制、选举制的国家，它们的投票往往关系到政党能否获得政治权力。正是由于这部分青年组织在政治上的摇摆不定，使得各个政党都不得不重视它们的利益。因此，这部分青年组织就成了各政党努力争取、拉拢的主要对象。

最后需要指出的一点是，政党与青年组织的四种关系并非一成不变的。在外部大环境以及各组织内部状况发生变化的情势下，它们之间的关系也会发生微妙的变化。政党与青年组织在某一个方面可能进行合作，但在另一方面，二者关系可能呈对立态势；政党在一定条件下可能逐渐衰退、走向衰亡，而青年组织在一定历史条件下也有可能不断发展力量，进而成为政党。

第二节　政党青年组织的特征及其作用

当前，世界各国普遍进行了政治变革，政党政治出现了新的特点，政党青年组织在开展工作的过程中也随之进行了改革。

一、政党青年组织的特征

政党青年组织有两种形成方式：一种是直接在政党的操办下成立，如新加坡人民行动党青年团；另一种则是与政党具有相同或相似意识形态的青年组织，逐渐发展并被政党接纳为官方青年组织，如美国共和党青年联盟、美国民主党青年组织等。大部分青年组织的形成方式属于后者，但无论是哪种形成方式，处于这种关系下的青年组织都主要具有以下特征：

第一，在政治属性上，它们从属于该国或该地区某一政党，受该政党的领导，并充当政党的助手与后备军。这些青年组织不仅为所属政党培养党员、支持者，也为政党输送大量有前途的政治候选人。很多担任过组织领导职务的青年，在未来都很可能进入所属政党并担任重要职务。比如德国前总理、社民党党员施罗德，就曾担任过社民党青年团的主席。在政党参加大选的时候，往往也是政党青年组织卖力奔走、宣传、拉票的时候。当然，政党青年组织也具有一定的独立性。它们不仅拥有一套自己的领导班子，而且成员往往由思想比较激进的青年组成。他们可能对党的一些路线、方针不满，甚至在某些方面采取某种强硬态度。比如德国社民党青年团中的青年社会党人，就对党“容纳一切人”的“全民党”方针表示强烈不满，他们甚至反对党内的右倾路线，要求对德国联盟党（基督教民主联盟和基督教社会联盟的简称）采取强硬态度。

第二，在组织结构系统方面，政党青年组织相对比较正式，具有明确的组织宗旨和纲领；从上至下有较为完备的组织体系，有全国性和地方性两个层次的领导机构；组织性和纪律性较强；一般都有自己的刊物，用以宣传所属政党的意识形态。

第三，在领导机构方面，尽管各个国家政党青年组织的领导机构名称各不相同，但其层级机构划分基本相同。一般的领导结构层次包括最高权力机构、最高决策机构和日常执行机构三层。

第四，在地域属性上，这类组织一般规模比较大，属于全国性质。除了具有全国性的领导机构外，在地方或地区也有相应的基层组织。需要说明的是，由于各国政治体制不同，可能出现地方层面的青年组织发挥的作用比全国层面的组织机构更为重要的现象。比如美国的政党组织结构本身就很松散，所属青年组织更加如此。政党青年组织的作用，更多地体现在州的层面上，全国委员会只是代表作用，主要负责的是整体的指导和宣传。

第五，在经费来源方面，政党青年组织除了象征性地收取一定的会费（或叫团费、党费等，依各青年组织的名称而定）之外，最主要的还是享受国家财政或地方政府的拨款支持，因此，在开展活动上相对拥有较为稳定的保障。

由此可以看出，政党青年组织的利益与所属政党的根本利益完全一致。政党青年组织的目的就是为所属政党赢得青年选民的心，建立青年选民联盟。各政党对所属青年组织的帮助与支持，主要体现在从制度上保障政党青年组织的地位。政党青年组织的领袖或者是由党内干部兼任，或者被纳入政党的最高领导机构，享有诸多政治权力。

二、政党青年组织的作用

从上述政党青年组织的定义、特征来看，我们可以简单地将政党青年组织的作用概括为如下几个方面：

第一，政党青年组织是政党进行思想政治教育的主要阵地和扩大政党群众基础的重要助手。对青年进行本阶级的思想政治教育，使本阶级的意识形态得到青年的认同并发挥作用，是各政党永远的任务。政党青年组织作为本阶级意志的贯彻者，同时又具有青年组织的特点，更容易吸引青年，因此政党青年组织成为政党对青年进行思想政治教育的主要阵地。除了充当主阵地的功能外，政党青年组织还是政党扩大群众基础的重要助手。事实证明，加入政党青年组织的青年更容易在今后加入政党组织。据德国青年体育联合会的领导人估计，“德国青年组织领导人加入政党的比率约为50%～60%，而青年会员中约有5%～10%的人加入政党”①。所以，青年历来就是各政党争夺的主要资源。政党青年组织相对于政治色彩浓厚的政党而言，对青年人更具有亲和力与吸引力，它与其他青年组织也更易于沟通和交流。这在广度上扩大了政党进行思想政治教育的教育面，也凝聚了更多青年的力量，从而起到增强政党合法性基础或辅助政党执政的作用。

第二，政党青年组织是政党培养骨干力量的重要场所。政党青年组织是一个以青年人为发展和培养对象的政治性组织，是政党培养助手和后备力量的重要场所。很多政党青年组织的领导人物，后来都成为政党的高级官员甚至成为政党的领导人。例如，俄罗斯青年联盟（简称俄青盟）是由苏联列宁共青团演变而来的，目前是俄罗斯最大的青年组织。在苏联时期，苏联列宁共青团是苏联共产党直接领导下的政党青年组织，是党的助手、后备军。团的干部就是党的后备干部。苏共解散、苏联解体之后，苏联列宁共青团也自行解散，但是俄罗斯青年联盟随之成立，可以视为其继承者。不过，在与政党的关系上，俄罗斯青年联盟做了调整，宣布与政党脱钩。这是为了适应俄罗斯实行多党制、竞选制的政治环境而做出的决定。但是在实际上，俄罗斯青年联盟与执政党的关系仍然十分密切。它的干部仍然源源不断地输送到俄罗斯统一党和政府中去。俄罗斯青年联盟“中央委员会的第一任第一书记伊拉金任政府机构协调部部长，第三任第一书记维拉任科米共和国副总统，中央委员会书记巴布罗夫任普京总统办公厅礼宾部主管，纳维克娃和葛立格连科曾分别担任国家青年事务委员会主席和副主席，贝什科夫在2003—2004年间任教育部副部长。俄青盟很多地方组织领导人走上了其他领导岗位，在地方政治舞台上发挥着重要作用”②。又如，美国民主党党章规定，政党青年组织领袖有权列席党的最高领导机构的会议，并享有发言权和提案权。

第三，政党青年组织是青年实现政治社会化的重要途径之一。从实现政治社会化的途径来看，除了学校、传播媒介之外，同辈群体和政治组织对青年的政治社会化影响最为明显。同辈群体“能诱导其成员接受被群体拥护的政治准则，尤其在改变大学生的政治态度方面比正规教育的作用更大”。也有一些美国的学者认为，“同辈群体在传递反传统的政治准则方面的作用更为突出”③。在政治组织

① 团中央国际联络部．德国、罗马尼亚和芬兰青年组织的作用．国际青年与青年工作动态，2009（3）．

② 向洋．新时期不断发展的俄罗斯青年联盟．中国青年政治学院学报，2007（2）．

③ 郑杭生．社会学概论新修（第三版）．北京：中国人民大学出版社，2003：99-100．

中，政党是青年实现政治社会化的最直接的途径，政党青年组织则是除政党外青年人实现政治社会化的最重要的途径之一。在亲身的参与过程中，青年的政治知识、政治技能、政治态度都能得到最直接的强化和发展，从而影响青年政治社会化的进程。

第四，政党青年组织对政党加强国际交流，促进青年工作的开展，推动各国建立全新伙伴关系具有重大意义。例如2005年，为了增进亚欧青年之间的相互了解与合作，推动青年在促进亚欧关系发展中发挥积极作用，亚欧基金和中华全国青年联合会组织召开了首届亚欧政党青年组织领导人论坛。该论坛的举办，对于青年在亚欧伙伴关系中发挥积极作用进行了深入的对话和商讨，对经济全球化趋势下亚欧各国共同关心的青年问题达成了广泛的共识。

第三节　新时期政党青年组织的变革

在新时期，随着社会转型、政治变革，世界范围内的政党政治出现了新的变革，政党的功能从专注于权力争斗逐步转向协调社会矛盾、整合社会利益。作为政党吸引、凝聚青年的重要桥梁，政党青年组织的实际作用也不断做出调整，以适应青年群体特点发生的变化。

一、坚持鲜明的政治信仰

科技革命的发展，社会经济结构的转变，促使社会阶层、利益群体不断分化组合，政党原来依靠的社会基础发生了改变。西方国家各政党为了争取更多选民的支持，纷纷采取措施以适应形势的变化，其中包括有意识地弱化政党之间的意识形态分歧。虽然如此，各国政党青年组织却认为，一个组织的理念是吸引青年的重要条件，政治性青年组织尤其应该坚持鲜明的政治信仰，只有坚持鲜明的政治理念和信仰，才更容易吸引有类似想法的青年加入组织。比如印度民主青年联合会（印度左翼青年组织，与印度共产党关系密切）认为，“吸引、凝聚和指导青年参与政治和社会首先应该有明确的意识形态作为指导”[①]。自由党青年国际联盟认为，“有鲜明特点的组织更容易将有类似想法的青年或青年组织紧密地团结起来”[②]。

① 团中央国际联络部. 印度民主青年联合会促进组织发展的思路与经验. 国际青年与青年工作动态，2009(32).

② 团中央国际联络部. 自由党青年国际联盟促进组织发展的思路和措施. 国际青年与青年工作动态，2009(26).

二、切实推动青年的政治参与

传统意义上的政党青年组织，往往被定义为组织动员青年投票支持本政党的角色。在此情形下，青年的政治参与往往属于被动参与，长期如此的结果就是导致青年对政治的热情下降，甚至远离政治。“欧盟的调查显示，自 20 世纪 80 年代以来……英国 24 岁以下有投票资格的青年只有 39%参与投票。与此同时，欧洲……只有 8%的人参加青年组织，参与政党的比例只有 5%。”[①] 严峻的现实让很多政党青年组织意识到，只有让青年踊跃参与，青年组织才能得到长期的发展。为了改变这一现状，政党青年组织采取各种措施切实推动青年的政治参与，包括向青年提供必要的政治信息、吸引青年参与公共政策的讨论、听取青年意见、让青年真正参与到组织决策中、给青年提供与决策者互动的机会等。

三、采用多种组织方式吸引青年

面对当前青年兴趣、选择的多样化特点，政党青年组织一方面通过多样化的成员组织以满足青年群体的个体需求，另一方面通过与其他青年组织合作，采用青年喜爱的方式开展青年感兴趣并热衷参与的活动，吸引青年参加并引起青年对本组织的关注、认同与支持。例如 2007 年 8 月至 2008 年 2 月，美国共和党青年联盟利用 20 世纪 80 年代兴起的“后挡板聚会”这一形式，吸引广大青年参与活动，并鼓励青年支持共和党候选人。[②] 印度民主青年联合会经常会举办一些青年感兴趣的创作和艺术学习班，考古和建筑研究活动，或是组织青年突击队参加灾后重建工作等。此外，在信息时代，政党青年组织还充分利用互联网、手机等现代化通信手段向广大青年发布信息、组织活动、沟通对话。

四、注重解决青年实际问题，维护青年切身利益

随着时代的发展，青年的主体意识不断加强，对社会生活的选择也呈多样性趋势发展。在此情形下，政党青年组织除了坚持政治信念、实现政党政治目标的政治性功能之外，促进青年个体发展、服务青年生活的功能也进一步凸显。政党青年组织服务青年的内容主要包括：就业、教育、防止家庭和校园暴力、缓解工

---

① 团中央国际联络部. 青年组织发展国际论坛综述. 国际青年与青年工作动态，2009 (33).

② 团中央国际联络部. 美国共和党青年联盟. 国际青年与青年工作动态，2008 (2).

作压力等方面。通过帮助青年解决实际问题，维护青年的切身利益，最终达到吸引、凝聚青年的目的。

第四节　新生代政治家的成长

谁赢得了青年，谁就能赢得未来。尤其是对青年精英的培养，更是具有战略的意义。青年政治家的成长这一课题，是思想政治教育比较研究的新领域。本节以当代新生代政治家群体为例，分析在新世纪政治环境中新生代政治家成长的背景、特点、培养路径及其局限性，指出政党改革、制度保障、社会资本是他们成长的主客观条件；他们个人品质特点中最有时代价值的是媒介素养；培养路径中，楷模的影响、专门修炼和基层锻炼是必不可少的。过分迎合媒体和选民则是新生代政治家最需要突破的局限性。

一、研究新生代政治家成长规律的意义

近年来，国际上以培养青少年领导力、培养青年领袖为主题，开展了不少的培训实践和学术交流，涉及的学科有社会学、心理学、管理学等。2009年初，我国北京和成都的两名中学生应邀赴美出席了奥巴马总统就职仪式。而这两位中学生都是参加过由美国国会举办的世界中学生领袖训练营的。国际上对青年精英的培养，按照年龄增长的顺序，一般分为三个阶段：中小学生、大学生、大学后。这三个阶段同时也针对三个不同的群体，分别有不同的培养目标。对中小学生“领袖”的培养，目标在于发展他们的团体意识、亲和力、初步的组织管理能力等。培训以学校和民间社团组织为生活背景，受训者凭兴趣报名，一般不用经过选拔的程序。对大学生领袖的培养分两种情况：一种是参加学校内部的学生社团，经过竞争，取得领袖地位后接受培训；另一种是参加社会上的社团或者政党的活动，成为后备的骨干而接受培训。大学生领袖的未来发展将会有分化，有的成为企业高管、工商界大亨；有的成为文化界的名人，掌握着引导社会舆论的大权；有的成为社会活动家，领导各种社会团体，组织发动各种社会运动，以各阶层各利益集团代言人的身份进军政坛；有的成为职业政治家；有的则进入公务员队伍。本节在“大学后青年精英培养”的话题中，选取了年青一代职业政治家的培养这个部分进行讨论。

在西方国家实行多党制、议会制的政治条件下，所谓职业政治家是指议员、政党领袖、政府要员等。自第二次世界大战结束后，各国政坛都出现了新老交替的现象。一大批在“战后婴儿潮”中出生的年轻人，在经历了20世纪60年代末的青年造反运动洗礼后，成长为政治、经济、文化、社会等领域的骨干。从90

年代中期起，他们中的佼佼者作为冉冉升起的政治明星，陆续登上了权力的顶峰，成为政党或者国家领导人。其中的克林顿、布莱尔、普京、小泉纯一郎等人，更是以创新的思维、独树一帜的内外政策、鲜明的个人风格而吸引了世界的目光，他们就是被称为“新生代政治家”（New Generation of Politicians）的群体。用“新生代”来称呼他们，是为了区别于那些在第二次世界大战前出生和受教育的资深政治家。“政治家”则有别于企业精英、文化精英，是“精英中的精英”。相对于一般的“青年领袖”“接班人”而言的“未来时”，他们是“现在时”“进行时”，正在发挥巨大的社会影响。这个群体有自己的成长环境和规律。追寻他们成长的轨迹，深入探究历史条件、政治格局、社会制度、理论思潮、时代风尚等因素对他们的影响和制约，以及他们自身的家世、经历、奋斗等主观因素的作用，揭示出政治家成长的规律，对我国青年领导人的培养，具有实践借鉴的意义。

我国自改革开放以来，30 多年间持续不断地进行干部人事制度的改革创新，大力培养年轻干部。现在，出生于 20 世纪 50 年代、60 年代甚至 70 年代的干部，在党、政、大型国企的高级领导岗位已经占有绝对的优势。今后还将有更多的年轻干部源源不断地走上领导岗位。他们不能只是“做官”，党和人民更期望他们成为“无产阶级政治家”。我国社会结构和制度的变革，对中国共产党的执政目标和方式产生了深刻的影响，也必然给党的干部尤其是领导干部的选拔、培养工作带来全新的要求。中国共青团于 2007 年启动了“青年马克思主义者培养工程”，对大学生骨干、团地市委书记和青年高级知识分子进行重点培养。所以，研究在西方政治环境、条件下的领导人是怎样成长的，对于我国青年领导干部的培养将起到一定的启迪作用。

二、新生代政治家崛起的时代背景和环境特点

新生代政治家年龄相仿。他们的崛起，有着大体相似的时代背景和国际国内环境。

在第二次世界大战结束后，欧美国家经历了一个人口出生的高峰期，带来了空前绝后的“婴儿潮”。例如在美国，出生高峰从 1946 年持续到 1964 年，整整 18 年，共出生了 7 600 万人，占美国总人口的 1/3。[①] 我们来看一下新生代政治家的出生年代：美国的克林顿（1946 年）、小布什（1947 年）、奥巴马（1961 年），英国的布莱尔（1953 年），德国的施罗德（1944 年）、默克尔（1954 年），俄罗斯的普京（1952 年）、梅德韦杰夫（1965 年），法国的萨科齐（1955 年），日本的小泉纯一郎（1941 年），韩国的卢武铉（1946 年）、李明博（1941 年）。可见他们大多数是在第二次世界大战结束后出生和成长的。他们经历了第二次世界大战后西方世界的所有重大历史阶段，或者说他们积极地参与创造了当代历

① 李普森. 战后生育高峰期出生的一代. 青年研究，1994 (12).

史。60 年代末，他们进入青春期，又逢横扫资本主义世界的“1968 年革命”。他们放弃了优裕的生活，投身反越战、民权、环保、女权等“新左派”运动。他们被称为“愤怒的一代”，推动了西方的社会转型。70 年代，青年造反运动退潮，他们从“我要抗议”变成了“我要享乐”。雅皮士代替嬉皮士成了新时尚，进入了一个“现实主义新时代”。80 年代至 90 年代，“愤怒的一代”已经不再“愤怒”，他们从体制外走进体制内，以建设者、维护者的姿态，继承了整个世界，成为社会各界的中流砥柱。

20 世纪 80 年代末 90 年代初，苏东剧变发生，冷战就此结束，新的国际格局在各方力量的较量中艰难地向多极化方向发展。各国几乎都出现了经济增长与社会公平矛盾突出的情况。在此情势下，政局动荡，政党之间的竞争加剧，朝野位置更替，政坛分化改组。有的国家如苏联、民主德国，连基本的社会制度都发生了根本变革。各个政党要么垮台，要么就顺应时代的要求，与时俱进，进行党内的改革。“政治地震”为新生代政治家提供了大展宏图的历史机遇。这些年轻的政治家，就是顺势而行、乘风而上、积极进行内政外交改革的倡导者、参与者、推动者，也是受益者。

三、新生代政治家成长的主客观条件

俗话说“时势造英雄”。新生代政治家作为时代骄子，他们的成长离不开一定的主客观条件。

（一）政党改革

如前所述，从 20 世纪 90 年代初起，人心思变，改革的呼声一浪高过一浪。新生代政治家几乎都敏锐地感受到变革是大势所趋、人心所向。他们以非比寻常的热情和勇气，顺应时代要求，积极投身改革大潮。改革社会要从改革政党开始。在政党改革中，他们更是挺立潮头、锐意进取，勇敢地站在革故鼎新的前列。

在 1997 年布莱尔当选英国首相之前，他所在的英国工党已经连续 18 年在野。党内要求改革的呼声虽然很高，但是阻力也很大。布莱尔于 1983 年、年仅 30 岁时已经崭露头角，当选为下议院议员，引起了工党领导层的注意。当时工党领袖尼尔·金诺克一直在进行工党现代化的改革，大力提拔党内改革者。布莱尔因此受到重用，在工党影子内阁里，担任了能源大臣、就业大臣、内政大臣等要职。在政党领袖的授意下，他开始谋划要建立一个全新的工党，并与布朗（英国前任首相）、曼德尔森等人成为后来“新工党”的创始人。他们试图转变工党的传统立场，以赢得更多的选民支持。1994 年，工党主席史密斯因心脏病发作突然离世，41 岁的布莱尔接任工党主席，成了工党有史以来最年轻的领袖。布莱尔认为，如果工党不在观念和组织上进行彻底的改革，那么就不可能重新回到权力的中心。在他的主持下，标志工党社会主义性质的党章第 4 条第 4 款（关于工党坚持公有制的条款）被删除了；工党的标志由“红旗”变成了一朵“红玫瑰”；工党的竞选活动也变得更加灵活。布莱尔还进行了理论创新，最终确立了“第三条道路”这样一条中间偏左的政治路线，为已经对保守党非常失望的选民们勾勒出了一幅“新工党、新英国”的美好图景。充满改革精神的布莱尔带领工党在 1997 年的大选中以绝对优势获胜，重新执政。当年 5 月 2 日，44 岁的布莱尔成为英国历史上最年轻的首相。

2001 年，小泉纯一郎战胜桥本龙太郎等人，当选为日本自民党第 26 任总裁，随后又在参众两院的选举中被选为日本第 87 任首相。他出奇制胜的法宝是喊出了“改变自民党、改变日本”的口号，喊出了人民的心声，符合“求新”“求变”的社会潮流。

1955 年至 1993 年，日本形成了长达 38 年的“1955 年体制”，即自民党执政、社会党在野的比较稳定的政治体制。可是从 1989 年到 2001 年，日本的政局剧烈动荡，换了 11 位首相。1993 年，自民党大选失利，不得不交出政权，“1955 年体制”就此画上了句号。本来，冷战结束、国际格局改变，对日本而言既是挑战也是机遇，各政党也一直在提出各种改革的方案，可要么是停留在非实质性的阶段，要么就是没有获得预期的效果。20 世纪的最后十年成了“被荒废的十年”，成了日本从“优等生”变成“劣等生”的十年。

在此背景下，日本民众对政党和政治家不满意、不信任的情绪达到了顶点。90 年代末，日本选民中不支持任何政党的比例已达 50%以上。从 1993 年起，在各级各地的选举中，各政党推举或者几个政党联合推举的候选人纷纷落马，而无党派候选人却高票当选，以至于出现了大家公认的一条“规律”：不支持任何政党的选民越是踊跃地参加投票，投票率就越高；而投票率越高，执政党的获胜机会就越低。有人说，要最终完成日本的政治改革，必须从根本上改革政党。小泉纯一郎正是以不属于任何派系的身份先赢得自民党总裁的选举进而当上首相的。

“小泉旋风”之刮起还是基层党员对领导层造反的结果。自民党有二百多万名党员，近 2/3 属于各种行业性团体。这些团体的作用无非是筹集资金、拉选票而已。而党的总裁不是由前任指定就是由该党的国会议员互选。可见它名为大众政党，实为少数精英所操纵。但是在现代社会中，无视广大党员的意志，由少数人策划于密室，然后号令全党的情况终究不能长久。2001 年森喜朗辞职后，自民党恢复了总裁预选，让各都道府县先行选举，一地 3 票，共计 141 票，加上 346 张国会议员票，共为 487 票①。小泉纯一郎在预选中获得了压倒性的胜利，然后一鼓作气登上总裁宝座。小泉纯一郎当选自民党总裁，是该党 47 年历史上基层组织和党员第一次在谁当总裁的问题上发挥了决定性的作用。

（二） 制度保障

年轻干部仅有改革精神和勇气是远远不够的，还必须有制度保障才能脱颖而

① 吴寄南. 日本新生代政治家. 北京：时事出版社，2002：58.

出。比如，按照美国宪法的规定，总统当选的条件是：年满 35 岁，在美国本土出生，至少在美国居住 14 年以上。条件如此宽松，使选民可以最大限度地选择优秀人才来治理国家，也使年轻人不再受论资排辈的限制。

根据美国宪法规定，州政府机构和联邦政府机构一样，都由立法、行政和司法三个部门组成。州长是一州的行政首长，由州选民投票选举产生，任期一般为 4 年，少数州规定任期为 2 年。州长的权力，在州的范围内，一般来说与美国总统的权力类似。州政府的权力基本上限于处理州内事务和州际关系，如管理州内交通、工商业和公用事业，处理民法和刑法范围内的事务，组织警卫力量维持治安，兴办教育和公共福利事业等。正是因为美国实行联邦制，州长的权力与总统的权力相似，所以在这种制度下，年轻的政治家（如克林顿、小布什）可以先担任州长，在这个比较低的职位上为以后竞选总统积累经验。

（三）社会资本

在一个以竞争和选举为运行机制的政治体制下，要想取胜，除了要制定一套能够吸引选民的施政纲领之外，聚人气、拉选票也是必不可少的。这就要靠平时积累社会资本，尤其是要有家族、校友、财团、恩师、地方五大人脉。

1. 家族

即使在标榜自由、民主、公平、平等的西方国家，上层社会的家族势力在实际上对政治的巨大影响也是无法否认的。例如美国的罗斯福、肯尼迪、布什家族，就是突出的例证。日本的“世袭议员”在议员中的比重也较高，政治世家出身的候选人基本上 100％当选，而非政治世家出身的只有 33％可能当选。

造成这种情况有两个原因：一是传统政治文化，二是政治家职业化。出身于政治世家的新生代政治家，从小对政治耳濡目染，对政治的了解比其他社会阶层出身的人更深。但是这也造成他们对传统政治运作模式的矛盾心态：既想要改革又有几分依恋和依赖。“子承父业”不但有悖于民主、平等，还强化了利益对政治的诱导。政治家从继承父辈的“地盘”开始，就与背后的利益集团形成了权利与义务的对等关系，利益集团之间互相支持、互相牵制。这种机制恰好是造成政治改革步履维艰的原因。

2. 校友

新生代政治家都受过良好的教育，其中绝大多数毕业于名校。校友是他们重要的社会资源。

据统计，日本参众两院议员中，按其出身母校的人数多少，排在前十位的依次是东京大学、早稻田大学、庆应义塾大学、中央大学、京都大学、明治大学、日本大学、东北大学、九州大学、北海道大学。而东京大学、早稻田大学、庆应义塾大学、中央大学这四所名牌大学又占到一半左右①。在作为新生代政治家的

① 吴寄南. 日本新生代政治家. 北京：时事出版社，2002：70.

参众两院议员中，毕业于哈佛大学、康奈尔大学等校的有 17 人[①]。名校中的名系，更是未来政治家的摇篮，如中央大学和东京大学的法律系。

为什么出身名校对于青年政治人才的成长这么重要呢？首先，日本是个“学历社会”。名校的“光环效应”无疑会使它的毕业生在阶层分化的社会中占据有利地位。其次，从社会资本的视角来看，校友关系是一种可以长期使用的资源。除此以外，名校对青年政治人才有重要影响的两个因素一是校园文化，二是学生社团。

庆应义塾大学、早稻田大学和中央大学都是私立大学。庆应义塾大学的前身是著名思想家福泽谕吉于 1858 年创办的、以教授西洋文化为宗旨的“家塾”，1920 年改制为综合性大学，现在的校舍在三田。福泽先生是日本著名的启蒙思想家。他于 1910 年去世，但是他所倡导的“独立自尊”和“自由”至今仍然是庆应义塾大学的办学精神。对于报考该校的高中生，福泽先生的三本著作即《学问的规劝》《文明论之概略》《福翁自传》是必读书目。庆应义塾大学的学生社团有 400 多个，约有 80%的学生参加，而在其他大学，这个比例不到 40%。毕业于庆应义塾大学法律系的日本首相桥本龙太郎，在校时是剑道部的成员。他的系友和剑道部的前辈与后辈，约各占校友会——庆龙会的 30%。他们都是桥本龙太郎的“铁杆”支持者，不仅为他拉选票，而且平时桥本龙太郎维持议员事务所的开销也是靠庆龙会慷慨解囊的。早稻田大学的前身是明治维新的功臣大隈重信于 1882 年开设的东京专门学校，1902 年改称早稻田大学。该校的办学方针是“维护学术独立，注重学术应用和培养模范国民”。它现有学生 5 万多人，学生社团有 3 000 多个，堪称日本之最。早稻田大学的毕业生中有七位日本首相：石桥湛三、竹下登、海部俊树、小渊惠三、森喜朗、福田康夫和野田佳彦。中央大学创立于 1885 年，前身是英吉利法律学校，1905 年定名为中央大学，但是培养法律人才始终是它的强项。日本每年举行的司法考试，合格者最多的是中央大学，其次才是东京大学和早稻田大学。中央大学的象征是一个“白门”，白色代表“正义”、“洁白”、“真实”和“纯粹”。实证主义、合理主义、在野精神、批判精神作为校训激励着一代又一代央大学子。

3. 财团

对于像李明博、克林顿这样出身贫寒的政治家，他们没有先天的政治优势，那么是谁在有力地支持他们呢？那就是各个大财团。

在美国有一句谚语：“金钱是政治的母乳。”通往白宫之路是用金钱铺就的。天文数字的竞选经费需求为财团参与、控制总统选举制造了机会。早年的克林顿还不太明白这个道理。他在阿肯色州第二次竞选州长失败后反思了这个问题，于是与商业集团建立了新的关系，刻意保护企业界的利益，这才保证了他在以后的选举中取胜。李明博与财团建立关系的途径就更多了：首先，他本人在韩国现代集团服务 27 年，最后当上了集团的 CEO；其次，他的小女儿嫁入豪门，使他与

---

① 吴寄南. 日本新生代政治家. 北京：时事出版社，2002：70-71.

经济界的精英联姻，得到“晓星”财团的支持；最后，他的哥哥李相得，也是从企业职员做起，一直做到董事长，他与LG集团联姻，然后进入政界，任国会副议长。所以李明博的背后也是有雄厚的经济实力在支撑的。

4. 恩师

每个人在成长的道路上都会遇到对自己产生重大影响的人物。他不仅会影响你的思想、品德、志向，还提供具体的帮助，从而改写你的人生。这样的人就是恩师。新生代政治家的成长要仰赖领袖的栽培。英国工党主席史密斯之于布莱尔，德国总理科尔之于默克尔，俄罗斯总统叶利钦之于普京，普京之于梅德韦杰夫，都有提携之恩。但是恩师是可遇不可求的，与恩师的相遇带有一定的偶然性。

5. 地方

新生代政治家都有自己的政治根据地，俗称“票仓”。它可能是自己的家乡、工作过的地方，或者传统上一直支持某个政党的选区，等等。

四、新生代政治家的个人品质特点及其培养路径

新生代政治家的个人品质如何？这些品质是如何培养的？这也是值得探究的。

（一）新生代政治家的个人品质特点

新生代政治家的个人品质一般有如下共同的特点：远大的志向，强烈的社会责任感，鲜明甚至张扬的个性，亲民的形象，良好的媒介素养等。在日本前首相小泉纯一郎身上就集中体现了这些特点。

小泉纯一郎，被日本媒体称为“怪人”。他1941年出生，第二次世界大战结束时他只有4岁，没有受过军国主义的教育。他出生于一个政治世家，毕业于著名的庆应义塾大学。他年轻时一心想当外交家，为此曾赴英国伦敦大学留学。与前辈相比，他在自民党内的派系色彩不浓，与利益集团的瓜葛少，被称为“一匹孤独的狼”。他没有贪腐污点。为人随和，不修边幅，喜欢去街头巷尾的小酒馆和料理店。他说话坦白直率，简单明了，不打官腔。他善于利用大众传媒尤其是电视作秀，而能否与媒体保持良好的关系是新生代政治家能否提高知名度并迅速走向政治舞台中央的关键。这些与传统政治家迥然不同的气质，拉近了他与普通选民的距离。他能用娴熟的英语与西方政要周旋，有较强的国际对话能力。喜爱西方古典音乐，会弹钢琴，又使他找到了一条迅速融入国际社会的捷径。

在信息社会的条件下，特别值得注意的是新生代政治家良好的媒介素养。所谓媒介素养，应包括四个方面的内容：第一，了解基础的媒介知识以及如何使用媒介；第二，学习判断媒介信息的意义和价值；第三，学习创造和传播信息的知识和技巧；第四，了解如何使用大众传媒发展自己。总之，媒介素养就是指人们

正确地判断和估价媒介信息的意义和作用，有效地创造和传播信息的素养。新生代政治家一般都擅长演说、辩论。自从互联网、手机等新媒体普及后，他们更是及时地学习、掌握、运用这些高科技成果与网民沟通。

2002 年韩国卢武铉以新千年民主党党员身份参加总统竞选，12 月 19 日成功当选韩国第 16 届总统。互联网被积极地用于此次选举中，作为韩国历史上第一次网上选举，各党一改往日的组织活动和金钱选举，而是利用网络进行竞选，将重点放在网上，力争获取年轻选民的选票。

卢武铉所在的新千年民主党的具体措施为：

第一，为了扩大能够确认的来自“卢（武铉）风”的网民的参与空间，开设并运营选举网站。第二，将网站作为双向交流的平台，利用电子邮件和无线交流，为选民提供新闻专题“卢武铉杂志”和短信等快速信息服务以打造舆论环境，有电视台网站、无线广播电台网站、漫画网站。第三，“拥卢会”将网络群体与非网络群体进行有机结合，扩大了网络政治参与的范围。

在《韩国日报》经营的第 16 届总统大选候选人网站上，对各个政党的网络选举评价进行了记载，其中卢武铉网站在信息性、互动性、技巧性、策略表现等方面均位居榜首，被评为最优秀的网站。可以说，网络的成功为卢武铉最终竞选成功奠定了基础①。对于政党和政客们来讲，互联网是一个进行有效选举活动的手段；而对选民来讲，互联网正在成为他们参与政治的重要工具。

2009 年，日本大选前夕，各党派纷纷制作视频通过网络宣传各自的政见。约 250 名国会议员利用网络博客推销自己，并与网民实现沟通交流。为了能够在第一时间回答网民的问题，有些议员甚至通过手机上网，在微博（Twitter）上发表最新消息，实现与网民“零时差”交流。

总之，“网络政治”的兴起已经成为不可阻挡的潮流。因此，未来政治家提高网络素养已经是势在必行。

（二） 新生代政治家的个人品质的培养途径

个人品质不是天生的，而是培养、锻炼出来的。这要靠自己的努力，也要靠组织的培养。

1. 树立人生楷模，确定人生方向

从政的强烈愿望和远大的志向对于政治家的成长是至关重要的。在懵懂的少年时代，对于什么是政治、政治家是做什么的，他们也许并不清楚。但是这些青少年心目中会有他们喜爱、仰慕甚至崇拜的偶像。如果这些偶像中，政治家的形象压倒了其他偶像，最终成为人生楷模，那么在很大程度上会帮助这些青少年确立将来做政治家的人生方向，并且青少年会自觉地模仿政治家偶像的品行，不断地锤炼自己。在新生代政治家的传记中，我们都发现了伟大政治家在青少年时代对他们的影响。例如，1962 年，德国的施罗德只有 18 岁，在哥廷根的一家五金

---

① 郑东奎．利用因特网参政和韩国选举．当代韩国，2004 (1).

商行当推销员。赫尔穆特·施密特这位当时的总理令他着迷，启发了他对政治的兴趣。施密特是施罗德的政治启蒙者，施罗德的政治理念几乎全部受他的影响。三年后，施罗德 21 岁时，加入了社会民主党，迈出了政治生涯的第一步。美国前总统克林顿也是在 16 岁、高中一年级暑假时，参加了由美国退伍军人协会实施的“少年国家项目”，在中学模拟政府的竞选中被选为“参议员”，荣幸地代表阿肯色州青少年来到首都华盛顿，得到他仰慕的肯尼迪总统的接见并合影留念，从而树立了一生从政、服务公众的志向。他对肯尼迪善于妥协、讲求实际的风格颇为赞赏，并且发扬光大。在自己的政治生涯中，克林顿抱定政治实用主义，深信政治家必须讲究平衡与折中，在施政中善于应变，为平衡各种利益集团之间的矛盾而修改政策。克林顿当上总统后，在第二任期内和英国布莱尔共同倡导的“第三条道路”正是这一哲学思想的体现。

2. 专门修炼，强化核心价值观

要想成为杰出的领袖，只靠平时泛泛的修养是不够的，还需要有专门的修炼，重点是核心价值观的形成和锤炼。下面介绍非常具有日本特色的、也许是世界上独一无二的政治家“孵化器”——松下政经塾。

松下政经塾是由日本著名企业家松下幸之助于 1979 年投资 70 亿日元创办的一所旨在培养新一代日本领导人的非正规教育机构，设在神奈川县的茅崎市。松下政经塾的塾生向全国公开招募。报名者要经过严格的笔试、面试和体力测试，松下幸之助在世时还要亲自与考生面谈，而一年只招收数名学生。该校学制为 3 年。以 2000 年在校生为例：16 期 3 名、17 期 4 名、18 期 4 名、19 期 6 名、20 期 7 名，共计 24 名。可见招收的是精英中的精英。

松下政经塾的培养方式很独特，除了学习、研讨、听讲座、搞调研以外，还要到韩国体力劳动一个月，到美国语言培训一个月，到欧洲考察，入冬后安排一次 100 公里的徒步行军。塾生每天清晨 6 点起床，从打扫走廊开始一天的学习生活。要求虽然严格，但是塾生的生活、研究的经费却很充足，第一年每月 17 万日元，后两年提高到每月 31 万日元。

松下政经塾有自己的“塾是”、“塾训”和“五大誓言”。[①] “塾是”（即基本方针）为：“真心爱国家、爱国民”“以新的人生观为基础”“探索政治和经营的理念”“追求人类的繁荣和幸福”“为世界和平做贡献”。“塾训”为：“以直率的心情掌握多方面的知识”“通过自我研修探究事物的本质”“每天都要有所前进有所发展”“寻求道德高尚之路”。“五大誓言”为：“胸怀大志，坚定不移”“自我努力，实现自立”“勤于学习，探求真谛”“勇于开拓，争当先锋”“常怀谢意，互相合作”。可见，松下政经塾是把塾生思想道德的修炼放在首位的。

松下政经塾创办 6 年即见成效。1986 年大选中第一期毕业生逢泽一郎就当选为冈山县众议员。此后又有多人步入政坛。2011 年 9 月，同为一期生的野田佳彦当选日本第 95 任首相。出身于松下政经塾的政治家都比较年轻，朝气蓬勃，富

---

① 吴寄南. 日本新生代政治家. 北京：时事出版社，2002：79.

有活力，给日本政坛带来一股清新的空气。他们还组建了一个名为“青年政治机构”的组织，下设两个分会：未来政治研究会和地方议员之会，经常聚在一起交流信息，探讨政策。

松下幸之助在创办松下政经塾的时候曾设想到 2001 年时培养出 50 名政治家。截至 2000 年 1 月 1 日，它的毕业生共 169 人，其中成为政治家的 42 人（国会议员 16 人，地方议员 23 人，市长 3 人），正在从事政治活动的 31 人[①]。松下政经塾毕业生从政人数与毕业生总数之比已经远远超过了所有传统大学。2011 年 8 月 30 日，在培养了 38 位国会议员、两位内阁部长和十位地方长官之后，松下政经塾又“孵化”出其创办 30 余年来的第一位日本首相——54 岁的野田佳彦。可见，松下政经塾的确是名副其实的“政治精英摇篮”[②]。

3. 基层磨炼，增长才干

新生代政治家的成长，一般遵循如下路径模式：名牌大学（孵化器）毕业—地方或中央各省厅积累经验—进军国会选举或者大选。名牌大学毕业只是第一个台阶，它与第二个台阶要上下交替多次，最后才是第三个台阶。

在基层工作的经历对于政治家的成长是非常必要的，甚至可以说这一步是绝对不可省略的。它可以丰富阅历、积累经验和增长才干，同时也是通过实践的考验，取得政绩来树立社会声望和聚集人脉，为今后政治上更大的发展奠定基础。

克林顿就读于华盛顿的乔治敦大学外交学院，攻读国际政治专业。由于一向敬慕参议员威廉·富布赖特，所以他托人帮忙在富布赖特办公室找到一份兼职，做助理文员。富布赖特是民主党自由派代表，他的政治主张对克林顿早期的思想有较大影响，也是富布赖特把克林顿引进政坛的。在给富布赖特做助理文员期间，克林顿认识了许多政界的人物，了解了许多国家大事。他知道了种种权力杠杆之所在，以及它们是由谁操纵的。在华盛顿的这几年他没有虚度。

克林顿在担任阿肯色州州长期间，使这个全美最贫穷州之一的州经济增长了 29%，比全国平均数高出 5%，就业率和收入增长率也高于全国平均数。此外，他注重教育，提出教育改革法，提高教师待遇和教育经费，使该州教育经费从全国倒数第一位上升至第三位。在克林顿当上州长 11 年后，1991 年，阿肯色州的人均收入已领先于犹他、西弗吉尼亚、密西西比三州而居第 47 位。正是有了州长任上的经验，再加上“天时”“地利”，克林顿才创造了在他两届总统任期内保持 GDP 以年均 8%的速度持续增长 8 年的辉煌政绩。

在成长为政治家的征途上没有捷径好走。出身名牌大学的有志青年要敢于下基层、甘于在基层奋斗，为此要舍得放弃眼前的、暂时的利益。奥巴马从哈佛大学法学院毕业的时候，华尔街的律师事务所给他开出高薪，母校要留他任教，联邦法院聘请他出任法律助理，总之，无数的美好前景令人头晕眼花。但是奥巴马却不为所动，于 1991 年回到芝加哥，扎根黑人社区，在一家专门受理民权诉讼

---

① 吴寄南. 日本新生代政治家. 北京：时事出版社，2002：85.

② 松下政经塾：日本政治新星的摇篮. 文汇报，2011-09-01.

的小型律师事务所，当上了一名“穷人的代理人”的律师。“草根”的背景和不懈的奋斗，使他赢得了民众的尊敬和爱戴，被誉为“无畏的领袖”。

五、新生代政治家需要突破的局限性

新生代政治家也有自己的局限性，是亟待突破的。其中最普遍也是最根本的是如何处理与媒体及选民的关系。

新生代政治家都能明确地意识到媒体的重要性，而且多数也能与媒体保持良好的合作关系。媒体为他们提供了施展才华的新天地。可是媒体天生是要追逐“卖点”的。政治家今天是媒体的宠儿，被打造成政治明星，明天的命运如何就难说了，甚至转眼之间媒体就能叫你身败名裂。在资讯发达的今天，电视、网络等已经有了左右政治的力量。为了吸引媒体的注意，一些政治家“语不惊人死不休”，经常提一些政策提案，只是为了达到哗众取宠的目的。

政治家与选民的关系也是这样。一些政治家为了获得选票而过分迎合选民，虽然鼓吹改革，却难以提出实际的奋斗目标和政治纲领，常常是推崇拉票拉钱的能力甚于提出新的政治构想和制定政治纲领的能力。有的政治家创新意识淡薄，创新能力低下，提不出自己的想法，却专门拣民意调查中的热门话题进行发挥，甚至不惜迎合和煽动选民的一些不健康情绪。美国社会学家詹姆斯·麦格雷戈·伯恩斯把领袖分成交易型和变革型。某些新生代政治家就是交易型的。他们与选民之间，是“以工作换选票，或者以其他形式的补偿来报答竞选中的资助”。他们整天琢磨怎样当选、连任，怎样在政治角逐中捞取更多实惠，大部分的精力都耗在选战和琐碎事务上，却拿不出一套完整的、面向未来的蓝图。他们也缺乏驾驭复杂局面的能力。所以，处理好与媒体及选民的关系是对新生代政治家的一大考验。

阅读书目 …………

比尔·克林顿．我的生活．南京：译林出版社，2004

吴寄南．日本新生代政治家．北京：时事出版社，2002

菲利普·史蒂芬斯．托尼·布莱尔——一位世界级领导人的成长经历．北京：东方出版社，2006

朴键一，焦艳．韩国总统李明博．北京：红旗出版社，2008

格哈德·施罗德．抉择：我的政治生涯．南京：译林出版社，2007

巴拉克·奥巴马．奥巴马回忆录：我父亲的梦想．南京：译林出版社，2009

向洋．新时期不断发展的俄罗斯青年联盟．中国青年政治学院学报，2007（2）

李辉，练庆伟．国外青年组织发展的特征．北京青年工作研究，2008（7）

曲延明．当代俄罗斯青年政治组织述评．当代世界与社会主义（双月刊），2009（5）

思考题

1. 青年组织与政党有哪几种关系？主要由哪些因素决定？
2. 你认为，新的时代背景下政党青年组织如何才能更好地发挥作用？
3. 新生代政治家的成长规律对我国青年领袖的培养有何启示？

第四编

全球化条件下跨国的、多层面的思想政治教育

在全球化条件下，人们实践活动的时空概念发生了很大的变化。这反映在思想政治教育领域，就有如下几个方面的表现：首先，思想政治教育的空间更广阔了。思想政治教育不但在传统的民族国家范围内进行，而且出现了越来越多跨国的思想政治教育。有全球性的（如联合国），也有地区性的（如欧盟、东盟）；有国际的、族际的，也有跨界民族超越国界进行的；有按照宗教信仰进行的（如全世界的穆斯林），有由公民社会推动的（如“反全球化运动”），也有个人的（在国际互联网上）。其次，在时间上，更加快捷，甚至可以同步进行（利用各种媒体，尤其是互联网和移动互联网）。再次，在思想政治教育的行为主体上，更加多样化。除了原来的国家、民族、政府、政党、教育机构等传统的主体，还出现了政府间组织和非政府组织等新型主体。而思想政治教育覆盖和渗透的领域，也从传统的政治、经济、文化领域，扩展到安全、和平、发展、社会、环保等领域。总之，在全球化条件下，思想政治教育出现了跨越国界、多层面进行的新特点。

我们选取了“青年事务（工作）”这个视角来观察和反映全球化条件下的思想政治教育。“青年事务（工作）”不等于“思想政治教育”。但是考虑到二者有比较多的交叉和比较深入的渗透，而且鉴于大多数国家不使用“思想政治教育”这个概念，因此，从“青年事务（工作）”这个角度是可以在一定程度上了解全球化条件下的思想政治教育情况的。下面，我们从联合国及其下属机构、欧洲委员会和欧洲联盟、公共领域三个方面对有关问题进行阐述。

第十二章 联合国及其下属机构的青年事务

要点提示

● 联合国的和平文化和发展文化引导青年事务的发展。联合国青年事务既是各国青年工作交流的平台，也是沟通各层次青年工作的桥梁。从 1965 年到现在，联合国青年事务已经发展为一个功能齐全、分工明确、特征鲜明、机制科学的完善的体系。

关键词　联合国　青年事务　机构　政策

联合国是当今世界上最重要、最有影响力的国际组织。联合国青年事务的发展对世界各国的青年事务起着引导和推动的作用。本章在简介联合国的基础上，论述联合国青年事务的由来和发展、基本理念、机构、职能、机制和重要文献，以及中国参与联合国青年事务的概况。

第一节　联合国基本理念的发展演变

要想了解联合国青年事务，就必须先了解联合国。本节简要介绍联合国的历史、机构、基本理念和机制，以及它的地位作用。

一、联合国概况

联合国是一个在第二次世界大战的烽火中孕育、在战争的硝烟刚刚散去的时候诞生的国际组织。它并非“全球政府”，而是一个政府间组织。迄今为止，它的综合性、权威性是任何组织都无法相比的。在世界日益走向全球化的今天，它发挥着独特而又重要的作用。

“联合国”这个名称是由美国总统富兰克林·罗斯福提出来的。1942 年 1 月 1 日，美、英、苏、中等 26 国在华盛顿联合发表《联合国宣言》，提出了在战后建立一个拥有广泛安全制度的世界秩序的构想。1945 年 4 月 25 日，出席联合国国际组织会议的 50 个国家、280 多名代表一致通过了《联合国宪章》。同年 10 月 24 日《联合国宪章》生效，联合国（United Nations）正式宣告成立。1947 年 10 月 30 日，联合国大会通过决议，确定每年的 10 月 24 日为联合国日。

联合国的宗旨在《联合国宪章》里做了明确规定，可以简要表述为：维护国际和平与安全，尊重平等，促进发展。联合国有会徽、会旗、会歌，总部设在纽约，一些下属机构的办事处设在日内瓦、维也纳、内罗毕等地。联合国的工作语言为（按照字首的英文字母排序）阿拉伯语、汉语、英语、法语、俄语、西班牙语六种。联合国的网站是 http://www.un.org/。截至 2018 年，联合国已经拥有 193 个成员国。

二、联合国基本理念的演变：从“和平”到“发展”

联合国的历史和基本理念的演变要追溯到成立于 1920 年 1 月 10 日的国际联盟（简称国联）。当时第一次世界大战刚结束不久，美国总统威尔逊提议成立一个由主权国家组成的国际组织来预防战争，“促进国际合作，保证国际的和平与安全”。这个组织就是国联。联合国与国联，在成立时有相似的背景，因此它们的宗旨都是以维护和平为中心，而且联合国也继承了国联的“集体安全”原则。但是，它们毕竟是成立时间相隔了 20 多年的两个组织，时代不同了，环境发生了巨大的变化，因此它们之间又有着重大的区别。仅就基本理念而言，联合国的“和平”理念、“发展”理念都在不断地丰富、深化；在二者的关系上也经历了从早期更关注“和平”到逐渐认识到“发展”的重要性的演变，最终确立了“和平与发展”并重的时代主旋律。这一主旋律引导和制约着联合国各个领域的工作，其中自然也包括青年事务领域的工作。

（一）弘扬、丰富和发展“和平文化”

第一次世界大战后，世界上出现了两个“裂变”：法西斯主义的崛起使资本主义阵营发生了分裂，一方是以德国、意大利、日本为代表的法西斯国家，另一方是以美国、英国、法国为代表的民主国家；而在 1917 年十月革命诞生了世界上第一个社会主义国家——苏联后，世界上有了资本主义和社会主义两种不同的社会制度及其意识形态。美国、苏联后来分别成了它们的代表。

国联的成立反映了当时人们对战争与和平关系思考的水平。人们认识到，战争对于所有国家而言都是灾难，维护和平要靠所有人、所有国家的共同努力。创立国联，就是试图建立一种预防战争、维护和平和安全的机制。可惜，国联的这一初衷未能实现：美国由于国内政治的原因没能成为成员国，苏联长期被排斥，小国、弱国根本没有发言权，结果国联成了英法等大国的工具，日本和德国后来相继退出这个以“维护世界和平”为名目的组织，这也成为它们扩大侵略的重要步骤之一。

第二次世界大战中形成的反法西斯同盟，是所有成员国暂时搁置意识形态分歧、携手共同抗击法西斯的统一战线。由同盟国倡议并筹建成立的联合国，继承了国联的集体安全原则，并且有所发展。

第二次世界大战后建立的雅尔塔体系①第一次把社会主义国家和资本主义国家和平共处的原则纳入了国际关系体系。在此后近半个世纪的冷战期间，美苏关系虽然处于对抗状态，也多次出现危机，却始终没有爆发“热战”，这就证明雅尔塔体系起到了制约双方在解决争端时的行为方式的作用。伴随着冷战的发展、缓和、结束，“妥协”越来越成为解决国际纠纷的常规手段。国际关系中矛盾或冲突的任何一方，都不能把自己的意志强加于人，在捍卫自己的核心利益时必须考虑对方的合理利益，有取有予，反对和抵制霸权主义和强权政治，以对话代替对抗，以缓和或合作代替战争或冷战。

在雅尔塔体系的演变中，还产生了另外一个结果：孕育了一个多极化的世界。在该体系中，欧洲被分割为东、西两个部分，夹在美苏两极之间。从西欧开始的“欧洲一体化”进程，后来结出了欧盟这个硕果。在殖民主义体系分崩离析的废墟上，一大批新独立的民族国家出现在历史舞台上。以 1955 年万隆会议为标志形成了新兴力量运动，20 世纪 60 年代出现了不结盟运动，70 年代形成的“77 国集团”则是南南合作的开端。它们共同组成的“第三世界”对“两极世界”产生了巨大的冲击。多极世界的形成，不仅意味着更多的差异、分歧、矛盾乃至冲突、对抗的产生，也意味着人类更需要和平。对和平的渴望，呼唤着和平文化。

早在第一次世界大战时期，和平运动已然在世界范围兴起。联合国成立后，更是积极传播和平理念，大力弘扬和平文化。联合国在长期的实践中，逐步总结经验，在“和平”思想的框架内发展出一套由“和平和维持和平”“安全和集体安全”“裁军和限制军备”“非殖民化和反对种族隔离”等几个彼此相联系的部分组成的理论，并且通过建立机构、制定法律规则乃至直接采取行动，把它贯彻落

① 雅尔塔是乌克兰一个著名的疗养城市，位于黑海海滨，克里米亚半岛南岸。1945 年 2 月 4—11 日在雅尔塔举行了三国首脑会议，美国总统富兰克林·罗斯福、英国首相温斯顿·丘吉尔和苏联统帅约瑟夫·斯大林共同制定了战后世界秩序和利益分配方案。雅尔塔体系是指 1943—1945 年期间盟国领导人从德黑兰会议、雅尔塔会议、波茨坦会议以及其他重要的会议、会谈中形成的一系列公报、议定书、协定、声明、备忘录等组成的体系。它的内容有四个方面：(1) 如何打败法西斯；(2) 重新绘制战后欧亚地图，特别是划定德、意、日的疆界和其被占领区的归属和边界；(3) 建立联合国；(4) 对德、意、日的殖民地以及国联的委任统治地实行托管计划，原则上承认被压迫民族的独立权利。

实，取得了显著的效果。

联合国建立之初，人们对什么是和平、如何维护和平的思考还是比较肤浅的，更多的还是把它与反战、安全等概念联系在一起。当时最引人关注的是安全问题。“安全和集体安全”是首先要澄清的概念。

从17世纪起，在国际关系领域就存在着“势力均衡”和“威胁”的概念。“势力均衡”即在大国之间保持平衡。到20世纪初，又出现了另一个安全概念：“威胁”，即通过威胁使用武力来阻止潜在的敌人发动战争。这一概念是想告诉敌人，侵略带来的风险和代价将会超过可能得到的任何利益①。联合国则用“集体安全”的理论代替了“势力均衡”和“威胁”理论。“集体安全”概念是：各国一致承担法律义务来维护国际和平与安全；以集体的方式保卫各国的利益；通过放弃武力（除自卫外）、承诺以和平的方式解决国际冲突；通过承担义务支持军事及非军事的措施来打击侵略者，实现国际和平的加强。

联合国不仅把“安全”理念演化为一套法律规则，还专门设立了“安全理事会”这样一个机构来承担维持和平的职责。“安全”概念的内涵也随着联合国的实践不断丰富和拓展。“安全”的定义是全面的，它不能只以不存在战争状态为其定义，还应考虑与“安全”相联系的政治、社会和经济因素。政治的不稳定、发展问题、种族隔离、自决权利被拒绝等都是战争与动乱的根源。因此联合国在以下领域开展工作：（1）维持和平行动；（2）裁军；（3）非殖民化和消灭种族隔离。“集体安全”的概念是创造“和平文化”的根本所在，是联合国追求和平的出发点。

（二）创立和深化“发展文化”

除了和平与安全，联合国宪章中确定的另外一个职能便是促成国际合作，以解决经济、社会、文化或人类福利性质之国际问题。联合国历任秘书长对这一宗旨和职能都有明确的定位和清醒的思考。第三任秘书长吴丹认为，联合国应首先帮助殖民地国家取得独立，然后促进这些国家的经济、社会发展以保持和加强其独立。他说：“我越来越深刻地认识到，世界区分为贫国和富国远远比政治、意识形态的区分更重要、更基本和更具爆炸性。联合国必须、也能够在缩小贫富差距方面发挥领导作用。”② 为实现这一目标，联合国创造了“发展”的概念，形成了“发展”的思想，实施了四个十年发展战略，对消灭贫穷、缩小南北差距、建立国际经济新秩序、实现人类的“可持续发展”做出了巨大贡献。

第一个十年（1961—1970）发展战略：促进发展中国家国民经济总量的增长。

---

① 安全的概念. 裁军简报（中文版），1987（48）.

② U. Thant. View from UN. New York，1978：39.

1961年12月19日，大会通过了关于“发展”问题的第一个决议，即“联合国发展十年”。决议把缩小不平等状况，促进贫国与富国间的合作、改善所有人的生活作为国际社会的责任，这在历史上是第一次。第一个发展十年（1961—1970）的目标是帮助发展中国家，使其国民经济总产值到本十年末增长5%①。

尽管联合国做出了很大努力，然而对众多发展中国家来说这只是杯水车薪，无济于事。联合国在对第一个十年进行反思的时候意识到，它的思路表达了一种单纯追求“经济增长率”的发展观念，即发展就是促进发展中国家国民经济总量的增长。

第二个十年（1971—1980）发展战略：争取建立国际经济新秩序。

1970年10月24日，联合国大会通过了《联合国第二个发展十年的国际发展战略》。第二个发展十年战略由三部分内容组成：经济增长的具体指标，建立国际经济新秩序的长久目标及援助最不发达国家的行动纲领。联合国不再把经济增长率作为发展的唯一标志，也不再把援助作为解决问题的唯一渠道。它开始修正以增长为中心的发展思路，从而把“公正”而非“增长”作为优先考虑的因素。

第三个十年（1981—1990）发展战略：确认发展权为不可剥夺的人权。

1980年9月，联合国大会通过了《联合国第三个发展十年的国际发展战略》。

1986年，联合国通过了《发展权利宣言》，正式确认发展权利是一项不可剥夺的人权，发展机会均等是国家和组成国家的个人权利。因此，发展权利包括两个方面的内容，第一，“它意味着充分实现民族自决权，包括对它们的一切自然资源与财富有行使充分的、不可剥夺的主权”；“实现发展权利需要充分尊重有关各国按联合国宪章建立友好关系和合作的国际法原则”，并“在行使其权利和履行义务时应着眼于促进基于主权平等、相互依赖、各国互利与合作的新国际经济秩序”。第二，它意味着每个个人都有参与发展的权利，具体到这种权利实现的指标应该是：保证工作权利和组织工会及工人协会的权利；促进充分就业，消除失业和就业不足；为所有人创造公正、有利的工作和条件，包括改善卫生和安全条件；保证公平的劳动报酬；消除饥饿、营养不良和贫困；促进公平合理的收入分配；实现最高健康水平；扫除文盲，保证享受免费初级义务教育的权利以及为所有人提供充足的住房和社区服务等。

该宣言的通过是联合国人权思想的升华和发展思想的又一次重大飞跃。《发展权利宣言》与《世界人权宣言》、《公民权利和政治权利国际公约》、《经济、社会和文化权利国际公约》一起构成“国际人权宪章”。就发展而言，它强调每个人及各国人民均有权参与、促进并享受经济、社会、文化和政治的发展。在这里，发展不仅意味着增长，还意味着公正，更意味着人权。这表明，联合国长期以来“以增长为中心”的发展观向“以人为中心”的发展观演化。

第四个十年（1991—2000）发展战略：实施可持续发展。

1990年12月21日，联合国宣布通过《联合国第四个发展十年的国际发展战略》，即可持续发展战略。

在联合国实施了前三个发展十年战略以后，不但贫国与富国之间的差距没有缩小，人类社会更面临着另一个严重失衡，即生态环境的不断恶化。环境恶化和发展中国家的贫困互相交织，促使国际社会越来越深刻地认识到，环境与发展问题互不可分。1992年联合国环发大会通过《关于环境与发展的里约宣言》和《21世纪议程》，标志着可持续发展的全球战略的形成。在联合国体系里，“可持续发展并不是单纯地关于或侧重资源与环境的理论与战略，它是一套全球性的、综合的、长期的关于人类现在与未来的发展思想与发展战略”，“可持续

① 联合国手册. 北京：中国对外翻译出版公司，1987：27.

发展问题涉及人类社会活动的各个方面和各个领域，贯穿于人类社会的经济体系、社会体系以及自然的生态环境体系”①。可持续发展战略既是第四个发展十年的主题，也是对联合国发展思想和战略的总结。它反映了如下思想：第一，可持续发展是以人为中心的发展，这里的人指当代人，又指后代人，指发展中国家，又包含了发达国家。而人的发展是指满足基本需求，追求自尊，实现选择的自由。第二，可持续发展要求实现发展的权利，发展是一项基本人权，这里的发展指人的经济、社会的全面发展。第三，可持续发展要求实现公正原则，公正包括当代人与下一代人之间、当代人之间、发展中国家与发达国家之间的公正。

联合国四个发展十年战略的通过和实施具有重大的理论意义和实践意义。就理论意义而言，它反映了联合国对发展理论的探索过程。经过第一个十年的检验，联合国首先把经济增长与经济发展加以区分。前者意味着更多的产出，而后者则应该包括产出结构与经济结构的改革，于是通过了建立国际经济新秩序宣言。随着对发展问题认识的提高，联合国又意识到，经济增长或经济发展指标是推动社会发展的手段，但不是目的。为此，联合国在发展战略中增加了涉及人的社会保障、卫生、健康、文化等方面的指标。为了使发展持续下去，应该赋予发展更丰富的人文价值内涵，发展不再仅仅是经济学的范畴，它还是社会学、生物学、人文学的范畴。这是一个完整的和综合的发展概念。

就实践意义而言，联合国是发展的关键性机制。(1) 它是国际合作的重要讲坛。“它意味着提供一种全球的观点，并在这个观点内进行内部机制的合作。”② (2) 联合国的发展目标、战略、宣言、行动纲领为全球发展提供了国际规范、标准和思路。(3) 联合国的发展战略为发展活动建立了一种环境、框架甚至一种包罗万象的总括。20 世纪 90 年代，加利秘书长在《发展议程》中阐发了这一概念所包含的各个方面的内在联系，他指出：“和平作为发展的基础”“经济作为进步的火车头”“环境作为可持续发展的基础”“司法作为社会的支柱”“民主作为治国良策”③。(4) 发展战略通过确立优先发展项目，协调资源配置，援助发展中国家。

(三) 多元、发展、合作的世界文化战略

和平与发展是联合国的两个重要目标，而两个目标互为条件，相互影响。它们的共同发展有待于全人类的理解、沟通和合作，为此，联合国又制定和实施了世界文化战略。

1982 年 8 月，在墨西哥召开的世界文化政策会议上，初步形成了联合国的文化发展战略。该战略起初重点在于保持“文化特性”。到了 90 年代，联合国的文化政策内容更加丰富，目标也更加具体和实际。其中最重要的贡献是，它发展了“文化权利”“文化发展”“文化合作”三个概念，它们意味着每一个人都有参与文化的权利；文化与安全、经济、社会发展密不可分；在国际交往中促进文化合作。

① 赵黎青. 非政府组织与可持续发展. 北京：经济科学出版社，1998：22.

② Martin Hill. UN System-Coordinating Its Economy and Social Work. Cambridge Univ，1978：106.

③ 联合国公共信息部. 联合国纪事（中文版），1994：59.

“文化特性”包括了三个方面的思想：首先，文化就是传统。联合国教科文组织的第一个使命就是保存和保留各国的文化遗产。这就是联合国创立的人类“文化遗产”概念的由来。为拯救人类文化遗产，联合国教科文组织制定了国际公约和准则，并帮助各国调整立法和行政，使之适应于保护遗产的需要。联合国教科文组织还建立了基金，帮助提出申请的国家恢复和保护这些文化和自然遗产。其次，历史是保持文化特性的关键，即“历史是文化特性的基石”。自 1950 年起，联合国教科文组织开始进行了人类科学和文化发展史的编写工作。其中《非洲通史》《中亚文明史》《人类科学及文化发展史》的编写和修订，对当代文化的研究做出了不可估量的贡献。为了不让某种文化的传统和意识消亡，联合国教科文组织对一系列地区文化活动和文化节给予了资助。再次，文化与文化之间的交流。世界文化是多元的，每种文化又是独特的。为了在各种文化之间建立起平等、健康的关系，联合国教科文组织开展了翻译世界文学名著的巨大工程。各会员国向联合国教科文组织推荐本国具有代表性的著作和作者的名单。由联合国教科文组织组织专门力量进行翻译。此外，还开展了举办巡回艺术展览、出版传统音乐唱片等活动。

“文化权利”是说，参加文化生活是每个人的权利。早在 1948 年，联合国就通过了《世界人权宣言》。其中第 22 条规定，每个人都有权享受他的个人尊严和人格的自由发展所必需的经济、社会和文化方面各种权利的实现。第 26 条规定，人人都有受教育的权利。初级教育应属义务性质；技术和职业教育应普遍设立；高等教育应根据成绩而对一切人平等开放。教育的目的在于充分发展人的个性并加强对人权和基本自由的尊重。教育应促进各国、各种族或各宗教集团的了解、容忍和友谊①。

1986 年联合国宣布文化发展十年战略。在这个战略中最终形成了完整的文化政策思想：这里重申了保持文化特性，促进文化权利的普遍实现，同时把文化发展和文化合作概念及目标纳入其中。

1995 年，联合国提出了“文化发展”的概念。它基于如下考虑，要使人类多数都实现参与文化的权利，必须解决“发展”问题。文化问题首先是发展问题，没有经济和社会的发展与进步，就不可能有文化的进步。“如果大多数人生活在普遍贫困之中，世界各国人民就无法和平地生活与工作”，“由于缺乏生产性就业和谋生之道”，就会有“如此多的男女成人和儿童丧失尊严、受苦受难和浪费才能”。“如果不同文化、性别、种族、经济条件、利益和愿望的个人和团体和谐生活的能力如此脆弱，世界各国人民就无法在我们的社会发挥创造力和共同实现繁荣。”②

在促进文化合作方面，联合国把教育作为一个重要领域。首先，联合国教科文组织为各国的教育提供共同的法律准则。其次，联合国教科文组织发起和资助文化教育合作项目。为推动南北合作，20 世纪 90 年代该组织发起了姐妹大学/教席计划，该计划通过高等院校间结成姐妹关系，促进知识和技术迅速转化，缩小发展中国家与发达国家之间存在的知识差距，促进发展中国家特别是最不发达国家高等教育的发展。联合国教科文组织在推动区域文化合作方面也做出了努力。联合国教科文组织还在以下领域促进国际科学的合作：提高基础科学方面的独创性，利用可再生能源，加强抵抗自然灾害的能力，促进人和自然的相互适应。

---

① 联合国公共信息部. 联合国纪事（中文版），1994：528-529.

② 联合国公共信息部. 联合国纪事（中文版），1994：44.

总之，文化特性、文化权利、文化发展、文化合作是联合国世界文化政策的四个支柱。为实施这四个战略目标，联合国拯救过许多濒于毁灭的文化遗产，援助过无数青年、妇女、儿童及老年人参与文化生活、接受不同层次的教育；关注“可持续发展”，努力建立文化进步的环境；发起各种规模的国际文化合作项目；并对世界各国的共同文化教育事业做出了贡献。

历史已进入 21 世纪，并把我们带入了一个全球化时代，它将以政治新秩序、经济新秩序和安全新秩序为依托。《联合国千年宣言》庄严重申：加强联合国的作用；谋求和平、安全与裁军；消除贫困、促进合作与可持续发展。在新的世纪里，联合国正在为构建和发展“和平文化”与“发展文化”，推动人类文明的进程做出更大的贡献。

第二节　联合国青年事务和青年政策

1965 年，在联合国的带动下世界青年事务兴起，“青年”开始成为联合国的一个重要议题。50 多年来，在“和平与发展”的世界大环境下，国家之间青年事务（工作）的排他性越来越小，合作的领域和范围越来越广。以联合国为平台，各国在引导青年发展、维护青年权益、服务青年成长、解决青年问题等方面实现了良好的沟通与合作。正是在此基础上，联合国青年事务体系不断发展完善，现已成为引导和指导世界青年发展的重要力量。

一、联合国青年事务概况

联合国青年事务内容繁多，体系庞大，包括联合国及其大家庭为教化、管理、服务青年所发布的一切政策和所做的一切工作。联合国青年事务对世界青年的成长和发展意义重大，它既是各国青年工作相互交流的平台，也是沟通国际、区域各层次青年工作的桥梁。从 1965 年到现在，联合国青年事务从无到有，已经发展成为一个功能健全、分工明确、特征鲜明、机制科学的完善的以服务世界青年为宗旨的体系。

（一）什么是青年事务

1. 什么是青年

对“青年”这个概念，不同学科定义不同。生理学以人体的发育程度定义青年，教育学从一个人接受教育和掌握知识的程度定义青年，社会学以“获得职业，经济独立，建立家庭”为标志定义青年，心理学则将人的人格特征、情感特征和自我特征等心理机制的质变作为依据定义青年。以上各个学科对于青年的定义都停留在对青年外部特征的描述的角度上。随着对于“青年”的认识不断拓展和深入，对于青年的概念理解也进入了一个抽象寻找其普遍性和共同性的阶段，人们认为："青年是人类成长的一段时期，是一种社会的、历史的现象，是在一定历史条件下，人生由童年向成年过渡的阶段，社会对于这一过渡期的社会化要求的标准决定了青年期的年龄范围和存在方式，青年人怎样生活和劳动则反映了一定社会的发展程度和方向。"① 联合国将"青年"界定为"15～24岁之间的人"。此后，联合国系统所有有关青年的统计资料都以此界定为准。联合国在对青年做出定义的同时还明确指出，联合国的定义并不排斥各国对青年的界定，因为除上面提及的"青年"的统计定义外，青年一词的意义在世界各地因社会而异。"青年"的具体内容取决于各国特定的经济、文化和社会因素。

2. 什么是青年事务

青年事务是指：政府或社会组织在围绕青年的成长成才、生产生活、生存发展等方面，依照有关法律法规，行使教育、监督、管理、保护、服务、发展等职能的过程中所涉及的综合性服务事项②。在我国也使用"青年工作"这个概念来表示上述内容。

3. 青年事务国际化的推动因素

1965年联合国大会在其第2037/20号决议中赞同了《关于在青年中培养民族间和平、互相尊重及彼此了解等理想之宣言》，该宣言的发表是联合国介入青年事务的开始，同时也是青年事务走向国际化的开端。

20世纪60年代，三大因素促进了青年事务的国际化。首先，青年研究的逐步整体化和系统化。各学科都将青年纳入自己的研究领域，其结果丰富和拓展了人们对于青年的认识，也革新和发展了社会的青年观，其功效在于：一方面，为政府和社会组织制定青年政策、处理青年事务提供科学的依据，另一方面，各领域的研究成果使得青年的社会地位、基本权益开始为社会所重视。其次，20世纪60年代，"青年问题"诞生，并成为各国普遍的社会问题；60年代末，东西方普遍发生了青年运动，挑战传统和成人权威，造成了对社会正常秩序的巨大冲击，也使人们看到了青年身上蕴藏的巨大力量。青年运动使社会认识到，青年发展必须引导，青年成长中的问题必须给予解决。最后，青年群体和青年组织的诞生改变了青年传统的社会依附关系，使社会丧失了教化、管理青年的绝对权力，亟待出现一股新力量与青年进行交流，对青年组织进行管理和整合。

（二） 联合国青年事务的兴起和发展

从1965年联合国大会颁布第一个关于青年事务的决议到现在，联合国青年事务从无到有，体系日渐完善，运行日渐规范，内容日渐丰富，规则日渐科学。通过梳理联合国青年事务的发展脉络，我们可将其分为三个时期。

（1）酝酿期（1965—1984年）。之所以把这一时期称为"酝酿期"，是因为

① 金国华. 青年学. 北京：中国青年出版社，1999：40.

② 江广平. 联合国青年事务. 北京：中央编译出版社，2008：54.

此时的联合国青年事务体系还不健全，不完善，大多数工作还处在宏观指导层面，内容还显得模糊，能够帮助青年解决问题、走出困境的实质性内容不多。在工作导向上还是“问题主导”，即青年有什么问题，有什么需要，就进行与之相关的工作。但在本阶段，联合国青年事务的体系正在逐渐形成，并在不断发展完善。联合国极为重视发展与青年和青年组织沟通的渠道，与青年和青年组织直接接触的愿望十分强烈。联合国体系内专门处理青年事务的组织正在逐步形成，一个由国际级、区域级、国家级三级并肩组成，携手从事青年事务处理工作的模式初显雏形。本阶段联合国从事青年服务的体系也在形成，青年咨询部门，青年问题讲习班，青年、青年组织间交流的模式也都在逐步建立、发展并完善。

本时期联合国青年事务的主要工作一是注重对青年的教化，二是重视与青年的交流，三是关注青年的参与，四是关注青年的健康习惯。

（2）形成期（1985—1994 年）。1985 年被联合国确定为“国际青年年”。这之后的十年，世界局势发生了很大的变化。最重要的一点是“冷战”结束。各国因意识形态和社会制度差别而造成的分歧，越来越被大家所共同关心的普遍性的问题代替，“和平与发展”成为时代的主题。相应地，青年作为人口中的特殊群体，他们的发展以及分享社会发展成果的权利日益受到人们的一致关注。正是在此背景下，联合国确定 1985 年为“国际青年年”，旨在号召全世界关注青年的成长和权益。“国际青年年”对世界青年事务的发展意义重大，其最重要的贡献在于：更广泛地宣扬了把青年作为一个特殊群体来对待的必要性和重要性。接下来的十年，是人们围绕青年群体自身需要、具体构想和推动建立其应有政策的过程。

本时期整个联合国青年事务体系不断完善和发展，青年的发展被纳入社会发展的规划体系当中，青年诸多层面的权益为世界所关注，青年亚群体的权益也被相应的青年政策保护。关注并支持青年的发展，不仅是社会的责任和义务，更被看成一种投资，是对国家的未来投资。“人力资本”的概念已经被更多地引入到对青年政策效益的分析评估中来。

本时期联合国青年事务的核心目标是“参与、发展、和平”。就内涵来看，其着眼点已不再停留在对青年的“教化”上了，更多地开始了一种对青年发展的指导和服务，主体和客体之间形成了一种良性的互动。青年健康发展有什么样的需要，社会就会提供什么样的服务，这是联合国青年事务体系走向成熟并逐渐完善的标志。

本时期联合国青年事务的主要工作一是为广大青年提供发展的机会，确保青年享受教育和工作的权利；二是有针对性地保护青年弱势群体和亚群体的权益；三是关注整个青年群体的健康状况和他们的生活环境。

（3）发展期（1995 年至今）。这一时期的联合国青年事务日益成熟，呈现出三大新特点。

其一，国际化。全球化和信息化的影响主要表现在以下方面：首先，加强了各国青年的交流，促进了彼此间的了解，国家之间出现了合作的新契机。其次，各国都难以在全球化和信息化时代针对青年问题“关起门来说话”，总会受到外界的影响，而且青年领域出现的新情况和新问题并不能靠一国之力加以解决。再次，各国青年成长在相似的环境中，出现的矛盾和困境多数是相似或相同的。集各国之力，大家集思广益，矛盾才容易被解决。以上因素推动了“青年领域”的国际合作。作为合作的成果，青年事务体系自然呈现出“国际化”的特点。

其二，政府化、规范化。青年政策体系在各国政府的推动下呈现出政府化和规范化的特点，表现在：首先是各国政府对青年事务的控制能力显著增强。其次是政府对青年事务的规范能力大大提高。政府的规范作用主要体现在对青年人力资源的配置和开发使用上，它通过许多切实可行的机制和措施，激励和带动青年人在社会发展中做出更为积极的贡献。再次是政府对青年事务的适应能力明显改善。

其三，社会化。由于在社会发展中的弱势，青年最易成为各种问题与矛盾的攻击目标和纠缠对象，不可避免地成为受害者。在经济社会可持续发展的战略中，以人为本发展观念的进一步增强，大大增进了社会发展政策的综合性，无形中也推动了青年社会化的进程。青年社会化从单一的适应社会演变为青年如何认识社会的问题。青年领域的社会化发生了实质性的变化，在延长社会化时间的同时，更赋予了社会化全新的内容。

（三）联合国青年事务体系

联合国青年事务体系是由“全球、区域、国家”三个相互影响、相互协调的青年政策体系组成的。从《到2000年及其后世界青年行动纲领》颁布后至今，联合国青年事务体系的全球级、区域级、国家级三个层次已经基本形成，并日臻完善（见图12-1）。

从图中我们可以看出三个层次及它们之间的相互关系：

（1）全球级。全球级的青年事务是由联合国大会通过第三委员会与经济及社会理事会制定的青年政策、联合国所举行的一系列特别会议所通过的有关青年议题的决议、非政府组织青年论坛在会议期间发布的有关青年的决议这三部分组成的。全球级兴起于酝酿期，并在形成期迅速完善。到了发展期，这三部分的机构和组织已基本定型，并且会定期将各自的代表聚集起来，研究青年中出现的新情况，推出青年政策的新成果。

（2）区域级。区域级的青年事务由两部分组成：一是联合国区域委员会通过定期召开会议制定的区域青年政策；二是在区域非政府青年组织召开的青年论坛上通过的有关本区域青年问题的一些决议。区域级的青年事务兴起于联合国青年事务的形成期，进入发展期后其规模和影响都日益壮大。

（3）国家级。国家级的青年事务也由两部分组成：一是国际级和区域级的各种会议产生的在国家级（大多是最不发达和欠发达国家）实施的青年政策；

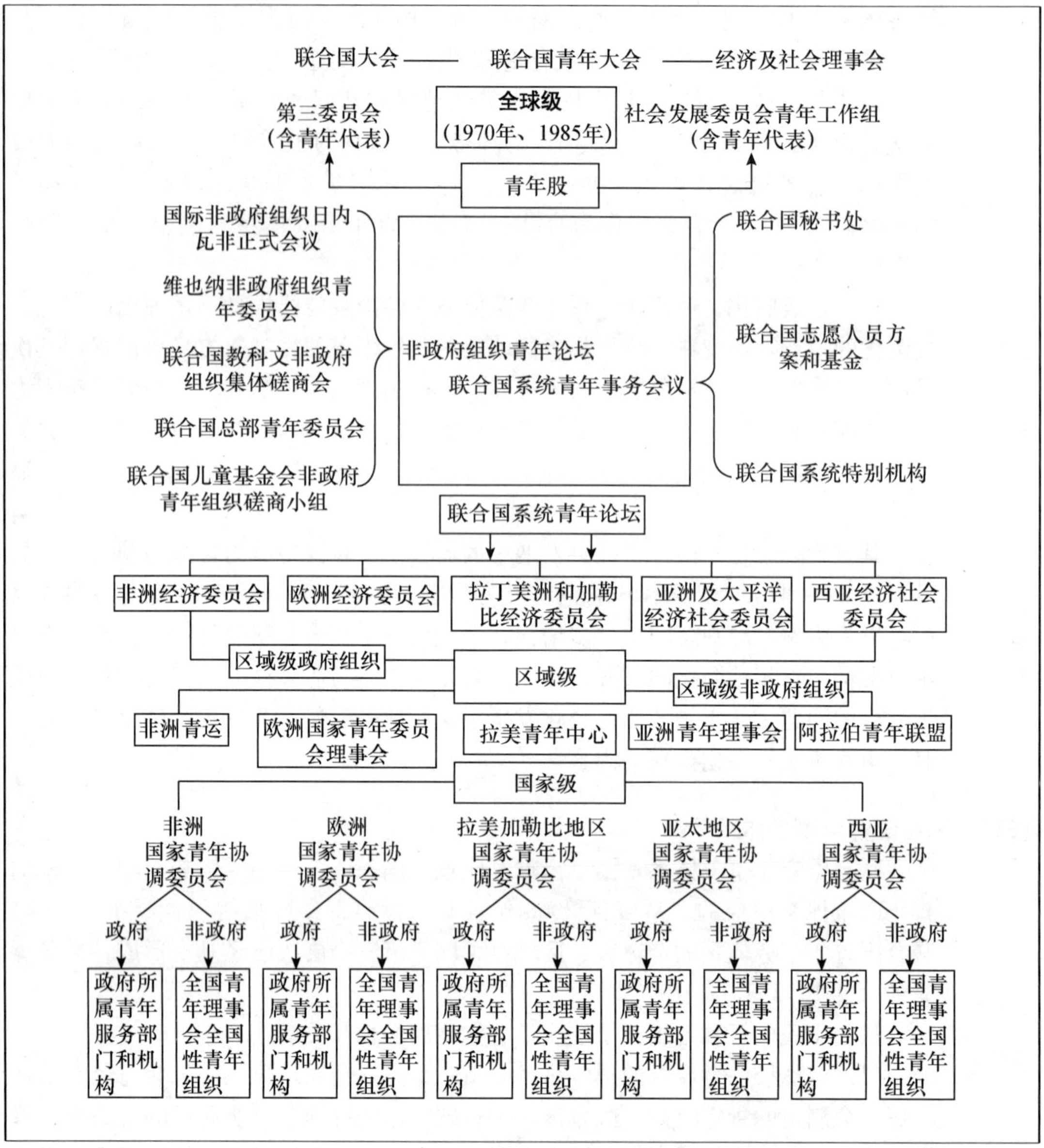

图 12-1　联合国青年事务体系示意图

二是在国内，政府与非政府组织的青年代表走到一起，计划如何在国家级上实施世界青年行动纲领。

目前，这三级的机构组合基本定型，相关隶属关系和联系也基本确定，各自分担的责任业已明确，整个青年政策体系已基本建立，全球青年事务已完成布局。在全球化和信息化的影响下，在全球性青年领域合作不断发展的要求下，全球级、区域级的青年政策体系表现活跃，国家级青年政策体系逐步改进并与国际接轨，整个青年政策体系正在朝着相互配合、相互协调的良性方向发展。

(四) 联合国青年事务的运行机制和特点

联合国对于世界青年事务的推动和发展贡献巨大，这与其高效的运行机制是分不开的。良性的运行机制保障了青年事务工作的科学性和高效性。

1. 联合国青年事务的运行机制

(1) 政府化与非政府化互补的机制。联合国青年事务的运行很大一部分是各个参与国以联合国大会以及各种由职能机构举办的会议或论坛为平台，共同参与、协商、讨论青年事务。各国政府将自己教育、管理、服务青年的一部分职能让渡出来交给联合国，让其按照各国的最终决议统一执行。可见，联合国青年事务政府化运行机制是一种机制化、组织化的国家合作，属官方性质，是国家间多边合作的一种形式。联合国青年事务还有一部分需要广大非政府组织来完成。这些组织属于民间性质，是由各国的自然人或法人依照国内法订立协议而自愿成立的，在政治上和经济上独立于各国政府。政府行为与非政府组织的行为形成了互补的运行机制。

(2) 制度化与法制化并行的机制。联合国青年事务的制度化是指联合国青年事务的运行越来越依靠成熟有效的青年政策来进行保障。起初，联合国对青年事务的处理只是停留在一般的呼吁上，这种工作机制流于粗疏、表层、虚弱，无法做到具体、深入、踏实，也就不能真真切切地为青年带来利益。完善的青年政策体系的建立，使联合国青年事务工作有了目标，运行有了依据，质量有了监控，考核有了标准，确保了联合国青年事务工作的高效性和科学性；联合国青年事务的运行法律依据是代替各成员国行使它们让渡出来的本国有关青年事务的一部分职能。为了不侵犯各国的权益，保障公平性，必须对这部分职能的效力和范围进行严格的限制。一方面，联合国青年事务要遵循国际社会普遍承认的国际法，以保证其行动的合法性；另一方面，联合国把青年事务运行过程中的某些决议和政策上升到国际法的高度，以期对联合国青年事务职能进行明确的规定。

(3) 国际化和区域化结合的机制。如上所述，联合国青年事务体系是一个由全球、区域和国家三级组成的多层次、复杂的体系，这一体系的运行既需要国际公约的保障也需要区域和国家级的推动和配合。全球级青年事务具有广泛性和参照性。它把握的是世界青年事务运行的大方向，明确的是一段时间内世界青年事务所要达到的目标和所要从事的主要工作，并为区域和国家级的青年事务运行提出了要求和参考的依据。区域级的青年事务起着承上启下的作用。一方面，它会依照一段时间内全球级青年事务的要求，针对本区域内青年的具体状况提出本区域内的青年政策。另一方面，作为全球级和国家级青年事务的中介，它会将全球级青年事务的某些情况和要求传达给国家，也会将国家级出现的新情况向上传递给全球级。国家级的青年事务是最具体的青年工作，它依照全球级和区域级的青年事务的要求而制定，同时也包含专属于本国青年状况的内容。

2. 联合国青年事务的特点[①]

联合国青年事务具有显著的特点，这些特点确保了其工作的权威性和重要性。

（1）全局性。这一特性表现在联合国对当前世界青年的现状和问题做了一个“总括”。它所制定的一系列青年政策是在考虑当前世界青年发展现状的基础上，结合当前国际的具体形势，针对全世界的青年提出的，是为全世界的青年服务的，为世界各国提供了可以参考、参照、效仿的全球规范、国际标准和整体思路。

（2）代表性。联合国青年事务的运行结果是由成员国代表们针对某一具体问题和倡议进行磋商、讨论的成果，经过各个环节的讨论和磋商后，相关部门汇总各方意见，后经大会表决，通过后才能在国际层次上得以实施，在讨论的过程中各国可以把本国青年生存状况、存在问题和发展需要提出来，作为联合国制定青年政策的参考。可以说，联合国青年事务在运行之前已经容纳了关于全球青年实际状况的最翔实、最完整以及最新的第一手资料，所以联合国青年政策必定会包含全球各国青年在生活和发展过程中存在的共性问题及代表性问题。

（3）前瞻性。一是联合国青年事务工作站的角度高。联合国所制定的青年政策代表了各国的普遍意见，反映了世界青年存在的普遍问题，并且显现出世界青年未来一般的发展需要。二是联合国青年事务工作眼光放得远。联合国制定的青年政策都是从改变世界青年生活现状，促进不断发展的角度出发的，具有未来的指导性。

二、联合国青年政策

联合国青年事务体系在维护青年权益，促进青年发展，创造有利于青年成长的环境等方面制定了一系列的政策，为世界青年事务的发展做出了重大贡献。这些政策既是联合国青年工作的行动指南，又是世界青年成长和发展的重要指导方针。

（一）联合国青年政策的三个代表性文件

联合国青年政策的文件比较多，在此，我们介绍其中最有代表性的三个。

（1）联合国大会第 2037/20 号决议：《关于在青年中培养民族间和平、互相尊重及彼此了解等理想之宣言》（1965 年）。

1965 年，联合国大会通过了第 2037/20 号决议：《关于在青年中培养民族间和平、互相尊重及彼此了解等理想之宣言》（简称《宣言》）。在这个《宣言》中，青年的“弱势”地位和他们对于人类社会延续和发展的突出作用得到了确认和肯

① 江广平．联合国青年事务．北京：中央编译出版社，2008：66.

定，《宣言》阐明了青年在维护世界长久和平、促进国际间交流与合作中的重要作用。《宣言》规定了成员国在对待和处理青年问题上所要遵循的六大原则：第一，要教导青年树立崇尚和平、讲求公道、追求自由、民族间互相尊重及彼此了解的国际主义精神。第二，家庭和学校教育必须包括培养青年热爱和平、人道、自由、团结的内容。第三，应教导青年尊重基本的人权和民族自决的权利。第四，鼓励用教育、文化、体育等多种方式，促进不同国家的青年建立友谊，增进交流与彼此了解。第五，要求各个国际级、国家级青年组织要平等对待各国各地区青年，要奉行本宣言精神并有所作为。第六，青年教育要注重青年的全面发展。在培养青年崇尚和平、自由、人权的崇高理想方面，家庭的教育尤为重要。

《宣言》是联合国历史上乃至人类历史上第一个有关青年的决议，是国家间在有关青年的问题上第一次真正意义上的合作。《宣言》肯定了青年特殊的社会地位，强调了其重要的历史作用，青年第一次被认作一个特殊的、重要的群体，为社会所重视。青年问题由此成为联合国的重要议题。《宣言》所确定的六大原则是联合国及其附属机构，及各个国际级、区域级、国家级的政府和非政府的青年部门或组织在工作中所必须遵循的。

《宣言》主要的政策目标是："培养青年热爱和平、讲求平等、追求自由、崇尚人权的理想，希望青年能通过交流促进彼此间的尊重和了解。"这个目标是《联合国宪章》规定的联合国宗旨的再现。同时也是要在青年中传递一种"正统的""主流的"思想，以便为处在混乱、迷茫中的青年指明方向。

(2) 联合国青年顾问委员会就"国际青年年"通过的纲领性文件：《联合国关于进一步规划及推进青年领域工作的行动纲领》(1985 年)。

1985 年是联合国历史上第一次确定的"国际青年年"，《联合国关于进一步规划及推进青年领域工作的行动纲领》就是为此而制定的。该纲领分为序言、背景、目标、战略、青年状况等几个部分，阐述了"发展"概念所包含的个体和社会两个方面的内涵及其相互促进关系，强调了和平与发展的关系以及青年参与维护和平的意义。在对青年的共同课题及社会学因素进行分析的基础上，该纲领突出了政策干预对青年状况的影响作用以及各国政府与青年对话、促进形成青年参与社会决策过程的重要性。纲领认为，社会发展模式从狭隘的经济目标向更为广泛的社会目标转移，将对青年潜能的实现产生重要作用。纲领试图为各国青年计划的实施提供框架，揭示解决特殊的青年问题所涉及的那些共同因素。该纲领还分析了青年发展战略的全球性及其与地区性的关系，提出了全球、区域及国家性行动的长远目标方案。

作为联合国青年政策领域的又一纲领性文件，《联合国关于进一步规划及推进青年领域工作的行动纲领》主要做出了以下贡献：第一，确定了"青年"的概念。在这份纲领中，将青年定义为 15～24 周岁。这就为其后联合国制定有关政策提供了统一的统计口径。第二，区分和确定了青年亚群体。第三，这份纲领还初步规定了国际青年政策体系，大致包括以下几个方面：教育培训、卫生与心理服务、就业安排、咨询保护与社会支持、体育娱乐与文化活动、惩戒庇护等①。第四，这份纲领还为全球、区域、国家各个层次的青年机构提出了长远的行动方案，并倡导各个国家制定长远的青年政策和青年发展目标。

以“参与、发展、和平”为口号来庆祝1985年的“国际青年年”，对于联合国的青年议题来说是一个重要的契机。它促使社会各界注意青年的现状、需要和愿望，促进了各级部门、组织在处理青年问题上的合作，激励它们采取有利于青年一致行动的方案。“参与、发展、和平”集中反映了青年在成长过程中的需要和愿望，也包含了社会对他们的要求和期望，所以，“参与、发展、和平”成为此阶段联合国青年政策最鲜明的目标。

(3) 联合国大会第91次会议第50/81号决议：《到2000年及其后世界青年行动纲领》(1995年)。

1995年，在庆祝“国际青年年”十周年之际，为了适应新世纪青年发展面临的挑战，联合国大会再次召开青年问题特别会议，审议通过了《到2000年及其后世界青年行动纲领》(简称《行动纲领》)。《行动纲领》既是一个完善的政策框架又是未来在青年领域开展工作的行动指南，它仍旧以“国际青年年”所确立的“参与、发展、和平”为最高的指导目标。考虑到各国政治、经济发展水平不均衡，导致“三大主题”在一些国家和地区很难实现，为了扭转这一状况，必须扫除横亘在这些地区青年面前的诸多障碍，所以《行动纲领》首先确定了改善青年状况及青年生活亟待解决的十个优先领域的问题，作为达到“三大目标”的前提。这十个领域包括：教育、就业、饥饿与贫困、健康、环境、滥用毒品、青少年犯罪、闲暇活动、女孩和妇女以及青年全面而有效参与社会生活和决策过程。这十个优先领域紧密相连，不可分割。到2003年又增加了五个优先领域：全球化、信息和通信技术、艾滋病、防止冲突、代际关系。在每一个优先领域，《行动纲领》都审时度势，在分析该领域青年发展现状的基础上，提出合理化的行动建议，并针对具体问题给出解决问题的方法。可见，其本身就是一个完善的行动计划。在接下来的几年里，联合国不断以秘书长报告的形式来反馈《行动纲领》的执行情况，并对当今世界各国青年普遍面临的问题进行了较为系统的评估和阐述，指出了需要推动各级重新制定和执行青年政策工作的必要性。可见，以《行动纲领》为核心，形成了又一个新阶段的联合国青年政策体系。这一套体系是新世纪联合国青年事务工作的行动指南②。

(二) 联合国青年事务的主要议题

联合国青年事务的主要议题是当前联合国青年事务的主要内容之所在，是联合国及其大家庭制定青年政策、处理青年工作涉及的主要领域之所在。限于篇幅，这里主要介绍以下九个议题。

(1) 关于教育问题。联合国青年事务致力于：提高教育水平，整体提高青年

---

① 江广平. 联合国青年事务. 北京：中央编译出版社，2008：70.

② 同①78.

人的文化水平和修养。扫除文盲，普及初等教育，开展职业教育，扩大高等教育，开启终身教育。在有条件的国家和地区开展特殊培训方案，如青年领导人的培训，推动基础设施建设，促进教育公平。加大对不发达地区教育事业的投入，发展和完善当地的教育体系。提高和改善女性青年和处境困难的特定青年群体的基础教育、技能培训和识字水平状况，普及和平发展理念。制定或加强教育青年人了解其社会和其他社会及全世界文化遗产的方案。在青年中树立相互尊重和了解，以及和平、团结和容忍的理想，促进人权教育，职业道德和责任感教育。

(2) 关于就业问题。联合国青年事务致力于：帮助广大青年实现就业，鼓励和支持实施合作社计划，设立青年开发银行，帮助青年人创造各种自营职业的机会；开辟新的就业岗位，辅助青年创业。联合国倡导各国政府划拨专门资源为处于特定困境的青年群体提供就业机会；在一些因技术创新而迅速演变的领域，加强培训机构与高技术产业中青年雇员间的合作，为青年人创造就业机会，以满足技术变革造成的需要。

(3) 关于饥饿与贫穷问题。联合国青年事务致力于：加强对贫穷地区青年的教育，特别是职业教育，增强和扩展他们的谋生技能和谋生手段；扩大和改善贫困地区的青年就业，鼓励青年志愿组织在各国农村发展计划下与有关国际组织合作，执行改善和维持农村及城市环境的项目。

(4) 关于健康问题。联合国青年事务致力于：提高和改善原有的医疗条件，保证青年健康成长。提供完善的医疗保障服务，做好健康宣传和咨询服务。加强健康教育的力度，培养健康合理的生活习惯。联合国提议各国政府均制定国家行动计划或方案，提供基本保健服务；宣传健康生活方式所必需的知识和技能，积极发展卫生教育；促进保健服务，包括性健康和生殖健康，并制定有关这些领域的教育方案；防止青年因卫生习惯不良而生病。

(5) 关于环境问题。联合国青年事务致力于：促进国际社会向青年传播关于环境问题的信息，并帮助青年利用对环境无害的技术；加强青年参加环境的保护、保存和改善工作；加强媒体向青年大众广泛传播环境问题的作用。

(6) 关于女童和青年妇女问题。联合国青年事务致力于：促进男女平等，消除对于妇女的歧视，保证妇女的权益。确保女童和青年妇女享有普遍和平等的机会接受教育；鼓励青年妇女获得一切平等就业的机会；各国政府在国际一级合作，保护女童和青年妇女免受一切形式的暴力。

(7) 关于青年充分和有效地参与社会生活和决策问题。联合国青年事务致力于：扩大青年参与社会的范围，提供青年参与社会的机会，增强青年参与社会的信心。联合国还提议，增加青年获得信息的途径；鼓励和提倡青年团体的活动；考虑青年的贡献，发展和增加各种机会；鼓励青年组织之间加强交流与合作；促使各国政府邀请青年人进一步参加国际论坛，参加方法包括考虑在其本国出席大会的代表团中列入青年代表。

(8) 关于信息和通信技术问题。信息通信技术的迅猛发展改变了人们的生产生活方式，人类社会进入一个新的历史时期——信息时代。在青年的社会发展和统合方面，信息和通信技术的扩散对于青年事务工作来说既是机遇也是挑战。一方面，联合国青年事务工作利用新的信息通信技术扩大了广大青年社会参与的范围，改进了青年获取教育的方式，并增加了适合青年的就业岗位和创业渠道。另一方面，由于世界各地区政治经济发展的不平衡，新的信息通信技术的迅速发展反而进一步扩大了发达地区与贫困地区青年之间的差距。在信息时代，资讯是人们生产生活不可缺少的资源，新信息技术的发展使发达地区获得资讯的方式更快捷、数量更庞大、种类更丰富，而贫困地区获得信息相对困难，造成了发达地区与贫困地区青年之间难以填补的数字鸿沟。面对这种情形，联合国青年事务致力于：改善不发达地区和贫困地区的信息基础设施建设，加大对贫困地区青年信息技术的培训，并组织发达地区与贫困地区之间的帮扶与合作。此外，信息通信技术所带来的新革命还影响了青年的社会化方式。信息内容的丰富、传播速度的快捷，增强了青年的社会独立性，他们可以在形形色色的资讯大潮中自主地选择信息。这一方面加快了青年社会化的速度，降低了青年社会化的成本；另一方面，在形形色色的资讯影响下，青年人自发地兴起了自己独特的文化和价值观。这将不可避免地冲击社会传统价值观和主流文化。这是摆在联合国青年事务以及各个国家青年部门面前的一个新挑战，也是未来亟待解决的一个新问题。

（9）关于全球化问题。当前，全球化浪潮席卷全球，其影响力已经由经济的领域扩展至社会发展的方方面面。青年事务同全球化的发展有着密切联系，主要体现在青年参与经济发展进程、相关社会政策的制定，特别是就业及弱势群体保护政策，以及全球化引发的社会变化对青年政治运动的影响等方面。全球化对于青年成长来说也是一把双刃剑。一方面，全球化可以是一种强大的减贫力量。许多国家的福利和教育系统因全球化而得以改善。全球化所带来的新机遇改变了青年的生活方式，更为他们的成长发展提供了新的机会。全球化开拓了青年的眼界，拓展了他们获得信息的渠道。全球化大大改变了就业市场，扩大了青年的就业范围，拓展了他们的就业门类。另一方面，许多青年，特别是发展中国家的青年被全球化遗漏。他们没有进入数字化和现代化进程，缺乏经济力量来利用全球化所带来的机会。全球化进一步拉大了发达地区与贫困地区青年之间的差距。全球化将全球资源重新洗牌，重新分配，不可避免地会冲击一些传统的、国际竞争力弱的就业岗位。即使是在发达国家，那些在“弱势”岗位就业的青年的饭碗也可能会被全球化冲垮。全球化所带来的新一轮的社会迁徙也给青年的成长和生活带来了冲击。对于当地的青年来说，大量外来的年轻劳动力涌入，加大了他们的就业压力，分享了他们的社会资源。对于外来的青年来说，一是他们的基本权益很难得到保障，二是由于文化和价值观等方面的差异，外来青年很难适应新环境、融入新生活。一旦他们的需要和愿望无法得到满足，就有可能导致犯罪和社会冲突。

在全球化这一大环境下，联合国青年事务致力于：利用全球化契机和信息通信技术，多渠道全方位提升对于青年的服务质量。尽力平衡不同地区青年成长发展资源之间的差距，协调和发展各个国家地区之间青年工作的交流与合作，保障当地青年和外来青年的基本权益，开展多方面的帮扶，帮助外来青年尽快适应新环境和新生活。

（三）联合国青年政策中的几个重要变化

联合国青年政策是不断发展变化的，我们可以从文本本身、体系演进历程和整个人类社会的发展等角度来对其进行考察。

1. *从青年政策的文本本身来看*

从联合国青年政策的文本中我们发现了如下变化：

第一，从政策的主客体看，最明显的变化是青年由政策客体演变为了政策最重要的主体。

青年政策的客体无疑是青年。酝酿期之前的青年政策把青年当作是政策管辖的对象，青年只能被动地接受政策给他们带来的一切变化，至于这种变化是否是自己需要的、是否对自己有益、能在多大程度上帮助自己、对于自己来说是否合理……在这些与青年自身高度相关的问题上，青年完全没有发言权。联合国青年事务在运作过程中不断谋求与青年接触，寻找与青年和青年组织沟通的渠道，鼓励广大青年进行广泛的社会参与，并不断在自己的政策文件中强调青年参与的重要性，以此向广大青年提供了大量参与机会。由此我们可以看到，联合国青年政策制定的出发点已不再是教化青年，而是服务青年，青年的需要和发展要求主导了政策内容的走向、目标的优化与工具的选择。青年反客为主，成为青年政策制定过程中的最强有力的主体。

第二，从政策的目标看，联合国青年政策体系的政策目标在不断地深化和细化。

从酝酿期的一个目标，到形成期的三个主题，再到发展期的十五个优先领域，联合国青年政策核心目标的演进和发展绝不仅仅表现在数量上，其内在含义也在不断地深化和细化。酝酿期的核心目标是："培养青年热爱和平，讲求平等，追求自由，崇尚人权的理想，希望青年能通过交流促进彼此间的尊重和了解。"这其中就隐含着"参与、发展、和平"的理念。"和平"是联合国青年政策一以贯之的目标，是《联合国宪章》所规定的联合国宗旨的再现。从当时青年政策文本中我们看到，联合国希望青年能够参与到"维护世界的和平与安全，促进国家间的交流与发展"的行动中来，而维护和平、积极参与的最终目的还是为了实现发展——自身的发展和社会的发展。出于联合国宣传"国际青年年"的需要，并且随着联合国青年事务工作的逐步成熟，当初一个很教条式的"核心目标"被深化，发展为三个很响亮的口号——"参与、发展、和平"。当联合国的政策制定者们发现并不是所有地区的青年都能从"参与、发展、和平"所推动的青年政策中获益时，他们想的是怎样去解决摆在那些青年面前的最迫切的问题，即对于那些青年来说怎样解决他们"参与、发展、和平"的问题。这个目标在这时被具体化了，分解成了十五个优先领域。这种变化，一方面代表着联合国青年政策的逐步成熟，另一方面也标志着青年政策体系本身的不断丰富和发展。

第三，从对政策工具的选择上看，由消极的救助转向积极的福利。

最初的青年政策制定是“问题导向”，出现了问题后，才会出台相应的政策去处理，为了防范可能出现的问题往往会选择“教化”这个手段对青年进行控制。而当前的青年政策制定依照的是青年的“需要”。以青年成长过程中的发展需要为指导，制定相应的青年政策，这是一种人性化、以人为本的发展方向。消极的救助只是头痛医头、脚痛医脚，显然已不能满足青年全面发展的需求。更为积极的福利、更加深化的个人服务，才有可能促进青年的健康成长，帮助其自我实现。

2. 从青年政策体系的演进历程来看

青年政策的不断发展和完善，并不是社会给予青年一次比一次多的“特权”，它给予青年的，首先是范围越来越广、地位越来越高的优先权。所谓优先权，就是“在进行社会资源的配置时把青年群体置于优先考虑的位置，给予青年特殊的优待”。其次是发展权。把青年置于优先地位并不能从根本上改善青年的弱势状态，青年必须成长，必须发展。只有发展才能把青年最终从“弱势”中解脱出来。所以青年政策必须能够提高青年的能力，能够给予其发展的机会。再次，青年政策还赋予了青年再次选择的权利，这是对于青年政策更高标准的要求。青年由于缺乏社会经验，掌握较少的资源，尚处于确立身份和培养爱好的阶段，容易受到诱惑和鼓动。在这种情况下，不能保证青年所做的每一个选择都是正确的，对于那些误入歧途的青年，我们不但要将他们导向正途，而且还要给予他们第二次选择的机会。

3. 从整个人类社会的发展来看

从酝酿期到形成期，再到发展期，人们对青年权利的认识是一个由表及里、由浅入深、由个别到一般、由片面到全面的发展过程。时代变迁必然会改变人们对事物的认知，这背后是人类社会生产力、生产关系的变化，以及由此推动的上层建筑及意识形态的变化。人们对青年权利的认知变化过程，其实就是各个时代人们青年观的变化过程。

在联合国青年事务的酝酿期，人们虽然重视青年，但只是将其作为一个“特殊的群体”。这并不是真正意义的重视。人们看待青年就像是对待一个顽皮淘气的孩子，孩子犯了错误就必须管教，为了防止再犯还必须给予他们一块糖果引诱他们听话。这种青年观还很原始，社会把自己置于同家长一样的、高于青年的位置。

在联合国青年事务的形成期，青年政策以“参与、发展、和平”为口号，开始注重培养青年的能力，让他们能够参与到广泛的社会实践中，这表示社会对于青年的观感发生了改变。“参与”这声口号就像是一个明确的邀请——邀请自己的“盟友”共商大事。社会此时已经将青年置于同等重要的位置，不再用“藐视”的眼光去看待他们，用“弱势”的标签去标识他们。社会在期待，期待具有巨大潜力的青年能和它一起勠力比肩，推进发展、维护和平。此时的青年被看作社会的未来和希望。

联合国青年事务进入发展期之后，尤其是在全球化和信息时代的背景下，青年观再次发生了改变。此时的青年无比活跃，他们比自己的上一代更容易接受和尝试新鲜事物。他们是新技术的创造者，是新产品的应用者，是新社会和新经济的受益者。他们展现出自己前所未有的雄厚实力和发展潜力。青年被当作一种新的社会资本为社会所重视，人们认识到对青年进行培养和帮扶不仅会有益于现在，更会惠泽将来。在这种认识的指导下，各国的青年事务一方面加大对青年成长发展的投入，另一方面尽力修补青年成长过程中的缺憾，给青年提供发展的"第二次机会"。

总之，联合国青年事务在促进青年发展、保护青年权益、创造有利于青年成长的环境等方面做出了巨大贡献。但是，联合国作为一个国际组织，尽管它规模最大、影响最广，但它并不是世界政府，对世界青年并不拥有绝对权力，其发布的青年政策对于成员国来说并不具有绝对的约束力，不能强迫各国政府接受，也不能对执行不力的政府进行制裁。其权威大小完全取决于国家间在青年问题上的合作程度，各国出让本国青年事务主权的大小，以及致力于发扬国际人道主义的非政府组织对某青年问题的关注程度等因素。联合国青年事务的最大作用在于：传播先进的关于青年发展、成长的理念，在国际社会营造有利于青年成长、发展的舆论，利用自己在国际社会上的权威对各成员国执行重要青年政策的情况进行监督。联合国青年事务是联合国维护人权、促进和平与发展这一主旨工作的重要组成部分。随着联合国在国际社会上的权威的不断增强，联合国青年事务必将进一步发展和完善。

阅读书目

江广平．联合国青年事务．北京：中央编译出版社，2008

思考题

1. 联合国的基本理念如何指导青年事务的发展？
2. 联合国青年事务的政策包含哪些主要内容？
3. 联合国青年事务的主要议题有哪些？

第十三章 欧洲委员会和欧洲联盟的青年工作

要点提示

● 欧洲的青年工作是配合欧洲一体化进程逐步发展起来的，有明确的目标和价值；欧洲的青年工作在欧委会和欧盟两个框架下展开，这二者已经形成了一整套的工作体系和模式。欧洲的青年工作富有创新性和前瞻性，提出了新的青年观，建立了政策法规系统、活动阵地和项目化管理等机制。它在国际青年事务中占据领先地位，具有示范作用，又可以为开展我国的青年工作提供有益的经验。

关键词 欧洲一体化 欧委会 欧盟 青年工作 经验 问题

欧洲的青年工作①，是在欧洲委员会（简称欧委会）和欧洲联盟（简称欧盟）两个框架下展开的，这二者又经常与欧洲文化公约联盟携手。研究欧委会和欧盟的青年工作，具有多方面的意义。无论是关注国际政治行为体的变化、全球治理、国家发展战略的人，还是关注青年问题的人，都可以从中找到自己感兴趣的东西。的确，欧委会和欧盟代表了民族国家之外的又一种类型的国际政治行为体。它们是区域性组织，却可以被看作未来实现全球治理的一个先期实验。欧委会和欧盟中除了有政府间组织，还有大量的非政府组织。欧委会和欧盟作为区域性的国际联盟，它们的青年工作，也与以往各国的作为国内政治的组成部分的青年工作有很大的不同，是一种新的类型。它揭示了全球化条件下，国际政治活动既保留又超越民族国家范畴这一新特点，同时还能反映“国家”与“社会”之间

① 本章所述内容，没有包括俄罗斯的青年工作。尽管俄罗斯是欧洲国家，但在多极化的国际格局中它是单独的一极。

既对立又合作的互动、双赢的特征。欧委会和欧盟的青年工作是配合着欧洲一体化进程的步伐一步一步地发展起来的，并且对推动这一进程起到了巨大的作用，促使人们意识到必须把青年的发展纳入国家和国际政治发展战略的范畴。欧委会和欧盟目前已形成了一整套的青年工作体系和工作模式，欧洲的青年工作在国际青年事务中占据领先地位，具有示范作用。通过对欧洲青年工作的研究，了解其在青年领域如何应对世界格局变化的挑战，可以为开展我国的青年工作提供有益的经验。

第一节　欧洲一体化：背景、历程、目标和价值

欧委会和欧盟的青年工作与欧洲一体化进程有着深刻的内在联系。所以我们必须先了解欧洲一体化。

欧洲统一的理想，由来已久。但是直到第二次世界大战结束之后，才实实在在地迈出了走向统一的步伐。时至今日，欧洲一体化的进程远未大功告成，但是已经取得了两个阶段性成果：欧盟的建立和欧盟的东扩。欧洲统一已经进入制宪阶段，但是并非一帆风顺。本节简要介绍这一进程的背景、历程、目标和价值。

一、欧洲委员会和欧洲联盟

我们首先来了解欧洲委员会和欧洲联盟这两个概念。

（一）欧洲委员会

欧洲委员会（Council of Europe）于1949年5月5日在伦敦成立，原为西欧10个国家组成的政治性组织，现已扩大到整个欧洲范围，众多国家已成为其成员国。其宗旨是保护欧洲人权、议会民主和权利的优先性；在欧洲范围内达成协议以协调各国社会和法律行为；促进实现欧洲文化的统一性。欧委会通过审议各成员国共同关心的除防务以外的其他重大问题，推动各成员国政府签订公约和协议以及向成员国政府提出建议等方式，谋求在政治、经济、社会、人权、科技和文化等领域采取统一行动，并经常对重大国际问题发表看法。

欧委会成员国的标准是：实行多元化民主、法制和尊重人权的欧洲国家。另外，成员国必须签署《欧洲人权公约》。

欧委会通过的欧洲公约等文件中，主要有《欧洲人权公约》（1950年）、《欧洲社会宪章》（1961年）、《欧洲文化公约》（1977年）等。

欧委会总部设在法国斯特拉斯堡，在巴黎设有办事处。

（二）欧洲联盟

欧洲联盟（European Union），总部设在比利时首都布鲁塞尔，是由欧洲共同体（European Communities，又称欧洲共同市场）发展而来的，主要经历了三个阶段：荷卢比三国经济联盟，欧洲共同体，欧盟。它是一个集政治实体和经济实体于一身、在世界上具有重要影响的区域一体化组织。1991 年 12 月，欧洲共同体马斯克里赫特首脑会议通过《马斯克里赫特条约》（简称《马约》）。1993 年 11 月 1 日，《马约》正式生效，欧盟诞生。

欧盟的宗旨是“通过建立无内部边界的空间，加强经济、社会的协调发展和建立最终实行统一货币的经济货币联盟，促进成员国经济和社会的均衡发展”，“通过实行共同外交和安全政策，在国际舞台上弘扬联盟的个性”。截至 2013 年 7 月，欧盟已有 28 个成员国和 5 亿多人口，总面积 437.8 万平方公里。

（三）欧洲委员会与欧洲联盟的关系

欧委会和欧盟二者的关系非常密切。

1. 两个组织的标志物非常相似

欧委会和欧盟的会旗（盟旗）图案都是蓝色天幕上环饰 12 颗金星，制作会旗（盟旗）的目的是表示要建立一个统一的欧洲，增强人们对欧洲同一性的印象。会歌（盟歌）均为贝多芬第九交响曲中《欢乐颂》的序曲。

2. 两个组织之间形成了合作机制

欧委会和欧盟两个组织的议会每年召开一次联席会议。1995 年 9 月，欧委会通过两项报告，一项是同意欧盟加入欧委会人权公约，另一项是阐述欧委会对欧盟 1996 年政府间会议的立场，要求欧盟在修改《马约》时承认欧委会在确定欧洲社会的法制、司法及民主标准等方面所发挥的作用和取得的成果。1998 年 4 月 1 日，欧盟主席国英国负责欧洲事务国务大臣安德森、欧盟委员会委员范登布鲁克、欧委会部长理事会主席国德国国务部长舍费尔和欧委会秘书长塔尔奇斯在斯特拉斯堡举行四方会议，就加强相互之间合作、欧盟东扩进程、与欧洲安全与合作组织共同倡导合作安全等问题进行了讨论。会议强调应加强欧委会议会与欧洲议会间的合作，并建议两组织的四方会议应有欧盟和欧委会的议会代表参加。从此四方会议形成了一种比较稳定的机制。

二、欧洲一体化的进程

欧洲一体化实际的载体是欧盟。换句话说，正是通过欧盟的建立和发展，才逐步实现欧洲的一体化。而欧盟的发展历程，又是从经济一体化起步，逐渐扩大到政治、文化、社会等领域的。

什么是经济一体化？广义的经济一体化即世界经济一体化，指世界各国经济之间彼此相互开放，形成相互联系、相互依赖的有机体。狭义的经济一体化，即地区经济一体化，指区域内两个或两个以上国家或地区，在一个由政府授权组成的并具有超国家性的共同机构下，通过制定统一的对内对外经济政策、财政与金融政策等，消除国别之间阻碍经济贸易发展的障碍，实现区域内互利互惠、协调发展和资源优化配置，最终形成一个政治经济高度协调统一的有机体的这一过程。经济一体化的形式，根据各参加国的具体情况和条件以及它们的目标要求，可分为自由贸易区、关税同盟、共同市场和经济联盟四种形式。

欧盟的发展分为两个阶段：欧盟的建立和欧盟的东扩。

（一）欧洲联盟的建立

说到欧盟的建立，就必须回顾“西欧”当年是如何实现经济上的联合的。这里的“西”字，当然是一个地理概念，但又不完全是地理概念，因为后来联合起来的国家，也有位于北欧和南欧的。把它与当时对应的“东欧”概念联系起来，就不难理解，它是欧洲资本主义国家的联合。

1949 年欧委会成立，反映了欧洲人民反思历史、呼唤统一的心声。近代以来，欧洲小国林立，壁垒森严。资本主义生产的发展客观上要求统一市场，而现实中各国却为了争夺资源和市场而自相残杀。战火纷飞，生灵涂炭，人民厌恶战争，渴望和平。第二次世界大战以后的国际形势的变化，美苏地位的上升，又使欧洲丧失了作为世界政治中心和经济中心的地位。欧洲各国只有联合起来，才能打造光辉的未来，这成为政治家和广大民众的共识。

联合的愿望是美好的，可是联合之路并非坦途。首先碰到的障碍就是法国和联邦德国之间的“萨尔问题”。联邦德国北部的鲁尔和萨尔地区，盛产煤、钢这两种重要的物资。近代史上法国和德国之间的恩怨，多与对鲁尔和萨尔的争夺有关。第二次世界大战结束后，作为战胜国，法、英、美、苏分别占领了联邦德国的一个部分。1949 年，成立了由英、法、比、荷四国组成的鲁尔管理局。而萨尔恰好在法占区，法国就想据为己有，于是先承认其“自治”，接着与萨尔自治政府签订了《萨尔协议》，内有萨尔经济隶属于法国的条款。1949 年 5 月联邦德国成立后，“萨尔问题”成了德、法和解的最大障碍，因为联邦德国认为《萨尔协议》使它丧失了萨尔地区的主权。法国坚持萨尔作为平等的一员加入欧委会，也遭到联邦德国的抵制，扬言“有它无我”。而如果联邦德国不加入欧委会，欧洲联合就是一句空话。围绕两国的僵局，政治家们提出了各种解决方案，都没有被接受。直到 1950 年 5 月 9 日，法国外长舒曼致信联邦德国总理阿登纳，提出了一个后来被称为“舒曼计划”的建议，联邦德国欣然接受，矛盾才迎刃而解。

“舒曼计划”的核心内容就是煤钢联营，也就是绕开鲁尔和萨尔的主权归属这个敏感的问题，把两国的煤钢生产经营合为一体，由一个组织来管理。这个看似简单的建议，却开辟了欧洲联合的新思路，对解决此后一系列争端、矛盾、纠纷提供了经典范例，有力地推动了欧洲联合的进程。

“舒曼计划”的指导思想来自让·莫内。莫内曾担任过国联副秘书长，一生致力于欧洲联合，被誉为“欧洲之父”。莫内的高明之处在于，他能超越传统的主权思维，建议把原来大家互相争夺的东西，变成共有、共享、共同受益的东西，在某些领域转移部分主权、实现利益融合。他的理念被称为“功能主义”，即根据功能的需要，通过一个一个职能部门的联合，建立超国家的机构，再把各国的主权逐步地让渡给它，最终实现欧洲统一。莫内的思想，是对《威斯特伐利亚和约》签订以来根深蒂固的“主权是绝对的、至高无上的、不可分割的”主权观的挑战。

法国的“舒曼计划”得到了联邦德国、荷兰、意大利、比利时、卢森堡政府的支持。1951 年 4 月，上述六国在巴黎签订了《欧洲煤钢共同体条约》。以此为起点，连续跃上了欧洲一体化的三个“台阶”、实现了三级“火箭”式的飞跃。

三个“台阶”是指签订了《罗马条约》、《布鲁塞尔条约》和《马斯克里赫特条约》。

1952 年 7 月 25 日，欧洲煤钢共同体正式成立。

1957 年 3 月 25 日，法国、联邦德国、意大利、荷兰、比利时和卢森堡 6 国在意大利首都罗马签署旨在建立欧洲经济共同体和欧洲原子能共同体的条约（又称《罗马条约》）。1958 年 1 月 1 日，欧洲经济共同体和欧洲原子能共同体正式组建。

1965 年 4 月 8 日，法国、联邦德国、意大利、荷兰、比利时和卢森堡 6 国在比利时首都布鲁塞尔又签署《布鲁塞尔条约》，决定将欧洲煤钢共同体、欧洲经济共同体和欧洲原子能共同体合并，统称欧洲共同体（简称欧共体）。1967 年 7 月 1 日，《布鲁塞尔条约》生效，欧共体正式诞生，总部设在布鲁塞尔。

1991 年 12 月 11 日，欧共体马斯克里赫特①首脑会议通过了《欧洲经济与货币联盟条约》和《欧洲联盟条约》（即《马斯克里赫特条约》，简称《马约》）。1992 年 2 月 1 日，各国外长签署《马约》。1993 年 11 月 1 日《马约》正式生效，欧共体更名为欧盟。这标志着欧共体从经济实体向政治经济实体过渡。

三级“火箭”是：

实现关税同盟和共同外贸政策。1967 年起欧共体对外实行统一的关税率，1968 年 7 月 1 日起成员国之间取消商品的关税和限额，建立关税同盟（西班牙、葡萄牙 1986 年加入后，与其他成员国间的关税须经过 10 年的过渡期后才能完全取消）。1973 年，欧共体实现了统一的外贸政策。《马约》生效后，为进一步确立欧洲联盟单一市场的共同贸易制度，欧共体各国外长于 1994 年 2 月 8 日一致同意取消此前由各国实行的 6 400 多种进口配额，而代之以一些旨在保护低科技产业的措施。

建立经济同盟。包括以下几方面的措施：实行共同的农业政策；共同的渔业政策；加强科技合作；建立欧洲货币体系、实现货币联盟（2002 年 1 月 1 日欧元正式流通）；基本建成内部统一大市场等。统一大市场的目标是逐步取消各种非关税壁垒，包括有形障碍（海关关卡、过境手续、卫生检疫标准等）、技术障碍（法规、技术标准）和财政障碍（税别、税率差别），于 1993 年 1 月 1 日起实现商品、人员、资本和劳务四大要素的自由流通。1993 年 1 月 1 日，欧共体宣布其统一大市场基本建成，并正式投入运行。

建立政治合作制度和政治联盟。1986 年签署、1987 年生效的《欧洲单一文件》，把在外交领域进行政治合作正式列入欧共体条约。为此，部长理事会设立了政治合作秘书处，定期

① 马斯克里赫特是荷兰的一个城市。

召开成员国外交部长参加的政治合作会议，讨论并决定欧共体对各种国际事务的立场。1990年4月，法国总统密特朗和联邦德国总理科尔联合倡议于当年年底召开关于政治联盟问题的政府间会议。10月，欧共体罗马特别首脑会议进一步明确了政治联盟的基本方向。12月，欧共体有关建立政治联盟问题的政府间会议开始举行。经过1年的谈判，12国在1991年12月召开的马斯克里赫特首脑会议上通过了《政治联盟条约》。其主要内容是12国将实行共同的外交和安全政策，并将最终实行共同的防务政策。1993年11月1日《马约》生效后，政治合作制度被纳入欧洲政治联盟活动范围。

《马约》生效以后，欧洲一体化进入了“快车道”：突破经济领域，进入政治领域，开始了共同外交和防务的建设以及民政司法领域的合作。

（二）欧洲联盟的东扩

1967年欧共体成立的时候有6个成员国，即法国、联邦德国、意大利、荷兰、比利时和卢森堡。后来它经历了7次扩大，其中苏东剧变之前四次，之后3次。

1973年英国、丹麦和爱尔兰加入欧共体。

1981年希腊加入欧共体，成为欧共体第十个成员国。

1986年葡萄牙和西班牙加入欧共体，使欧共体成员国增至12个。

1995年奥地利、瑞典和芬兰加入欧盟。欧盟有了15个成员国。

2002年11月18日，欧盟15国外长在布鲁塞尔举行会议，决定邀请马耳他、塞浦路斯、波兰、匈牙利、捷克、斯洛伐克、斯洛文尼亚、爱沙尼亚、拉脱维亚、立陶宛十个国家加入欧盟。2003年4月16日，在希腊首都雅典举行的欧盟首脑会议上，上述十国正式签署加入欧盟协议。2004年5月1日，十个新成员国正式加入欧盟。至此，欧盟已有25个成员国。

2007年1月1日罗马尼亚、保加利亚加入欧盟。

2013年7月1日克罗地亚加入欧盟。至此，欧盟已有28个成员国。

上述后两次的扩大，被称为“欧盟东扩”。

20世纪80年代末90年代初发生的苏东剧变，导致雅尔塔体系解体、冷战结束，国际格局发生了根本的改变，朝着多极化方向发展。欧洲人意识到，应该抓住时机，在新格局中占据主动。1993年两德以极快的速度实现了统一，实力雄踞欧洲第一，也引发了欧洲内部对于德国强大与欧洲未来关系的疑虑。因为这些内外因素的存在，欧洲一体化趋向于扩大外延、加深内涵。欧盟东扩就是这一战略的实际体现。

东扩使欧盟新老成员国市场的相互开放度和贸易额增加。老成员国得到7 500万人口的新市场，而新成员国得到的是自由进入西欧市场的通行证。2003年，对老成员国的出口和进口占中东欧10个新成员国出口总额和进口总额的67%、58%。10年前，这两项比例分别是57%和55%。10个新成员国吸收的外资77.5%来自老成员国。贸易和投资的增长带来经济的发展和生活水平的提高，其产生的“追赶效应”在逐步缩小新老成员国之间的差距。1997年至2005年，新成员国的经济增长率平均为3.75%，老成员国则为2.5%。2005年新成员国人均GDP相当于老成员国的52%，而在1997年是44%[①]。欧盟东扩使所有的成员国受益，是一个双赢、多赢的选择。同时，它也帮助欧盟更好地适应了新的竞争性更强的世界经济秩序。

但是欧盟东扩也使欧盟内部原本就存在的一些深层次的矛盾在快速扩张的过程中更加暴露和凸显出来了。这些矛盾可以归纳为三个方面四大困难。三个方面是：政治一体化与经济一体化进程的不均衡，欧盟作为国际联盟的超国家性质与主权国家让渡主权的矛盾，欧盟与成员国之间、成员国与成员国之间关系的不均衡。四大困难是：主权让渡的困难，货币联盟的困难，欧盟机构改革的困难，欧盟财政上的重负。为了进一步协调欧盟内部的各种关系，平衡成员国之间的权利义务，提高欧盟的运行效率，欧盟于2001年启动了制定欧洲宪法的进程。

（三）《欧盟宪法条约》和《里斯本条约》

《欧盟宪法条约》从起草到表决批准的过程充满了争议，历时六年之久，最终还是遭搁浅。《里斯本条约》是对《欧盟宪法条约》的修正案。

早在2001年，欧盟就决定制定一部欧洲宪法。为此，自2002年始，成立了以法国前总统德斯坦为主席的宪法条约起草筹备委员会。经过两年多时间的反复修改，2004年10月，欧盟25国首脑在意大利首都罗马签署了《欧盟宪法条约》。

《欧盟宪法条约》由欧盟宪法、欧盟公民基本权利宪章、欧盟政策和欧盟条约基本规定四个部分组成。《欧盟宪法条约》的主要内容是：在成员国前任或现任领导人中选举产生欧洲理事会常任主席，欧洲理事会常任主席与现有的欧盟委员会主席共同领导欧盟的各项工作；取消目前实行的欧盟轮值主席国制度；设立欧盟外交部长一职，由欧盟委员会副主席担任，在欧洲理事会的授权下，负责制定并实施欧盟外交政策；将欧盟委员会委员人数削减至15名，并按照轮流制度由各成员国派代表担任；保留“欧洲联盟”的名称，确定欧盟为具有法人资格的政治、经济和社会实体；起草具有法律效力的公民基本权利宪章等。

根据有关规定，《欧盟宪法条约》将在所有成员国批准后，于2006年11月1日正式生效。然而，法国和荷兰2005年先后在全民公决中否决了《欧盟宪法条约》，使得这部被寄予厚望的宪法条约陷入困境。

为推动欧盟制宪进程，2007年6月，欧盟首脑会议在布鲁塞尔决定以一部新条约取代已经“死亡”的《欧盟宪法条约》。根据欧盟各国首脑达成的框架协议，新条约不是涵盖欧盟所有既有法律的一部大法，而是对创建欧洲经济共同体的《罗马条约》和建立欧洲联盟的《马斯克里赫特条约》进行修改增补的一部普通法律。这样，新条约的重要性下降，各成员国可以通过议会审批方式核准条约，

---

① 和平，俞景华，李鹏，胡小磊. 全球化与国际政治. 北京：中央编译出版社，2008：262.

而无须举行可能导致条约遭否的全民公决。

按照各成员国讨论达成的共识，新条约删去了一切带有宪法意味的内容，包括更改其“宪法条约”名称、删去欧盟盟旗、盟歌等内容。同时，条约增添了一些使欧盟决策过程更透明、更民主的条款，并照顾部分成员国意愿，增加了一些“个案处理”的灵活规定。相比《欧盟宪法条约》，新条约内容大为简化，但仍保留了宪法条约的实质内容。根据新条约，欧盟的决策方式和机构设置都将进行大刀阔斧的革新，旨在让扩大后的欧盟更好地运转。

2007 年 10 月 19 日，欧盟非正式首脑会议在葡萄牙首都里斯本通过了欧盟新条约，即《里斯本条约》。《里斯本条约》在原《欧盟宪法条约》的基础上修改而成。同年 12 月 13 日，欧盟成员国领导人在里斯本签署《里斯本条约》，随后交由各成员国批准。按照预定计划，条约的批准程序将在 2008 年内完成，并于 2009 年欧洲议会选举前生效。

《里斯本条约》被视为《欧盟宪法条约》的简化版，以下是其主要内容：

——设立常任欧盟理事会主席职位，取消目前每半年轮换一次的欧盟主席国轮替机制。主席任期两年半，可以连任。

——将目前的欧盟共同外交和安全政策高级代表和欧盟委员会负责外交的委员这两个职权交叉的职务合并，统归为欧盟外交和安全政策高级代表一职，全面负责欧盟对外政策。

——将更多政策领域划归到“有效多数表决制”决策的范围，以简化决策过程。司法、内政等敏感领域的一些政策也将以“有效多数表决制”表决，成员国不再能“一票否决”。但在税收、社会保障、外交和防务等事关成员国主权的领域，仍采取一致通过原则。

——各成员国在“有效多数表决制”下的加权票数重新调整，2014 年至 2017 年之间逐步实行。

——以“双重多数表决制”取代目前的“有效多数表决制”，即有关决议必须至少获得 55％的成员国和 65％的欧盟人口的赞同，才算通过。新表决制将在 2014 年开始实施，到 2017 年之前的 3 年为过渡期。

——从 2014 年起，欧盟委员会的委员人数将从 27 名减至 18 名，委员会主席的作用将加强。

——欧洲议会的权力将增强。此外，议会的议席数将从目前的 785 席减至 750 席，一些国家所占议席数将根据其人口数量做出调整。

——成员国议会将在欧盟决策过程中发挥更大作用。例如，如果一项欧盟立法草案遭到 1/3 成员国议会的反对，将返回欧盟委员会重新考虑。

——新条约将确认《欧盟基本权利宪章》对各成员国的法律约束力。不过英国获得部分“豁免”，以免其国内的社会权利和劳工法等与宪章有抵触的法规被判定为非法。

《里斯本条约》的通过标志着困扰欧盟长达两年半的制宪危机暂告一个段落。

匈牙利国会 2007 年 12 月 17 日投票通过了《里斯本条约》，因此成为首个批准该条约的欧盟成员国。2008 年 6 月爱尔兰就是否接受欧盟《里斯本条约》举行全民公投，结果是以 53.4%的反对票否决了《里斯本条约》，欧盟制宪进程再次受到重挫。2009 年 10 月，爱尔兰选民以 67.1%的支持票通过了《里斯本条约》2009 年 11 月 3 日，捷克签署《里斯本条约》，2009 年 12 月 1 日，《里斯本条约》正式生效。

有关国家围绕两个条约草案的争论实际上反映了欧洲一体化建设的两种不同观念。法、德等国主张，要想加速推进一体化进程，就必须弱化成员国的主权意识，将一些核心领域的权力移交给欧盟。德国总理施罗德在 2001 年甚至提出建立联邦制超级国家的设想。但以英国为代表的一些国家则坚持欧洲的联合应建立在尊重成员国“主权特性”基础之上，拒绝放弃在一些核心领域的否决权。欧洲一体化的进程始终伴随着民族国家利益之间的斗争，各民族国家对自己的长远利益和眼前利益也在不断地认识与选择中。“超国家”在成长、壮大，而民族主义仍然在国际舞台上呼风唤雨。一体化欲速而不达，退一步倒可以进两步。放弃兵戎相见，用对话代替对抗，用协商甚至妥协代替冲突，成为普遍共识。团结、联合、和平、发展、平等、共赢、民主、人权等基本价值观，也在半个世纪的反复磨砺中，愈益焕发光彩。

第二节　欧洲委员会和欧洲联盟的青年工作

欧洲的青年工作，基本上是伴随着欧洲一体化的进程并且服从和服务于这一进程发展起来的，同时又有力地推动了这一进程。正因为如此，它得到了欧委会、欧盟、各成员国政府以及各社会组织的高度重视和大力支持，建立了较为完备的工作机构，找到了合适的运作方式，形成了明确的指导理念，并且得到了经费、法律和社会等方面的支持。欧委会和欧盟在青年工作方面的目标、理念、态度基本是相同的，但是欧委会更注重人权、民主、教育、文化，而欧盟更侧重经济、政治、社会方面，二者也有各自的机构、资源，形成了虽有差别但又互补的关系。欧洲在前进，欧洲的青年工作也有非常多的变化和创新。

一、欧洲的青年观

做青年工作，首先要认识青年，树立科学的青年观，回答关于青年的一系列问题，比如青年年龄如何界定、青年的本质和特征是什么、青年与社会的关系怎么样、对待青年应该持什么态度，等等。

（一）对青年年龄的界定应该持开放的态度

哪些人是青年？这是我们了解青年工作的对象群体时首先要回答的问题。根据联合国的定义，青年的年龄界限是15～24岁。实际上，各个国家或者同一国家的不同场合，对青年的界定也不统一（见表13-1）。

表13-1 部分国家和地区青年年龄的界定

国家或地区	青年年龄下限	青年年龄上限	青年年龄跨度
美国及北美大陆	12	25	14
德国	15	25	11
俄罗斯	14	30	17
波兰	15	25	11
罗马尼亚	15	29	15
保加利亚	15	28	14
拉丁美洲	15	24	10
坦桑尼亚	15	24	10
日本	12	25	14
新加坡	15	30	16

中国对青年的年龄界定为：

- 国家统计局的界定：15～34岁为青年人口。
- 中国共青团的相关界定：14～28岁为青年人口。
- 中华全国青联的相关界定：18～40岁为青年人口。
- 港、澳、台地区的界定：10～24岁为青年人口。
- 中国司法实践中将25岁以下的犯罪主体的犯罪活动称为“青少年犯罪”。

之所以会出现以上差异，是因为做界定的方法比较特殊：年龄下限是生理学标准，以一国女性初潮、男性首次遗精的平均年龄为据；年龄上限为社会学标准，以完成社会化、可以承担社会成年人的社会责任为据。由于各国经济、社会、文化的差异，所以，哪些人是“青年”，各不相同。

实际上，因为很多国家都采用联合国的定义，因此形成了一种思维习惯：对青年的年龄界定最好是统一起来。欧洲人也不可避免地有过这种想法。然而随着他们近年来对社会生活和青年状况的研究发现，青年从儿童到成年人的过渡期日益延长，变得复杂、脆弱和充满风险，成长路径由比较固定变得非线性化，因此对“青年”的定义应该持开放的态度。尤其是在制定青年政策的场合，需要拓宽年龄范畴，细化年龄阶段，以区分政策反应。

《联合国儿童权利公约》把0～18岁人群定义为儿童。荷兰、挪威、瑞典、爱沙尼亚和英国，不希望在儿童和青年之间做政策区分。而在西班牙、保加利亚等国，青年又可以涵盖30～35岁的区间。当前欧洲青年政策面临的挑战是需要区分儿童、早期青年、青年、后期青年这几个阶段，因为每个阶段有不同的问题，需要有不同的针对性的政策。在这样的场合，儿童是指12岁以下的人群，他们需要得到的是安全的成长环境和与其发展任务相适应的支持。11～13岁代表一种“分水岭”，青年在此时有两面性。一方面，他们在社会和心理方面逐渐成熟，可以在一个群体中工作、互相理解、争论，发展批判的态度和掌握社会事务。这是进行基础的公民教育和社会参与的理想年龄。但是这也是大多数出轨行为开始的年龄，因此是采取早期干预措施的适当时机。针对 18～24 岁的青年，工作的重点是帮助他们融入社会：进入劳动力市场，开始独立生活和参与更加广泛的社会事务。同时，这也是一个脆弱的时期，药物滥用、冒险行为、社会关系问题、不成功的择业、失业、贫困等，都有可能发生。由于青年自身的力量还很软弱，所以要更多地依赖政府和社会，来满足他们对就业、教育、健康、住房等的需求。这时要求青年政策应该是综合性的，由涉及以上方面的部门来共同满足青年的需求。25 岁以上的后期青年，开始成家，他们希望从父母家里搬出来，有自己的住房，同时要求工作比较稳定。这个时期要有更加广泛的青年政策干预来解决他们的问题。

青年不仅在过渡期的不同阶段之间有区别，而且在每个阶段都有很多的亚群体。青年的生活状况和生活方式正在“异质化”，呈现出多样性，所以应该进行细致的实证分析和描述，制定多样性的政策，同时要考虑政策供给的资源和能力，设定优先领域。

由此可知，青年是一个不断变化的社会构成。当前社会的巨大变化将深刻影响未来青年的定义和生活方式。

在欧委会和欧盟关于青年的政策、纲领等重要文献中，都强调了“青年”概念的复杂性、不确定性和多样性。尤其是从 20 世纪 90 年代末期欧盟东扩的准备阶段起，这种意识越来越强烈。欧委会覆盖的不仅有欧盟国家，还有俄罗斯等独联体国家和其他没有加入欧盟的欧洲国家，差异性就更加明显，因此要求做更加细致的分析。这既反映了对多样性的尊重（欧盟的口号是“多元一体”），也为青年工作取得实效打下了基础。

（二） 欧洲青年社会状况调查

1991 年和 2001 年，欧委会针对当时的欧盟 12 国、15 国，曾经做过两次青年状况的调查，此后又在中东欧、波罗的海和独联体国家做过调查。在此基础上，2002 年欧委会编写了欧洲青年总体状况的报告，第一次覆盖了签署《欧洲文化公约》的全部 48 国①。这份报告综合考虑了欧洲各地区在发展模式和趋势上存在的差异，全面介绍了欧洲青年在教育、培训、就业、家庭生活、社会和政治参与等方面的情况，从全球化的角度反映了社会剧变对青年的影响，是我们了解欧洲青年状况的重要资料。因为欧洲已经进入“后现代”，而我国仍处于“现代化”进程中，所以这份报告对我们在较长时期内都具有参考意义。

报告的主要内容分为四个部分：

第一部分：变化的时代和生活。报告所指的“青年”大体上涵盖 9～35 岁的人群，也把 20 岁以上的年轻人称为“年轻成年人”。欧洲青年向成年人过渡的时间延长了：他们接受全日制教育和培训的时间更长；结婚年龄和初次生育的年龄

---

① 团中央国际联络部. 国外青年与青年工作 2005. 北京：外文出版社，2005：118.

上升，结婚率和生育率下降；住在父母家中的时间更久了，通常结婚后才离开；各国青年失业率显著高于总体失业率；工作不稳定。

第二部分：社会接纳和排斥青年的新模式。全球化，特别是欧洲从工业经济向后工业经济（指信息、知识和网络型社会）转变，传统的、现代的、后现代的社会模式同时存在，有时还互相冲突，这种情况对于青年有很大影响。旧的不平等（社会出身和性别）和新的不平等（数字鸿沟和语言障碍）都给青年的发展带来风险。欧洲在过去的 20 年里，收入分配更加不平等，其结果造成贫富两极分化，青年就更有可能陷入贫困。教育机会和结果的不平等，表现在地区、性别、城乡、民族等多个方面。在南欧和高加索地区，15～19 岁的青年没有受过任何教育的情况很突出，这使他们无法进入就业市场。

第三部分：青年和社会政治参与。欧洲青年普遍都支持民主。报告只考察了三个方面，即参与机制化政治（选举、运动和加入组织）、参与抗议政治（社会运动、示威）、公民参与（协会、社区、志愿工作）。贯穿于其中的主要问题是对政治生活的兴趣、对社会民主机构的信任和对欧洲一体化的态度。

从中欧“巩固的民主国家”，到巴尔干和波罗的海的“新兴民主国家”，再到独联体“不稳固的民主国家”，公民对民主的总体接受程度是递减的。东欧、东北欧和黑海地区有相当多的青年支持强人治国，而中东欧和东南欧主张非民主的青年则转向支持专家治国。

青年加入政党的比例从西南欧和东南欧的 10%到东欧和东北欧的不到 1%，都比较低。在某些地方青年更可能参加工会。

青年参加抗议活动比参与机制化政治的比例要高。草根运动在西欧要比在中东欧和独联体国家普遍。

青年对欧洲一体化和国家身份都表示认同。中东欧国家的青年对一体化的态度更具理想主义，而欧盟国家的青年更注意流动性和就业机会。欧洲大多数国家都有一部分青年排外，但绝大多数青年对欧洲文化、种族和社会的多样性持开放和积极的态度。

第四部分：青年及青年年龄的含义和经历发生了改变。报告认为可以确定社会出现了三大变化：向老龄社会过渡，向知识经济和信息社会过渡，人生经历中不同阶段的顺序及相应的角色、任务发生了变化。只有把这些因素综合起来，才可以解释为什么现在大家都格外关注代际问题。

欧洲的青年在人口中的比例正在下降。25 岁以下的人口只占欧盟总人口的 30%。报告预计到 2020 年中东欧国家 15～24 岁的青年将减少约 30%，其中有 100 万将往西移民。人口减少主要是因为生育率低。外来移民现在是、将来仍然是延缓欧盟人口减少过程的重要因素。将来，欧洲青年人口从文化、种族、语言的角度来看比今天更为混杂。特别是城市，会更加多样化、更具有世界性。

报告指出，在未来 25 年里，欧盟人口中 55～64 岁的人口比例将从 11%上升到 15%。至少在西欧，社会经济资源在代际之间的分配不平等在过去的 30 年中加剧了。父子两代人的收入差距与 30 年前相比拉大了 3 倍。未来的青年将要面临这样的情形：从总体上讲，他们必须负担更多对年龄在65岁以上的人口的赡养义务，从个体的角度来看，他们又必须更多地“啃老”才能应付日常的开支。

青年处在信息革命的前沿，他们掌握、使用并且发展信息通信新技术比老年人快，占据了大量信息产业的就业岗位。但是青年内部的数字鸿沟仍然存在，有性别、地区的差异，但是更大的困扰来自贫困。社会的两极分化加深了数字鸿沟。

随着生活方式的多样化，人生经历中不同阶段的顺序及相应的角色、任务发生了变化。儿童更早地开始像青年那样生活，而青年却迟迟没有成熟。“成熟”的模式越来越多样化，标准却越来越模糊。“变老”的含义也与以往不同了，60～65岁开始领取养老金，可是也许到80岁才会有衰老的感觉。老年人可能正在忙着“充电”、健身、美容，而年轻人30岁就想退休了。人生阶段以及相应年龄的人的行为方式之间的界限已经模糊了。确认自己的身份成为一个没有止境、持续不断的过程。“青春”正在脱离年龄的顺序。

（三）欧洲青年如何看待一体化

欧洲青年总体上是赞同一体化的，但是由于在冷战时期形成的“西欧”和“东欧”的对峙和隔绝，他们观点的形成是完全不同的两个过程。西欧资本主义国家的青年经历了欧盟从经济到政治实现一体化和东扩、吸收新成员的全程。而东欧原社会主义国家的青年经历的却是政治变革、社会转型、经济崩溃甚至国家分裂、部族仇杀。因此，可以观察到他们对待欧洲一体化的态度存在一些差别。

一体化要求让渡部分国家主权与各国人民日益增强的民族意识是一对矛盾，它在青年身上也表现出来了：绝大多数青年支持一体化，无论是出于理想主义还是现实主义；但是在近十年里他们也更加关注国家身份。20世纪90年代中东欧国家的青年对一体化非常热情，甚至有点不切实际。在他们的心目中，欧盟是一种积极的象征，他们对欧洲身份的认同不但高于年龄稍大的人，甚至超过西欧的青年。他们更追求共同的价值和传统，也就是说，他们更多的是从文化而不是从经济的角度来看待欧洲一体化。而西欧青年则认为，成为欧盟的公民最重要的是意味着你享有在任何一个成员国学习、生活和工作的权利，以及平等地获得健康和社会保障的权利。他们关注的是和自己有关的那些具体的方面：单一货币、流动性和就业机会。

中东欧和独联体国家青少年对待少数民族、外国人和社会少数群体的不宽容态度引起了大家的关注。在捷克、斯洛伐克和克罗地亚等地方这种情况特别突出，对吉卜赛人的仇视在该地区很普遍。这是因为1989年后出现的价值真空导致民族主义的迅速膨胀。在追求和平与安全的合法外衣下存在着政治种族化的危机。无独有偶，在西欧，极端主义、宗教激进主义加上可耻的种族暴力，在日常生活中已不鲜见。与这些态度和行为相联系的青年亚文化已经引起了人们广泛的忧虑。与之相反，对待性取向和外国人（移民）权利这类引起社会争议的问题，持自由主义态度的青年也不少，在各国差异也很大。例如西班牙青年就很自由化，而希腊青年却很保守。在某些国家，约20%的青年赞同“应当把所有外国人送回国”，而在欧盟，赞同的青年不到10%。在这方面，女青年对民主和人道主义价值观表现出更大的认同。

二、欧洲委员会的青年工作

欧委会自成立以来，一直围绕欧洲合作和联合的目标开展工作。欧委会非常重视青年工作，它认识到，在讨论欧洲未来的发展道路时，应该让青年参与进来，因为他们是欧洲明天的主人。没有青年的支持和参与，就不会有繁荣和统一的欧洲。欧委会的青年工作有完备的机构、机制，明确的政策，充实的内容，实在的阵地，可靠的保障，灵活的方式方法，这些都值得我们学习、借鉴。

（一）欧洲委员会青年工作机构及其职能[①]

1. 欧委会青年工作机构及其职能

欧委会下设部长委员会、议会、总秘书处、欧洲人权法院、人权专员署、地方和地区政权代表大会等机构。其中在部长委员会中设有专门处理青年事务的青年指导委员会，办公地点在法国斯特拉斯堡的欧洲青年中心（见图13-1）。

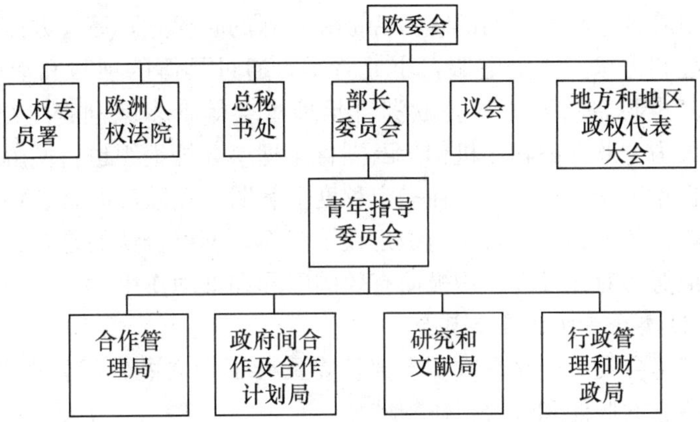

图13-1　欧委会青年工作机构示意图

从上图可以看出，青年指导委员会内设四个职能局：

一是合作管理局。该局负责制定欧洲青年中心和欧洲青年基金会的总体政策，由官方认可的青年组织各派12名代表组成，一人一票，体现政府和非政府组织的平等合作精神及鼓励青年参与青年政策的制定，从而“使青年感到自己是欧洲建设的一分子”。

---

① 团中央国际联络部. 国外青年与青年工作. 北京：外文出版社，2003：47-54.

二是政府间合作及合作计划局。该局负责召集每年举行两次的欧洲青年领域政府间合作会议，由成员国政府中负责青年事务的职能部或团体的代表参加，其宗旨是推动政府间青年的合作，并为比较各国青年政策提供框架以及监督落实欧洲青年事务部长会议的决议。

三是研究和文献局。该部门的宗旨是加强欧洲各国与青年有关领域的研究人员之间的合作关系。其研究网络促成了科学家、非政府青年组织和政府之间及多国研究项目之间的合作。

四是行政管理和财政局。该部门负责欧洲青年中心和欧洲青年基金会的日常工作。

欧洲青年中心和欧洲青年基金会作为欧洲委员会指导工作中的两大重要支柱，在欧洲青年工作领域发挥着重要作用。我们将在下面做详细介绍。

除此以外，还有以下一些机构：

青年体育署（简称青体署），青体署十分注重青年问题的研究和资料搜集，该署在1994年成立了研究与文献处，专门为青年问题的研究提供支持并加强协调，该署建立了各种在线数据库，对各国青年问题进行比较、研究，并出版了一系列报刊和书籍。青体署还经常举办各种研讨会、论坛等，为各国青年工作者和研究者交流经验、开阔视野创造机会。

欧洲青年论坛。在欧洲逐渐融合走向统一的大背景下，欧委会的青年工作始终以在青年中培育欧洲意识为指导思想，即在青年中传播欧洲统一的思想观念，一方面培养青年具有鲜明的政治特征和强烈的时代感，另一方面注意符合青年群体的兴趣和需求，大处着眼，小处着手，通过具体的项目和活动达到最终的目的。1997年欧洲青年论坛在欧洲青年理事会等众多欧洲青年组织联合支持下，宣布扩大为全欧洲的青年机构，欧洲青年理事会等组织也自愿解体，其成员均加入欧洲青年论坛。这一举措在一定程度上表明了在欧洲联合、特别是东西欧政治和社会融合的道路上，青年组织走在了前面。不可否认的是，欧委会在青年工作中的长期努力对此发挥了积极而有效的引导和推动作用。

2. 欧委会青年指导委员会

青年指导委员会是在欧委会部长委员会下设立的专门处理青年事务的机构。下面介绍它的职能和主要工作领域。

欧委会青年指导委员会的一项基本任务是加强政府间青年事务的合作，其指导思想是强调青年工作应具有“民主的、社会的、文化的凝聚力”，“青年政策应具有全球性和相融性”。欧委会青年指导委员会专门设立了青年领域政府间合作委员会，该委员会负责促进政府间合作，就某些青年问题采取联合行动，并评估各国的青年政策，促进相互间信息资料和经验的交流，筹备青年事务部长会议并落实其后续活动，与欧委会有关部门就欧洲青年中心和欧洲青年基金会的运营情况保持沟通，等等。近年来，该委员会工作的重点是在地方、国家内及欧洲范围内促进青年参与。

欧委会青年指导委员会的主要工作成绩包括：不断提出有关青年参与未来社会发展的建议草案；撰写指导青年参与的小册子；出版阐述欧委会青年工作的成就、目前状况和对青年期望的专著《彩虹》；督促开展反种族主义、反排外思想和提倡社会宽容的活动以及加强与地方议会和欧洲地区青年权力机构的合作。为了解决冷战后东西欧社会的隔阂与差异，青年领域的政府间合作还特别支持“人的尊严和社会凝聚力”项目，就反对“社会排斥青年”提出具体政策和方案。配合“教育、文化和体育委员会”的“文化和城市邻居”项目，培训协调员，同时创立欧洲青年协调员网络。

青年领域政府间合作委员会认为，促进人员流动是增强社会凝聚力的有效方式，消除青年流动的障碍要作为长期的工作目标。作为促进青年流动的一种形式，委员会着力支持志愿者项目，并为此制定一系列的措施，如起草并推动各国签署《关于欧洲志愿服务的协议》。

欧委会青年指导委员会的主要工作方式是提供信息服务、推动和指导青年研究。欧委会特别重视在信息时代和多元化条件下维护青年获得信息的权利。部长委员会就此提出过特别建议书。经过两年的磋商，1993 年 12 月 3 日，欧洲青年信息与咨询署第四次代表大会在布拉迪斯拉发通过了《欧洲青年信息工作章程》（简称《章程》）①。

《章程》指出，信息权是一种人权，“所有青年，无论生活状况、居住场所和社会阶层如何，应当平等地享有获取信息的渠道”。信息和咨询服务的意义在于：它有助于青年人的发展与理想的实现，有助于他们承担起公民的责任；还能为青年提供更多的选择机会；有助于他们自由地迁徙，“使欧洲真正成为他们日常生活的一部分”。信息工作的原则是：“信息提供的唯一根据是青年用户的需要，不应该受到其他利益因素的影响”，信息服务和信息内容要确保独立性，免受意识形态、政治和商业的影响。信息的来源应该是多元的，以最大限度地保证内容的客观性，信息应该是完整、中立、精确、实际且有时效性的。信息服务人员要受过专门的培训。提供信息服务是无偿的、无须预约的，要尊重用户的隐私。

欧委会青年指导委员会高度重视青年研究工作，于 1994 年成立了研究和文献局。该局的服务领域涉及评估国家青年政策，评价培训活动的质量和效果，分析有关文件，建立数据库等。它的运转是通过国家青年研究通信员网络实现的。其主要成果有出版书刊、项目研究、建立图书馆间网络等。青年研究反映了欧委会青年工作的基本原则，即建立跨行业、跨文化的桥梁，尊重多样化并寻求为全欧所普遍接受的观点。

（二）欧洲委员会青年工作的三大支柱

欧洲委员会青年工作有三大支柱：欧洲青年中心、欧洲青年基金会和欧洲青

① 团中央国际联络部. 国外青年与青年工作 2004. 北京：外文出版社，2004：34-35.

年卡。有了它们，青年工作才能“虚功实做”，从“无形”变“有形”，让青年看得见、摸得着。

1. 欧洲青年中心

说到欧洲青年中心，首先我们脑海里应该出现一座建筑物，类似于我们中国的“青年宫”“少年宫”。有了这个形象，才能理解，它对于青年工作来说，既是阵地又是载体。

建立欧洲青年中心的动议始于 1967 年。欧委会部长委员会通过决议，提出“为了更好地适应欧洲青年工作和生活的新形势，增强欧委会青年政策的连贯性、透明度和有效性，欧委会将建立欧洲青年中心——一种更有利于青年政策制定和青年活动开展的基本工具”[①]。1972 年 6 月 1 日，第一个欧洲青年中心在欧委会总部、法国的斯特拉斯堡建成并对外开放。

苏东剧变发生后，为了适应欧委会扩大的要求，欧委会部长委员会于 1992 年 11 月又决定在东欧建立第二个欧洲青年中心。当时好几个国家都提出了申请，希望把青年中心建在自己的国家。结果是花落匈牙利的首都布达佩斯。因为匈牙利是第一个在苏东剧变后加入欧委会的东欧国家，又处于欧盟东扩的前沿，在欧洲民主化的进程中具有里程碑式的意义。1995 年 12 月 15 日，布达佩斯欧洲青年中心正式落成开放，成为欧委会在中东欧和原苏联地区传播自己的“民主、人权、公民参与”等价值观念的重要场所。

为了体现欧洲的同一性和树立青年中心的品牌，斯特拉斯堡和布达佩斯这两座青年中心的建筑和管理模式完全一样。它们都是按照国际培训中心和会议中心的标准来建设的。根据《欧洲青年中心章程》，中心定位为“欧委会的教育机构”和“青年事务的知识库”。它们直接接受欧委会青体署的管理，同时和 200 多个青年组织（包括国际性非政府青年组织）保持联系。其主要的日常工作有：进行各种培训、举办会议、实施合作和援助项目、信息服务和研究工作。青年中心的资金主要来源于欧委会预算拨款，也接受捐款，象征性地向学员收取一些注册费。

欧洲青年中心每年组织开展 40～50 项活动。约有 40 个非政府青年组织经常与欧洲青年中心合作，它们代表着各界广泛的利益。特别受欢迎的是短期学习班，班里讨论的题目反映了各组织在利益和多元民主运动中的一些主题。例如：种族主义、失业问题、环境问题、欧洲建设和南北对话。欧洲青年中心非常重视对青年领导人的培训。为了配合欧盟东扩，培训重点转向中东欧、东南欧和少数民族的青年领导人。各个青年组织自己选择主题和选拔学员，中心负责培训，使他们了解欧洲青年活动、国际合作以及国际青年工作的方法。来自各青年组织的学员有机会坐在一起深入交流，讨论某些重大问题，其后续效果影响深远。

对于欧洲青年中心的作用，中国的青年工作者给予了高度的评价，说它们是

① 团中央国际联络部. 国外青年与青年工作 2004. 北京：外文出版社，2004：25-33.

"欧洲委员会青年工作机制的载体"，是"欧洲青年政策的宣传教育中心"，是青年项目的"孵化器"，是培养青年领袖的"团校"，首创了"政府与青年组织共同管理青年事务的机制"①。在实际工作中，中国共青团借鉴欧洲的做法，在中国的城乡普遍开展了建立青年中心的工作，建成了一批青年中心并投入使用。

为什么我们认为欧委会建立青年中心的经验这么宝贵呢？简而言之，这与中国改革开放以来出现的人口大流动有关系。中国有越来越多的人口在城乡之间、地区之间、阶层之间、职业之间流动，原来的"单位人"变成了"社会人"。这使得原来建立在单位制基础上的共青团组织形式越来越不适应新的形势，日益与团员、青年脱节，削弱了团组织的吸引力、凝聚力、影响力。欧洲青年中心的经验，则提供了一种加强共青团与青年的联系、改善共青团与其他青年组织的关系的思路。

2. 欧洲青年基金会

欧洲青年基金会是由欧委会部长委员会通过决议于 1972 年成立、1973 年开始运转的，目的是为欧洲国家青年活动提供财政支持②。资金来自其成员国，年度预算约 1 600 万法郎③。基金会秘书处由欧委会秘书长负责。基金会成员国代表每年召开若干次会议，其政府间委员会负责决定总预算并修改有关章程。

基金会分配使用基金时有四项基本原则：第一，基金的申请者必须是欧委会成员国中至少有四国加盟的国际非政府青年组织，或者是一个至少同另外三个不同的成员国的青年组织开展过合作的国家青年组织。第二，由基金会支持的任何项目的参加者中，拥有同一国籍的人不得超过活动人数的 33%，超过 30 岁的人不得超过总人数的 25%。第三，参加者和组织者须对该项目成功举办做出力所能及的贡献，如自行设计活动、协调后勤安排等。第四，分配 5%的预算给由非传统组织开展的、得到国家或地方政府大力支持的青年活动。可见，基金会的导向是扶持具有国际性、青年化、独立性、新生的、与官方合作等特征的青年组织和活动。

欧洲青年基金会特别注重推动全欧范围的欧洲志愿者行动，将大量经费用于为此召开的会议、研讨会、组织的各类活动、印刷出版物和信息资料以及部分行政管理的开支。基金会主要的资助用于支持建设欧洲、青年工作、社会问题、环境问题等具有普遍意义的活动。据统计，自 1973 年该基金会运作以来，已有数十万青年受益于其所支持的各项活动。

从总体上看，欧洲青年中心和欧洲青年基金会的发展历程反映了欧委会对青年工作的基本思想，即通过与国际青年组织、各国青年委员会及各类非政府组织合作开展各项活动，鼓励青年参与制定青年政策并保证活动有广泛的参与面和影响力。

---

① 团中央国际联络部. 国外青年与青年工作 2004. 北京：外文出版社，2004：25.

② 团中央国际联络部. 国外青年与青年工作. 北京：外文出版社，2003：50.

③ 2002 年 1 月 1 日欧元正式流通当天，100 法郎可兑换 15.25 欧元。

3. 欧洲青年卡

欧洲青年卡是欧洲青年卡协会为欧洲青年提供的一种享受打折消费的服务项目，因使用者年龄必须在14～26岁之间，所以又称为“26岁以下欧洲青年卡”。青年卡的使用者可以通过青年卡协会出版的各种手册或专门的网站获取有关消费信息，在参与该活动的商家或消费场所享受优惠购物服务。目前，欧洲35个国家的数百万青年人正在享受青年卡带来的数十万项打折服务，其领域包括文化、娱乐、交通、旅游、购物以及医疗、保险、教育、信息咨询、票务预订等诸多服务[①]。欧洲青年卡协会以青年卡为依托和平台，凭借强大的信息网络和组织机制，推出了大量规模较大、影响深远的青年项目与活动，为青年自身的发展提供了广阔的空间。欧洲青年卡协会通过青年卡的创办与推广，为青年的生活和个人发展创造了更多的机会，让他们通过积极参与青年组织和青年机构举办的活动而真正融入欧洲的社会生活中去，可谓用心良苦。

欧洲青年卡的活动可大致分为信息服务和具体项目两类。

(1) 信息服务。第一，欧洲电话信息咨询服务。该项服务是青年卡协会组织国际青年旅舍、欧洲信息传播与电话信息咨询服务网、欧洲青年信息与资讯署在内的非政府组织或团体所推出的信息服务项目，它利用发达的信息传播网络为青年提供信息，帮助他们解决困难。第二，泛欧洲青年信息港。这是青年卡协会建立的一个大规模的网络服务器，为青年提供各种信息和咨询服务，并通过各国青年卡组织及其他青年机构或社会性组织，连接各地的信息网站，以达到信息流通和资源共享的目的，从而最终建立一个覆盖整个欧洲的庞大的信息交流平台。第三，青年出版物。欧洲青年卡协会及各国青年卡组织先后出版了20余种青年杂志，作为联系青年、传播信息的工具，并且请专职的编辑人员负责协调各杂志的出版发行工作，统一刊物的命题和方向，开展诸如“宽容”“欧洲无界限”“团结”等主题活动。第四，“青年对话”。欧洲青年卡协会推出“青年对话”活动的目的是为各国青年提供一个可以相互交流的平台，该创意也得到了欧洲委员会的大力支持。

(2) 具体项目。主要有三个：一个是“青年大事记”。“青年大事记”活动是欧洲理事会青年政策中的项目，目的是获取青年卡使用者所反馈的信息和他们对拓展青年卡功能与推广青年卡项目所提出的意见和建议。另一个是“青年人才交流”。欧洲青年卡协会先后邀请来自各国的青年运动积极分子参与到青年卡组织的管理工作中，给他们一个星期的时间去开拓实施具体的青年项目。这样既让青年对青年卡的运作情况有了直观深刻的了解，又提高了他们参与青年事务的热情。此活动得到了欧洲理事会的大力支持。还有一个是“欧洲青年会见活动”。通过与国际青年旅舍、各国青年中心、青年信息中心和大学生联盟的合作，欧洲青年卡协会在一些著名的旅游城市为爱好旅游的青年人提供机会和场所进行交流，以达到文化交融和相互学习的目的。

---

① 团中央国际联络部. 国外青年与青年工作2004. 北京：外文出版社，2004：36-41.

（三）《欧洲青年政策纲要》与欧洲青年政策

欧委会于 2004 年 10 月通过了《欧洲青年政策纲要》（简称《纲要》）。该文件回顾了欧洲青年政策的发展历程，强调了公民教育和青年事务跨部门协调的重要性，介绍了欧委会为支持青年政策所采取的措施。该文件有助于我们全面了解欧洲青年政策的发展经验①。

《纲要》首先回顾了欧洲青年政策的发展历程。自 1982 年欧委会设立政府间青年问题专家临时委员会和 1985 年首届欧洲青年事务部长会议以来，青年政策的发展方式有了很大进展，找到了一系列新方法和新工具，即青年参与、项目化运作、三级（地方、国家、全欧）政策和跨部门政策的综合。

>>>

连续六届的欧洲青年事务部长会议的决议以不同的具体议题构成了欧洲青年政策基点逐步形成的轨迹。

第一届（法国斯特拉斯堡，1985）：青年政策应当提倡青年自立，这是青年有效参与的前提。青年政策鼓励志愿服务、信息和咨询服务的发展，推动和实施地方就业项目。

第二届（挪威奥斯陆，1988）：特别关注在社会、文化和就业领域开展新的青年项目；关注边缘青年、移民青年、少数民族青年、女童和女青年等群体的社会、经济、文化状况；鼓励就业；反对种族歧视和仇外主义；倡导男女平等。

第三届（葡萄牙里斯本，1990）：促进青年流动，建议设立全欧范围的跨国长期青年志愿服务项目。

第四届（奥地利维也纳，1993）：在青年中倡导以欧委会价值（民主、人权和法治）为基础的欧洲公民意识；通过跨文化交流促进青年团结，提倡宽容理念，反对种族歧视、仇外主义、排犹太主义和各种形式的社会排斥；进一步在地方、区域、国家和欧洲层面发展青年参与政策。

非正式会议（卢森堡，1995）：部长们同意加强配合以实施综合的青年政策，包括教育、培训、住房、就业和社会融合。

第五届（罗马尼亚布加勒斯特，1998）：在原有政策的基础上特别强调几个重点，即发展民主公民教育，鼓励集体生活；发展跨部门的青年政策；在团结方面鼓励代际对话；提高青年就业能力；为弱势青年和被排斥青年开发特殊的项目。

第六届（希腊萨洛尼卡，2002）：通过了三个文件，即《关于青年政策的宣言》、《关于今后若干年青年部门的优先领域的决议》和《关于冲突地区青年的状况的决议》。在这些文件里，参与、教育、就业、流动等仍然是主题词，但是增加了两个新观点，一是开展非正规教育并承认其价值，二是把关于综合性的青年政策具体化为“倡导儿童政策、家庭政策和青年政策之间的合作”②。

<<<

《纲要》对“青年政策”的概念进行了界定。可以看得出来，这些界定与

---

① 团中央国际联络部. 国外青年与青年工作 2007. 北京：外文出版社，2007：223-261.

② 同①223-226.

2002年进行的“欧洲青年社会状况调查”有密切的内在联系，许多观点都是以这次调查的结果为实证依据的。比如我们在前面已经提到的两个重要观点：“政策反应必须根据当今青年日益复杂的、不可预测的和脆弱的发展途径而有所不同”，“青年在很多领域面临的风险和机遇凸显了青年事务跨部门协调的必要性，即需要综合的青年政策”。除此以外，针对实践中人们容易产生的误解，《纲要》对“青年政策”进行了积极的、扩张性的阐发：

不要把青年工作仅仅理解为娱乐活动和非正规教育，因为青年成长过程中涉及的领域是广泛的，包括正规教育、就业、住房、健康、文化、社会融合、种族、移民、消费、男女平等、环境、选举和社会事务，等等，这些都在青年工作涵盖的范围内。所以青年政策不能理解为只是青年工作部门的政策，也不能只理解为各有关部门针对青年采取的一系列行动，而应该理解为具有跨部门广度的、自觉和有组织地同其他部门进行合作、协调的综合政策。否则青年政策就有可能“消失”在各政府部门之间的职能分工中。

不要把青年工作理解为只是解决问题的工作，眼睛不能只盯着弱势青年和问题青年，而应该面向所有的青年，重点放在如何为他们创造积极的前景上。尽管青年政策应该关注最弱势和最脆弱的群体，解决青年问题，防范风险和管理问题青年，但是不能因此就把青年工作定位为专门针对问题青年，或者标榜自己是边缘青年的代言人。如果这样，青年工作就变得与社会工作或者就业工作没有什么区别了，将会失去自己的独立价值而被其他部门“吞并”，也会削弱对普通青年的吸引力。我们应该把青年视为资源而不是问题。青年政策既要防止青年的边缘化，又要教育和支持青年成为积极的社会公民，关注其核心能力的建设和活动。

青年政策的核心是公民教育。欧委会和青年事务部长会议都很重视青年参与，提倡加强欧洲的社会建设，激发青年的创造力和批判精神，鼓励青年参与涉及自身以及地方和区域的决策过程。青年的参与也出现了不断变化的动员和表达方式。比如，青年对代议制民主的信任和兴趣在降低，但是对“新政治”如环保、反全球化、反消费主义很感兴趣，对草根运动、抗议运动、网络运动、全球运动等更是参与热情高涨。他们的政治动员日益成为“个人化、事件化、一次性”的行动，更敏感，更有弹性，更像“游戏和讽刺”。这就要求青年政策除了继续提倡青年参与代议制民主（例如设法提高青年投票率），还应该发展其他参与方式。青年政策的目标是提高把青年成功地融入社会的可能性，因此要以公民教育为核心。

发动青年参与要以“机会和经历”为基础。作为积极的公民，应该具备一些基本的能力，包括：道德能力（承担责任，理解团结，接受社会和道德价值观），表达能力（表达、发展身份认同和观点），交际能力（沟通的技能，同他人或团队合作），认识能力（发展自信、理解和批判的态度）等。为了帮助青年培养这些能力，青年政策必须积极为青年创造机会，运用青年的思维、能量和知识来解决问题。相对于体制化政治（国家、议会、政党），也许社会是青年发展政治观点和表达诉求的最重要的舞台。在这个舞台上，青年的机会更多，更容易发出声音。“经历”对人的成长是重要的。为此，需要扭转以下几种观念：青年“仅仅是成年人保护的对象”（其实他们应该并且可以管理好自己的生活）；青年参与就是“青年听证”（只倾听青年的意见而不认真对待，不让青年的意见影响决策，认为青年没有参与实际决策的权力）；青年只享有“用户民主”（其实青年应当是在任何问题上具有发言权的公民，他们应当从青年服务的“被动消费者”转变为“积极的合作者”）。

青年政策的理念和类型。由上文可知，由于在理念上有消极和积极之分，所以已有的青年政策也可以分为“问题导向型”和“机会导向型”、“反应型”和“前瞻型”。《纲要》无疑是倡导后一种类型的。除此之外，还有“青年政策”和“儿童青年政策”之分。在大多数欧委会国家，有关儿童和青年的政策与管理机构是分离的，但是目标群体有交叉，如0～18岁是儿童（根据联合国定义），而12～18岁又是青年工作的目标。那些主张对0～24（甚至30）岁的人群采取共同政策和管理的国家，强调的是从儿童到青年再到成年实现“连续性过渡”的重要性。而主张对儿童和青年的管理分离的国家，更加重视确保和发展青年工作的定位和特殊性。

青年政策领域的主要成员有公共机构、青年组织、青年群体和青年。公共机构包括政治决策者和公务员。由于公共开支面临日益削减的情况，私营部门被视为可能的合作伙伴。今后，青年服务会来自公共部门、私营部门和第三方的合作关系。

《纲要》还阐述了如何实施青年政策和欧委会如何支持青年政策的发展。

实施青年政策必须解决从国家目标到地方行动和青年工作如何跨部门开展这两个问题。

国家在实施青年政策中的作用体现在三个方面：制定方针政策，通过立法、预算和其他方式为区域、地方行动创造条件和框架，督促目标的实施。近年来大多数国家都显著扩展了青年政策：青年年龄范围延伸了，政策针对的领域增加了，政府的责任增加了，建立或维持在青年领域的指导的意愿增强了。这使设定优先领域、实施目标、提供资源、管理资源、评估结果和制定政策成为一个连续的过程。总体而言，欧委会各成员国的青年政策目标大同小异，都包含重视青年参与、视青年为资源、改善青年独立生活的条件、促进青年的社会融合、支持文化多样性等。

地方上在实施国家目标时应当拥有一定的自主权和灵活性。中央和地方应该就各自的角色和职责进行协商，划定透明的“指挥线”。在国家与地方之间建立对话机制将增强地方参与的动力和责任。

青年工作如何跨部门开展呢？实践证明，只是向其他部门提建议、要求它们把为青年提供服务当作自己的义务是不行的。有效的做法是以合作的精神把从事青年工作的要点传输给它们，激发它们的愿望和兴趣。也就是说，对它们要有具体的指导和帮助。具体途径有三：第一，合作。青年部门和其他有关的部门联合搞项目或者提供长期服务，最好是先搞项目再转化为长期服务。第二，影响。运用青年工作的专业知识影响其他部门的决策，可能的话，有些专家就直接参与决策。第三，协调。在国家和地方都可能有青年工作的部际协调机构和代表青年的机构。有些国家设青年理事会，有些设青年事务协调员。

欧委会又是如何支持青年政策的发展呢？主要有两个措施：评估和培训。

根据 1995 年卢森堡非正式部长会议的建议，从 1997 年开始实施国家青年政策国际评估项目，目的是为青年事务建立一个欧洲标准，以增加青年工作的有效性。从 1997 年到 2005 年已经有 12 个国家接受了评估。2002 年，在前 7 个国家评估的基础上，欧委会发表了题为《支持欧洲青年：原则、政策与实践》的综合报告，阐述了青年政策的战略、实践、指导方针，确认了青年领域需要分析和评估的核心问题。

自 1998 年以来，欧委会一直在开展针对地方、国家和区域三级层面负责青年事务的公务员和青年组织领导人的培训。这些针对他们的、以“合作和伙伴关系”为核心的课程被称为“50—50 课程”，即两方学员人数相等。培训模式主要是“非正规教育”。

评估和培训，“青年顾问团”，“欧洲青年研究人员网络”，欧委会与“东南欧稳定公约国”以及欧委会与欧盟之间的合作，等等，都为欧洲的青年政策提供了支持。

三、欧洲联盟的青年工作

欧盟的青年工作也是逐步开展的，我们以它发布的重要文件和影响比较大的项目为例进行简介。

（一）“青年为了欧洲”项目

从 1988 年起，欧盟开展实施了名为“青年为了欧洲”的长期项目。该项目旨在通过支持青年交流，促进青年的流动性；通过支持青年首创项目、支持青年参与民主生活，达到培养青年的公民意识、增进相互理解的目的。该行动又分为三个子项目：

（1）青年交流。该项目的目标群体是 13～25 岁的青年。青年人可以组织一个小组，围绕特定的主题，共同做出规划，在青年行动计划的支持下和他国青年开展交流互访，相互学习对方的文化。

（2）青年首创。该项目在当地、郡县、国家三个不同的层面展开，支持不同国家间同类项目的合作，以此拓展青年的欧洲视野，增加其国际交流与合作的经验。该项目的目标群体主要是 18～30 岁青年。15～17 岁青年在青年工作者或老师指导的情况下也可以申请获得该计划的资金支持。

（3）青年民主工程。该项目的目标群体是 13～30 岁青年，旨在鼓励青年从国际视角出发，参与到当地、郡县、国家的民主生活中去。

1989—1991 年期间，有 8 万名 15～25 岁的青年受益于这个项目。1991 年 7 月，在欧盟条约第 149 项的基础之上，“青年为了欧洲”的第二期被通过。1995 年 3 月，这个项目的第三期开始实施并于 1999 年结束。1988—1999 年间，有近 50 万名 15～25 岁之间的欧洲青年受益于这个项目，开阔了视野，增进了友谊，加深了对欧盟和欧洲一体化的了解。从另一个角度上说，“青年为了欧洲”项目促进了欧洲、各国和地方有关青年的项目，特别是那些援助有困难的青年的项目的发展①。

（二）欧洲青年志愿服务项目

志愿服务是参与社会事务的一种形式，可作为参与者的教育经历以及衡量其任职资格和个人全面发展的一个因素。因此，志愿服务不但满足了青年的愿望，同时也是社会所期望的。

欧盟委员会对青年的志愿服务项目有着长远的规划，认为在可允许的时间内要以开放的协调方式，大规模地开展志愿服务，并且欧盟委员会还认为对志愿服务项目要有法律保障，要求各成员国立即采取行动，扫除障碍，以便青年志愿者能够自由流动。

欧盟委员会早在 2001 年就已经对欧洲青年志愿服务提出了许多具体的要求，例如监督地方、区域、国家和欧洲的青年志愿服务的数量和质量。在全世界有许多的公共的或私人组织的志愿服务组织，但是普通的青年很难参与它们的活动。欧盟的一个任务就是要与这些组织进行谈判，使它们对青年更为开放；使那些处于困境中的青年或残疾的青年也能更容易地参与欧洲的志愿服务；认可并提高志愿服务作为非正规教育经验的地位②。

（三）《欧盟青年政策》白皮书

《欧盟青年政策》白皮书是 2001 年 11 月颁布的，包括正文和附录两大部分。白皮书分析了欧洲青年的现状以及欧洲的未来和青年的关系，从青年面临的挑战入手，试图通过制定合理的青年政策，使青年正确认识到其在欧洲一体化中的使命和任务。白皮书建议，在青年领域内采取开放的协调方式；在制定其他政策时更多地站在青年的角度考虑问题。开放的协调方式包括：“为了完成成员国确定的短期、中期和长期目标，欧盟要确定纲领和具体的进度表；建立最高的数量和质量的指标和基准，使它适应不同的成员国和领域的需要，从而比较得出最好的方案；通过制定具体的目标，采取具体的措施，以及考虑到不同国家和区域之间的差异，根据欧盟的纲领制定国家和地区的政策；组织监督和评估作为相互学习的途径。”欧盟委员会保证，无论使用何种政策工具，在制定政策和制度时，会更多地考虑涉及有关青年的问题③。

---

①② 团中央国际联络部．国外青年与青年工作．北京：外文出版社，2003：362.

③ 团中央国际联络部．国外青年与青年工作 2007．北京：外文出版社，2007：306-373.

（四）《欧洲青年纲领》

《欧盟青年政策》白皮书和《欧洲青年纲领》是欧盟系统青年工作最重要的两个指导文件。二者的特点在于：前者侧重各国内部的青年政策，并为其提供统一的基础平台；后者关注的是国际间青少年活动的协调[①]。根据白皮书精神配套出台的《欧洲青年纲领》（有效期为2002—2006年），我们称之为“旧纲领”，以区别于2007年出台的“新纲领”（该纲领名为《2007—2013年欧洲青年行动计划》）。这两个纲领之间有内在的连续性、一致性，但是由于它们与欧洲一体化、特别是与欧盟自身发展的不同阶段相联系，所以又有不同的针对性，甚至在理念和思路上都有一些调整。

旧纲领是在20世纪90年代后期，在吸收了欧盟的《青年为了欧洲》和《欧洲志愿服务》两个文件的基础上制定出来的一个更宏观的项目方案。在它出台之时和出台之后，欧洲政治、经济生活中发生的三个重大事件即“里斯本战略”、欧盟东扩和欧盟制宪危机都对它的执行和修订产生了深刻的影响。

2000年3月，欧盟15国在葡萄牙首都里斯本举行特别首脑会议，就一项十年发展规划达成一致，这个规划就是“里斯本战略”。这个规划提出的背景，是要抓住机遇，向电子经济和知识经济全面过渡，把欧洲的经济增长速度提高到每年3%，在2010年前使欧盟成为世界上最有活力的知识经济体。为此，围绕经济发展、就业、科研、教育、社会福利、社会稳定等方面，一共制定了28个主目标和120个次目标。其中最重要的是提高就业率和加大科研投入。“里斯本战略”被称为“事关欧盟男女老少”的“真实革命”，确实鼓舞人心。但是从实际情况看，“里斯本战略”的实施动力不足、进展缓慢，所以不得不在中期对目标进行调整。2007年2月，欧盟委员会提出了新的“增长与就业伙伴计划”，把经济增长和就业作为优先目标，把新增的就业机会从3 000万个减少为600万个。

与此相应，推动非正规教育的开展以弥补正规教育的不足、提高青年的培训质量、从总体上改善欧洲青年人力资源的素质，就成了新旧纲领共同的重要内容。

欧盟东扩和欧盟制宪危机则引发了人们对欧洲意识缺乏的忧虑。欧盟从15国扩展为25国、进而为28国，这个过程在很多人看来太快了，其后果无法承受。让“老欧洲”民众接受不了的是，生活在欠发达地区的人口猛增至1.16亿，需要补贴的欠发达地区从48个增加到67个，来自新入盟国家的廉价劳动力源源不断地涌入，抢了自己的饭碗，等等。由此引发社会矛盾特别是本土居民与外来人口之间的矛盾，种族主义和排外情绪上升，欧洲意识进一步弱化。在各国全民公决中，据欧盟青年事务官员透露，有75%的青年反对通过欧洲宪法。在青年工作领域，新老欧洲对待欧洲统一的态度也有区别。新入盟国家在实施青年纲领后会得到经费补贴、得到与西欧交流的机会，为本国青年今后的学习和就业进行铺

① 团中央国际联络部. 国外青年与青年工作2007. 北京：外文出版社，2007：217.

垫。而在原来就是欧盟成员国的国家看来，这些东西是它们本来就拥有的，现在与东欧国家进行所谓的“交流”，实际上不是互相补给而是单方面的输出，它们什么也得不到，还不如去和美国、中国、印度等大国的青年交往。所以，无论是在新的还是老的成员国，加强对青年欧洲意识的培养都成了亟待解决的问题。

2005 年 9 月 15—18 日在英国苏格兰召开了欧盟国际交流执行机构工作会议，为即将出台的《2007—2013 年欧洲青年行动计划》即新纲领务虚。中国的全国青联代表作为观察员出席了会议①。讨论结果反馈给欧盟教育和文化司，该司再向欧洲议会教育和文化委员会报告。

新纲领与老纲领相比，有如下的调整：

（1）宗旨和目标方面：旧纲领的目的是围绕实现“知识欧洲”和全欧合作，促进青年的学习和流动的便利。新纲领旨在加强对欧洲价值观、欧洲公民意识的培养。

（2）在对象人群和国家范围方面：旧纲领的适用对象是 15～25 岁的合法居民，新纲领放宽到 13～30 岁。实施国家是欧盟成员国，欧盟东扩以后欧盟周边国家有优先合作地位。

（3）增加新的活动内容：旧纲领有五个方面的内容，即“青年为了欧洲”（加强青少年团体的国际交流）、欧洲青年志愿服务（在欧洲其他国家服务）、青年创意（鼓励青年把在志愿服务中取得的经验用于地方项目的开展）、共同行动（鼓励欧盟不同项目之间的相互配合，这些项目有：以教育为核心的苏格拉底项目、以职业培训为重点的达·芬奇项目和非正规教育青年纲领）、辅助措施（青年工作经验交流和培训）。

新纲领仍然有五个方面的内容。它保留了旧纲领的主要内容，但是进一步强调提高活动质量的紧迫性。新增加的有“世界的青年”（在加强与欧盟周边国家青年交流的同时鼓励同世界上其他国家和地区的青年建立联系和交流）和“青年政策合作”两个部分。

在《2007—2013 年欧洲青年行动计划》中，统一的欧洲价值观和欧洲意识进一步得到反映。该纲领是欧洲各国青少年活动的一个宏观项目框架。在具体目标上，新纲领鼓励青年树立积极公民意识，特别重视欧洲公民意识的培养；加强青年人的团结，特别是强化欧盟的社会凝聚力；通过青年人之间的交流促进人民之间的理解；提高青年活动支柱体系的质量和青年领域社会组织的能力，在青年政策方面促进欧洲的合作。

《2007—2013 年欧洲青年行动计划》将培养欧洲公民意识、鼓励青年参与、尊重文化多样性、为相对弱势的青年群体提供帮助四个方面作为优先发展的领域。该行动计划强调项目的非正规教育性，强调对参与该计划的认可机制，强调项目的可视性，要求积极宣传其成果，强调男女平等，反对任何性质的歧视，强调对儿童权益的保护，强调在计划实施中使用多种语言。

① 团中央国际联络部. 国外青年与青年工作 2007. 北京：外文出版社，2007：217.

第三节　欧洲青年工作的特色、经验和存在的问题

一、欧洲青年工作的若干特色

欧洲青年工作具有鲜明的特色，而欧洲各国的青年工作更是亮点频现、异彩纷呈。

（一）青年工作的职业化、专业化

在欧盟诸国，“青年工作”是一个行业、一种职业，“青年工作者”在欧盟各国已经成为一个固定的术语，青年工作从业者需要有专业学习背景。在英国，青年工作者或者需要通过国家技能与教育部的职业认证，或者需要取得青年工作学位，或者需要在社区学院参加青年工作业余培训课程、在职学习班等。通过专业学习要掌握的不仅仅是开展青年工作的具体技能，还包括了解青年工作的价值，懂得青年心理，等等。国家技能与教育部的职业认证又分为不同的等级。其实，不仅是英国对青年工作者有如此苛刻的要求，欧盟各国对青年工作者的培训和学习都是该国青年工作的重要组成部分①。

（二）青年工作的多元统筹

欧洲青年工作的另一个特色是多元统筹，包括运作方式和主体两方面。

运作方式的多元统筹是指：欧盟各国的青年工作既有地方政府部门参与，如地方政府的青年服务部门开展的工作就在政府工作日程内；又有非政府组织参与，很多社会力量从事青年工作，甚至还有不少是私营性质的青年组织。在德国，青年事务强调社会多元参与、多中心独立管理。官方机构与非政府组织紧密合作，广泛动员各种资源参与青年事务。在“小政府、大社会”理念的指导下，德国青年事务管理充分体现了“替代”原则，即凡是非政府组织能做的，政府就尽量不插手。政府的职责仅限于提供政策、资金和技术支持。德国有关法律规定，政府不能直接实施青年工作的具体项目，各官方机构必须同非政府组织结成伙伴关系，共同承担责任，具体项目尽可能由非政府组织落实，官方机构负责审批、监督。在芬兰，各种青年组织、红十字会等社会组织都可申请政府补贴，单独或合作开展惠及青年的活动。政府每年拨付专款用于支持社会组织开展青年活动。接受补贴的社会组织每年须向教育部提交包括组织结构、成员情况、活动开展和财务状况等详细信息在内的申请材料，补贴使用情况和项目开展情况也受公共机构的监督和评估。但社会性组织在青年项目实施、具体工作开展过程中拥有

---

① 团中央国际联络部. 国外青年与青年工作. 北京：外文出版社，2003：84-91.

自主决定权，政府部门不得干涉。

参与青年工作的机构和人员的多元统筹是指，除了青年工作者之外，还有社区工作人员、学校代表、地区警察代表、心理专家等人员共同参与青年事务。比如在英国的伦敦城青少年发展计划发布会上，就有来自不同地方的各方面代表及家长代表一起参与，从不同的角度讨论该计划。

（三）青年工作的直接性

青年工作者直接接触青少年。在一些青年机构里，青年工作者负责定额联系一定数量的青少年，对自己所联系的青少年了解得非常细致，包括家庭成员的情况、子女与父母的关系等，并对每一次和所联系的青少年的接触都有详细的记录。在英国、法国、德国、芬兰等诸多欧盟国家，还有专门的街头青年工作者①。他们的工作对象是“看不见”的青年，充当他们与主流社会沟通的桥梁，倾听他们的需求，提供帮助与服务，促使他们回归社会。这些街头青年工作者不会衣着光鲜地坐在教室中，不会咬文嚼字地说教，也不会指手画脚地评判。一般他们会在下午甚至是黄昏的时候走出家门，碰到工作对象会主动走上前与他们聊天，他们控制谈话的节奏和氛围，循循善诱地分析问题，推心置腹地提供参考意见。他们会告诉青年人去哪里寻求免费的职业培训渠道，到哪里了解青年廉租房的信息，到哪里获取法律帮助，到哪里学习电脑技能，等等②。“工作即生活，生活也工作”这句话，是对欧盟各国青年工作者的最好注解。

（四）青年工作的政府化

欧洲不仅有统一的青年事务管理机构，而且大多数国家在政府中都有专门管理青年事务的部门，许多国家设有青年部来管理全国的青年事务，在各个州（省）设有青年局来具体负责本地的青年事务。英国的王子慈善基金会特别关心和支持那些弱势青年和问题青年，把青年群体中存在的不安定因素化解在萌芽状态，这有利于保持社会的稳定。法国特别注重对青年领袖的培养和培训，在青年领袖的带领下，整个社区的青年被组织起来，为一定的目标而奋斗，这对社会的发展有着积极的意义。奥地利社民党的干部在组织青年活动方面有一条十分重要的原则和经验，这就是青年喜欢在哪里活动，他们就把活动地点定在哪里，青年喜欢什么样的活动形式，他们就采取什么样的形式。这种贴近青年需求的做法很值得我们吸收和借鉴。

（五）青年工作的法制化

欧盟各国都有相应的法律法规，为青年工作提供了法律依据。欧盟各国在青年问题的立场上比较积极，主张用法律的形式关注青年的发展，通过强有力的法律手段来解决青年领域中出现和存在的问题。在立法形式上，既有各种法规中关于青少年的专项法律法规，也有专门的青少年单行法律法规和综合性青少年法律

---

①② 团中央国际联络部. 国外青年与青年工作 2004. 北京：外文出版社，2004：202-222.

法规。关于青少年刑事和刑事诉讼的法规有《英国青少年法》《奥地利共和国青少年法案法》及西班牙、丹麦等国的青少年法。芬兰青年工作领域的立法以《芬兰青年法》为核心。它确定了国家青年工作的目标、宗旨和对象，对有关概念进行了界定，明确了青年政策和青年工作的内容和推进方式，确立了教育部在国家青年工作中的主导地位以及政府机构和社会组织的职责权限，规定了国家财政资金的拨付对象和用途。随后政府颁布的《芬兰青年工作和青年政策法令》对青年法的条款予以细化和补充。德国青年工作的专门性法律可以分为两大类：青年福利方面的法律和青年保护方面的法律。青年福利方面最为重要的法律是《儿童与青少年福利事业法》。该法旨在不断改善儿童与青少年成长的环境，鼓励政府和社会团体在这一过程中发挥支持性作用。青少年保护方面的重要法律有《青少年保护法》《传播危害青少年读物和媒体内容法》《公共场所青少年保护法》、《青少年媒体保护国家合同》等。

二、当前欧洲青年工作的几个重点

（一）开展非正规教育

非正规教育目前在北美、西欧、东亚和太平洋的发达国家正发挥着越来越广泛的作用。联合国教科文组织在印度、越南、不丹、马达加斯加等发展中国家开展了很多非正规教育学习中心项目，由当地社区的非政府组织实施，获得了巨大成功。非正规教育具有两大特点：一是教育活动发生在正规教育体系之外，二是受教育者通过参与非政府组织的活动获取经验。国内学者也对非正规教育高度评价，认为它是扶助弱势群体发展的“社会稳定器”，促进社会成员终身学习的“教育协调器”，是规避社会风险的“公共减震器”[①]。

欧洲在推动非正规教育发展的过程中走在了前面，并把区域范围内的非正规教育认证和规范提上了议事日程。1998 年欧洲第五届青年事务部长会议通过宣言“鼓励各国政府承认青年通过非正规教育所接受的培训和所学到的技能，并通过各种方式证明这种经历和资历”。2002 年欧洲职业教育和培训部长会议通过《哥本哈根宣言》，要求各国政府“尽早制定关于非正规教育的一整套共同准则”。2003 年欧委会部长理事会通过了《关于促进和承认非正规教育的建议》，建议各国政府“再次确认非正规教育是终身学习过程的重要表现形式，努力制定非正规教育的认证标准”。欧委会于 2004 年 10 月通过的《欧洲青年政策纲要》将非正规教育作为欧洲青年政策的三大核心要素之一。欧盟委员会于 2004 年在其 2010 年教育和培训战略框架下建立了工作组，开始制定非正规教育和非正式教育的欧洲统一认证原则，以提高非正规教育方法的可比性和质量。

欧洲青年论坛通过研究青年组织中的非正规教育，指出非正规教育在以下方

① 团中央国际联络部. 国外青年与青年工作 2007. 北京：外文出版社，2007：301.

面促进了青年的发展和学习：有助于发展青年工作、学习、兴趣和生活所需的学习技巧和能力，推动青年社会化和学习适当的社会技能，提高了青年积极参与社会的水平。非正规教育有潜力成为正规教育和终生学习的一种补充性学习。一项有关 24 国公民教育的实证研究显示，现有的公民教育过于强调知识，应当为个人的批判性思考、参与和价值选择留出更多的空间。自上而下向青年传递教育信息并不总是有效的。青年似乎会更加认真地接受那些没有“被要求接受”的信息，同时还可能与同伴讨论这些信息并得出自己的结论。

（二）培养青年领袖

今天的欧美国家青年常常会给人一个矛盾的印象，即一方面他们是远离政治的，关注自我的趋势在不断加强；另一方面，他们中又有许多人善谈机变、视野开阔，活跃在国际多边场合。为什么会出现这种情况呢？通过观察这些青年所受的教育和他们的生活环境，我们可以发现，尽管他们很少接受意识形态的直接灌输，但在学校系统地学习了哲学和公民意识课程，在校外通过社区组织的活动切实体会到了公民意识的内涵。同时，丰富多彩的领导能力培训项目更是为那些品学兼优、热心公益的青年提供了一条政治成熟的“绿色通道”。

青年领导能力培训项目是欧美各国提升青年政治素养，特别是精英青年群体参政能力的常用手段。根据这些国家培训机构的观点来看，青年领导能力的掌握不是一个自发的过程，它需要系统培训。由于这类综合能力提升项目不同于一般的体育、文艺等技能培养课程，所以它针对的对象人群不是全体青年，而是从大中学校中选拔出来的学业出色、能力活跃的优等生。这部分青年作为潜在的精英群体，构成了国家未来的中坚力量，对他们进行公民责任、参政意识和领导才能的培养也就是对未来领导阶层执掌国家能力的培训。

欧委会历来重视青年的作用，坚信“没有青年的支持和参与，就不会有繁荣和统一的欧洲”。在实践中，欧委会重视培养青年领袖，通过发挥精英的模范作用和带动作用，推动青年在欧洲民主化和一体化进程中发挥建设性作用。考察欧委会青年领袖的培养机制，可以发现其两个核心元素：一是欧洲青年中心，如前所言，它是欧委会培养青年领袖的“团校”；二是青年事务共管机制，它是欧委会锻炼青年领袖的“实习基地”。

欧洲青年中心与欧洲 200 多个青年组织保持定期合作，每年为 8 000 多名优秀青年举办各类学习培训、交流和实践活动，目前已有 20 多万名青年领袖参加过相关培训。具体包括：（1）学习课程。学期通常为 3～5 天，由中心与国际性非政府青年组织合作举办。其中，青年组织负责确定主题和选拔学员；中心负责提供专业的顾问，为课程筹备、实施和后续活动提供技术和教育支持。两个中心每年共举办约 30 期学习课程。（2）培训课程。学期通常为 7～14 天，由中心根据欧委会确定的青年工作的优先议题组织实施，培训对象主要是潜在的青年领袖，课程内容有青年领导力培训项目、管理培训、青年参与培训、公民意识教育和人权教育、跨文化学习和交流等。两个中心每年共举办约 15 期培训课程。

(3) 论坛、会议和磋商会。中心不定期举办各类论坛、会议和磋商会，邀请青年组织代表、政府官员和来自欧洲各个领域的专家学者共聚一堂，探讨青年问题或青年关心的热点话题。其中，磋商会针对的是青年工作中的具体问题，如欧委会同新成员国的合作、培训以及跨文化学习等。(4) 合作和援助项目。该项目主要针对中东欧和东南欧的国家，目标是支持和推动上述国家青年运动与青年工作的开展，促进青年领域多元民主结构的发展。开展合作或提供援助的方式很多，包括举办针对性的培训课程，组织实地考察，帮助制定青年政策，开发和翻译培训资料，提供专家，资助青年领袖参加培训等。(5) 研究和信息。中心设有欧洲研究人员网络，致力于促进研究人员、青年组织和政府机构间的合作；建立了在线数据库，促进欧洲各国青年问题的比较研究；同时设立了文献资料中心，向各类青年组织和个人提供有关欧委会各项活动的文献资料。(6) 语言课程。课程致力于提高青年的语言水平和沟通技巧，加强他们参与国际交流与青年活动的能力。培训的语言种类主要包括英语、法语和俄语。

欧委会在国际组织中第一个创建了青年事务共管机制，选拔青年领袖参与欧委会青年事务管理。其具体运行机制是：欧委会有一套由四个机构组成的青年事务管理机构，然后选拔青年领袖参与它们的工作。这四个机构及其职责是：(1) 欧委会青体署。青体署负责青年事务的协调管理，负责制定统一的欧洲青年政策和评估指标。青体署下设两个欧洲青年中心。(2) 欧洲青年事务协调委员会。该委员会的成员来自《欧洲文化公约》的 48 个签约国，是各国政府部门的代表。其主要职责包括鼓励各成员国发展各自的青年政策，推动各国政府在青年领域的合作，加强青年政策的比较和经验交流，制定共同的青年政策。(3) 欧洲青年事务顾问委员会。顾问委员会由欧洲各类非政府青年组织的代表组成，共有 30 名，其中 20 名由欧洲青年论坛组织选举产生，包括 7 名国家级青年组织代表和 13 名国际性青年组织代表。另外 10 名由其他国家和国际性青年组织选举产生。顾问委员会的主要职责是推动欧洲青年参与欧委会的工作，并为青年组织开展活动提供咨询和建议。(4) 欧洲青年事务混合委员会。混合委员会由协调委员会和顾问委员会联合组成，负责制定欧委会青年工作的中长期规划、确定优先领域、制定目标和预算。该委员会下设项目委员会，由 8 名代表共同组成，具体负责欧洲青年中心申报项目的审批、监督和评估。青年事务共管机制的建立，使欧洲青年得以参与欧委会青年工作的决策和管理过程，在制定战略规划、确定工作重点的过程中享有发言权，并在审批项目、分配资金的过程中拥有与政府代表相等的决定权。通过这种机制安排，欧委会也提高了自身在青年中的影响力和吸引力，为其凝聚、发现和培养青年领袖搭建了一个有效的平台。

（三）促进青年就业

青年就业是国际社会普遍关注的社会问题。早在 2003 年，《联合国秘书长 2003 年世界青年报告》就已经指出，在全世界失业人口中，青年占 41%。国际劳工组织公布的《2009 年全球就业趋势》指出，全球失业率将从 2007 年的 5.7%上升到

2009年的6.1%～6.5%。2009年至2010年，全球就业市场需要创造9 000万个工作机会，方能吸收新增的就业者。尽管欧盟的青年失业率在20世纪90年代末期有所下降，但各国间差异很大。欧盟国家的青年失业率是总体失业率的两倍①。

面对如此严峻的就业形势，欧盟的对策是：以培训为基石，以服务为桥梁，以创业为平台，鼓励青年积极就业。

在欧洲，一些国家依据法律促进青年就业，如法国于1997年颁布了关于青年就业发展的法案，2002年又颁布了另一项有关促进青年就业创业的法案。法国、芬兰都通过或修订了有关在就业上禁止年龄歧视的法律条款。

欧盟按照“里斯本战略”所确定的目标，要在其内部推行世界上最富有竞争力的知识经济，创造更多更好的就业岗位，实现可持续的增长。为此，欧盟特别注重对青年人进行就业前的教育和培训，积极实践青年自主创业的就业战略，推动劳动力市场的创新与就业模式的变革。欧盟认为只有把青年教育与知识、技能和自主创业观念结合起来，才能培养出符合社会需要、适应社会发展的新一代知识青年。为此，欧盟从2000年起就开始通过相关教育，帮助青年更多掌握企业运营知识、专门技术和增加自主创业的技能。由于新兴信息技术是影响新建小企业竞争力的重要因素，欧委会通过各种方式大力推动信息技术培训。欧洲社会基金大约已为1 100万名25岁以下青年提供了就业培训。欧盟支持成员国的创业工程，而无须成员国出资。以德国为例，德国政府针对青年就业实施了双轨就业培训制度，即在职业学校学习职业课和基础课的同时，又在企业以学徒的角色进行实践，学校和企业共同作为学生和青年培训的实体。培训时间根据职业不同在2年至3年半之间，培训内容由政府和企业根据市场需要共同确定。在德国有大约8万个培训机构提供职业培训，50万个企业能够提供实习岗位和实践机会。这些遍布全境的培训机构或职业培训中心在性质上分为官办和民办两类，由各级政府经济部门和教育部门负责管理。德国青年每个年龄段中80%的人都要接受职业培训，这样既保证了青年的低失业率，同时又培养了大批职业化程度较高的蓝领技术工人，使德国产品以高质量保持了强大的国际竞争力。

欧盟成员国根据“青年创业计划”的安排，建立了多方合作的鼓励青年创业的机制。

其一，政府给予资金支持并建立形式多样的资助项目，为增加青年创业提供最基本的资金保障。为此，欧盟委员会一直从“社会基金和全球调整基金”中划拨款项，每年大约拨款1 500万～3 500万欧元用于创建和完善青年就业和自主创业的教育、培训及与实践基地相关的投入。同时欧盟还要求接受拨款的成员国政府划拨相应的配套资金，提供必要的教育设施、管理人员等资源。

其二，努力争取社会各界的帮助与合作，用示范效应推动青年创建新企业的积极性。比利时瓦隆大区总共400多万人口，就有30多个经济技术园区和企业之家设立了专门培训青年就业的培训与实习中心，费用由欧盟、比利时和瓦隆大

① 团中央国际联络部. 国外青年与青年工作2005. 北京：外文出版社，2005：131.

区政府分摊。

其三，在政府促进青年就业的具体措施中，最值得一提的莫过于出台助力中小企业发展和青年创业的小额信贷政策。按照欧盟新出台的政策文件，小额信贷的针对对象是指单笔金额低于2.5万欧元、雇员人数一般少于10人的中小企业和因各种原因无法获得传统银行贷款的青年创业者及失业人群。2009年6月，欧盟签署一项“就业共同承诺”，决定出资190亿欧元扩充“社会发展基金”，帮助中小企业、青年创业者和受到国际金融危机重创的人们。这项承诺行动主要包括：帮助中小企业增强生存与发展能力，鼓励青年人自主创业，帮助失业人员寻找新的工作，具体措施有提升技能、鼓励投资和改善公共就业服务等。欧盟委员会还表示，2009年至2010年，从欧盟现有的财政预算中拨款用于小额贷款，加大对失业者和缺乏资金的人创办企业的支持力度；增加信用危机环境下微型企业的就业机会；举办中小企业家培训，使他们保持并获得所需的技能。2009年11月，欧盟委员会以加强区域平衡发展资金为基础，再出资1 000万～1 500万欧元，建立一个专门为中小企业提供小额贷款咨询服务的基金会，并与欧盟经济及社会理事会、欧盟地区发展委员会共同组成一个指导性机构，专门负责为各成员国从事小额信贷业务的非银行机构提供专业咨询和帮助，以使这些机构在发放贷款的过程中，进一步成为中小企业或青年贷款者的技术顾问。

其四，鼓励企业雇用青年。欧盟各国为了鼓励企业雇用青年，对企业雇用青年采取在税收等经济方面给予优惠或其他补助措施。针对许多青年因为“没有经验便没有工作，没有工作便没有经验”而难以就业的情况，欧盟许多国家采取的政策是签订“青年合同”①。这种青年合同占意大利所有就业青年合同的近25%，占希腊的20%，在20世纪90年代中期的法国和西班牙，这一比例为12%。可见这种做法大大激发了雇主培训青年的热情。在英国，政府设立“从福利到工作”方案的主要目的就是促进青年人的就业。方案的资金总共是50亿英镑，其中用于青年就业的有31亿英镑。针对25岁以下、失业6个月以上的青年人，政府提供的就业机会是：每提供一份工作，雇主就可以享受政府给予的为期6个月的每周60英镑工资的补贴。意大利的私营企业每雇用一个长期失业青年，国家每月给予60万～80万里拉的补贴（相当于半个月工资），补贴时间为6个月。这些政策大大提高了企业雇用青年的积极性。

三、欧洲青年工作的创新经验和存在的问题

通过上文的介绍，我们对欧洲的青年工作已经有所了解，对其创新成就和存在的问题也有了认识，现在再做一些简短的归纳总结。

① 刘爱超．欧盟青年就业问题解决之道．法制与社会，2008（8）．

(一) 欧洲青年工作的创新经验

欧洲青年工作目标明确、与时俱进，在配合欧洲一体化的进程中不断创新，积累了丰富的经验。

第一，充分认识青年工作的战略地位。“欧盟东扩，青年先行”，这句话真实地反映了欧盟之所以能够在较短的时间内实现东扩战略意图的奥秘，那就是从青年抓起，推动青年参加到欧洲一体化的进程中来；在青年中培养对欧洲统一的认同，要早于欧洲统一的实际进程。换言之，工作要有一定的前瞻性、超前性。欧盟非常重视争取入盟候选国的青年和青年组织，为了吸引其参加欧盟组织的活动和培训，采取了资金扶持、政策引导和项目合作等多种措施。对于参加由欧盟举办或者资助的活动的青年，欧盟提供了比较优厚的待遇，比如便利的签证，充足的国际旅费、食宿费、活动费甚至个人的零花钱。对于派出人员来参加活动的青年组织也给予一定的资助。《欧盟青年政策》白皮书明确指出，“正在申请加入欧盟的国家也可以参加有关的青年项目”①，这就为候选国的青年参与欧盟项目开了绿灯。以法国前总统德斯坦为主席的欧盟制宪大会在制定《欧盟宪法草案》的过程中，曾于 2002 年 7 月在布鲁塞尔举行了一个欧洲青年制宪大会，来自欧盟 15 个成员国和 12 个欧盟候选国的 210 名 18～25 岁的青年出席了大会。他们参加讨论并提交了报告，在报告中特别呼吁制宪大会要更加尊重和听取年轻人的意见。该会议的青年主席后来被邀请参加了欧盟制宪大会，并且全程参与了《欧盟宪法草案》的制定过程。欧盟的这些措施在候选国受到青年和青年组织的普遍欢迎，参加过这些活动或者项目的青年回国后都成了义务宣传员、志愿者。他们开阔了视野，增进了友谊，加深了对欧盟和欧洲一体化的了解。这就增强了欧盟的凝聚力和向心力，为欧盟未来的发展打下了良好的基础。欧盟青年工作有长远的目标和战略的眼光，值得我们学习。

第二，在全球化、多极化、多样化的时代背景下，青年工作要做到“和而不同”。虽然欧洲青年工作是围绕欧洲一体化目标开展的，但是它所面对的现实却是欧洲各国之间存在的巨大差异，包括政治、经济、历史、文化等多个方面。特别是，仅在 20 世纪的上半叶，欧洲就爆发过两次世界大战，所以在历史上遗留下来许多的恩怨。这些都是实现一体化需要克服的障碍。欧洲青年工作从观念上，充分尊重各国的文化多样性和民族特质；从方式上，以对话、交流、协商为主，吸引、鼓励、推动青年参加到建设性的活动中来，让青年在亲身的体验中增进相互的理解、认同和友谊，接受“欧洲意识”这一共同价值观。现在，我们中国的社会生活也出现了多样化、多元化的新情况，随着中国的崛起，中国青年也将与世界上各个国家的人民有更广泛的交往。“和而不同”的理念无论是在对外还是对内的场合，都应该成为我们青年工作的重要原则。

第三，善于抓住机遇。“智者善谋，不如当时。”青年工作固然要在平稳的条件下，按部就班、踏踏实实地做好，但是更要善于抓住难得的机遇，乘势而上，

---

① 团中央国际联络部. 国外青年与青年工作 2007. 北京：外文出版社，2007：350.

实现大的发展。苏东剧变后欧盟东扩，2000 年欧盟提出“里斯本战略”，要把欧洲建设成世界上最有竞争力和活力的知识经济区域，这些对于欧洲青年工作来说都是难得的机遇。紧紧围绕这一目标，欧盟开展了闪耀着创新精神的光芒和富有成效的青年工作。现在，中国社会正在急剧地变化，新形势、新任务向思想政治教育工作者提出了一个又一个挑战。挑战就是机遇。我们应该向欧洲的青年工作者学习，善于抓住机遇。

（二）欧洲青年工作存在的问题

欧洲青年工作也存在不少问题，其中有些问题是有普遍性的，在我国也存在，因此研究这些问题对于我们具有一定的借鉴意义。

第一个问题是过于专注“问题青年”和弱势群体，未能代表和面向全体青年的普遍要求。在社会的急剧变动中，有些青年处于不利的地位，对他们关心、帮助和扶持是应该的，但是不能因此而忽略了其他的青年群体。因为弱势群体只是青年的一个部分，他们的需求有着特殊性。青年工作应该面向全体青年，要照顾某些青年群体的特殊要求，更要代表全体青年的普遍要求。现在的这种偏向使青年工作存在混同于社会工作的危险。

第二个问题是在青年工作中存在着“非政治化”“生活化”“社会化”的趋势。这固然凸显了青年工作的社会性，更贴近青年的现实利益，有利于实现维护社会稳定的目标。但是，同时也弱化了对欧洲一体化的政治目标和意识形态（特别是欧洲意识）的教育和灌输。所以，如何解决好兼顾青年的特殊的眼前利益与社会的普遍长远利益，是青年工作需要破解的一道难题。

第三个问题是冷战时期欧洲的“东西”对峙给今天的欧洲内部关系留下的严重“后遗症”。东西欧之间发展水平差距比较大、贫富不均，欧洲一体化与民族国家，欧洲总体利益与各国“小算盘”之间矛盾重重。欧洲青年工作的根本出发点是促进欧洲统一，由此决定了它的立场是始终应该顾全大局，而把各国家、各民族的利益交给它们自己去处理。这就难免使欧洲的青年工作有时会脱离部分国家和民族的青年。目前，欧盟本身还不是一个“超级政府”，还处于一个介于政府间组织和“欧洲政府”之间的状态。虽然欧盟内部已经实现了货币、关税统一，对外实现了外交、防务统一，可以说已经是一个政治实体和经济实体，初具一个国家的雏形，但是欧盟各成员国毕竟还是各自独立的主权国家，广大民众头脑中“民族”“国家”“主权”等概念根深蒂固。在这样的特殊状态下，如果欧洲一体化急于求成，则必然会欲速不达、事与愿违。对于世界上大多数国家来说，包括中国这样的国土辽阔、民族众多的大国，各方面的内部差别都是很大的。因此，如何统筹兼顾、处理好整体与局部的关系，也是我们必须面对的问题。

第四个问题是在欧洲，民主、自由、人权等传统价值观念早已深入人心，但是在实践中，其理论、思潮、形式却在变革中。比如，在欧盟的发展中，凡是重大事情，都依靠协商来解决，减少投票、公决、少数服从多数等传统方式的使用。也就是说，"协商民主"在今天更受欢迎，更流行，是通行的新型民主。青年人也表现出对传统的民主形式（如参加选举投票）的冷漠甚至厌恶。英国的公民只要年满18周岁就有选举权。可是在英国2005年全国大选中，只有23%的青年选民参加了选举，在地方选举中青年的投票率更低①。鉴于这种情况，欧洲青年工作也更多地采用协商、对话、妥协等方式，但是这又影响到欧洲意识的灌输等价值观教育。所以，稳定的教育目标与调整变化中的教育方式形成了矛盾。总之，当客观形势和教育对象都发生了变化的时候，思想政治教育工作必须积极适应变化、主动调整方法。

阅读书目

团中央国际联络部. 国外青年与青年工作. 北京：外文出版社，2003
团中央国际联络部. 国外青年与青年工作2004. 北京：外文出版社，2004
团中央国际联络部. 国外青年与青年工作2005. 北京：外文出版社，2005
团中央国际联络部. 国外青年与青年工作2007. 北京：外文出版社，2007

思考题

1. 欧洲青年工作与欧洲一体化是什么关系？研究二者之间的关系有什么意义？
2. 欧洲人如何把握青年的本质和特征？对你有什么启发？
3. 欧洲青年工作的系统包含哪些组成部分？其主要的工作方式是怎样的？
4. 欧洲青年工作的经验和问题有什么普遍意义？

① 团中央国际联络部. 国外青年与青年工作2007. 北京：外文出版社，2007：126.

第十四章 公共领域的思想政治教育

要点提示

● 对公共领域的思想政治教育开展研究具有重要的理论意义和现实意义。本章对公共领域里的各种意识形态、社会思潮和社会心理的交织、互动、激荡的过程、因素、后果，以及它们在网络与现实两个空间的存在和表现方式，进行了初步的探讨。社会思潮能影响和掀起社会运动；民生问题有可能成为动乱的导火索；在实行议会制、多党制、竞选制的政治环境中，选举往往是政权被颠覆的时机，需要格外小心；网络和非政府组织是公共领域的两个新元素，其能量不可低估。思想政治教育在公共领域应该大有作为，但是首先要进行自身的改革和发展。

关键词　思潮　运动　“颜色革命”　骚乱　网络　非政府组织

在我国，传统的思想政治教育是从革命战争年代发展起来的，最初提出的是“支部建在连上”的原则，这一原则以后虽不断发展，但基本思想是依托行政系统，依靠党（中国共产党）和团（中国共青团）的组织为主要力量实施的。在中国以“单位制”为基本制度实行社会管理和社会控制的时期，思想政治教育的这种组织形式和体制与社会形式是互相适应的。那时，中国的公共生活和公共领域很不发达，所以，思想政治教育的研究自然也没有过多地关注公共领域的情况。然而，随着中国的改革和发展，中国的社会结构和社会生活发生了很大的变化，公共生活和公共领域也逐渐发展起来，成为不容忽视的客观存在。理论界各学科关于公共领域的研究也渐渐升温。比较思想政治教育研究也应该关注这一领域。在此，我们选取了“五月风暴”、“颜色革命”、巴黎青少年骚乱等几个案例进行剖析，因为它们本身的社会影响较大，后果严重，包含的因素复杂丰富，在进展过程中形势瞬息万变，各方力量进行了反复的较量，经验教训发人深省、值得总结，亦具有理论研究上的典型意义。

第一节　“五月风暴”：社会思潮影响下的社会运动

1968年5月在法国爆发的学生运动被称为“五月风暴”。它在很短的时间内就蔓延到了全国，牵扯到了社会的各个阶层，引发了法国历史上最大规模的工人罢工，致使法国高等教育系统完全瘫痪，正常的社会生活完全停止。法国“五月风暴”与1967年6月联邦德国激进的“社会主义学生联盟”领导的学潮，1968年4月由美国哥伦比亚大学发源的学生“造反”风潮等遥相呼应，扫荡了欧美资本主义世界，被统称为“20世纪60年代末的青年造反运动”。它引起并且推动了资本主义世界的社会转型。“五月风暴”给法国换了个天地，是第二次世界大战后法国历史上最重要的事件之一。之后，法国社会发展的航标完全被改变了，小到人们的举止、谈吐、服装等，大到社会教育、生活方式、思维方法、社会结构、公共政策等方面都与以前不同了。它极大地冲击了承袭古希腊、罗马文化，并深受基督教文明的熏陶，又经历了近代人文主义和启蒙运动的浸染，最终又经法国大革命的洗礼才熔炼成型的法国社会文明。但是，这么一场运动却在持续两个多月之后戛然而止，草草收场，让我们不得不感叹其戏剧性，并深思其爆发的前因后果。

一、“五月风暴”的过程①

简单回顾一下这场风暴的过程，其中有三个重要的时间点：1968年3月22日，5月4日，5月31日。

风暴来临之前，1968年3月15日，著名记者皮亚尔·维亚松发表了一篇题为《法国人感到无聊了》的文章②：

如果要用一个词形容我国政治生活的现状，那就是“无聊”，世界各地发生着许多大事，世界正在发生着激烈的变革，但是这些都与法国无关，国内一片平静；大学生无聊了，全世界的青年都在闹革命，搞运动，而他们却只关心男生能否自由出入女生宿舍，年轻人无聊，因为他们找不到工作……

---

① 许平，朱晓军．一场改变了一切的虚假革命．上海：上海人民出版社，2004：148-205；若弗兰．1968年5月法国的“文化大革命”．武汉：长江文艺出版社，2004；袁红．法国1968年“五月风暴”述评．北京教育学院学报，2003（4）．

② 许平，朱晓军．一场改变了一切的虚假革命．上海：上海人民出版社，2004：150．

但是，在这片“无聊”和平静的掩盖之下，却是不断下滑的国民经济和国民购买力，高达两位数的失业率，以及政治上左派和右派之间的明争暗斗和专制统治。更为严重的是整个社会一片僵化，旧有的规范和制度与现实脱节严重，赶不上社会经济发展的步伐，束缚了人们的手脚。而与此同时，在其他国家，由“新左派”发起的社会运动（反对种族歧视的民权运动、女权运动、反战和平运动等）正如火如荼；第三世界国家的民族独立运动，冲垮了资本主义殖民体系。在这些运动和变革中表现出来的勇于改变现状的精神和奋斗不止的勇气，极大地感召了素有革命传统的法国青年。沉闷的政治氛围、僵化的社会秩序、无聊的日常生活压抑得广大青年学生喘不过气来，对现实不满的情绪在广大青年当中积聚、酝酿、壮大，随时都可能爆发出来，1968 年 3 月 22 日这一天，他们终于找到了一个宣泄的机会。

>>>

“五月风暴”的过程

巴黎郊区的南泰尔文学院的学生首先发难。3 月 20 日，在全法越南委员会反对美国侵越战争的游行中，因发生袭击美国新闻处事件，6 名学生被捕，其中 1 名系该校学生。3 月 22 日该校以社会学系的德国留学生丹尼尔科·恩邦迪特为首的一批激进学生集会抗议，要求释放被捕学生。会后，100 多名学生占领了学校行政大楼，并当场宣布成立“3·22 运动小组”，这个团体后来成为五月学生运动的核心。“3·22 运动”也就成了“五月风暴”的开端。

按照教育部部长阿兰·佩雷非特的指示，当晚警方包围行政大楼，驱赶闹事学生。凌晨 2 时，学生们唱着《国际歌》被迫撤离。此后南泰尔学潮不断扩大，一些社会失业青年由于对政府现行政策的不满也加入到运动当中。索邦大学校长害怕学生骚动，请来警察驱散校园里的学生，学生与警察的冲突延续达 5 小时之久。学生们效仿法国革命者的传统做法，撬起铺路石，构筑街垒，街垒周围成了地地道道的巷战战场。冲突的结果是，20 多名学生受伤，596 名学生被捕。巴黎学区区长让·罗什宣布关闭索邦大学。大批警察驱赶学生并占据索邦大学。一所大学被关闭，这在法国历史上还是破天荒第一遭。大学作为社会思想集散地，在法国是神圣无比、不可侵犯的地方，是自由与权威的象征。警察占领大学是对教育和自由的亵渎，所以各大专院校学生群情激昂，社会舆论鼎沸。这起严重事件犹如火上浇油，使局部学潮发展成为全国的学生运动。5 月 4 日，全国大学生联合会号召各地大学生举行总罢课，抗议警察暴行。巴黎和外省主要大学广泛响应，学潮开始向全国蔓延。

运动之初，以戴高乐为首的法国统治者对动乱满不在乎，说那不过是“孩子气”。随着骚乱的不断扩大，戴高乐发觉自己面临着漫长政治生涯中从未遇到过的棘手问题。经过深思后，5 月 7 日，他指示内阁部长富歇：“绝对不能退让!”在 5 月 8 日内阁会议上，他重申了这一方针：“只要秩序不恢复，就谈不上重新开放索邦大学或南泰尔文学院。”同日下午，他在接见一批议员时宣布：“我们绝不允许大学里有反对派的存身之处，也不允许在街上搞暴力行动，这从来不是开始对话的方法。”

5 月 11 日巴黎报纸对拉丁区流血冲突反应十分强烈，在野党领导人纷纷发表谈话谴责政府暴行。法国大工会宣布在 13 日将举行 24 小时总罢工，抗议政府镇压行为，声援学生斗争。副总理若克斯建议对学生运动让步，以免事态进一步扩大，但戴高乐执意不肯。正是戴高乐的强硬态度导致了事态的恶化。同日出访阿富汗归来的总理蓬皮杜鉴于国内形势，决定采取不同于戴高乐的方针。他力主以退为进，通过安抚、妥协，争取社会舆论，孤立少数极端分子，并使反对派政治力量无法插手利用形势，从而逐步瓦解学生运动。然而蓬皮杜息事宁人的措施为时已晚，未能扭转局势。

1968年5月13日，爆发了更大规模的游行运动，工人、学生、教师共80余万人在巴黎举行了法国自第二次世界大战以来规模最大的一次群众性游行。这次示威标志着“五月风暴”进入了一个新阶段，即从学生运动发展成为一场直接威胁戴高乐政权的政治和社会危机。戴高乐虽然按原计划于5月14日去了罗马尼亚进行国事访问，但被迫在5月18日提前回国。因为对学生的种种退让终未奏效，所以戴高乐主张重新采取强硬的方针。他说：“改革可以，乱来不行。”这个主张体现了戴高乐处置“五月风暴”的总方针。5月24日，戴高乐发表广播讲话，他要求法国人维持公共秩序，重返工作岗位，但没有提出任何具体措施。实质内容只有一条：宣布6月份就社会改革进行公民投票。与此同时，农民也发起“全国斗争日”，要求提高农产品收购价格和降低税收。强大的工农运动相互呼应，震撼了全国，社会危机从此发展为政治危机。

5月27日到29日，以统一社会党和法兰西学生联合会以及一些教育工会为主要代表的“新左派”，宣称现在“政权空缺”，建议成立以孟戴斯·弗朗斯为首的临时管理政府，法国共产党和法国总工会则提出建立人民政府。为阻止局势进一步恶化，法国政府决定让步。政府与工会和企业主的代表签署了协议，基本上满足了工人、职员和教师在经济上提出的要求。但是危机远没有停歇，5月29日这一天，在法国工会和法共的组织下，全国共有1 000多万人停工，同一天，密特朗联合法共组织了将近50万人的大游行来显示自己的实力。一时间左派势力似乎如日中天，其势不可阻挡。面对如此严重的局势，戴高乐终于按捺不住了，他首先秘密与军队接触，取得了军队的支持，之后他再次面对全国进行演讲，表明了绝不退让的决心，并且呼吁人们恢复冷静。

戴高乐的表态收到了很好的效果。因为随着运动的推进，局势越来越失控，人们的行为越来越冲动，暴力事件时常发生，已经严重损害了社会秩序，引起了广大市民的反感，而且，运动已经历时一月，人们已经从狂热当中逐渐冷却下来，开始比较冷静和客观地看待社会，并且，他们提出的要求已经得到了政府的回应，并基本予以了满足。戴高乐在他的演讲中准确抓住了人们对于社会大乱的畏惧以及对于“共产主义极权统治”的恐惧的心理，将人们“劝回”到维护社会正常秩序的轨道上来。在戴高乐演讲过后不久，大约有100万人自发地聚集到协和广场上，这是“五月风暴”以来最大规模的一场群众集会。这是一次戴高乐支持者的聚会，也是一次过去因害怕而沉默，现在有了勇气的人的集会，它预示着法国又开始回归秩序。自此革命基本结束。

随后，一系列后续工作陆续展开。5月31日，政府任命了新的教育部部长，并开始实行教育改革，6月3日起，大部分企业开始复工，6月12日，政府下令禁止一切游行，并解散了7个极左团体。在6月23日举行的大选当中，戴高乐以绝对多数的选票再次赢得大选，以密特朗为首的左派获得的选票少得可怜。这也标志着“五月风暴”彻底归于失败。

二、影响“五月风暴”形成的因素

通过上面的回顾，我们会产生一个疑问，学生们掀起这场运动起初不过是为了发泄一下自己的不满，怎么就能在短时间内发展成了一场法国历史上的风暴呢？其原因除了已经提到的法国国内国际、政治经济方面的背景因素外，还有时代、社会精神氛围、青年自身特点等因素。

（一） 20世纪60年代——特殊的历史时期

20世纪60年代，是战后资本主义的一个特殊时期。从西方世界本身来看，新一轮的科技革命使社会生产力获得了极大的推动和发展，整个社会由工业时期开始向后工业时期过渡。正是在这一过渡时期，社会的沉闷、令人窒息的传统道德和规范、落后的价值观、陈旧的社会观念终于使人们无法忍受。60年代，一场社会的改革呼之欲出。发达国家工业社会下的种种矛盾一起爆发出来，终于引起人们深入的思考和积极的批判。

（二） 激进思潮涌动的社会精神氛围

整个20世纪60年代，西方社会各种激进思潮涌动，革命气氛浓厚，“新左派”运动风起云涌。

1. 激进派马克思主义思潮

第四国际托洛茨基主义是激进派马克思主义思潮的代表，主张继续革命和不断革命，号召用革命手段推翻现政府，建立属于劳动人民的政权，而且，这场革命必须首先由学生发动，从而带动并赢得广大工人的支持。

2. 西方左派思潮

一个是法兰克福学派的社会批判理论，该学派从西方社会的现实出发，扳倒了西方社会的文化思想根基——理性。该学派指出：工具理性的过分发展已经使理性走到了它的反面，在过去的启蒙时期，理性解放了人性，将人从自然和神学的压迫下解放出来，但现在社会经济的发展使理性变成了单纯的工具理性，将以实现人的自由为目标的人文理性淹没。以理性为基础构建的资本主义社会，在创造出丰富的物质财富的同时，理性成为人性新的桎梏，人的本能冲动、感情、欲望、独立思考及判断能力等，再次被监管起来。

另一个是萨特的存在主义。存在主义强调个人自由、独立自主和主观经验。萨特的存在主义使个人主义得到张扬，个人的欲望得到满足，个人的情感得到宣泄，个人的意志得到尊重。大写的“人”再次被放到世界的中心位置。

3. 无政府主义

无政府主义认为，任何权威和精英都没有存在的必要，他们的存在阻碍着人类的进步。在等级制度下出现的权威和精英们拥有权力，而权力具有天生的腐败性质，拥有权力的人会关注于如何维持扩展自身获得的权力，而不会关注被此权力影响和统治的人的利益。典型等级制度中权威机构的政府，会拥有替其属民做出裁决的权力，这就意味着个人的自由被无限地缩减。同时，大部分人在服从和期望由权威和精英组成的政府的选择，而失去自我思考和自我选择的能力。

无政府主义“教会”了大学生们敢于藐视政府和权威，使他们对抗“传统的家长制”、反抗传统的社会权威有了强有力的理论基础。无政府主义的社会运动希望在“自愿”的基础上建立人与人相互帮助、相互作用的社会关系，以此来代替中央集权的政治经济结构，大学生自发组成一些自治组织，倡导回到史前，按照自己选择的方式生活。史学家们称此为“嬉皮士运动”。

4. 偶像的符号作用

以上思潮所蕴涵和宣扬的精神，在格瓦拉[①]身上人格化了。格瓦拉成了千千万万个起来造反的青年心目中的偶像。格瓦拉是一个叛逆的符号，是反抗资本主义社会的象征。

对于广大青年学生来说，格瓦拉的理论远没有他的英雄形象来得重要。他那种为了自己的理想斗争到底的精神感染了广大学生。他们崇拜格瓦拉的胆识，敬佩格瓦拉的精神，钦佩格瓦拉的勇气。学生们以格瓦拉为偶像，希望自己能够像英雄格瓦拉一样为了理想和追求奋斗到底。自法国“五月风暴”开始，格瓦拉走向了世界。在欧洲，在美国，在全世界举行的游行示威中，青年们都高举格瓦拉的招牌肖像。萨特称赞格瓦拉为“当代最完美的人”，他已经成了青年人精神的图腾。

（三）“愤怒的一代”

20世纪60年代的青年学生是西方社会发展史上极其特殊的一代人，西方社会通常把他们称为“愤怒的一代”，他们的出生年代和成长环境注定了他们青年时期的不平凡。

第一，“愤怒的一代”出生于第二次世界大战之后的人口高峰期。到60年代，正好是他们十几、二十几岁的年龄，正处于青春叛逆期。他们的成长伴随着战后资本主义世界百废待兴，经济、社会状况恢复并迅速发展，进入高速增长的“黄金时期”的整个过程。“愤怒的一代”一出生就享受着资本主义“重生”和福利国家政策带来的富足的物质生活。尤其是青年大学生，他们大多来自中产阶级家庭，从小娇生惯养，并接受了良好的教育。但是，因为他们没有经历过物质匮乏，没有经历过贫困，当然也就不会珍惜来之不易的一切。“愤怒的一代”不知道父辈的艰辛，不理解老一代中产阶级那种克勤克俭、谨慎严格的生活态度，更不认同传统的道德规范。物质丰裕被他们认为是理所当然的。

第二，“愤怒的一代”是相互间激烈竞争的一代。大战之后人口急剧增加，形成“婴儿潮”。仅以美国为例，从1946年到1964年，18年共出生了7 600万人。20世纪60年代初，这些“战后婴儿”开始挤进大专院校。从1957年到1975年，大学生从300万猛增到1 100万。而25～29岁，需要找工作的大学毕业生在同龄人中的比例，从50年代的10%，到70年代的16%，到80年代更达

① 切·格瓦拉，他是古巴民族解放运动的领导人之一，也是卡斯特罗的亲密战友。一个被称为“红色罗宾汉”的游击革命家，一个被誉为“共产主义堂吉诃德”的理想主义者，用他39年的短暂时光谱写了一部生命传奇。

切·格瓦拉，原名埃内斯托·拉斐尔·格瓦拉·德·拉·塞尔纳，1928年6月14日生于阿根廷罗萨里奥省。他毕业于布宜诺斯艾利斯大学医学系。身为受过良好教育的阿根廷人的格瓦拉，本来可以选择稳定安逸的生活，然而，他却抛弃了这一切，投入了拉丁美洲的革命烽火中。1955年，格瓦拉结识了卡斯特罗，返回古巴，参加革命。古巴革命成功后，格瓦拉又于1965年前往玻利维亚领导游击队活动，后被逮捕，惨遭枪决。

到了 23%[①]。正是因为同龄人过多，决定了他们在成长过程中必然要承受巨大的压力。他们要想在同龄人当中脱颖而出，就必须增加自己竞争的筹码，而社会一时之间还消化不了如此多的劳动力，所以这一代人的就业压力也很大。“愤怒的一代”害怕自己在完成学业后找不到一个令人满意的工作，因为他们从他们的父辈那里得到的信息是：没有好的工作，就没有好的前程，没有好的前程，就没有好的人生。对于自己前途的恐惧，使他们对现实产生不满，增加了他们对社会的仇恨。

第三，“愤怒的一代”也是“迷惘的一代”。说他们“迷惘”，是因为他们普遍对自己的前途和社会的未来感到悲观。一方面，充足的物质产品可以满足他们的物质要求，但不能填满他们精神的空虚。他们接受了资本主义有史以来最好的教育，可以说是最有学问、文化水平最高的一代。他们努力学习想要在激烈的竞争中脱颖而出，但他们又弄不清楚自己脱颖而出的目的是什么。既然在物质上从未匮乏过，又何来满足的必要？对于自己未来努力的方向，他们感到一片迷茫。另一方面，他们出生在一个全新的时代，这个时代远超出他们父辈的理解、想象，因为他们也是第一次生活在如此繁荣稳定的时代。作为长辈，他们总要对自己的子女灌输一些自己的价值理念，耳提面命，教诲他们遵守传统的社会观念与习俗。但是，他们忘了，自己的子女有比他们更高的学识，对于新社会、新事物，他们有着更深的理解。家长制的传统使得“愤怒的一代”不得不听从他们父母的话，但是现实与父辈们的教导差距太大，他们不知道自己理解的社会对不对，也不知道自己该不该遵从父辈的教导。他们不知道如何适应全新的社会，面对新社会他们不知所措。

总之，20 世纪 60 年代的青年是特殊的一代人，在 20 世纪 60 年代这一特殊的历史时期想要完成一件特殊的事。一个专门批判资本主义特殊发展阶段的理论，自然成为承担这一特殊历史使命的人们的特殊选择。

三、社会批判理论与青年需求的对应

在当时众多的思潮中，最受青年学生欢迎的是法兰克福学派的社会批判理论。因为这一理论，他们接触得最多且最有共鸣。法国的大学本来就是具有激进、批判性质的左派思想的滋生地。法兰克福学派的著名学者们正是以大学讲坛为舞台，向广大青年学生宣传自己的批判理论的。马尔库塞的《单向度的人》、弗洛姆的《逃避自由》等著作在广大青年学生中都产生了巨大影响。他们的理论给学生的精神世界注入的不仅是一种审视的眼光、一种批判的意识、一种反省的精神，还有进行革命的呼唤和开展社会变革的号召。社会批判理论使学生从迷惘和懵懂中清醒过来，发现了一个奋斗的方向。广大青年学生一反传统社会中崇拜中产阶级、向上流社会看齐、效仿高级时尚的做法，开生活通俗化、平民化的社

① 李普森. 战后生育高峰期出生的一代. 青年研究，1994 (4).

会风气之先。他们要创造一个自己理想的世界，获取精神的自由。青年大学生是“五月风暴”的发起者，也是这一运动不断扩展、不断深入的推动者。正是他们的激进行为和革命热情感染了社会其他阶层，并将他们“拖”入整个运动的进程中来，才使这场学生运动发展壮大成为一场全国性的社会运动。

学术界虽然把“五月风暴”称作是一种社会“革命”，但这场革命不是传统意义上旨在推翻一个政府，或推翻一个阶级的统治，建立一个新的政权的政治性的革命，而是针对当代资本主义社会、文化和基本价值观的一场全面的社会批判，是一场旨在调整社会观念、变革生活习俗、改变传统风俗、更新社会道德、提升社会价值理念的一场文化的革命，是为了使社会朝着更自由、更平等、更宽容的目标前进。

法兰克福学派的社会批判理论之所以能够和这场青年运动联系起来，是因为这一理论表达了青年学生们的心声，寄托了他们的社会理想，帮助他们解决了困惑已久的难题，并帮助他们勾勒了理想的未来社会美好图景……青年的精神需求与法兰克福学派的社会批判理论正好是对应的。

社会批判理论“引爆”了青年体内积蓄的能量，将他们送到了社会变革的风口浪尖上。他们第一次感觉到了自己对于社会是如此的重要，自己的生命是如此的有意义，一股前所未有的使命感激发了他们对于社会的无比责任感，也引出了他们蕴藏在体内的所有革命热情，终于有个渠道和机会让他们行动了，他们认为对于异化社会一击致命的时机到了。

在社会思潮裹挟下的青年学生其实没有搞懂理论的真谛，更没有确切地知晓他们的偶像格瓦拉、卡斯特罗、胡志明等都干了些什么，他们只要把握两个字就够了，那就是“革命”。“革命”打破了人们沉闷的生活、沉闷的社会氛围，“革命”就是节日，“革命”就像一场狂欢。“革命者”拒绝资本主义世界的一切，与现存社会的一切——秩序、观念、规范、道德、生存方式决裂，拒绝服从统治，拒绝服从操纵，拒绝充当现存世界的帮凶。所以只要是社会上存在的批判资本主义的学说和理论，青年都要拿过来汲取，只要是对抗资本主义的言行，他们都要机械地进行模仿。在他们的思想中，对抗资本主义的言行就代表了正义。这是青年学生们最直接、最原始的感觉。“严禁被禁止”，“我们什么都要，我们现在就要”，“消费社会不得好死”，这些口号明显表示出了青年学生对于现代社会中人的生存状态和生活方式的一种反抗。这是精神的反抗和文化的反抗。广大青年学生可以不去理解甚至可以不知晓理论，但他们欢迎“革命”带来的美好的感觉，在革命中他们感受到了身心前所未有的释放，享受到了一种充实的满足感。

第二节　“颜色革命”：选举与动乱

21 世纪初，国际政治出现了一种奇特的现象，以街头政治形式出现的“颜色革命”导致政权更迭的事件，在独联体国家不断蔓延扩散，引起了人们的关注。这些“颜色革命”是怎么发生的？其过程如何？其直接原因和深层原因又有哪些呢？

一、独联体国家的“颜色革命”

（一）格鲁吉亚的“玫瑰革命”

2003年11月2日，格鲁吉亚举行新一届议会选举。此前数月，反对派就开始暗中策划在选举不利的情况下发起大规模抗议活动。果然，执政党一胜出，反对派随即发动支持者走上街头游行示威，指责当局选举舞弊，拒绝承认选举结果，要求谢瓦尔德纳泽总统辞职下台。11月12日，谢瓦尔德纳泽表示：“我愿在任何时候、以任何形式同反对派进行会谈。”但反对派却不依不饶，坚持要谢瓦尔德纳泽下台。14日，反对派领导人萨卡什维利号召格民众掀起“全民抗命”运动，呼吁老百姓天天上街、军队不执行总统命令、商人不向国家交税、所有国家公务人员罢工。2003年11月22日，新议会召开首次会议。5万余民众在格议会门前集会，高呼“格鲁吉亚不需要谢瓦尔德纳泽”。谢瓦尔德纳泽未予理睬。下午4时，萨氏率领示威者冲进议会大楼，他把一支红玫瑰高高举过头顶，一马当先冲入议会，“玫瑰革命”由此得名。正在演讲的谢瓦尔德纳泽在保镖护送下匆忙离开。紧接着，反对派占领了谢瓦尔德纳泽办公的国务办公厅大楼和电视台。11月23日，谢瓦尔德纳泽发表谈话，表示愿意同反对派进行谈判，并准备在选举问题上做出妥协。但反对派表示：谈判“为时已晚”。无可奈何的谢瓦尔德纳泽只得于当晚宣布辞职。素有“政坛不倒翁”的谢瓦尔德纳泽终于被街头政治逐出了政坛。格鲁吉亚的这场“玫瑰革命”以反对派成功“逼宫”、谢瓦尔德纳泽黯然下台、萨卡什维利成功当选总统而宣告结束。

（二）乌克兰的“橙色革命”

2004年10月31日，乌克兰举行第一轮投票选举，结果两位总统候选人得票均未过半数。在11月21日举行的第二轮投票中，执政党候选人亚努科维奇获得49.53%的选票，以3个百分点的优势击败了反对派候选人尤先科，当选为乌克兰新总统。按理说，选举可以落幕了。但反对派不接受这一结果，他们随即发动了规模空前的“橙色革命”，数十万身穿橙色外衣、举着橙色标语牌的民众走上街头，抗议选举舞弊。反对派的支持者包围了总统府、政府大楼和议会大厦，并在首都基辅的独立广场安营扎寨，要求当局宣布选举无效。乌克兰总统库奇马谴责反对派的行为是“政治闹剧”，暴露了其“政变意图”。他要求“所有政党坐下来谈判解决选举争端”。亚努科维奇则表示，他当总统后可任命尤先科为总理，让其执掌政府大权。但尤氏不干。两派各执己见，对立加剧。反对派加强街头攻势，扬言要阻塞交通、阻止学校上课和企业生产。12月3日，在反对派的巨大压力下，乌克兰最高法院宣布第二轮选举结果作废，12 月 26 日重新投票。库奇马表示“尊重最高法院决定”。亚努科维奇则暴跳如雷，斥库氏为“胆小鬼和叛徒”。昔日盟友分道扬镳。乌克兰议会于 12 月 8 日召开非常会议，以 402 票赞成、21 票反对和 19 票弃权的压倒性优势通过了乌克兰宪法修改法。根据宪法修改法，总统的许多重要权力将被移交给议会。其中，总统无权任命自己的政府，但仍保留否决议会对总理、外长和国防部长三个职位任命的权力。此外，议会还获得了在不需要总统批准的情况下任命所有内阁部长的权力。修改后的选举法规定，将对缺席选票进行严格限制。反对派指责现任总理亚努科维奇的竞选阵营利用这种方式舞弊，让选民进行重复投票。对于反对派提出亚努科维奇辞职的要求，库奇马予以拒绝。与会议员还对中央选举委员会进行了重组，以 146 票对 129 票的表决结果罢免了委员会主席谢尔盖·基瓦洛夫。议员们从库奇马提出的 20 名人选中选出了 15 人组成新一届委员会，其中 11 人为旧将。在随后举行的中选委会议上，原副主席雅罗斯拉夫·达维多维奇当选新主席。得知议会通过选举修正案，改组中央选举委员会的决定后，尤先科即宣布“橙色革命”取得胜利。与此同时，他呼吁支持者回到家里，解除对政府机关的封锁。乌克兰议会做出有利于反对派的决定后，美国、德国和欧盟纷纷表示欢迎，而乌克兰总理亚努科维奇则指责议会的表决结果是“一场缓慢的政变”。12 月 26 日的重新投票导致反对派翻盘成功，尤先科靠着街头政治反败为胜，当上了乌克兰新总统。

（三）吉尔吉斯斯坦的“郁金香革命”①

2005 年 2 月和 3 月，中亚国家吉尔吉斯斯坦举行议会选举，结果执政党胜出，反对派惨败。在有 75 个议席的议会中，反对派仅得 6 席。但这并没有影响反对派的情绪。他们心里明白，即使通过选举不能上台，还可以通过“革命”夺权。这个革命就是街头政治。于是，他们先在吉尔吉斯斯坦南部地区发动民众走上街头，并很快占领了两个州的州政府大楼，而后便向首都比什凯克进发。3 月 24 日，1 万多名示威者高呼着“阿卡耶夫，滚开！”等口号冲进总统府和政府大楼，并将政府文件和总统阿卡耶夫的肖像扔出窗外。阿卡耶夫携家人仓皇出走。反对派领导人巴基耶夫随即被推上代总统和总理宝座。反对派宣布“郁金香革命”取得胜利。

二、“颜色革命”频频发生并屡屡得手的原因

短时间内，格鲁吉亚、乌克兰、吉尔吉斯斯坦政权更迭，“颜色革命”和街头政治屡试不爽，这很值得人们研究。“颜色革命”之所以频频发生并屡屡得手，

① 关于此次暴动，媒体曾使用过“黄色革命”“柠檬革命”“粉红革命”“丝绸革命”等称谓。随着时间的推移，大多数媒体开始称其为“郁金香革命”。

有着各方面的原因。

（一）百姓生活困苦，人心期待变革

在谢瓦尔德纳泽当政的十余年里，格鲁吉亚经济基本上没有得到什么发展。人均月工资仅 20 美元，退休金为 7 美元左右。由于生存条件不断恶化，人口约 500 万的格鲁吉亚，竟有 100 万人背井离乡到国外打工谋生。乌克兰独立后经历了近十年的经济衰退，失业者高达数百万之众，劳动者收入普遍偏低。数十万人跟着尤先科闹“革命”，原因之一就是缺钱花。据相关报道，美国每天给每位示威者支付 10 美元报酬。如果乌克兰人的月均工资超过 300 美元，那么到美国人那里去领 10 美元“日工资”的示威者肯定会减少。不过，乌克兰人的月工资不到 100 美元，人们只需游行 10 天，就抵一个月上班的收入了。吉尔吉斯斯坦的经济同样糟糕。直到 2004 年吉经济才恢复到 1990 年的 80%的水平。据吉官方提供的数字，吉尔吉斯斯坦贫困人口约占全国人口的 38%。这次首先起事的南部地区是全国经济最落后的地区。国家机关工作人员平均月工资只有 35 美元。老百姓对执政 15 年的阿卡耶夫政权已完全丧失了信心。

（二）官场腐败严重，政权丧失民心

在格鲁吉亚、乌克兰和吉尔吉斯斯坦，社会上特别是官场上普遍存在严重的腐败问题。在格鲁吉亚，人们只要向官员塞钱，就可以得到驾照、护照和大学录取通知书，就可办公司、逃税，甚至可以不交水电费。据统计，该国 1.5%的人控制着全国 60%的财富。许多官员敢把大量的外国援助和国有资产装入自己的腰包。能源部前部长、电信部前部长、全国铁路公司前总裁，甚至前副总检察长都是全国有名的大贪污犯。民众对当局极为不满，不少人把希望寄托在政权更迭上。在乌克兰，金融资本的 50%都来源于灰色经济，几乎所有行政领导和业务执行人员在商业活动中都绕过公司索取回扣。处于银行控制外的货币流通量占全国货币总量的 43%。在吉尔吉斯斯坦最富有的阶层中，80%是官员，其次是商人。据当地媒体报道，吉尔吉斯斯坦许多最盈利的大企业和行业被阿卡耶夫家族和亲信控制。内阁官员贪污严重，部长级官员的月工资只有 150 美元左右，但许多官员开豪华车，购买多处漂亮的别墅，老百姓对此十分不满。

（三）政党无序竞争，催生街头政治

街头政治一般都是由一国的政治反对派组织发动。格鲁吉亚、乌克兰、吉尔吉斯斯坦等国都实行西方式的多党制和三权分立的政治制度，这些国家的当权派给自己制造了大批的反对派，从而催生了置他们于死地的街头政治。在人口不过 500 万的格鲁吉亚，正式注册的政党竟然有 100 多个。在乌克兰，同样是政党林立，正式注册的政党不下几十个。在吉尔吉斯斯坦，法律规定，10 人以上就可以组成政党，于是，全国活跃着 100 多个党派。这些党派都要表现自己，争取民心，利用民众对生活不满及官员腐败等问题，发动支持者上街搞反政府活动，便成了它们的经常性工作。尽管各党派之间矛盾重重，尔虞我诈，互相倾轧，但每

当选举，它们面对当局往往又能结成暂时的联盟，以便一举掀翻政府，进行权力和财产的重新分配。

（四）媒体推波助澜，民众思想被搅乱

格鲁吉亚、乌克兰、吉尔吉斯斯坦等国都实行所谓的新闻自由。在这些国家，私人可以办报，外国机构投资新闻传媒不受限制，反政府的新闻宣传畅通无阻。这为反对派利用传媒策划、组织街头政治大开方便之门。在这些国家，反对派都有自己的报纸，有的还有自己的电台、电视台。"独立媒体"为数众多。美国之音、BBC、CNN、自由欧洲电台、自由电台等西方传媒堂而皇之地登堂入室，自由采访和传播。在发生"革命"的这些国家里，上述各类媒体真可谓"功不可没"。它们联手行动，默契配合。它们一面大力抨击当局腐败，社会不公，经济落后，人民贫困，同时又大量宣传反对派的主张，精心包装反对派领导人，为其在大众面前塑造一个新的"救世主"形象。在它们的蛊惑下，民众的思想被搅乱了，对当局不满的情绪空前高涨，对新的政治力量充满期待。舆论失控导致当局在关键时刻失语，"革命"很快宣告成功。

（五）美国全力介入，俄罗斯无所作为

事实证明，一国的反对派若无西方国家特别是美国的大力支持，要想改朝换代，是困难的，甚至可以说是不可能的。换言之，反对派要和平夺权，必须得到美国的鼎力相助。这是最重要的外部条件。美国的巨额资金援助、在竞选中的技术指导、在舆论宣传上的密切配合、通过外交途径向当局施压等，都是反对派搞街头政治获得成功不可或缺的。俄罗斯一直视独联体国家为其"必须捍卫的战略空间"。它心里清楚，美国在这一地区鼓动"革命"制造动乱，意在扶植亲美政权，拓展势力范围，以期实现弱俄、遏俄的战略目的。对此，俄罗斯当然不会无动于衷，但它心有余而力不足。在格鲁吉亚，俄罗斯不喜欢亲美的谢瓦尔德纳泽，但更不喜欢更加亲美的反对派领导人萨卡什维利。而眼看谢氏大势已去，它也只能见风使舵，以谋求最大的现实利益。在乌克兰大选中，莫斯科第一个致电亚努科维奇，祝贺他"当选乌克兰总统"，但后来在西方压力下不断退缩，最终不得不表示愿同"任何新的乌克兰领导人合作"。俄罗斯媒体评论认为，莫斯科"企图影响自己的近邻"，却又"没有能力和智慧玩好这种游戏"。落败后的亚努科维奇感慨地说，美国的干预是"系统的、精心准备的"，而俄罗斯施加的影响则是"轻微的"。

（六）反对派领军人物和领袖的强有力领导

"颜色革命"和街头政治实际上是群众运动。没有强有力的领军人物和领袖，这种"革命"和"运动"既难以维持，更不可能取胜。对美国来说，要确保"颜色革命"和街头政治取得成功，选准代理人是最关键的一着。美国选代理人的标准是：年富力强，有个人魅力，没有劣迹，亲美。格鲁吉亚的萨卡什维奇、乌克兰的尤先科等都是符合这些标准的，他们的个人魅力、强有力的领导是"颜色革

命”得以成功的重要因素。

第三节　巴黎青少年骚乱：民生与政治、接纳与排斥

2005 年秋天，在法国巴黎郊区移民聚居区发生了青少年骚乱，最后导致法国宣布全国进入紧急状态。人们不禁要问：一起普通的治安案件怎么会闹到这个地步？的确，这一事件值得人们关注和深思。过去人们认为，影响社会稳定的“动乱”，都是阶级斗争、意识形态对抗的产物，具有阶级性、政治性。然而，巴黎青少年骚乱却向我们展示了“动乱”的一种新类型及其根源：民生问题解决不好也可能酿成大乱。巴黎青少年骚乱暴露了欧洲外来移民与本土居民之间的隔阂和矛盾，这是在欧洲一体化进程中必须要妥善解决的问题。但是它绝不是只属于欧洲的特殊问题。人口的流动和迁移是在全球化、现代化、城市化条件下普遍存在的现象。大规模的人口从农村流向城市，从贫困地区和国家流向发达地区和国家。也有一些人是因为躲避战乱而沦为难民的。流入地理应接纳他们、善待他们，使他们能够平等地享有公民权利，顺利地融入当地社会。但是，实际上却发生了比较普遍的、甚至是严重的社会排斥，使这些移民及其后代陷入了生存、发展的困境。人口的流动本来还包括社会阶层之间的流动，主要是下层向上层流动。而现在，这个方向的流动受到了严重的阻碍。生活在社会下层的青少年根本看不到上升的希望。一代又一代“遗传”下来的贫困，会使生活在绝境中的青少年对社会抱有什么样的态度？他们会采取什么行为来表示对此的愤懑和抗议呢？我们对巴黎青少年骚乱的分析将提供部分答案。

一、2005 年秋法国巴黎青少年骚乱的情况

（一）巴黎青少年骚乱经过的简介

2005 年 10 月 27 日傍晚，在巴黎附近克利希苏布瓦市，两名非裔少年移民为逃避警察追捕，躲入一个变电站，遭高压电击致死。事后，众多青少年走上街头，抗议警察追捕导致少年死亡，并开始焚烧汽车，与警方发生冲突。针对指责，警方立即予以否认，并派出几百名警员，维持公共秩序。但令人意想不到的是，在骚乱行为逐渐减弱之时，10 月底警方为反击袭击而向躲进清真寺的骚乱者投掷了一枚催泪弹，引起宗教界强烈反感，民众抵触情绪再度被激发。与此同时，法国内政部部长萨科齐决心“清洗”社会“渣滓”的一番强硬讲话，使法国巴黎青少年骚乱愈演愈烈。

事件升级后，法国总统希拉克立即呼吁骚乱者“保持冷静和恢复理智”，表示法律会在“对话和尊重事实”的基础上对该事件及其原因做出正确判决。同

时，他敦促政府在一个月内制定出包括社会阶层融合和城镇建设内容在内的国家预防犯罪计划。11 月 6 日晚，在组织召开全国安全会议之后，希拉克根据目前态势再次呼吁骚乱停息，强调进一步加强行政执法和司法力度的必要性。他称，目前最紧迫的事情就是要确保安全和恢复公共秩序，但在暴力和恐怖面前，共和国不会退缩，骚乱者将会受到应有的惩罚。总理德维尔潘 7 日晚宣布，为了保护公民安全和维持公共秩序，自 9 日开始各地方政府在内政部部长萨科齐的领导下，具有决定实行宵禁的权力。

此前，巴黎附近的翰希市政府 7 日通过决议，决定从凌晨 1 时对未成年人实行宵禁，并立即实施。8 日上午，每周三按惯例召开的法国内阁部长会议提前 1 天举行，会议就宵禁的具体措施做出规定和安排。骚乱者与政府在解决问题的态度上相持不下。骚乱者提出警方必须先撤出该地区和内政部部长萨科齐立即辞职的条件。

法国政府 11 月 10 日宣布国家处于紧急状态。2005 年 11 月 17 日，法国巴黎青少年骚乱基本平息。法国下议院 15 日投票通过，将紧急状态令的有效时间延长三个月，到 2006 年 2 月结束。法国总统希拉克于 2006 年 1 月 2 日宣布，从当月 4 日起将结束因骚乱而实行近两个月的紧急状态。

据法国警方的统计数据，自 2005 年 10 月 27 日法国发生骚乱到 11 月 17 日基本平息，法国各地有 9 071 辆汽车被毁，数十栋建筑遭到破坏，仅巴黎一地就有 4 700 多人被逮捕，有 650 人入狱。骚乱的高峰出现在 11 月 5 日到 6 日的夜晚。

(二) 有关巴黎青少年骚乱的各方舆论反应

事件发生后，法国各方反应不一。左翼在野党社会党对萨科齐部长的强压政策表示无法容忍，指责执政党的执政行为损害了左翼党派势力范围内的民众利益，建议举行有关移民问题的全国大讨论，指出该事件表明了政府执政政策的全面失败，并称 1995 年和 2002 年执政党曾分别利用其推崇的社会保障措施和标榜的治安全面好转，欺骗民众，获取大选胜利，但当今社会现实却完全相反。其他左翼政党也强烈要求成立调查委员会，澄清真相，还民公正，并要求内政部长尽快辞职，以顺民意。

骚乱地区民众对所受损失和事态蔓延表示不满，2 000 多名民众曾赶到巴黎附近的克利希苏布瓦市，打着“反对骚乱、赞同对话”的标语，举行反骚乱游行。许多妇女看到一片狼藉的城市哭泣不止，并通过媒体表达其内心的苦楚。

但是，部分知名官方人士和执政党“人民运动联盟”的许多成员纷纷发表讲话或致信，表达对该党主席、内政部部长萨科齐的支持，并希望政府坚持“坚定”的立场。法国“警察行动工会”也曾致信内政部部长萨科齐，要求对骚乱地区实行宵禁。部分社会人士也呼吁总统尽快采取行动，宣布国家进入紧急状态，他们认为装备精良的军队干预不仅可以有效打击、制止骚乱行为，还可以起到心理威慑作用。

二、巴黎青少年骚乱的深层原因

法国巴黎青少年骚乱的原因是多方面的。

（一）社会原因

第二次世界大战后，大量移民（大多数来自非洲）进入法国，形成了数量庞大、社会阶层复杂的移民社会团体。目前在法各类移民数量约为 600 万，占法国总人口的 10%。外来移民由于语言、歧视和经济实力等因素，一般处于社会的最底层。现在处于青少年阶段的移民后裔一般为首代移民的第二代或第三代子女。长期以来，家庭持续的贫困状况使得这些移民后裔在升学机会、就业、融入社会和改善经济拮据状况等问题上存在巨大困难。一代又一代的贫困化令年轻的移民后裔深为不满，从而产生扭曲的社会心理，仇视社会，敌视政府措施。这种心理碰到导火索就会借机宣泄出来。

（二）政策原因

在种族歧视较为严重的 20 世纪的六七十年代，法国把大量移民集中安置在巴黎北部附近的几个城镇，造成这些城镇逐步贫困化，有钱人纷纷离开。各大公司因城市社会环境和职工素质等因素不愿涉足此地，而国家的投资项目一般又是投向大公司的，因此导致这些城镇在经济发展规划、城镇人员就业、文化教育设施等方面滞后。虽然政府一再强调对移民城镇和社区的重视力度，但政府的援助措施很难真正落到实处，导致移民对政府不信任。据报道，在位于巴黎北部仅 15 公里远的克利希苏布瓦市居住着 2.8 万人，中等以上收入者仅占 4.7%，25 岁以下的年轻人占总人口的 50%，其失业率高达 25%，30%的家庭收入仅能支付政府提供的廉价住房房租。该市的财政收入为其他正常城镇的 40%，难有资金投入到城市经济发展上。据法国世界报 11 月 7 日报道，巴黎附近贫穷移民城镇的市长们对国家在 2005 年度减少 3.1 亿欧元的扶持资金表示不满，并对国家减少该地区的公职人员数量持有异议，认为这将影响城镇经济发展和加剧失业状况恶化。

另外，法国的高福利制度对移民后裔并非完美。2005 年 5 月的“欧宪公决”被否决表明了法国民众对现行高福利社会模式的依恋和不愿参与自由经济竞争的想法。生活在法国的移民也得益于这种社会模式，每月都能领取一定数额的社会救济金，勉强度日，维持不富裕的生活；但高福利制度又助长了其懒惰习性，特别是在美国“9·11”事件后，很多公司不愿招收酷似阿拉伯人长相的移民，使得移民后裔的失业率维持高位，导致种族隔阂扩大，形成移民后裔愤恨社会不公的心理。另外，由于法国实行奖励生育的政策，这些入籍后的移民家庭把多生孩子作为收入来源，从而形成贫困化的恶性循环，加剧了移民城镇社会问题。

（三） 多党政治方面的原因

法国内政部部长萨科齐曾表态说，为了公民安全，法国决心“清洗”影响社会稳定的“渣滓”和“败类”。此言一出，引起社会强烈反响，批评之声不绝于耳。死者家属拒绝与萨科奇对话，社会平等发展部部长贝加等政要也认为萨科齐的言辞不当。总理德维尔潘不得不亲自出面处理，紧急会见各方代表，呼吁帮助政府平息骚乱。政府的高压政策引起反弹。同时，在2007年总统大选的背景下，在野党对政府的批评对事态扩大也起到了推波助澜的作用。

（四） 法国的街头政治传统

巴黎青少年骚乱的根本原因是生活在法国底层的移民和穷人的要求得不到公正对待，这是法国贫富差距矛盾激化的必然结果。但是法国人不是坐在办公室讨论如何解决问题，而是在大街上闹。法国街头几乎天天有游行示威，游行示威几乎成了法国人民解决矛盾的最有效的途径。1789年的法国大革命、1968年的“五月风暴”等，都是如此。每次罢工、游行示威或出现动乱，政府都会找个调停人，在政府和“闹事”的民众之间进行调解，最后政府做出些让步，使得事态得以平息。这种街头政治，是法国式政治民主的独特的传统。而它的代价，却是一般国家承受不起的。

（五） 网络传媒

网络传媒在法国青年骚乱中起了举足轻重的作用。法国警方逮捕了两名煽动暴动的青少年，一名是16岁的法国男孩，另外一名是18岁的加纳男孩，因为他们利用网络呼吁全国青年放火引发骚乱。有专家认为，巴黎郊区骚乱之所以能一呼百应，在很大程度上是因为网络在青少年间非常流行。这次是法国在互联网时代经历的首次真正危机。媒体的炒作也起到了推波助澜的作用。除法国的媒体外，国外一些媒体也对巴黎骚乱做了大量报道。如美国一些媒体用显著的标题称“巴黎郊区成了战场”“种族骚乱”“巴黎在燃烧”，一些电视台连续报道事态发展，出现汽车被焚烧的画面。西班牙媒体发表评论认为，法国的城市暴力对欧洲其他国家也是一个警报信号，因为骚乱的起因在其他欧洲国家也同样存在。法国青年骚乱之所以事态扩大，网络传媒的确“功不可没”。

（六） 非政府组织

有人指出，法国青少年骚乱事态具有组织特点。法国拥有众多的非政府组织。它们除了发挥协调、组织等功能外，还具有一项重要的功能，就是传播社会思潮，乃至意识形态。非政府组织尤其是青少年组织，在青少年当中传播后现代主义思潮，使得后现代主义思潮的影响越来越大，对法国青少年骚乱的影响不可避免。

第四节　非政府组织中的意识形态渗透

发生在格鲁吉亚的“玫瑰革命”、乌克兰的“橙色革命”、吉尔吉斯斯坦的“郁金香革命”中，一个最明显、最典型的特征就是：西方国家的非政府组织发挥了重要的作用。美国国务院也公开承认自己在这些“政权更迭”中“发挥着中心作用”。西方非政府组织的积极参与，已成为新一轮“颜色革命”的突出特征。

如今，非政府组织在国际上越来越活跃，在许多国家的政治、经济、社会发展中发挥着重要作用。同时，在其活动中存在着的意识形态渗透，对某些国家产生了负面影响，甚至导致了一些国家的“民主革命”。如果说以前美国推行“和平演变”的重点是做上层人士特别是中央政府和共产党内高级官员等“精英”们的工作，那么今天“美国化”的工作已深入到最基层的“草根”，十分注意培养不同层次的代言人。本节以“全球青年领袖会议”这个非政府组织为例，结合“颜色革命”，分析非政府组织中的西方意识形态、价值观渗透问题，并论述应对非政府组织的基本态度。

一、“全球青年领袖会议”简介

“全球青年领袖会议”（Global Young Leaders Conference，GYLC）是由美国非政府组织“国会青年领袖理事会”承办的世界青年交流活动，每年世界各地的学生们会聚到美国的华盛顿、纽约，或者欧洲的维也纳、布达佩斯、布拉格等地，这群学生被认为在领导才能方面有很大的潜力，他们由同学、导师，或者是社区领导人推荐。活动旨在通过跨文化背景的交流与 12 天全程模拟的“世界领导人会议”，来培养青年人的领导才能与外交能力，增强青年人对国际事务的了解，培养未来社会主人翁。委员会的名誉指导员全部由众多高等学府的教育工作者和政府议员组成。自 1985 年创办开始，该活动每年都吸引世界各地最优秀的青年参加。

来自各国的学生（通常是 300～400 人）聚集之后，每个人都被要求暂时“放弃”自己的国籍，带着被随机指派的 16 个国籍之一，参与 12 天的模拟世界事务处理，用“虚拟祖国”的立场来面对当今世界，用“虚拟身份”——××国家的“外交部长”来解决种种国际争端。大会的日程安排是高密度的，每一天都围绕着独立的主题展开，例如国际法、人权、高层外交，等等。

一天的活动通常由上午的演讲交流会（邀请与当日主题有关的政府官员讲授），下午的文化参观活动（参观了解各国大使馆的工作），以及晚饭之后的各种正式会议组成。大大小小的模拟活动是贯穿会议的亮点。学生们身着每日必需的正式服装，代表16个“虚拟国家”组成了一个世界，他们以各国外交官的身份参与仿真的政府高官会议，或出席安理会“解决危机”的协商，或模拟世界银行处理关税纠纷。在这些过程中，需要用提案来发表观点，用游说、演说及反复的全体投票来赞成或反对某种解决方案。

最后一天的“全球峰会”在联合国总部的会场举行，将12天会议的外交模拟推向最高潮。在各国代表出席的情况下，学生们提交有关环境、世界安全、多边贸易、国际法案等方面的议案，再通过演说和“虚拟国家”正式投票，决定最终的联合国策略。“外交领域的协商和合作”自始至终是会议的灵魂，通过与自己的“虚拟国家”中来自世界各地的“同胞”交流，以及与“别国”正式或非正式的会谈协商，学生们得以接触外交，接触世界。

二、非政府组织中的意识形态渗透

不可否认，同其他的非政府组织及其开展的活动一样，“全球青年领袖会议”也起到了文化交流的作用。但还有一个事实就是，非政府组织实际上已成为美国政府在世界范围内的政治工具和思想推进者。

近年来，世界各国都有一些学生接受邀请到美国去访问。在参观访问过程中，主办方会组织各种座谈会，比较系统地向他们灌输美国的价值观和制度。在结束访问后，主办方会建立档案，与他们保持经常性的联系。这些“交流”项目，有些是美国政府出面组织的，但更多的是由许多有影响的非政府组织和社会团体一手操办的，目的就是以民间的“非官方”形式培养亲美骨干分子。另外，美国还结合宗教、调查研究、媒体等方式一起对其他国家进行意识形态渗透。比如各种基督教宗教团体深入有关国家，在进行宗教渗透的同时，通过布道、讲经以及帮助组建和发展当地的宗教组织和信徒，教诲、宣扬和灌输美国的政治价值观念，进一步为操纵“颜色革命”建立价值观和社会心理基础。一些非政府组织利用提供援助或技术指导，名义上从事卫生、教育、农业改造和经济发展等援助项目，在当地接触大量民众，积极开展政治性活动，影响所在国的价值观，培养美国在这些国家的群众基础。美国大批的官方和非官方组织通过多种渠道搜集有关国家的情报，撰写研究报告，对有关国家的政治、经济、军事、外交政策、环境保护、人权状况、公众思想状态、文化思想等各个领域进行调查。这些调查有的由美国人公开、直接进行，但大多数是通过所在国各个专业领域的亲美势力间接开展的，通常由大学和学术研究机构以学术交流的名义实施操作，最后形成各种形式的研究报告，经美国政府筛选后成为策划“颜色革命”的重要信息来源和依据。美国再据此发动全方位的媒体攻势，抹黑现政权，形成“颜色革命”势在必得的舆论氛围。长期以来，美国传媒一方面向有关国家输出美国式的“自由民主”价值观，以此动摇其意识形态和文化根基；另一方面利用所掌握的强大舆论机器，在国际上丑化别国形象，为其“改造”这些国家扫清舆论障碍[①]。

美国在传播“民主”价值观的同时，也大大加强了具体方式方法的培训，由此策划出来的“民主”和“革命”具有很强的操作性。美国一方面在价值观念上向这些国家“输出民主”；另一方面，通过参观模拟传授美国的选举制度、选举方式、竞选方法等，向参选人介绍选举策略，甚至在一些国家帮助他们草拟竞选口号和出版报刊，提供竞选经费和电脑、传真机、印刷机等各种设备。

三、我国怎样应对外国在华非政府组织

在现阶段，中国对外国非政府组织实行积极有为的开放，其主要内容可以概括为“知己知彼，态度明确，依法治理，有效监督”[②]。与此相应，中国对外国非政府组织及其在中国的活动有三种不同对策：禁止、限制和鼓励。

首先，是应该禁止的活动，包括：危害中国国家安全和国家利益的活动；试图在中国颠覆共产党的执政地位，实现政权更迭的活动；涉及中国的其他政治活动（指围绕国家权力而展开的各种活动）；宗教活动（招收宗教信徒，发展宗教组织，进行传教活动）。

对宗教事务和宗教组织，中国有自己的政策和严格的管理。外国有不少非政府组织是有宗教背景的，比如由宗教人士创建、其成员有宗教信仰、经费来自宗教团体等。但只要这些非政府组织真正在从事公益性活动而不是从事宗教活动，就应当允许它们在中国正当地开展活动。应注意将宗教组织和宗教活动与有宗教背景的非政府组织及其公益性社会活动相区别。

其次，对外国非政府组织在中国开展的某些类型的活动，必须根据中国国情予以限制。比如非政府组织中有一种倡导型组织，这类组织通过各种方式去倡导一些主张、政策和价值观等。在发达国家，倡导型组织相当活跃，它们通过公众集会、公开辩论，以及运用各种传媒工具去推动所倡导的目标的实现。但是，外国倡导型非政府组织在其本国所采用的很多活动方式，至少在中国在现阶段是不适用的，所以在活动的领域和活动的地域上，都须根据中国的具体情况对外国非政府组织施加一些限制。同时，根据中国改革开放的进展和需要，适时进行调整。

最后，应该鼓励的活动，指那些有助于中国社会发展和社会进步的活动。在华外国非政府组织开展活动的数量、类型、领域、引入的资金量以及活动效果等，应该成为衡量中国社会对外开放进度和程度的重要指标。

中国目前与外国非政府组织有关的法规有两项，一项是根据 1989 年 6 月 14

① 张西明．美国发动“颜色革命”的十大手法．评论周刊，2006（3）．

② 赵黎青．中国如何应对外国非政府组织．学会，2006（11）．

日国务院令第36号公布的《外国商会管理暂行规定》，针对的是外国商会，即外国在中国境内的商业机构及人员在中国境内设立的不从事任何商业活动的非营利性团体。另一项是2004年3月8日根据国务院令第400号公布的《基金会管理条例》，其中有条款是针对外国基金会的。所以，大多数外国非政府组织在中国的活动实际上仍处于无法可依的状态。

为了实现对外国非政府组织在中国活动的有效监督，应该建立协调的国家监督体制，国家民政部和国家安全部作为监督外国非政府组织在中国活动的主要部门，双方既要分工明确，职责清楚，又要保持相互间的沟通与协调。对外国非政府组织在中国开展活动，可以用登记备案制取代双重管理制。所谓的双重管理是指，一个外国非政府组织必须要先找到一个中国政府机构作为其业务主管部门，然后才能到民政部门登记以获得合法地位。这种管理结构弊端很多，将多数外国非政府组织排斥在依法治理的范围之外，尽管它们事实上已在中国或长期或短期存在着。

外国非政府组织应该做到：依法承诺实行在中国活动的公开化，在中国的各种活动应有全面记录，除了定期向政府监管部门提交文字报告外，还须向社会公开和备查；依法承诺在中国的财务往来的透明化。

通过对以上内容的介绍和分析，我们对公共领域里的各种意识形态、社会思潮和社会心理的交织、互动、激荡的过程、因素、后果，以及它们在网络与现实两个空间的存在和表现，都有了初步的了解。社会思潮影响和掀起社会运动；民生问题有可能成为动乱的导火索；在实行议会制、多党制、竞选制的政治环境中，选举往往是政权被非法颠覆的时机，需要格外小心；网络和非政府组织是两个新的元素，其能量不可低估。思想政治教育在公共领域应该大有作为，但是首先要进行自身的改革和发展。

阅读书目

洛朗·若弗兰．1968年5月法国的“文化大革命”．武汉：长江文艺出版社，2004

袁红．法国1968年“五月风暴”述评．北京教育学院学报，2003（4）

杨剑．法国骚乱的启示．检察风云，2005（24）

程刚．法国巴黎郊区“10·27”骚乱事件的几点启示．公安研究，2006（1）

王冀平．由巴黎骚乱透视欧洲移民问题．理论界，2006（7）

花勇．建立社会整合机制 应对突发公共事件——法国骚乱的几点启示．江苏省社会主义学院学报，2006（4）

张刚．法国骚乱给欧洲带来警示．时事报告（大学生版），2005（3）

杨恕，曾向红．文化视野下的法国骚乱及其启示．世界民族，2006（4）

张西明．美国发动“颜色革命”的十大手法．评论周刊，2006（3）

赵黎青．中国如何应对外国非政府组织．学会，2006（11）

思考题

1. 什么是公共领域？研究思想政治教育如何在公共领域开展有什么意义？
2. 如何认识社会思潮与社会运动的关系？
3. “颜色革命”为思想政治教育提供了哪些经验教训？
4. 引发巴黎青少年骚乱的因素有哪些？
5. 如何评价非政府组织的作用？

参考文献

1. 冯增俊. 当代西方学校道德教育. 广州：广东教育出版社，1993

2. 陈立思. 当代世界的思想政治教育. 北京：中国人民大学出版社，1999

3. 王瑞荪. 比较思想政治教育学. 北京：高等教育出版社，2001

4. 王玄武. 比较德育学. 武汉：武汉大学出版社，2003

5. 苏振芳. 当代国外思想政治教育比较. 北京：社会科学文献出版社，2009

6. 檀传宝. 学校道德教育原理. 修订版. 北京：教育科学出版社，2000

7. 袁桂林. 当代西方道德教育理论. 福州：福建教育出版社，1995

8. 郭本禹. 道德认知发展与道德教育——柯尔伯格的理论与实践. 福州：福建教育出版社，1999

9. 张敦福主编. 现代社会学教程. 2 版. 北京：高等教育出版社，2007

10. 匡文波. 网络传播学. 2 版. 北京：高等教育出版社，2004

11. 斯蒂芬. 李特约翰，凯伦・福斯. 人类传播理论（第九版）. 北京：清华大学出版社，2009

12. 毕耕. 网络传播学新论. 武汉：武汉大学出版社，2007

13. 陈立思. 当代世俗世界中的宗教教育. 中国青年政治学院学报，2001（1）

14. 陈立思，陈辉. 西方网络议程设置理论与网络思想政治教育. 北京教育（德育），2010（1）

15. 汤姆・V. 赛威治，大卫・阿姆斯特朗. 小学社会课的有效教学. 北京：中国轻工业出版社，2003

16. 阿尔蒙德，西德尼・维巴. 公民文化：五国的政治态度和民主. 杭州：浙江人民出版社，1989

17. 杜威. 民主主义与教育. 北京：人民教育出版社，1990

18. 拉塞克，维迪努. 从现在到 2000 年教育内容发展的全球展望. 北京：教育科学出版社，1996

19. 单中惠．现代教育的探索：杜威与实用主义教育思想．北京：人民教育出版社，2002
20. 何信全．儒学与现代民主．北京：中国社会科学出版社，2001
21. 胡艳蓓．当代西方公民教育思想述评．国外社会科学，2002（4）
22. 黄甫全．自我意识的发展与公民教育的基本策略．学术研究，1999（2）
23. 黄崴．公民教育：责权主体的教育．现代教育论丛，1997（2）
24. 李大华．谈公民教育．开放时代，2001（9）
25. 李惠斌．全球化与公民社会．桂林：广西师范大学出版社，2003
26. 李稚勇，方明生．社会科教育展望．上海：华东师范大学出版社，2001
27. 联合国教科文组织．为了21世纪的教育：问题与展望．北京：教育科学出版社，2002
28. 教育——财富蕴藏其中．北京：教育科学出版社，1996
29. 联合国教科文组织．学会生存——教育世界的今天和明天．北京：教育科学出版社，1996
30. 林语堂．信仰之旅．北京：新华出版社，2002
31. 聂幼犁．历史课程与教学论．杭州：浙江教育出版社，2003
32. 齐健，等．历史教育价值论．北京：高等教育出版社，2003
33. 沈晓敏．社会课程与教学论．杭州：浙江教育出版社，2003
34. 沈子善．小学公民训练之理论与实际．上海：商务印书馆，1935
35. 唐凯麟，等．多元文化与世界和谐——池田大作思想研究．北京：人民出版社，2008
36. 万俊人．普世伦理的正义及其对功利价值的优先性．湘潭师范学院学报，1999（4）
37. 万俊人．正义理念的伦理表达与政治建构．《中国社会科学季刊》（香港），1997（21）
38. 万明钢，等．全球化背景中的公民与公民教育．西北师大学报，2003（1）
39. 王向华．国际道德与公民教育发展的基本趋势．北京理工大学学报，2002（3）
40. 吴铎，等．道德教育展望．上海：华东师范大学出版社，2002
41. 吴立保．从家庭伦理到公共道德：现代幼儿家庭德育的转向．学前教育研究，2006（9）
42. 吴潜涛．日本道德教育的战后演变及其现行改革．道德与文明，2001（3）
43. 吴文侃．中小学公民素质教育国际比较．北京：人民教育出版社，2002
44. 吴先浪．志愿服务：公民道德自我教育的有效途径．山西青年管理干部学院学报，2005（2）
45. 吴增基，等．理性精神的呼唤．上海：上海人民出版社，2001
46. 夏伟东．论个人主义思潮．北京：高等教育出版社，2006
47. 肖川．教育的理想与信念．长沙：岳麓书社，2002

48. 邢永富. 危机面前的公民教育思考. 人民日报，2003-06-10
49. 徐恕. 公民权利与苏联演变. 当代世界社会主义问题，2002（3）
50. 余伟民. 历史教育展望. 上海：华东师范大学出版社，2002
51. 张斌贤. 试论公民教育的意义、动力和实施途径. 教育评论，1997（3）
52. 赵建中. 教育的使命：面向二十一世纪的教育宣言和行动纲领. 北京：教育科学出版社，1996
53. 赵亚夫，等. 国外历史教育透视. 北京：高等教育出版社，2003
54. 郑新蓉. 现代教育改革理性批判. 北京：人民教育出版社，2003
55. 周光辉. 公共问题背后的公民观念——从政治学的视角看待社会公共问题. 吉林大学社会科学学报，2006（2）
56. 周国文. 现代视域下的公民伦理. 理论与现代化，2005（2）
57. 周满生. 世界教育发展的基本特点和规律. 北京：人民教育出版社，2003
58. 朱晓宏. 公民教育. 北京：教育科学出版社，2003
59. 王长江. 世界政党比较概论. 北京：中共中央党校出版社，2003
60. 史志钦. 全球化与世界政党变革. 北京：中共中央党校出版社，2007
61. 赵宬斐. 政党政治与政治现代性. 北京：中央编译出版社，2010
62. 孟迎辉，邓泉国. 西方发达国家政府掌控意识形态的基本特征及启示. 当代世界与社会主义，2010（2）
63. 李伯杰. 德国文化史. 北京：对外经济贸易大学出版社，2002
64. 王小飞. 当代德国道德教育理论和实践的选择与定位. 比较教育研究，2004（2）
65. 汪宗田，傅安洲. 德国高校思想政治教育述评. 思想理论教育，2007（1）
66. 李美玲. 当代西方政党意识形态观的基本趋势. 社会科学家，2009（10）
67. 汪宗田，傅安洲. 中德高校德育实施途径的异同. 思想理论教育导刊，2005（4）
68. 傅安洲，阮一帆，彭涛. 德国政治教育研究. 北京：人民出版社，2010
69. 朱建国. 让人敬畏的德国教育. 观察与思考，2006（18）
70. 杨泽宇. 国外大学生品德教育的目标及启示. 云南高教研究，1999（4）
71. 毓民. 法国、德国政治和价值观教育情况概览. 思想理论教育导刊，2002（3）
72. 张铁勇. 发达国家公民道德教育的几点经验与启示. 教育理论与实践，2004（2）
73. 胡劲松. 世纪德国的文化特质及其教育特征. 比较教育研究，2004（3）
74. 孙越隆. 德国学校宗教教育手段初探. 理论与当代，2004（5）
75. 刘建飞. 英国政党制度与主要政党研究. 北京：中国审计出版社，1995
76. 刘建飞. 英国议会. 北京：华夏出版社，2002
77. 阎照祥. 英国政党政治史. 北京：中国社会科学出版社，1993

78. 魏磊. 英国政党的现代传媒策略. 社会科学报，2009（1）

79. 刘金源. 论近代英国政党政治的兴起. 史学月刊，2009（11）

80. 侯勇，颜素珍. 西欧思想政治教育特色探析. 思想政治教育研究，2009（1）

81. 刘琳. 英国德育评述及其对我国德育教育的启示. 前沿，2006（4）

82. 张鸿燕. 英国学校思想政治教育的特点及其对我们的启示. 教育探索，2007（2）

83. 严正辉. 当代外国思想政治教育改革综述. 四川教育学院学报，2007（7）

84. 高峰. 公民教育在英国. 上海教育（下），2004（12）

85. 唐霞. 浅析国际视野下的英国中小学民主公民教育. 比较教育研究，2007（5）

86. 尼古拉·伊万诺维奇·雷日科夫. 大国悲剧——苏联解体的前因后果（修订版）. 北京：新华出版社，2010

87. 黄苇町. 苏共亡党十年祭. 南昌：江西高校出版社，2002

88. 科伊乔·佩特罗夫. 戈尔巴乔夫现象：改革年代：苏联东欧与中国. 北京：社会科学文献出版社，2001

89. 汪宁. 普京的俄罗斯新思想. 上海：上海外语教育出版社，2005

90. 高放. 前苏联社会矛盾和叶利钦搞垮前苏联的步骤——前苏联解体10周年的回顾与沉思. 中国党政干部论坛，2001（12）

91. 张树华. 当代俄罗斯社会思潮透析. 东欧中亚研究，1999（6）

92. 王春英. 近期俄罗斯思想政治教育发展路向及启示. 学习与实践，2009（1）

93. 付轶男. 国家政策的回归——新世纪俄罗斯思想道德教育发展走向. 外国教育研究，2003（3）

94. 杜娜. 俄罗斯总统与民主道路的选择. 法制与社会，2008（11）

95. 刘晓艳，闫向莉. 俄罗斯新思想. 内蒙古民族大学学报（社会科学版），2007（1）

96. 李新. 俄罗斯重新崛起的经济因素分析. 俄罗斯研究，2005（2）

97. 高增杰. 日本的社会思潮与国民情绪. 北京：北京大学出版社，2001

98. 吴寄南. 日本新生代政治家. 北京：时事出版社，2002

99. 王振锁. 战后日本政党政治. 北京：人民出版社，2004

100. 王新生. 再生还是衰落——21世纪日本的选择. 北京：社会科学文献出版社，2001

101. 王振锁. 战后日本政党政治. 北京：人民出版社，2004

102. 梁云祥，应霄燕. 后冷战时代的日本政治、经济与外交. 北京：北京大学出版社，2000

103. 刘江永. 跨世纪的日本：政治、经济、外交新趋势. 北京：时事出版社，1995

104. 徐万胜. 日本政治与对外关系. 北京：人民出版社，2006
105. 王友良. 日本思想政治教育之剖析. 南华大学学报（社会科学版），2006（6）
106. 蔡子民. 台湾史志. 北京：台海出版社，1997
107. 姜殿明. 台湾一九九五. 北京：九州出版社，1996
108 王功安. 海峡两岸关系概论. 武汉：武汉出版社，1996
109. 彭清源. 再论“台独”. 北京：团结出版社，1996
110. 比尔·克林顿. 我的生活. 南京：译林出版社，2004
111. 吴寄南. 日本新生代政治家. 北京：时事出版社，2002
112. 菲利普·史蒂芬斯. 托尼·布莱尔——一位世界级领导人的成长经历. 北京：东方出版社，2006
113. 朴键一，焦艳. 韩国总统李明博. 北京：红旗出版社，2008
114. 格哈德·施罗德. 抉择：我的政治生涯. 南京：译林出版社，2007
115. 巴拉克·奥巴马. 奥巴马回忆录：我父亲的梦想. 南京：译林出版社，2009
116. 向洋. 新时期不断发展的俄罗斯青年联盟. 中国青年政治学院学报，2007（2）
117. 李辉，练庆伟. 国外青年组织发展的特征. 北京青年工作研究，2008（7）
118. 曲延明. 当代俄罗斯青年政治组织述评. 当代世界与社会主义（双月刊），2009（5）
119. 江广平. 联合国青年事务. 北京：中央编译出版社，2008
120. 团中央国际联络部. 国外青年与青年工作. 北京：外文出版社，2003
121. 团中央国际联络部. 国外青年与青年工作 2004. 北京：外文出版社，2004
122. 团中央国际联络部. 国外青年与青年工作 2005. 北京：外文出版社，2005
123. 团中央国际联络部. 国外青年与青年工作 2007. 北京：外文出版社，2007
124. 洛朗·若弗兰. 1968 年 5 月法国的“文化大革命”. 武汉：长江文艺出版社，2004
125. 袁红. 法国 1968 年“五月风暴述评”. 北京教育学院学报，2003（4）
126. 杨剑. 法国骚乱的启示. 检察风云，2005（24）
127. 程刚. 法国巴黎郊区“10·27”骚乱事件的几点启示. 公安研究，2006（1）
128. 王冀平. 由巴黎骚乱透视欧洲移民问题. 理论界，2006（7）
129. 花勇. 建立社会整合机制　应对突发公共事件——法国骚乱的几点启示. 江苏省社会主义学院学报，2006（4）

130. 张刚. 法国骚乱给欧洲带来警示. 时事报告（大学生版），2005（3）
131. 杨恕，曾向红. 文化视野下的法国骚乱及其启示. 世界民族，2006（4）
132. 张西明. 美国发动“颜色革命”的十大手法. 评论周刊，2006（3）
133. 赵黎青. 中国如何应对外国非政府组织. 学会，2006（11）

外文参考文献

1. Benjamin R. Barber. A Place for Us：How to Make Society Civil and Democracy Strong. New York：Hill and Wang，A Division of Farrar，Straus and Giroux，1998

2. Eamonn Callan. Creating Citizens：Political Education and Liberal Democracy. New York：Oxford University Press，1997

3. Charles N. Quigley. Civic Education：Recent History，Current Status，and the Future. Albany Law Review，Summer 1999 v62 i4

4. Alfonso J. Damico，Margaret M. Conway，Sandra Bowman Damico. Patterns of Political Trust and mistrust：Three Moments in the Lives of Democratic Citizens，Polity，2000，32（3），pp. 377－400

5. Damon William. The Moral Child：Nurturing Children's Natural Moral Growth. New York：The Free Press，1990

6. Boris Dewiel. Democracy：A History of Ideas. Vancouver，B. C.：UBC Press，2000

7. Stephen L. Elkin，Karol E. Stoltan（Ed.）. Citizen Competence and Democratic Institutions. Pennsylvania：The Pennsylvania State University Press，1999

8. Shirley H. Engle. Education for Democratic Citizenship：Decision Making In the Social Studies. New York：Teachers College Press，1988

9. Harold Entwistle. Political Education In A Democracy. London：Routledge & Kegan Paul，1971

10. William A. Galston. Liberal Purposes：Goods，Virtues，and Diversity In the Liberal State. New York：Cambridge University Press，1991

11. Derek Heater. Citizenship：The Civic Ideal in The World History，Politics and Education. New York：Longman Inc，1990

12. Derek Heater. A History of Education for Citizenship. London and New York：Routledge Falmer，2004

13. Orit Ichilor ed.. Political Socialization，Citizenship Education，and Democracy. New York：N. Y. Columbia Univ，1990

14. Morris Janowitz. The Reconstruction of Patriotism：Education for Civic Consciousness. Chicago：Univ. of Chicago Press，1983

15. David Jenness. Making Sense of Social Studies. New York：Macmillan

Publishing Company, 1990

16. Kerry Kennedy ed. Citizenship Education and the Modern State. London: The Falmer Press, 1997

17. D. Lawton, J. Cairns, R. Gardner. Education for Citizenship. London and New York: Continuum, 2000

18. James F. Lea. Political Consciousness and American Democracy. Jackson: University Press Of Mississippi, 1982

19. Lorraine M. McDonnell, Timpane P. Michael, Roger Benjamin. Rediscovering the Democratic Purposes of Education. Lawrence: University Press of Kansas, 2000

20. Charles Edward Merriam. Civic Education in the United States. New York: Scribner, 1934

21. Charles Edward Merriam. The Making of Citizens: A Comparative Study of Methods of Civic Training. Chicago: The University of Chicago Press, 1981

22. Richard G. Niemi, Jane Junn. Civic Education: What Makes Students Learn. New Haven and London: Yale University Press, 1998

23. Richard G. Niemi, Mary A. Hepbum, Chris Chapman. Community service by high school students: A Cure for Civic Ills?. Political Behavior, 2000, 22: 45-69

24. Diana Owen. Service Learning and Political Socialization. Political Science and Politics, 2000, 33 (3): 638-640

25. Walter C. Parker. Educating the Democratic Mind. Albany: State University of New York Press, 1996

26. Edward J. Power. A Legacy of Learning: A History of Western Education. Albany, N. Y.: State University of New York Press, 1991

27. Richard Pratte. The Civic Imperative: Examining the Need for Civic Education. New York: Teachers College Press, 1988

28. Michael P. Riccards. The Making of the American Citizenry: An Introduction to Political Socialization. New York and London: Chandler Publishing Company, 1973

29. Barrie Stacey. Political Socialization in Western Society: An Analysis From a Life-Span Perspective. London: Arnold-Heinemann, 1978

30. Sandra Stotsky. Connecting Civic Education and Language Education: the Contemporary Challenge. New York: Teachers College press, 1991

31. Torney-Purta, Judith, Rainer Lehmann, Hans Oswald, Wolfram Schulz. Citizenship and Education in Twenty-Eight Countries: Civic Knowledge and Engagement at Age Fourteen. Amsterdam: International Association for

the Evaluation of Educational Achievement，2001

32. Lawrence J. Walker，Karl H. Henning，Tobias Krettenauer. Parent and Peer Contexts for Children's Moral Reasoning Development. Child Development，2000，71（4）：1033

后　记

《比较思想政治教育》教材出版已经 7 年。承蒙广大同行和读者的厚爱，出版方中国人民大学出版社决定再版。我们按照社里的要求，进行了修订。作为教材，应该保持一定的稳定性，以方便在教学中使用；同时，也应该反映国内外形势的发展变化，以及思想政治教育理论和实践的创新成果。按照我们的设想，这本教材，不是新闻报道式的“实况记录”，更不是按照年代记录的“流水账”，而是在我们过去完成的国别研究、专题研究的基础上，根据目前已经达到的对世界范围内思想政治教育基本情况的了解和理解，从理论上对其中表现出来的规律和趋势进行概括的成果。其主要的价值在于形成了一个比较思想政治教育的理论框架。这个框架包括三个板块：第一板块是绪论，回答关于比较思想政治教育学科基本问题；第二板块是由第一编和第四编组成的总体框架，回答在全球范围内，在全球、区域（地区）、国家、基层四个层面，国家和社会两个主体在现实与虚拟两个空间中的思想政治教育是如何进行的问题；第三板块是由第二编、第三编组成的重大问题。每个学科都有自己的重大问题或曰“主问题”，我们这本教材选择了我们认为比较思想政治教育目前应该回答的两个主问题。以上理论框架，是学生在本课程学习时应该掌握的知识系统，也供教师和研究人员参考。

所以，这次修订，全书大的框架基本不变，部分章节的要点提示、正文、插图等做了一些修改、补充，对全书的文字做了校订，按照出版社的规范统一了格式。

此次修订工作，由陈立思负责第一、四编，高峰负责第二编，曹骏负责第三编。最后由陈立思做了全书的统稿和校对。编辑牛晋芳、李俊峰老师对修订工作提出了宝贵的意见，付出了辛勤的劳动，在此表示感谢。

思想政治教育专业已经走过了 30 多年艰苦创业的历程。其中比较思想政治教育的教学和科研也从无到有取得了丰硕的成果。但是我们深知前方“路漫漫其修远兮”，我们将继续“上下求索”。此次修订，正是一次新的出发。希望各位专家、同行、读者继续关心我们，并提出宝贵的意见。谢谢大家。

陈立思

2018 年 5 月 31 日于北京

图书在版编目（CIP）数据

比较思想政治教育/陈立思主编. —2 版. —北京：中国人民大学出版社，2018.9
新编 21 世纪思想政治教育专业系列教材/张耀灿总主编
ISBN 978-7-300-23820-3

Ⅰ.①比… Ⅱ.①陈… Ⅲ.①思想政治教育-比较教育-世界-高等学校-教材 Ⅳ.①G41

中国版本图书馆 CIP 数据核字（2017）第 004837 号

新编 21 世纪思想政治教育专业系列教材
总主编　张耀灿
比较思想政治教育（第二版）
主　编　陈立思
副主编　高　峰　曹　骏
Bijiao Sixiang Zhengzhi Jiaoyu

出版发行 中国人民大学出版社			
社　　址 北京中关村大街 31 号		**邮政编码** 100080	
电　　话 010－62511242（总编室）		010－62511770（质管部）	
010－82501766（邮购部）		010－62514148（门市部）	
010－62515195（发行公司）		010－62515275（盗版举报）	
网　　址 http://www.crup.com.cn			
经　　销 新华书店			
印　　刷 北京昌联印刷有限公司		**版　　次** 2011 年 11 月第 1 版	
开　　本 787 mm×1092 mm　1/16		2018 年 9 月第 2 版	
印　　张 23.25		**印　　次** 2025 年 2 月第 17 次印刷	
字　　数 539 000		**定　　价** 58.00 元	

教学支持说明

（教学课件）

中国人民大学出版社政治与公共管理出版分社秉承“出教材学术精品，育人文社科英才”的出版宗旨，多年来，出版了大批高质量的公共管理、马克思主义理论、政治学、教育学教材和学术著作。

我们为本教材制作了相应的 PPT 教学课件，任何一位采用本书作为授课教材的教师均可免费获得该课件。为了确保该课件仅为授课教师获得，烦请您填写如下材料，并将相关信息通过 E-mail 发送给我们，我们将在收到相关信息后通过 E-mail 给您发送该课件。欢迎您加入我们的 QQ 群（全国政管教师交流二群，群号为 648117133），或登录我社官方网站（www. crup. com. cn），注册并认证成为教师会员，以获得更好的服务。

我们的联系方式：

地址：（100872）北京市中关村大街甲 59 号文化大厦 1202 室

中国人民大学出版社政治与公共管理出版分社

电话：（010）82502724　62514775（传真）

E-mail：ggglcbfs@vip. 163. com

QQ 群：648117133

兹证明＿＿＿＿＿＿大学/学院＿＿＿＿＿＿院/系＿＿＿＿＿＿专业＿＿＿＿＿＿学年第＿＿＿＿＿＿学期开设的＿＿＿＿＿＿＿＿课程，采用中国人民大学出版社出版的＿＿＿＿＿＿＿＿＿＿＿＿＿＿＿＿＿＿＿＿（书名、作者）作为本课程教材。授课教师为＿＿＿＿＿＿，授课班级共＿＿＿＿个、学生＿＿＿＿人。授课教师需要与本书配套的教学课件。

联 系 人：＿＿＿＿＿＿＿＿＿＿＿＿＿＿

通信地址：＿＿＿＿＿＿＿＿＿＿＿＿＿＿

邮　　编：＿＿＿＿＿＿＿＿＿＿＿＿＿＿

电　　话：＿＿＿＿＿＿＿＿＿＿＿＿＿＿

E-mail：＿＿＿＿＿＿＿＿＿＿＿＿＿＿＿

系/院主任：＿＿＿＿＿＿（签字）

（系/院办公室章）

＿＿＿＿年＿＿＿月＿＿＿日